Le Niger,
une société en démolition

© L'Harmattan, 2010
5-7, rue de l'École-polytechnique ; 75005 Paris

http://www.librairieharmattan.com
diffusion.harmattan@wanadoo.fr
harmattan1@wanadoo.fr

ISBN : 978-2-296-09465-9
EAN : 9782296094659

Mahamadou Issoufou Tiado

Le Niger,
une société en démolition

Etudes Africaines
Collection dirigée par Denis Pryen et François Manga Akoa

Dernières parutions

Gaston M'BEMBA-NDOUMBA, *La folie dans la pensée Kongo*, 2010.
Joséphine ZIBI, *L'ingénierie sociale du développement. À l'école de l'eau*, 2010.
Danielle DIBLÉ, *Amadou Hampâté Bâ. L'espace initiatique*, 2010.
Adon GNANGUI, *Droit des déchets en Afrique, le cas de la Côte d'ivoire*, 2010.
Toumany MENDY, *Aménagement du territoire et intégration sous-régionale ouest-africaine*, 2010.
Fweley DIANGITUKWA, *La Thèse du complot contre l'Afrique. Pourquoi l'Afrique ne se développe pas*, 2010.
Essè AMOUZOU, *Le mythe du développement durable en Afrique noire*, 2010.
Berthe Florence YMELE NOUAZI, *Travail social et Sida en Afrique. Au cœur des souffrances*, 2010.
Cyriaque Geoffroy EBISSIENINE, *La problématique de la santé et de la maladie dans la pensée biomédicale. Essai sur la normalité chez Georges Canguilhem*, 2010.
Toumany MENDY (avec la contribution de Mamadou Alassane Ndiaye), *L'illusion démocratique en Afrique*, 2010.
Joachim de DREUX-BRÉZÉ, *L'accession à l'indépendance de l'Afrique équatoriale française*, 2010.
Yao-Edmond KOUASSI, *Habermas et la solidarité en Afrique*, 2010.
Abdoulaye KANE, *Tontines, caisses de solidarité et banquiers ambulants*, 2010.
Essè AMOUZOU, *Le développement de l'Afrique à l'épreuve des réalités mystiques et de la sorcellerie*, 2010.
Régine LEVRAT, *Culture commerciale et développement rural. L'exemple du coton au Nord-Cameroun depuis 1950*, 2010.
E. NGUEMA MINKO, *Gabon : l'unité nationale ou la rancune comme mode de gouvernance*, 2010.
Sébastien Dossa SOTINDJO, *Cotonou, l'explosion d'une capitale économique (1945-1985)*, 2009.

Avant-propos

« Nous avons tellement l'habitude d'être gouvernés, que nous pensons que c'est la chose la plus naturelle du monde ... Depuis Hobbes cependant, les modernes ont acquis l'intuition qu'un tel fait méritait explication ... Aussi les philosophes se plongèrent-ils dans de profondes méditations ... et reconstruisirent l'histoire à partir de leur propre conscience » (A.-M. Hocart, *Rois et courtisans*).

..."L'impuissance relative des puissants" née de la provocation des résistances, des rebellions et, plus avant, des révolutions, évoquée par Balandier trouve ici une autre adaptation. C'est que les mouvements sociaux dévoilent les limites que le pouvoir et son ordre imposent à la vérité, leur ténacité démontre la vulnérabilité des pouvoirs publics, leur avènement révèle ce que les mises en scène et les cérémonies de démonstration de force essaient de cacher : l'impuissance étonnamment incontestable des puissants.

Ce travail est dédié

En premier lieu, à Dieu, le Créateur, Source de tout bien, de Qui tout procède, sans Qui rien ne se réalise, La Cause première de tout, pour Sa clémence en vertu de ce qui nous attend,

A mes Père et Mère, et à mes Grand-Parents, comme étant la cause seconde, pour m'avoir montré le chemin de l'apprentissage de la connaissance,

A ma femme, pour son soutien et pour sa patience,

A mes parents et à mes enfants, pour l'exemple,

A mon petit frère algérien Rahim Kacimi, et à tous ceux que je n'ai pas pu citer, qui ont participé de près ou de loin à l'édification du contenu de cet ouvrage.

Sommaire

Avant-propos 5
Sommaire 9
Introduction 11

PREMIERE PARTIE : DISSERTATIONS 17
    Chapitre I. Problematique de la Gouvernance et Notion de Pouvoir 19
    Chapitre II. Jurisprudences et Stabilite Politique 29

DEUXIEME PARTIE : HISTORIQUE ET ANALYSE DES REGIMES POLITIQUES POSTCOLONIAUX 47
    Chapitre III. La I^{ERE} Republique 49
    Chapitre IV. La IIE Republique 77

TROISIEME PARTIE : ENSEIGNEMENTS DES EPISODES DE MONTEE DES TENSIONS DES REGIMES POLITIQUES POST-CONFERENCE NATIONALE 87
    Chapitre V. La IIIE Republique 89
    Chapitre VI. La IVE Republique 105
    Chapitre VII. La V^E Republique 127

QUATRIEME PARTIE : MODELES INDUCTIBLES DE LA CAPITALISATION DES FACTEURS SOCIAUX ET POLITIQUES 173
    Chapitre VIII. Construction de l'Equation de Stabilite 175
    Chapitre IX. La Nature du Contexte International 181
    Chapitre X. Modelisation de l'Ordre Interne 195
    Conclusion 259
    Bibliographie 267
    Table des matieres 271

Introduction

Les épisodes des faits observables s'enchaînent avec une complexité évidente qui matérialise ce réel, dans le monde westphalien sur la scène internationale, et dans le domaine politique et social des Etats qui le composent.

La conduite des sociétés s'est métamorphosée au fil du temps comme nous le révèle l'histoire, dans la constance sans cesse renouvelée pour l'homme de faire face aux contraintes que lui imposent son environnement et la satisfaction de ses besoins existentiels. Des groupuscules éparpillés jusqu'aux royaumes, aux empires et à l'expression contemporaine de la gestion des sociétés par les Etats, le défi est resté d'asseoir une gestion qui réponde au mieux aux préoccupations des sociétés.

Le monde est multiple et affiche un visage complexe à la fois pour ce qui tombe sous la connaissance de l'homme et aussi pour ce qui n'est pas encore perçu ou connu. Dans ce bouillonnement d'événements parallèles et successifs, notamment dans la conduite et la gestion des sociétés, des organisations mises en place par l'homme émergent, atteignent leur apogée et disparaissent.

Le monde westphalien qui se compose des Etats sur la scène internationale par exemple, bien que perçu comme une organisation à faire évoluer vers l'objectif de l'avènement d'une paix durable sur terre, affiche un ordre sans cesse modifié. Les théories des Relations Internationales véhiculent une représentation du monde, de l'aspect conceptuel de la naissance des Etats, jusqu'au reflet de l'ordre hiérarchique qui ne saurait être contesté entre ces Etats. Le paradigme de l'état de nature lié au réalisme postule la naissance des Etats et sociétés à partir d'un souci partagé de créer une communauté organisée qui serait dépositaire exclusive du recours à la force pour éviter l'anarchie de la persécution des plus forts ou la guerre de tous contre tous. L'Etat est ainsi né de l'attribution que lui donnent les hommes du « monopole de la violence physique légitimé », expression de Max Weber. L'Etat, « réducteur de risques » pour Hobbes, dépositaire de la souveraineté, est investi des pouvoirs de justice et de police. Il en découle ainsi que les facteurs d'ordre et de stabilité internes sont des paramètres essentiels de la survie des Etats et dont les gouvernants en ont la lourde charge de matérialiser et de rendre effectifs. Les prérogatives régaliennes supposent que l'Etat reste l'unique source de légitimité politique.

La construction de la problématique du présent document, destiné à faire prendre conscience du processus collectif en cours de démolition de la société nigérienne, impose de considérer la nature de la gouvernance politique de l'Etat, les différents paramètres qui conditionnent l'avènement et le maintien de cette gouvernance et la prise en compte de toutes les contraintes dont celles internes, auxquelles sont soumis les acteurs élus gouvernants.

A côté de l'ordre interne, apparaît la nécessité de l'avènement d'un ordre externe. L'Etat est détenteur de la souveraineté de la société qu'il représente et exerce sa domination à partir de son autorité vis-à-vis de ses administrés. La nécessité d'assurer les prérogatives de protection de ses citoyens impose à l'Etat de faire face aux menaces externes qui peuvent se matérialiser, ce qui débouche immanquablement sur une légitimation du recours à la violence à l'extérieur. Le champ des relations internationales fut considéré comme le domaine où l'état de nature et la loi de la jungle continuaient à prévaloir, ce qui se traduit par un certain désordre qualifié par divers auteurs d'« anarchie des souverainetés ». Deux facteurs essentiels traduisent l'avènement de cette anarchie : d'une part les Etats se dotent des forces armées pour assurer leur sécurité, et d'autre part ces mêmes Etats se reconnaissent mutuellement le droit de recourir à la force. La paix est un paramètre essentiel à la vie et au bien-être de toute société. Il y a lieu de trouver les mécanismes qui permettent de la formaliser.

La structure "anarchique" des relations entre les nations a considérablement évolué. Le réalisme libéral, sans rejeter le paradigme de l'idée d'une anarchie internationale permanente condamnant les Etats à vivre sans cesse dans la crainte, postule que les Etats ne sont pas condamnés à vivre perpétuellement « à l'ombre de la guerre ». Le cours habituel des relations internationales démontre que la compétition va de pair avec la coopération. Hedley Bull propose le concept de « société internationale », essentiellement basée sur les Etats qui la constituent. C'est « un groupe de communautés politiques indépendantes qui ne forment pas un simple système dans le sens où la conduite d'une de ces communautés est un facteur indispensable dans le calcul des autres, mais qui ont également établi par voie de dialogue et de consentement, un ensemble de règles communes et d'institutions pour la conduite de leurs relations, et qui reconnaissent leur intérêt mutuel à maintenir ces arrangements ». La « société internationale » de Bull est une construction « consciente » (self-conscious) et « auto régulée » (self-regulating) s'articulant autour du contrat social lié (1) à la limitation de l'usage de la force pour une sécurité accrue, (2) au respect de la parole donnée, (3) à la protection de la propriété. Le ciment de ces trois fonctions est fourni par le principe de réciprocité fondé sur l'intérêt individuel. Il postule que l'actuel système international « est le reflet des trois éléments constitutifs des trois traditions : la guerre et le conflit pour le pouvoir entre Etats, la solidarité internationale, et enfin, la coopération et les rapports réglementés entre Etats ». Il suppose l'existence d'un ordre même s'il est par définition instable. Les instruments d'instauration de cet ordre sont : (1) relatifs à l'ordre par la puissance, l'ordre par l'équilibre et l'ordre par la guerre. Cet ordre étant illustré par l'octroi des sièges à l'ONU aux grandes puissances et la reconnaissance des droits et des obligations de ces grandes puissances qui atteste une volonté d'instaurer un ordre international stable. La « balance of power » est un instrument durable de régulation. La guerre est la troisième institution de cette société des Etats. (2) Les instruments d'instauration de l'ordre proviennent de la loi internationale qui permet progressivement la constitution d'un lien social entre les Etats, avec la formalisation de l'idée d'une société d'Etats souverains par libre consentement des volontés souveraines, la fixation des principes de base de la coexistence entre Etats, et la possibilité offerte aux Etats d'adapter leurs politiques aux règles en vigueur dans la collectivité internationale. (3) Les instruments d'instauration de l'ordre proviennent également de la diplomatie chargée d'assurer les fonctions de communication, d'information, de négociation et de minimisation de conflits.

Le pouvoir politique a pour rôle de créer le cadre qui favoriserait la construction de la société. Dans cette perspective, en plus des contraintes internes liées à la société elle-même, les acteurs gouvernants sont soumis à des contraintes supplémentaires liées à l'environnement international. La construction de la problématique traitée dans ce document impose de prendre en compte ces contraintes externes supplémentaires, de tenir compte de la hiérarchie des Etats et de l'influence que les Etats exercent les uns sur les autres, notamment les plus forts sur les plus faibles.

A partir des diverses actions politiques, des configurations des acteurs qui les produisent, des phénomènes et des conséquences de leurs effets sur l'ordre social, diverses théories ont été élaborées. Ces théories admettent un caractère réducteur dans la recherche de la globalité qui suppose le dépassement de la singularité de chacun des faits observés. Elles offrent un cadre rationnel de compréhension de ces phénomènes politiques, d'organisation, d'analyse et d'interprétation de leur portée. Le monde de l'après guerre offre une densité importante de phénomènes d'importance historique, parmi lesquels l'abandon du système colonial et l'indépendance des pays jadis colonisés, constituant la plupart des pays du Tiers Monde appelés aujourd'hui à leur demande, "pays émergeants". La théorie des systèmes politiques néo-patrimoniaux a énoncé des traits caractéristiques du fonctionnement des systèmes politiques de ces pays nouvellement indépendants. Il est permis de convenir que cette théorie s'applique à la plupart des régimes des pays d'Afrique aux lendemains des indépendances, malgré leur naissance à partir des systèmes démocratiques montés par les régimes coloniaux. Le contexte international de la guerre froide est fortement explicateur de la prégnance de ces systèmes. Il est possible de noter d'une part une forte accumulation du capital de pouvoir politique contrastant avec la faiblesse du pouvoir économique et d'autre part une capacité de manipulation de ce pouvoir par les élites qui en sont détentrices.

L'analyse de l'évolution politique du Niger offre un cadre d'étude qui permet d'appréhender les raisons qui motivent l'avènement des instabilités et des turbulences politiques en période démocratique, ces turbulences étant illustrées par les événements politiques qui se succèdent et l'interprétation qu'il est possible de faire. Ces turbulences politiques constituent la première clé de l'explication de la métamorphose de la société nigérienne contemporaine, une métamorphose plutôt synonyme de démolition. Au lendemain de son indépendance, et parmi les acquis de l'héritage colonial, figure la mise en place d'un régime démocratique lors de la passation du pouvoir politique au Niger. Ce régime de la Ière République va connaître un virage vers le règne du parti unique jusqu'au 15 avril 1974, date à laquelle, des officiers de l'armée, regroupés au sein du Conseil Militaire Suprême (CMS) réussissent un coup d'Etat militaire et amorcent un autre virage vers une dictature militaire. A la mort du général, Chef du CMS en novembre 1987, c'est le Chef d'Etat Major des Forces Armées Nigériennes (FAN) qui lui succède. Avec le souffle du vent de l'est en 1990, le régime entame une transition démocratique couronnée en 1993 par des élections générales. Ces élections marquent le début du règne du premier président démocratiquement élu pour diriger la IIIe République. Mais les turbulences politiques et sociales que va traverser le régime démocratique de la IIIe République vont se solder le 27 janvier 1996, par un second coup d'Etat réussi de l'histoire du Niger. Les militaires reviennent alors au pouvoir. Un général d'armée devient le nouvel homme fort du pays à la tête du Conseil de Salut National (CSN). Le général organise des élections et se fait élire pour diriger la IVe République. Malheureusement, le 9 avril 1999, le président de la République est assassiné sur le tarmac de l'escadrille nationale par sa propre garde. Le Chef d'Escadron commandant d'armée auteur de ce coup d'Etat va conduire une nouvelle transition à la tête du Conseil de Réconciliation Nationale (CRN) qui va durer jusqu'au 24 novembre 1999. Cette date correspond au deuxième tour des élections présidentielles pluralistes jumelées avec les législatives. La Ve République vient donc de naître. Elle connaîtra une relative stabilité pendant le premier mandat de cinq ans malgré la prégnance des scandales politico-financiers. Ces scandales vont davantage marquer le second mandat avec pour conséquences, de nouvelles turbulences politiques. L'effervescence sur le front social qui s'en suit occasionne la naissance d'une société civile devenue particulièrement active au fil du temps. L'un des derniers maillons de la chaîne démocratique vient ainsi d'être complété. Il ne reste plus qu'à tirer les enseignements de l'histoire pour asseoir une gouvernance démocratique stable, qui réponde au mieux aux préoccupations des populations.

L'analyse de cette évolution de l'histoire politique contemporaine du Niger permet de proposer une organisation des contraintes sociales, politiques, économiques et internationales qui pèsent sur les acteurs politiques. Le résultat attendu du présent travail de recherche est de mettre en évidence les modulations du système social nigérien pendant les différents régimes qui se sont succédé, en utilisant les grilles de lecture qui présentent les traits généraux des sociétés, notamment les diverses théories qui enrichissent le domaine de la science politique. La détermination des marges de manœuvre des acteurs gouvernants dans chaque épisode de l'alternance des régimes qui se sont succédé est un des facteurs explicatifs du modèle de gouvernance. Ces marges de manœuvre dépendent à la fois de la nature du contexte interne, du contexte externe et du caractère propre à ces acteurs gouvernants.

En situant son intérêt dans la logique de la dénonciation d'une société nigérienne en démolition, la problématique traitée dans ce document a trait à l'élaboration d'une théorie de la stabilité des régimes démocratiques. Pour les besoins de formuler l'énoncé de cette théorie, il est important de noter que la garantie initiale de la stabilité des régimes appelés à se succéder ne peut provenir d'abord que d'une plus grande proximité de la gouvernance avec les aspirations populaires, ensuite de l'équilibre des forces qui animent la scène nationale, avant toute intégration de l'influence des facteurs externes, sans pour autant négliger leur impact. La position de ces paramètres dans le modèle global tient du fait que les acteurs politiques et sociaux n'ont pas de grande influence sur ces facteurs externes autre que de les accepter ou les refuser. Ce positionnement des acteurs internes vis-à-vis des normes externes dominantes est d'autant plus important qu'on assiste à une certaine "occidentalisation forcée" des normes et des comportements, qui ne sont pas immédiatement conformes aux valeurs internes et que beaucoup d'acteurs tentent de reproduire en commettant l'erreur de la simple recopie. Les théories de l'Etat faible énoncent divers aspects des multiples carences de l'Etat, principalement dans les pays émergeants où l'universalisation forcée du modèle occidental a souvent provoqué des catastrophes.

Trois principaux facteurs vont servir de base pour le besoin de développer la théorie de la stabilité des régimes démocratiques, c'est-à-dire la certitude ou l'incertitude de la probabilité d'un changement hors cadre démocratique. Le premier facteur concerne le contexte national, le deuxième, le contexte international ou le rapport des acteurs politiques gouvernants avec les puissances économiques et politiques dominantes, et enfin le troisième facteur a trait à la nature des acteurs dirigeants eux-mêmes, pour ce qui paraît de leur propre comportement.

L'édification du modèle de stabilité politique comme objectif du présent travail nécessite de prendre en compte trois principaux facteurs, qui concourent à la définition de la stabilité, en ce sens qu'il s'agira de définir et d'analyser des paramètres de détermination du degré de stabilité, c'est-à-dire la certitude ou l'incertitude de la probabilité d'un changement hors cadre démocratique. Ces facteurs couvrent d'abord le contexte national avec le fonctionnement de l'armée, avec le comportement des acteurs sociaux et avec la configuration des acteurs politiques. Ils couvrent également le contexte international en servant de reflet de la nature des rapports des gouvernants avec les puissances mondiales. Ces facteurs qui déterminent la stabilité couvrent aussi le reflet de la nature des dirigeants et vont permettre de procéder à leur classification. La combinaison d'une catégorie d'acteur avec un type de contexte national et international peut faciliter la détermination du degré de certitude ou d'incertitude de la probabilité d'un changement hors cadre démocratique.

La première partie du présent document est consacrée à la construction d'une dissertation qui fixe le cadre politique d'initialisation des aspects de la gouvernance abordés. La deuxième partie donne l'historique des régimes politiques du Niger de la période des indépendances jusqu'au souffle du vent démocratique venant de l'est. Une présentation des faits politiques marquants est faite sous le principe des discussions analytiques après chaque présentation. La troisième partie est consacrée à l'historique et à l'analyse de la succession des événements politiques qui ont marqué les régimes de la période démocratique, de la conférence nationale à nos jours. Cette partie met en exergue les enseignements qu'il est possible de tirer des épisodes de montée des tensions en utilisant le triplet contexte interne - contexte externe - caractéristique des acteurs gouvernants. Il s'agit d'une approche proposée et utilisée dans le sens d'élaborer la métaphore de « l'équation de stabilisation » des régimes. La quatrième et dernière partie comporte les différents modèles proposés en guise de contribution à l'évolution de la société nigérienne, ainsi qu'à la prise de conscience des différents enjeux par les acteurs politiques qui aspirent à la gouverner. La démolition de la société n'est donc pas un processus irréversible. C'est pourquoi, cette partie intègre un modèle de la gouvernance sociale, un modèle politique, un modèle de l'armée, de développement économique et de développement du cadre urbain.

Première partie : Dissertations

Chapitre I. Problématique de la Gouvernance et Notion de Pouvoir

Les reformulations récurrentes de l'expression démocratique au Niger depuis son avènement en 1990, en tant que matière d'analyse, permet de saisir les variables indépendantes qui expliquent l'évolution des tensions, le blocage politique qui survient et les changements hors cadre démocratique qui ont eu lieu. Les tensions proviennent de plusieurs ordres. Elles relèvent en partie de l'ordre social avec une société civile qui s'est émancipée au fil des événements; elles relèvent aussi de l'ordre militaire avec des mutineries et des rebellions récurrentes; elles relèvent de l'ordre politique avec une aspiration des acteurs à une nocivité réciproque, accompagnée d'une aspiration à perpétuer un règne hégémonique; et enfin elles relèvent de l'ordre international qui s'impose sans y être invité, de façon constante dans tous ces domaines. Les tensions qui caractérisent ces domaines traduisent la problématique de la "gouvernabilité" de la société nigérienne en particulier, sachant que de façon générale, le concept de "gouvernance" apparu dans les années 70 fait référence aux problèmes de la « gouvernabilité » des sociétés modernes. Le corps social nigérien est certes atomisé, et l'ouverture du monde admet une prolifération des réseaux qui facilitent l'émancipation des citoyens d'une allégeance exclusive au pouvoir, mais le pas de la résistance accrue à toute forme d'autorité n'est pas encore franchi, une organisation politique et sociale efficace peut permettre de tourner le dos à l'anarchie.

Une synthèse de la formalisation des types de rapports entre l'Etat et la société et des modes de coordination qui rendent possible l'action publique permet de mieux saisir la problématique de la gouvernance. Le constat de la crise que traverse l'action publique conduite par les autorités politiques est perceptible comme une caractéristique du monde contemporain. La crise est liée à la difficulté sans cesse croissante de concilier la multiplicité des intérêts privés qui se reconnaissent de moins en moins dans un « intérêt général ». La difficulté de définir ce qu'est cet intérêt général le rend insaisissable et mythique et explique la distance que mettent les citoyens avec ce concept, une distance qui évolue en s'agrandissant. L'agrandissement est accentué par le comportement des acteurs politiques qui n'hésitent pas à se servir du flou pour justifier l'injustifiable, ou poser des actes qui ne coïncident pas avec les attentes des populations. Les acteurs politiques nigériens ne sont pas encore au stade de la justification scientifique de leur choix pour l'imposer aux citoyens, cette pratique admet déjà ses limites dans les pays avancés.

Le réflexe facile des justifications liées à des engagements internationaux est apparu à l'époque actuelle du règne de la Ve République. La loi des finances rectificative de 2004-2005 a été associée par les gouvernants à un impératif qui n'a pas rassuré ses propres auteurs à fortiori le peuple, notamment l'impératif de se conformer aux directives de l'UEMOA (Union Economique et Monétaire Ouest-Africaine). Le bon sens minimal commande de mesurer une telle justification face à une préoccupation du peuple en pleine famine, qui lutte non pas pour obtenir un bien-être complémentaire, mais pour satisfaire le besoin élémentaire de tout individu. Dans le cas d'une telle équation, celle qui associe la satisfaction des directives externes et la satisfaction des besoins élémentaires des populations, qu'est ce qui logiquement doit être érigé en "priorité absolue" de façon rationnelle : créer des conditions qui permettent d'arriver à assurer le minimum vital des populations ou procéder purement à la négation d'une telle aspiration et asseoir une gestion au profit du capital d'un groupe qui se trouve à l'extérieur du territoire qui les a élus ? La gouvernance au moyen des politiques publiques attendues par les populations est-elle un aspect pris en compte par ces acteurs politiques ou préfèrent ils asseoir cette gouvernance dans l'optique de satisfaire un groupe extérieur pas forcément compatissant à l'égard des variables de l'équation ? L'observation attribue à ces acteurs un penchant pour imposer en silence des choix qu'ils appréhendent préalablement comme difficilement acceptables par les citoyens. Et lorsque les citoyens découvrent la supercherie, ce sont les suppôts traditionnels du régime qui sont mobilisés avec une langue de bois à toute épreuve. Il y a pourtant un référentiel qui indique l'écart entre les aspirations des citoyens et les actes posés par les acteurs politiques. Le bon sens suffit quelquefois pour permettre de déceler l'écart. Mais de toute évidence, il y a lieu de ne pas sous-estimer la faculté des citoyens de juger du bien-fondé d'une action et de ce qu'elle est susceptible d'améliorer de leur quotidien.

Section 1. La problématique de la gouvernance

La problématique de la gouvernance est davantage accentuée lorsque le besoin de définir la « bonne gouvernance » est apparu, qui traduit une certaine inadaptation des Etats face aux nouveaux défis de l'interdépendance. Le nouveau concept pose le problème de l'agrégation des intérêts particuliers, dans le sens d'asseoir une meilleure régulation entre la nécessité de résoudre la crise de la représentativité et la nécessité qui impose de négocier avec des particuliers représentant des intérêts privés. La territorialisation de l'action publique participe à cette dynamique de la "bonne gouvernance", du fait de la nécessité d'attribuer une réelle autonomie à des démembrements du territoire tout en imprimant une direction qui laisse à l'Etat son rôle d'arbitre (J.J. Roche, *Théorie des relations internationales*).

Dans la synthèse élaborée par Roche (2005, p. 249), le problème de la crise de l'Etat et les multiples tentatives de réforme de l'action gouvernementale peuvent être résumés par la conjonction de quatre phénomènes :
Incapacité à mettre en vigueur la réglementation existante (implementation problem),
Refus des groupes de reconnaître la légitimité de la bureaucratie trop éloignée du quotidien (motivation problem),
Mauvaise affectation des moyens en vue d'atteindre des fins jugées souhaitables (knowledge problem),

Inadaptation croissante des instruments classiques d'intervention (governability problem).

Une autre facette de la problématique de la gouvernance accentue la crise de l'Etat, celle de la nature des acteurs politiques à l'initiative desquels les actes de l'Etat portent les germes des problèmes ci-dessus énumérés. Il est tout aussi important de s'intéresser aux acteurs politiques et à leur morale, à leur capacité à tenir des engagements, à leur capacité à installer un système de gestion transparent dénudé d'hypocrisie dans leurs rapports avec la chose publique. Il est utile de se demander pourquoi faut-il que des acteurs civils organisent des manifestations pour que les acteurs politiques consentent à les écouter ou à tenir compte de leur revendication. Et dans ce jeu de négociation qui s'instaure, le spectacle donne une impression paradoxale d'un rôle inversé, c'est-à-dire que les acteurs civiles se retrouvent à défendre l'intérêt général tandis que les acteurs politiques se limitent à des intérêts particuliers, ceux de leur groupe ou les intérêts liés à leurs besoins de perpétuer leur domination. Dans un tel contexte, la nature humaine des dirigeants joue un rôle important. Il est légitime de vérifier en pratique, si réellement les instruments qui organisent l'accès à la magistrature suprême, intègrent des mécanismes qui permettent d'éviter qu'un acteur à moralité « néo-nazi » par exemple prenne le pouvoir, et que même s'il ne commet pas autant de mal que ses prédécesseurs, que le pouvoir se retrouve de toute façon corrompu dans sa nature, que le mal soit fait avant qu'il soit arrêté, ou par le temps ou par les hommes ou les deux. En réponse à l'amélioration du choix des acteurs gouvernants, il est de toute évidence important de définir des traits de classification des acteurs politiques et d'établir un système de valeurs sur la base d'un corps d'hypothèses relatives à leur capacité à gouverner. Pour cela, il est possible de procéder à l'observation de leur comportement, l'observation devant permettre de vérifier le corps d'hypothèse. Il est attendu de chaque acteur, qu'il définisse sa place dans la société, dans l'histoire et dans le système de valeurs en fonction de son propre comportement. La gouvernance est liée à l'exercice du pouvoir. Pour comprendre la nécessité de répondre par adaptation aux tensions qui surviennent, il faut non seulement capitaliser les acquis de l'histoire récente, mais aussi comprendre ce qu'est la notion de pouvoir elle-même, savoir ce qu'elle implique et les responsabilités qui reposent sur les acteurs investis de cette tâche, lorsqu'ils sont élus gouvernants.

Section 2. Dissertation sur la notion de pouvoir

Les crises sont inséparables du quotidien individuel et collectif. Elles peuvent être plus ou moins accentuées en fonction des circonstances et du temps. Il est attendu du pouvoir qu'il permette de les atténuer. Balandier admet à ce titre que « le pouvoir est identifié par sa capacité à produire des effets, par lui-même, sur les personnes et sur les choses ». Les réactions des acteurs étatiques prennent forme lorsqu'ils initient des règles et des lois pour faire face aux responsabilités que leur incombe la gouvernance de l'Etat. Cependant, « Il n'existe aucune société où les règles soient automatiquement respectées » (Mair, 1962). Ainsi, « toute société ne connaît que des équilibres approximatifs et donc vulnérables : le pouvoir a pour fonction de la défendre contre ses propres imperfections, de la maintenir en état" ». La compétition dans le sens d'améliorer ces imperfections est une pratique universelle inter et intra peuples.

La compétition est un principe social qui se doit d'être régulé pour éviter l'anarchie et faire tendre la société vers un fonctionnement plus rationnel, plus acceptable de l'entendement de ses membres. Le pouvoir a la responsabilité d'asseoir des mécanismes qui participent au contrôle de la compétition. « Lorsque les rapports sociaux gagnent en extension, une compétition croissante intervient entre les individus et entre les groupes, le pouvoir est un moyen de la contenir en fonction de l'ordre prévalent » (Balandier, *Traité de Sciences Politiques*, p. 313). La gouvernance n'est donc pas de nature linéaire, elle s'adapte aux contraintes imposées par le temps, notamment des tensions qui surviennent au fil de l'évolution de la société. Cependant, si la gouvernance ne peut être dissociée des tensions qui caractérisent la société, l'évolution de ces tensions peut atteindre un seuil tel que le pouvoir se retrouve en situation extrême. Les mécanismes de réponse qui existent sont progressivement améliorés au fur et à mesure de la détection de ces imperfections. C'est pourquoi, il est utile de procéder à une analyse approfondie des tensions qui ont accompagné l'avènement démocratique au Niger, notamment celles qui ont porté des coups d'arrêt à ce processus au point de le dénaturaliser et le faire tendre vers la pratique d'un éternel recommencement.

La synthèse des énoncés précédents des principes du pouvoir par Balandier ramène à la liaison entre ces trois principes que l'auteur stipule, laquelle liaison permet de saisir le pouvoir en tant que producteur d'effets d'ordre. Ces trois principes liés entre eux sont, la capacité du pouvoir à produire des effets, sa fonction de défense de la société contre ses propres imperfections et sa fonction de contention de la compétition croissante entre les individus. L'existence de toute société est indissociable de l'existence du pouvoir, et l'étude de toute société permet d'identifier les formes que prend le pouvoir. Le pouvoir « est présent en toute société sous des formes multiples et variables, parce qu'il résulte de la nécessité de lutter contre l'entropie qui la menace de désordre » (Balandier, 1967). Le déséquilibre des conditions sociales des individus qui composent la société, de même que le déséquilibre des rapports entre ces individus sont des données intrinsèques qui marquent cette société. Cette caractéristique est résumée par l'auteur en stipulant qu'« une société où les relations réciproques entre les individus et les groupes seraient parfaitement équilibrées, élimineraient toute coupure inégalitaire et tout antagonisme, paraît être une société impossible. Le pouvoir se renforce avec l'accentuation des inégalités, qui sont la condition de sa manifestation ». Les acteurs gouvernants sont donc placés devant une responsabilité supplémentaire, celle qui consiste à assurer le règne de l'équité entre les composantes de la population, le cas échéant, c'est qu'ils ont opté pour le moindre effort, c'est-à-dire qu'à la place de la lutte contre les inégalités déjà existantes, ils choisissent de les perpétuer ou de les accentuer en fondant leur règne sur la division qui facilite la domination. Pour les besoins de la classification des acteurs qui ont gouverné les régimes qui se sont succédé au Niger, il est attendu du gouvernant qui perpétue son règne de façon synchrone aux aspirations de sa société, qu'il choisisse de lutter contre le déséquilibre à travers des politiques publiques entendues comme telles, et non de l'accentuer par le choix défaillant de la facilité ou en perpétuant la vieille règle des empires qui consiste à accentuer la division par l'accentuation du déséquilibre pour satisfaire son objectif personnel, celui de régner envers et contre tout. Le choix de synchroniser la gouvernance de l'État aux attentes des populations requiert un courage qui n'est pas uniformément partagé et qui n'est pas permis à tous. Le choix de la synchronisation est d'autant plus important que la segmentation est une réalité propre à la société et la dynamique unitaire une nécessité existentielle. La segmentation fait référence à la multitude d'ethnies, de tribus, de communautés qui composent nos sociétés et qui l'enrichissent. Elle fait référence à la catégorisation par genre avec la panacée actuelle de lutte contre « les discriminations faites aux femmes ». La société est segmentée par l'âge des citoyens et la richesse de la société nigérienne est que la tradition est restée à cet effet invariante. En effet, de même que dans les autres pays d'Afrique, la tradition au Niger apporte dans cette segmentation par l'âge, un principe d'instauration et de maintient de l'ordre : le respect est dû au plus âgé et constitue une obligation. Plus l'individu prend de l'âge et respecte cet âge, plus il accède aux hauts rangs de l'estime et de privilèges que doivent nécessairement lui accorder les moins âgés. Les dimensions de la segmentation sociale apparaissent dans de multiples pensées de Balandier : « toute société est "segmentée". Sa réalité révèle des sociétés dans la société, inégales et concurrentes, liées par des rapports de domination-subordination, soumises chacune à leur logique propre et à la logique de leurs relations mutuelles. Le pouvoir est un dispositif nécessaire à la production de l'effet unitaire c'est-à-dire des apparences qui font que la société s'impose comme un ensemble cohérent ». Le principe de domination-subordination qui accompagne la segmentation par l'âge doit être perçu dans son aspect positif, en ce sens qu'il ne s'agit pas d'une domination du type maître-esclave, mais une domination qui instaure le respect et la politesse. Les plus jeunes les accordent d'abord aux plus âgés, ces derniers leur font bénéficier de leur estime en retour. Ainsi, au fil de l'âge, ceux qui avaient le devoir de manifester ces comportements de respect et de politesse se voient à leur tour attribuer le rôle de ceux qui les reçoivent et qui accordent leur estime. Dans leur âge avancé, les individus sont dépositaires d'innombrables expériences et de connaissances à capitaliser, et le réconfort de l'âge avancé est tiré en permanence du désir de communiquer ces acquis capitalisés aux moins âgés, pour qu'à leur tour, ils évitent certains des principaux pièges de la vie. Le principe de la segmentation par l'âge apporte donc une capitalisation des expériences sur plusieurs générations et fonde une société plus robuste dans le temps, si ce n'est l'état de nature humaine qui pousse à l'oubli et à la tentation. Le malien Amadou Hampaté Ba disait en substance, « en Afrique, un vieillard qui meurt est une bibliothèque qui brûle », et certainement à sa mort, c'est une bibliothèque qui a brûlé.

En plus des exemples de critères de segmentation déjà énoncés, il est important de spécifier que la société traditionnelle nigérienne est structurée hiérarchiquement et comporte en son sein, des chefferies et des royautés traditionnelles que la colonisation n'a pas effacé, et qui avaient pour fonction de gouverner les sociétés et les communautés. Dans la logique de cette gouvernance, pour faire face à la segmentation de la société traditionnelle, ces gouvernants ont instauré des règles qui établissent l'ordre hiérarchique social et veillent à les faire respecter. "A chacune des menaces fatales, les sociétés de la tradition opposent des réponses. Dans le premier cas, apparaît la reconnaissance d'une fonction du désordre au sein même de l'ordre. Il faut faire la part du feu en le libérant afin de mieux le soumettre; d'opérer sa transformation positive" (Balandier, *Traité de Sciences Politiques*, p. 329). Si la gouvernance traditionnelle possède des acquis qui ont perpétué la cohésion entre les communautés, il est attendu de la gouvernance moderne qu'elle puisse les reproduire, si elle ne peut pas les renforcer. L'acteur élu gouvernant a sur lui, la charge d'une telle responsabilité.

La pratique de la gouvernance enseigne à ceux qui ont choisi la compétition pour l'exercer, la sagesse de se conformer à l'évolution instable des conditions de l'exercice du pouvoir. L'évolution n'est pas linéaire, au contraire, elle donne l'image d'une courbe sinusoïdale avec des pentes parfois raides et brutales matérialisées par des crises de diverses formes ou des situations d'urgence, qui mettent les gouvernants à l'épreuve d'un pouvoir sous pression extrême. Dans la compétition pour obtenir la gouvernance de l'Etat, les individus sont amenés à déployer des stratégies. Ces stratégies doivent normalement refléter une certaine souplesse et permettre en un sens d'améliorer leur capacité d'adaptation quant aux épreuves qu'ils doivent franchir. Ces épreuves constituent tout aussi le reflet d'une évolution sinusoïdale. Les aspirants à la gouvernance la considèrent comme étant la matérialisation d'un bonheur du fait du rôle social qu'elle implique et du piédestal sur lequel elle installe celui qui acquiert le rôle de gouverner. Comme tel, la gouvernance soumet ses aspirants à la nécessité de s'éloigner de tout aveuglement traduit par l'obsession d'avoir trouvé le seul chemin possible qui les mène à elle, et qui, de ce fait, les empêche de s'adapter à la courbe sinusoïdale. La bienveillance leur impose de s'abaisser devant l'aspiration populaire et non de chercher à imposer aux citoyens des choix incompatibles aux lois et règlements, incompatibles aux entendements des citoyens. La bienveillance impose également aux candidats à la gouvernance de l'Etat de se retirer momentanément de la scène s'il le faut pour éventuellement mieux préparer leur retour. La capacité d'adaptation de chaque individu est évoquée de façon explicite par Jérémie Bentham lorsqu'il affirme que « l'individu cherche avant tout son profit personnel dans ses relations à autrui. Placé sous l'empire du plaisir et de la souffrance, l'homme cherche à augmenter l'un et à éviter l'autre, ce qui le conduit à adopter une stratégie qui l'incite parfois à différer un bonheur immédiat pour s'en assurer un autre plus important à plus long terme ». La relation des aspirants à la gouvernance avec les moyens d'accès à cette gouvernance nécessite d'être symbolisée par une conduite à perpétuelle adaptation, une relation qui normalement ne laisse pas de place à la rigidité. Il importe de noter que l'avènement de la multiplicité de partis politiques n'ayant qu'une présence symbolique sur l'échiquier traduit l'absence d'appropriation par les acteurs qui les dirigent, du principe de différenciation d'un intérêt immédiat en attendant un autre plus important. Ces acteurs politiques, que nous classons dans la catégorie des acteurs de "bandwagoning" ou de "complément d'effectif" ou encore de "satellite", inaugurent la pratique du "mercantilisme politique". Etant pour la plupart présent pour la distribution des postes offerts à l'occupation de leur parti, les leaders les plus respectueux de leur bureau politique réunissent leurs compagnons pour avaliser leur nomination au poste offert, tandis que, les plus égoïstes ne mettent en place aucune consultation. Il leur suffit juste de faire semblant, « faire un tour », « boire un café » et revenir pour répondre aux distributeurs des postes qu'en dehors d'eux-mêmes, il n'y a pas d'autres candidats, insistant même pour que le temps ne soit pas perdu. Le comportement de "mercantilisme politique" se situe à la position extrême dans l'occupation des postes politiques. Il se situe à l'opposé d'un autre comportement à l'autre extrémité, celui de l'acteur obstiné dans la conquête d'un poste politique. Parmi ces acteurs, apparaissent ceux qui n'ont jamais postulé à un poste de députation, leur objectif étant la magistrature suprême, et il en faut de l'endurance pour y parvenir. Le pouvoir impose ses épreuves à celui qui choisit de le conquérir. Le cas est illustré en 1995 lorsque le MNSD obtint par deux fois avec ses alliés la majorité à l'Assemblée nationale et que le président du parti qui n'a pas postulé à un poste de députation, décide de laisser la Primature à son Secrétaire général. Son objectif était la Présidence de la République, n'est-il pas opportun de se demander pour quel projet ? La tradition musulmane énonce que lorsqu'un acteur demande à avoir le pouvoir, c'est qu'il a des motivations et des intérêts qui lui sont propres, peu importe leur compatibilité avec ceux de la société. Une telle gouvernance ne risque-t-elle pas immanquablement de dévier des normes musulmanes selon lesquelles, un individu ne doit pas demander à avoir le pouvoir, les autres peuvent se faire un devoir de le solliciter. Paradoxalement, la sagesse tient dans cet exemple illustratif, du rôle effacé de l'acteur dans l'exercice de la gouvernance de l'Etat lors du premier mandat qui lui a été accordé. Un facteur explicatif de l'atténuation bien plus tard de cette sagesse est lié à la nature de la gouvernance elle-même, du fait qu'elle impose son temps d'adaptation. En réalité, il n'y a que Dieu qui sache véritablement ce que peuvent être les réelles motivations de tout individu.

Malgré l'opportunité offerte par la Constitution, celle qui autorise les candidatures indépendantes, et malgré aussi les acquis positifs de l'expérience béninoise et malienne à travers lesquels, des acteurs ont été élus gouvernants sans le passage rituel à un militantisme politique au sein d'une structure, le processus d'accès à la gouvernance au Niger est encore au stade primaire en attendant son évolution. Il reste dominé par le passage à travers le processus d'acquisition de la caution des partis politiques. L'accès à la direction des partis politiques au Niger est plus fermé qu'ouverte, ces structures étant des organes qui permettent à leur dirigeant de perpétuer leur domination. Les interactions entre les acteurs qui composent ces partis offrent un cadre d'analyse politique enrichissant et révèlent déjà le visage des acteurs qui aspirent à la gouvernance de l'Etat. Les partis politiques offrent un reflet de l'intensité du pouvoir exercé par leurs leaders sur leurs compagnons, et les déductions qu'il est possible de faire sur leur capacité à gouverner. Philippe Braud admet que « la relation de pouvoir, comme interaction entre individus, se révèle ainsi fortement liée à l'existence initiale d'intérêts contradictoires ou, du moins, divergents. Mais plus la relation de pouvoir croit en intensité et en efficience, plus elle tend à supprimer le conflit : soit superficiellement en lui ôtant toute visibilité, soit très profondément, en opérant un remodelage radical des intérêts des assujettis ou de la représentation qu'ils s'en font. Le consensus devient alors le stigmate d'une relation de pouvoir totalitaire ». L'échiquier politique révèle des leaders dont le comportement est celui de l'acteur en lutte permanente contre son propre camp, occasionnant par là, le départ récurrent des membres influents de son parti, et que même l'affaiblissement du parti ne parvient pas à faire prendre conscience de la dérive d'un tel comportement. Un tel acteur admet difficilement l'émergence d'un autre acteur à ses côtés, bien qu'il soit plus judicieux de par la logique progressiste, de ne pas étouffer les acteurs qui débordent de volonté de travail. Ces volontés ne sont pas systématiquement adverses ou potentiellement adverses au leader, si comme le veut la démocratie, le principe de rotation est appliqué chacun à son temps, sauf si le leader aspire au règne de "l'illimité" sur son parti. Il y a plus à gagner en compétitivité par la création d'un cadre commun dans lequel les acteurs apportent les preuves de leur compétence, tandis que le leader utilise ce travail pour réaliser l'objectif assigné au parti dont il sera le premier bénéficiaire.

L'exercice du pouvoir en tant qu'attrait pour les individus est enjolivé à la fois par les cérémonies de manifestation de ses effets, tout comme par la possibilité offerte à l'acteur gouvernant de disposer d'un pouvoir d'injonction sur ses assujettis. Philippe Braud admet que « l'injonction pourrait être provisoirement définie comme la manifestation de la volonté d'un acteur A, opérée selon les modalités telles qu'elle constitue la condition nécessaire et suffisante du comportement de l'acteur B ». L'exercice du pouvoir est également enjolivé par l'exercice de la domination des acteurs gouvernants, une domination liée à la distribution inégale des ressources (bases) de pouvoir prévalant dans une société déterminée. Ces ressources sont de 3 catégories : les biens et services matériels, les biens symboliques, la force. (Braud, *Traité de Sciences Politiques*, p. 348).

Cependant, dans les rapports de sollicitation d'appui entre les acteurs politiques pour la création des alliances électorales ou de la gouvernance de l'Etat, l'injonction cède la place à l'influence. L'auteur définit l'influence « à la différence du pouvoir d'injonction », comme étant « intrinsèquement un pouvoir de séduction qui suppose chez l'assujetti, la perception subjective d'un avantage positif à subir l'influence ». La règle qui consacre la perception de l'avantage positif à subir l'influence est la clé de l'explication de la prolifération des partis de "complément d'effectif" et du comportement des acteurs politiques qui les dirigent. L'auteur étend la définition précédente de l'influence en spécifiant les trois formes qu'elle revêt, à savoir, la persuasion, la manipulation et l'autorité.

« La persuasion suppose une démarche positive et non clandestine, de A auprès de B, pour le convaincre que ses intérêts sont ailleurs que là où il le croyait, du fait de son ignorance, d'informations insuffisantes ou erronées. La première forme de persuasion repose sur une tentative d'élucidation accrue grâce à une information ouverte et honnête donnée directement ou indirectement. La seconde forme de persuasion implique non pas une élucidation mais une reconstruction ou un déplacement des intérêts réels de B grâce à un nouvel élément : la promesse de récompense ». Cette forme d'influence est surtout perceptible dans les rapports entre les grands partis de l'échiquier politique où règne un certain respect de l'adversaire politique. Un tel comportement des leaders politiques nigériens est motivé par le fait qu'aucun parti ne peut logiquement prétendre gouverner seul ou disposer d'une majorité à la chambre des représentants sans passer par une alliance. « La manipulation : le premier élément constitutif de cette relation d'influence est l'ignorance du manipulé vis-à-vis de l'action du manipulateur qui l'a amené à "faire ce qu'autrement il n'aurait pas fait". Le second critère constitutif est l'intervention délibérée du manipulateur ». La manipulation est une forme d'influence qui ressort dans les rapports entre les grands partis et les partis de "complément d'effectif". Le spectacle des élections montre des affrontements internes dans ces partis sur la base d'une subdivision en "aile du grand parti X", affrontements dans lesquels les déclarations des belligérants se résument à apporter des soutiens à un leader de l'un des grands partis.

« L'autorité : fondée sur le charisme personnel, fondée sur la compétence, fondée sur la légitimité ». L'autorité est une forme d'influence qui apparaît surtout dans les rapports entre l'acteur élu gouvernant et les partis politiques. La règle démocratique admet un caractère déséquilibré lorsqu'elle stipule qu'un acteur soutenu par un parti politique arrive au pouvoir et se met au-dessus des partis politiques, sachant que son parti constitue son principal soutien pour exercer sa gouvernance, notamment au niveau de l'Assemblée nationale pour faire voter le budget ou les lois de l'exécutif. Le caractère déséquilibré apparaît aussi du fait de l'existence d'une opposition au pouvoir politique rassemblée autour des partis politiques, et que le gouvernant est censé traiter au même titre que le parti qui lui permet d'exercer son pouvoir. La règle est formulée, son respect ne tient que de l'apparence, ou pour certains points conformes à l'application de la loi. Cependant, la Ve République offre une expression de l'autorité liée au charisme du gouvernant et au respect qu'il a réussi à imposer aux autres acteurs politiques. Son retrait de la scène du spectacle politique, la création du Conseil National de Dialogue Politique et les audiences fréquentes qu'il accorde au leader de l'opposition politique sont des mécanismes qui participent au renforcement de son influence et de son autorité. Le revers de cette pratique implique qu'elle soit source d'instabilité politique, du fait que l'équilibre suppose que les charismes du gouvernant et celui de l'opposant se neutralisent. Si l'un s'oblige volontairement à être en phase avec l'autre sur tous les points, il y a déséquilibre et manquement au rôle constructiviste qui émane normalement de conceptions contradictoires et de critiques constructives.

L'exercice du pouvoir est enjolivé par l'usage possible de la force qui est offert aux acteurs gouvernants. Il en est un acteur qui confesse sa fascination pour l'exercice du pouvoir à travers son rôle et celui de ses administrés, c'est-à-dire qu'il leur dise de faire et qu'ils fassent, qu'il leur dise d'arrêter et qu'ils arrêtent. Dans les deux cas, c'est lui qui décide et les autres obéissent, peu importe que l'obéissance soit fondée sur la crainte de l'usage possible de la force. L'exercice du pouvoir du précédent Gouvernement de la Ve République s'est traduit plus par le réflexe d'un usage abusif de la force face aux revendications sociales, par la répression des manifestations et par l'emprisonnement. Il est utile de convenir avec Max Weber qui rappelle dans son analyse des phénomènes juridiques « qu'il existe des moyens de coercition non violents qui agissent avec une puissance égale, voire, selon les cas, supérieure à celle des moyens de force ». L'économie des répressions et des emprisonnements auraient permis d'assurer une meilleure stabilité de l'exercice du pouvoir, puisque leur usage n'a pas donné les résultats escomptés, les différents acteurs finissent toujours autour d'une table de négociation. Il est attendu du pouvoir, qu'il développe sa propre habilité dans les négociations, sans usage explicite des moyens de coercition, puisque dans l'entendement de tous les acteurs, ces moyens de coercition existent et ont le caractère inconscient de peser d'eux-mêmes dans ce mécanisme d'échange pour obliger les acteurs à arriver à un compromis.

Chapitre II. Jurisprudences et Stabilité Politique[1]

Au nombre des propositions qui permettent d'asseoir de meilleurs mécanismes de la gouvernance de l'Etat, le recours à un procès équitable est une donnée fondamentale. La notion est définie par ailleurs et la littérature permet de mieux cerner le contour de ce mécanisme de régulation de l'ordre juridique. Le recours à la dissertation sur ce mécanisme tient de l'usage explicite qui est suggéré pour les besoins de mise en œuvre de divers modèles proposés qui font l'objet du présent travail. Notamment, le modèle de la mise en place d'une armée républicaine dans lequel la contestation d'un avantage ou d'une position hiérarchique à acquérir par les officiers peut être assujettie à un recours au procès équitable. Il en est de même pour la désignation des membres de la Cour permanente gardienne de la constitution. Il est par exemple important de noter un caractère résiduel de l'instrumentalisation de la justice perceptible dans la gouvernance de la Ve République qui prend diverses formes, dont celle d'une administration débridée de cette justice. Le présent chapitre vise à clarifier le concept de la bonne administration de la justice en spécifiant en quoi ou dans quelles mesures les procédures ou la "procéduralisation" du droit peuvent contribuer de manière plus particulière à une meilleure rationalisation des processus décisionnels, une meilleure régulation de l'ordre juridique.

Section 1. La problématique de la bonne gouvernance procédurale

L'évolution au fil du temps des sociétés démocratiques se traduit par une complexification croissante des phénomènes sociaux, des mécanismes de régulation politiques ou juridiques. Cette complexité découle de l'évolution économique, de la participation de nouveaux acteurs (société civile), ... Au niveau juridique, elle est la conséquence de l'intervention d'autres normes, de plusieurs juges (constitutionnels, judiciaires, administratifs), ...

---

[1] La dissertation développée dans ce chapitre est inspirée du document cité au niveau de la note 2. Pour éviter la répétition systématique de la même source dans la bibliographie avec juste une modification de la page, toutes les citations dont les auteurs ne sont pas explicités se rapportent à l'ouvrage.

En réponse à l'avènement de cette complexité, sa domestication a occasionné l'avènement du processus de "procéduralisation" du droit, par application du modèle annoncé universel du procès équitable, pour les besoins de la bonne gouvernance par le droit. La "procéduralisation" est un processus par lequel les règles substantielles sont remplacées par des règles de nature procédurale qui tendent vers l'agencement des procédures de prise de décision. Les procédures impliquent un dialogue, elles permettent de pondérer les intérêts en présence, par l'institution de garanties formelles qui occasionnent la prise en compte de tous les intérêts en présence. Pour illustrer l'impact de ce processus de "procéduralisation", par exemple pour juger des faits qui lui sont soumis, le juge administratif analyse la régularité de la procédure suivie telle qu'énoncée par les règles et vérifie l'exactitude des faits sur lesquels la rectification est demandée. Le respect de la garantie procédurale suffit à garantir la validité sur le fond de la décision ou de la solution.

Il est utile de prendre conscience que, contrairement au droit islamique dont la validité transcende le temps avec une constance bénéfique et inégalée, le droit moderne qui fonde les Etats-nations évolue en se complexifiant, marqué par le pluralisme et la négociation avec une multiplication des foyers de droit. L'Etat central, initialement exclusivement producteur du droit, n'est plus le producteur exclusif de l'ordre juridique. A côté de l'ordre juridique étatique s'est développé l'ordre juridique infra-étatique (exemple des collectivités) mais aussi supra-étatique (communauté africaine, OHADA, organisations régionales, …). Le domaine juridique constitue un atout attendu pour permettre aux gouvernants de prendre conscience de la différence qui existe entre les normes véhiculées par les nations dominantes et les normes de la société nigérienne de tradition, sur les acquis de laquelle il est admis qu'ils puissent prendre leur inspiration. Ainsi, le Niger consacre la cohabitation de deux types de juges. L'un qui est le juge traditionnel appelé « Alkali » nommé par le Chef traditionnel avec une hérédité dans la succession au poste, et qui juge les affaires de la société sur la base de la jurisprudence islamique. Son accès est facile et ne nécessite pas de moyens particuliers, d'où sa proximité avec les populations et sa sollicitation constante. Le second juge est le juge "moderne", faisant partie de l'administration étatique et qui juge les affaires de la société sur la base des lois et règlements instituées par le législateur. L'optique d'asseoir une meilleure administration de la justice dans un régime démocratique, appelle au renforcement de ces deux domaines parallèles. De par la logique source de la jurisprudence islamique, la référence au talion découle de la nécessité de substituer « à l'instinct de vengeance, la nécessité de justice » et représente « un adoucissement des mœurs » tout en étant tempéré par « l'intervention du pardon » et d'un « dédommagement par le coupable » (*St Coran*, traduction, p.27). Si le droit moderne se doit d'admettre une caractéristique essentielle, qui se traduit par le développement d'un droit négocié synonyme de développement d'un droit procédural, et qu'il est le produit d'un dialogue entre les gouvernants et les gouvernés, le droit traditionnel prend la position de référentiel et de régulateur, du fait que dans son évolution, le droit moderne peut être amené à des contradictions. L'existence parallèle des deux domaines consacre la liberté accordée par l'islam à tout individu de choisir, tout en évitant des actes répréhensibles posés ouvertement, et qui risquent de pervertir la société par la propagation. Le droit moderne laisse une certaine marge du fait que le droit négocié est le fruit d'une délibération collective et la "procéduralisation" des processus de décision engendrent une autre forme de souplesse de régulation. Le droit traditionnel est attendu pour être substantiel comme stipulé dans la Constitution, et le droit moderne pour l'officialiser sans imposer la pratique de la religion aux individus qui n'ont pas choisi de croire ou de pratiquer. Par exemple, il ne sera question ni possible d'imposer la prière ou le jeûne, mais le droit moderne officiel doit ériger des marges qui permettent à ceux qui ont choisi de se soumettre, de remplir leurs obligations religieuses. Ainsi, les croyants et pratiquants choisiront à volonté de se conformer à la justice traditionnelle sans que cette option ne leur soit amputée. Chaque individu de la société apprendra à se conformer aux règles du bon comportement qui garantissent une meilleure cohabitation dans la société. Un autre apport du système juridique moderne consistera en l'appui de sa bureaucratie et de son administration qui font défaut au système juridique traditionnel, à la condition de réussir leur adaptation.

Le droit moderne est appelé à changer, la normativité appelée à évoluer, dans le sens de couvrir en permanence les aspirations des populations à avoir une justice en qui il est possible de croire et de faire confiance. En démocratie, ce processus appelle à un recours aux principes édictés par la confession majoritaire qui apporte une forte régulation morale. Sachant que la notion de serment dans les systèmes juridiques des nations développées de tradition religieuse différente, implique un apport important de la religion dans le système juridique. Le droit procédural s'incarne dans le droit à un procès équitable. Au sens large, un procès équitable est l'ensemble des droits et garanties qui s'attachent au procès. Il résume aussi bien le droit à l'accès au juge que le fonctionnement du procès. Au sens restreint, par procès équitable, s'entendent les garanties institutionnelles et procédurales qui garantissent l'équité du procès. Le procès est porteur d'un conflit dont il est légitime de craindre qu'il dégénère. Tout procès fait peser une menace sur l'ordre social. Si nul ne peut se faire justice à lui-même constitue un principe fondateur du droit processuel, c'est pour éviter que la justice de chacun ne soit le prétexte de la guerre de tous contre tous. La procédure a pour but l'extinction du procès ; elle est le vecteur du rétablissement de l'ordre. Aussi, les procès appellent les procédures et l'Etat se charge de les organiser. La justice est un instrument d'instauration de l'ordre, et au Niger, elle est attendue pour être compatible à la jurisprudence islamique dans le sens de la confirmation de la nécessité de cet ordre, puisqu'il est clairement enseigné aux individus que le Créateur n'aime pas le désordre.

Le droit processuel s'est initialement construit essentiellement à partir de sources internationales, notamment européennes. Les droits appliqués dans des pays émergeants d'Afrique sont le plus souvent une adaptation des textes initiaux aux contextes locaux. La Constitution nigérienne érige l'islam en religion officielle, faisant ainsi de la confession majoritaire la source du droit appliqué. L'avantage tient du caractère immuable de cette source, de son apport moral pour la régulation de l'ordre social et des possibilités non encore entièrement explorées. L'existence des droits internationaux tend à créer une certaine hiérarchie des normes et tend à laisser moins de place et peu de marge de manœuvre au législateur national. Cependant, l'absence de fond moral et de source potentielle du droit commune à toute l'humanité, impose aux gouvernants nigériens de se soustraire de l'hégémonie du diktat des normes juridiques des nations qui dominent le monde. Le droit processuel a également une origine purement prétorienne du fait de son élaboration par les Cours généralement suprêmes à travers l'élaboration des règlements de procédure dont la valeur normative est extrêmement variable.

Au vu des dérives dans la gouvernance de l'Etat au Niger et la perte de confiance des citoyens dans l'appareil judiciaire, il est possible de mentionner que le maintien des libertés des citoyens loin de tout système de coercition étatique « repose essentiellement sur un régime politique véritablement démocratique ». Il est de ce fait nécessaire de préserver et promouvoir « un juste équilibre entre la défense des institutions de la démocratie dans l'intérêt commun et la sauvegarde des droits individuels », « dans une société démocratique, le droit à une bonne administration de la justice occupe une place si imminente qu'on ne saurait le sacrifier à l'opportunité » et que l'exigence d'un procès équitable et public « compte parmi les principes fondamentaux de toute société démocratique »[2]. La démocratie se fonde ainsi sur la "procéduralisation" du droit. La démocratie est un principe moteur des sociétés islamiques, de même, l'équité et le caractère public d'un procès comptent parmi les piliers de la jurisprudence islamique. En faisant usage de ces facteurs au niveau de la justice moderne, les gouvernants nigériens n'auraient pas dû se faire devancer par une source étrangère. Nombre de points de concordance existent dans les différentes jurisprudences, parmi les points de divergence figurent la condamnation par l'islam de l'immoralité et des actes qui altèrent le message divin.

Un exemple extra juridique mais tout aussi sensible illustre l'importance de la procédure et facilite l'analogie de son utilisation dans le domaine juridique, celui du transport aérien. Dans cet exemple, l'aéroport de départ d'un avion de ligne, son trajet et son aéroport de destination constituent pour le domaine juridique, respectivement, le premier comme étant le litige à régler, le deuxième comme les moyens à utiliser pour régler le litige (le procès équitable par exemple) et le troisième comme le verdict rendu pour solutionner le litige même si à la différence, il n'est pas connu d'avance. Dans le cas des avions de ligne, la vie des passagers constitue le principal enjeu, et dans le cas de la justice, la liberté des parties en conflit constitue l'enjeu principal avec en second lieu le maintien de l'ordre social indispensable à n'importe quelle société. Dans les deux cas, l'importance de l'enjeu nécessite de prendre des moyens qui permettent de minimiser les erreurs possibles afin d'assurer un service (cas du transport aérien) ou de rendre justice aux justiciables. Dans le cas du transport aérien, un des moyens utilisé consiste à la confection des check listes qui permettent aux pilotes de vérifier que toutes les étapes préalables à un vol ont été franchies et réalisées avec succès, tout comme pour répondre à des situations d'urgence préalablement identifiées. L'utilisation des check listes permet de décrire un parcours dans l'arborescence des choix possibles et constitue le résumé des étapes d'un ensemble de procédures à suivre, pour conduire à la bonne décision, celle qui s'impose dans le cas auquel l'équipage doit faire face. Et comme un modèle n'est jamais parfait, ces check listes sont améliorées au fur et à mesure de la constatation des anomalies ou de l'absence des étapes particulières, quelques fois malheureusement après que le drame se soit produit. Ainsi, il est possible de donner une vision plus claire de la "procéduralisation" du droit. Dans le cas du procès, les procédures permettent de guider toutes les parties dans la recherche de la meilleure solution au problème posé. Les procédures constituent un excellent moyen d'aide à la prise de la bonne décision tout en minimisant les erreurs. En respectant les étapes fixées avant, pendant et après le procès équitable, tous les participants au procès effectuent des choix en fonction de l'état particulier du processus et des possibilités qui leur sont offertes par le droit, et décrivent ainsi un parcours dans l'arborescence des possibilités offertes, pour finalement aboutir à une décision prévue par le droit et qui s'impose à tous dans le cas de figure traité. Dans la mise en place de la procédure, chaque étape est validée conformément au droit. Ceci permet d'éviter toute erreur, si ce n'est celle prévue par la règle et qui n'est normalement pas considérée comme telle.

---

[2] Convention européenne des droits de l'homme

Cependant, malgré cette description, il est légitime de s'interroger sur les contributions particulières des procédures ou la procéduralisation du droit à une meilleure rationalisation des processus décisionnels, une meilleure régulation de l'ordre juridique. Il est important de faire ressortir cet apport à la fois au niveau du procès équitable et en dehors. Pour une présentation point par point de cet apport, il est utile de noter au préalable les trois axes constituant les garanties procédurales du procès équitable au sens strict, à savoir le principe de publicité des débats, l'exigence de l'ordre de célérité et l'équité.

Section 2. La contribution de la "procéduralisation" du droit

L'analyse du concept de la "procéduralisation" du droit en amont du procès équitable offre une matière à dissertation et permet de clarifier les contributions de la procédure inhérentes à ce processus amont. L'application du modèle du procès équitable aux procédures d'arbitrage, aux modes alternatifs de règlement des différends, mais aussi aux procédures d'expropriation comme aux procédures de licenciement, prend place dans l'évolution du droit moderne. Elle est admise à prendre place également dans le modèle proposé pour désigner des dirigeants des institutions et organismes sensibles qui font partie de la contribution du présent travail illustrée entre autres à travers l'institution de moralisation de la vie politique. Le phénomène prend toujours la même forme, qui peut être retenue comme faisant partie des contributions du processus de "procéduralisation" du droit, à savoir que le respect des garanties procédurales suffit à garantir la validité au fond de la solution ou de la décision prise. Pour comprendre la validité d'une telle démarche qui consiste à se fier à la procédure, il faut remonter à la définition de la procédure elle-même. En effet, une procédure est un agencement d'étapes intermédiaires à suivre qui ramènent à une étape finale et qui elle, doit être la solution au litige. L'agencement des étapes donne des choix possibles à chaque étape. Appliquée en matière de droit, chaque étape est justifiée et validée à l'avance, par exemple à l'aide d'une règle de fond ou de la valeur à atteindre qu'elle soit l'équité, la publicité des débats ou le respect de l'ordre de célérité. La définition des étapes, de leur contenu et de ce qu'elles apportent dans la résolution du litige se fait à l'avance, lors de la constitution de la procédure. De ce fait, si la procédure est respectée dans son ensemble avec le consentement de toutes les parties sous la régulation du juge, c'est que les règles de fond ou l'idéal fixé l'a également été et donc le droit appliqué de facto. Ainsi le respect des règles procédurales suffit largement à garantir la validité des décisions qui sont prises.

Les considérations économiques, sociales et culturelles permettent de rendre compte de cette évolution traduite par le glissement du fond vers la procédure au niveau des normes internationales, de même que les considérations juridiques. Il est important de noter l'influence que subissent les pays d'Afrique en général et le Niger en particulier, et que la recopie comme il est loisible de le constater, est une pratique contre laquelle le réflexe d'inversion de la démolition de la société commande de résister à cette tentation. Chaque société dispose de ses propres valeurs, et la modernisation n'est pas un principe qui se fait dans la négation de ces valeurs, mais plutôt dans l'utilisation de ce qui est susceptible d'améliorer ce qui existe d'une façon compatible avec l'entendement des populations. [3]Au niveau des sources internationales, il est permis d'avancer l'avènement du déclin du droit objectif corrélatif à une progression des droits subjectifs et que cette évolution est propice au développement d'une "procéduralisation" du droit. La critique contemporaine du droit positif évoque un déclin du droit, procédant plutôt d'un excès de droit objectif, et ce, au détriment des libertés et des droits subjectifs. Les critiques formulées dans les vieilles démocraties concernent la prolifération des normes et des autorités de contrôle, l'omniprésence de l'administration et du juge, la collectivisation de tous les risques et la perte du sens des responsabilités, …, c'est-à-dire la règle ou la norme au détriment de l'individu et de sa liberté de choisir qui l'éloigne de l'omniprésence de la coercition étatique. Les nations émergeantes doivent donc trouver la juste mesure. Etant donné la propagation dans les nations du monde de ce phénomène d'extension du droit, ne serait-ce que sous le couvert des droits de l'Homme, il importe de faire ressortir la complexification qu'elle engendre. La multiplication des droits subjectifs occasionne autant de difficultés d'articulation entre eux et appelle autant de régulations, ce qui pose un problème réel à résoudre. L'augmentation des droits subjectifs va de pair avec une augmentation du droit objectif. Les droits subjectifs habituellement présentés comme droits fondamentaux tendent à une reconnaissance infinie : droit à l'emploi, à la santé, au logement, au crédit, à la propriété, à la consommation, à la différence, à l'enfant, au bien-être, … De cet énoncé des droits subjectifs provenant de la jurisprudence des nations dominantes, il est attendu que le mécanisme d'adaptation prenne le pas pour qu'au Niger, ces droits soient conformes aux aspirations de la population. La situation de l'infinité des droits subjectifs énoncés devient particulièrement explosive : comme tous ces droits supposent un débiteur qui ne se reconnaît pas comme tel, ils sont une source inépuisable de conflits. Il est possible de penser aux édictions des procédures pour résoudre ces conflits de telle sorte que peu importe ce qu'il en sortira, pourvu qu'une procédure ait été respectée et qu'elle ait permis à chacun de faire valoir son point de vue. Les règles de procédure prennent ainsi la place des règles de fond. La règle s'efface derrière le jugement.

Pour comprendre l'apport de la procédure en matière de droit, il faut remonter à l'origine de son utilisation. Longtemps, le droit de la procédure a été perçu et défini comme un droit accessoire, droit de la sanction des droits et du droit. Mais l'exploitation de certaines idées philosophiques a permis de développer une conception toute différente : « le droit se caractérise par la présence d'un tiers impartial et désintéressé dans un rapport entre deux individus ». Il est alors permis de considérer que le droit n'est jamais que l'institution d'une procédure propre à résoudre les tensions d'une société. La procédure n'est donc pas l'accessoire du droit, elle en est l'essence. Ainsi, un apport non moins important de la procédure consiste en ce qu'elle permet de régler le problème d'articulation et de régulation entre les droits subjectifs du fait de leur tendance à une reconnaissance infinie dont un tiers impartial et désintéressé en serait le débiteur, autrement dit, qu'il y ait une source qui les assure aux bénéficiaires. Pour déterminer la mesure dans laquelle la procédure apporte une contribution dans l'articulation et la régulation des droits subjectifs, il y a lieu de se demander, si tout repose sur la présence de ce tiers impartial et désintéressé, comment ce tiers se déterminera s'il n'a plus de références exploitables dans le droit objectif. Puisque le

---

[3] S . Guinchard, M. Bandrac, Constantin S. D., Loannis S. D., M. Douchy-Oudot, F. Ferrand, X. Lagarde, V. Magnier, H. R. Fabri, L. Sinopoli, J.M. Sorel, Droit Processuel, Droit commun et droit comparé du procès edition Dalloz, 2005, pp1000

tiers doit trancher le différend, il faut malgré tout qu'il trouve son inspiration. Une solution consisterait au tiers de s'en remettre à un sage ou à un expert ou admettre la loi du plus fort. Ce qui revient à admettre qu'il n'y a plus de place pour le droit. Une autre solution consisterait à inviter le tiers à prendre fait et cause pour le faible, ce qui lui fait renoncer à sa qualité d'impartial. Le paradoxe est réel : alors qu'il est possible de penser se satisfaire « d'un tiers aux lieu et place de la règle, la difficulté de trouver un tiers impartial qui jugerait sans le support d'une règle doit être admise ». Est-il nécessaire pour régler ce paradoxe de se livrer à la condamnation sans appel de ce mouvement de "procéduralisation" du droit ? Le modèle proposé par le Doyen Carbonnier permet de trouver une solution acceptable : la règle et le jugement, autrement dit le fond et la procédure, sont deux composantes du phénomène juridique irréductibles l'une à l'autre. Concevoir le droit sans l'une ou l'autre, c'est méconnaître l'idée de droit. Ce modèle permet d'admettre les variations entre la part du fond et la part de la procédure et retenir pour acquis que là où la règle est d'un contenu incertain, à tous le moins discutable, elle appelle naturellement un supplément de procédure. Le processus de "procéduralisation" est donc d'une utilité certaine.

Le droit procédural s'incarne dans le droit à un procès équitable qui admet trois axes constituant les garanties procédurales. La lecture de l'apport de cette forme que prend la "procéduralisation" du droit dans l'amélioration rationnelle des processus de décision et la bonne administration de la justice peut se faire de façon qualitative à travers l'énoncé explicite du contenu de ces axes. En rappel, ces axes regroupent :
Le principe de publicité des débats pour lequel à la fois les débats doivent être publics, mais aussi la décision de justice doit également être rendue publique.
L'exigence de l'ordre de célérité qui se rapporte au respect du délai raisonnable, sans confondre ce principe avec la précipitation et la justice expéditive.
L'équité qui recouvre une exigence générale et autonome, regroupe tout ce qui, potentiellement, permet l'équilibre entre les différentes parties pendant le procès.
Ces garanties sont communes à tous les procès, avec des nuances selon les contentieux, et forment un socle de garanties davantage liées au fonctionnement de la justice qu'à son organisation institutionnelle.

La publicité des débats

L'existence d'une justice transparente est un critère essentiel à la vie d'une démocratie. Même si la publicité ne garantit pas à elle seule un bon procès, le caractère public des débats, des audiences, renforce la transparence de la justice et donc la démocratie elle-même. L'oralité renforce la publicité, « la justice ne doit pas seulement être rendue, il faut aussi que chacun puisse voir qu'elle est rendue ».

L'usage du principe d'adaptation suppose que dans les normes et paramètres véhiculés par l'ordre externe international, il existe des aspects utiles à l'ordre interne, une utilité qui évite leur rejet en bloc. Le principe d'adaptation suppose l'application d'un filtre. Le processus de filtrage est traduit en entrée par des données de l'ordre externe, et en sortie du filtre, des données ou résultats modifiés au besoin, mais bénéfiques à l'ordre interne. L'affirmation du principe du droit à une procédure publique apparaît dans nombre d'instruments internationaux des droits de l'Homme. Il est exposé à l'article 10 de la Déclaration universelle des droits de l'Homme. La Convention européenne consacre également cette garantie dans son article 6 paragraphe 1, qui affirme que toute personne qui fait l'objet d'une contestation de ses droits ou obligations en matière civile ou d'une accusation en matière pénale a droit à ce que sa cause soit entendue publiquement et que le jugement doit être rendu publiquement. Ceci démontre une double exigence : celle de la publicité de l'audience et celle de la publicité du prononcé du jugement. Le fondement de cette garantie selon la jurisprudence de la Cour européenne découle de l'intérêt général au delà de l'intérêt particulier de l'accusé, du fait qu'il s'agit de protéger « les justiciables contre une justice secrète échappant au contrôle du public ». Cette garantie « préserve la confiance des justiciables dans l'institution judiciaire et participe pleinement par cette transparence, du droit à un procès équitable et sa finalité ». La Cour européenne y voit aussi, de par la transparence que cette garantie donne à l'administration de la justice, une aide considérable dans la réalisation du but de l'article 6 paragraphe 1 : le procès équitable dont la garantie compte parmi les principes de toute société démocratique au sens de la Convention.

La prise en compte de la nature de l'instance et l'appréciation de l'ensemble du procès aide à juger de la violation de la règle du procès équitable. Un procès devant la Cour suprême qui ne statut qu'en droit peut ne pas être public, du fait que la publicité des audiences n'aurait pas permis un meilleur contrôle du fonctionnement de la justice. La publicité à un niveau de la procédure peut compenser l'absence de publicité à un autre stade de la même procédure, comme le cas souvent en matière disciplinaire. La personne mise en examen a droit à demander (ou son avocat) que le débat contradictoire organisé en vue d'une décision sur sa détention provisoire soit public. Cependant, le juge ou la chambre peut rejeter la demande si la publicité est de nature à entraver les investigations ou nuire à la dignité de la personne ou aux intérêts d'un tiers. La publicité est considérée comme un moyen de combattre la méfiance du public envers les tribunaux qui avait pu naître jadis de l'utilisation exclusive de procédures écrites. En matière pénale, et notamment dans toutes les poursuites criminelles, l'accusé doit avoir droit à un jugement rapide et public. Dans le système traditionnel basé sur la jurisprudence islamique, les « Alkali » rendent le jugement sans le différer si ce n'est des raisons exceptionnelles qui exigent le report, et la présence de témoins est une nécessité. Cet aspect traduit le caractère public du jugement laissé à un témoignage ouvert lorsque la nature du différent ne l'exige pas, comme dans le cas de la définition moderne du procès équitable.

La publicité des débats peut ne pas être respectée dans le cas de l'intérêt de la moralité de l'ordre public, dans le cas de la sécurité nationale dans une société démocratique, ou bien lorsque les intérêts des mineurs ou la protection de la vie privée des parties l'exigent, tout comme dans la mesure jugée strictement nécessaire par le tribunal, lorsque dans des circonstances spéciales, la publicité serait de nature à porter atteinte aux intérêts de la justice.

Il ressort une contribution qualitative de la "procéduralisation" du droit à travers le principe de la publicité des débats. Le fonctionnement de la justice est encadré et contrôlé du fait de la facilité qu'offre la vérification du respect de la procédure. La "procéduralisation" incarnée à travers la publicité des débats renforce la transparence de la justice et la confiance des justiciables dans l'institution judiciaire. L'importance de la "procéduralisation" se traduit ici non seulement dans la définition du cadre dans lequel ce principe s'applique, mais aussi dans l'énumération des cas où l'absence de publicité est autorisée. L'autorisation de l'absence de publicité des débats admet des critères de contrôle et d'encadrement pour éviter toute place à l'arbitraire.

L'exigence de l'ordre de célérité

La célérité de la procédure est un autre principe à travers lequel s'incarne la "procéduralisation" du droit. En renforçant la protection de la présomption d'innocence et les droits des victimes, la loi stipule qu'il « doit être définitivement statué sur l'accusation dont » la personne suspectée ou poursuivie « fait l'objet, dans un délai raisonnable ». Ce principe de délai raisonnable admet des critères d'appréciation. « Le caractère raisonnable de la durée d'une procédure s'apprécie suivant les circonstances de la cause et eu égard aux critères consacrés par la jurisprudence de la Cour (européenne), en particulier la complexité de l'affaire, le comportement du requérant et celui des autorités compétentes ». Des délais qui, pris isolément ne sont par déraisonnables, peuvent le devenir en étant « cumulés et combinés ». L'une des raisons de la pérennité et du succès des juridictions traditionnelles nigériennes illustrée par la désignation des « Alkali » est que la justice est rendue séance tenante sans être expéditive, tandis que les juridictions étatiques croulent sous le poids ou de la corruption ou de la lenteur administrative qui obligent les justiciables à d'innombrables allers-retours qu'ils ne peuvent financièrement supporter, du fait des distances à couvrir et des frais de déplacements urbains non négligeables. Il est attendu des acteurs gouvernants qu'ils tirent profit des enseignements des systèmes locaux et des systèmes étrangers pour améliorer les performances de la justice, tout en maintenant et renforçant le principe de la séparation des pouvoirs. Du point de vue de la célérité de la procédure, l'appréciation en fonction des circonstances (in concreto) n'a pas empêché la Cour européenne de fixer des critères d'appréciation afin d'harmoniser les pratiques dans les Etats membres. Le juge européen tient compte du « juste équilibre » à ménager entre l'exigence de la célérité et le principe plus général de bonne administration de la justice. Pour l'intéressé, l'enjeu peut s'apprécier par rapport à l'urgence dans le choix de la procédure suivie par le plaideur, qui est en droit d'attendre au moins une réponse rapide, si ce n'est sur le fond tout au moins sur la compétence. La nature du litige est capitale et peut entraîner une appréciation plus rigoureuse de la durée de la procédure. Parmi les exemples qui illustrent la prise en compte de la nature du litige, un litige qui porte sur un droit à rémunération, ou qui porte sur le paiement des pénalités dues en raison de l'inexécution d'un contrat par une commune, et cela malgré les difficultés suscitées par le passage d'une économie planifiée à une économie de marché, et qui complique l'interprétation des clauses pénales du contrat. C'est le cas également des contentieux qui portent sur l'état des personnes en matière d'assistance éducative. De même pour les litiges de droit du travail, pour lesquels « une diligence particulière s'impose, en raison de leur importance capitale pour la situation professionnelle d'une personne ». Les différents cas énumérés sont pleins d'enseignements pour l'acteur gouvernant attentif à exercer une bonne gouvernance, et surtout attentif à l'ampleur des responsabilités qui lui incombent, puisque le travestissement de la justice est un réflexe facile de l'acteur qui ne songe pas au respect des limites que lui impose le pouvoir.

La Cour européenne tient compte de la diligence des autorités nationales, tant judiciaires qu'étatiques. S'agissant par exemple du comportement des juges, il peut être admis un délai important s'il est consacré à la réflexion des juges sur la question posée (en dehors de son instruction), le même délai ne pouvant être toléré si pendant son écoulement, le traitement du dossier est abandonné. Une limitation à la célérité de la procédure est imposée à propos du comportement des parties dans la conduite du procès, les parties ne pouvant se plaindre d'un ralentissement d'une procédure si elles en sont à l'origine.

L'appréciation de la durée est d'autant plus importante qu'il a été constaté un abus évident des gouvernants de la Ve République, qui consiste à retarder au maximum l'aboutissement du procès, en veillant au refus de la libération conditionnelle de l'accusé, de façon à ce que le justiciable que ces acteurs décident de mettre en prison passe un temps non négligeable privé de sa liberté, malgré son innocence non pas présumée mais réelle. Deux moments doivent être pris en compte pour déterminer le délai permettant d'apprécier le caractère non raisonnable de la durée de la procédure. Dans un premier temps, l'appréciation se fait sur l'ensemble de la procédure, sur la globalité du procès dans toutes ses instances. Par exemple, pour le droit du travail, la durée raisonnable doit prendre en compte la totalité des procédures administrative et judiciaire et le délai de départage devant l'instance habilitée. Le point de départ de la période à considérer pour apprécier le caractère raisonnable de la durée d'une procédure civile est, en principe, la date de la saisine de la juridiction. Le terme du délai est, normalement, la date du prononcé de la décision qui « vide la contestation », d'une manière définitive et irrévocable. La procédure d'examen d'une demande tendant à la révision d'un procès n'est pas prise en compte, pas plus que celle en rectification d'erreur matérielle ou d'autorisation d'assigner à jour fixe.

La nécessité de respecter le principe de célérité d'une procédure renforce la bonne gouvernance de la justice. D'une importance capitale, ce principe est tout également d'une difficulté d'appréciation qui peut laisser une large place à l'arbitraire. C'est pourquoi, tous les critères à prendre en compte sont définis, de même que divers autres paramètres qui peuvent intervenir pour objectiver l'appréciation du délai raisonnable. Parmi ces paramètres figurent la nature du litige, le point de départ et la globalité du temps mis jusqu'à la date du prononcé de la décision. La "procéduralisation" fait donc ressortir un encadrement et un contrôle de la bonne administration de la justice à travers la définition des contours du principe de célérité et la fixation des critères et paramètres de son appréciation.

L'équité

Le principe d'équité constitue la troisième garantie du procès équitable à travers lequel s'incarne le processus de "procéduralisation" caractéristique du droit moderne. L'idée d'égalité a été mise en avant dans le Pacte international, qui en fait le préalable à l'équité du procès. « Tous sont égaux devant les tribunaux et les cours de justice », « toutes personnes sont égales devant la loi ». La matérialisation de l'abus vis-à-vis de la justice se révèle dans la gouvernance de la Ve République avec l'affaire MEBA, et dont l'accusation de la rupture de l'égalité citoyenne devant la loi a été à l'origine de la motion de censure qui a renversé le gouvernement le 31 mai 2007. La rupture de l'égalité provient du refus par divers artefacts du Premier Ministre de se faire entendre par la commission d'instruction de la Haute Cour de Justice chargée d'établir les dossiers d'accusation. Les applications du droit à un procès équitable sont multiples, et surtout plus importantes en matière pénale qu'en matière civile, compte tenu des intérêts en jeu. La Cour européenne estime que le contenu n'est pas identique dans les deux matières : « les impératifs inhérents à la notion de procès équitable ne sont pas nécessairement les mêmes dans les litiges relatifs à ces droits et obligations de caractère civil que dans les affaires concernant des accusations en matière pénale ».

Parmi les applications civiles, il y a celles dérivées du principe général d'équité, à savoir, la présomption d'innocence et les droits de la défense. La prise en compte des apparences est particulièrement importante dans l'appréciation de l'équité. Ces apparences permettront de vérifier si ce principe a été respecté ou non au delà des apparences. Tout doit être vérifié, concrètement, et, au-delà, la question doit être posée du caractère effectif de l'équité du procès. Il revient au juge national le soin d'assurer l'équité de la procédure en compensant les éventuelles inégalités constitutives d'iniquité. Le principe d'équité couvre la notion d'égalité des armes et le principe de la contradiction. L'égalité des armes est essentiellement envisagée sous l'angle du droit à une procédure contradictoire. Cette notion est une composante autonome du procès équitable et reçoit diverses applications. Les écrits de Thucydide dans la guerre du Péloponnèse illustrent l'importance capitale de cette garantie du procès équitable : « dans le monde des hommes, les arguments de droit n'ont de poids que dans la mesure où les adversaires en présence disposent de moyens équivalents et que, si tel n'est pas le cas, les plus forts tirent tout le parti possible de leur puissance tandis que les plus faibles n'ont qu'à s'incliner ».

Dans le pacte international, l'idée d'égalité est affirmée dans l'article 14 paragraphe 1 qui place cette égalité avant les composantes du droit à un procès équitable. En application de ce principe, le Comité des droits de l'homme de l'ONU est exigeant dans l'appréciation de l'idée d'égalité, fondement d'une équité procédurale. Les critères d'appréciation de l'égalité des armes tiennent aux circonstances particulières à l'affaire et à la situation de fait à l'origine de la saisine du Comité. Le principe d'égalité des armes constitue l'expression autonome du procès équitable la plus anciennement mise en valeur par la Cour européenne des droits de l'homme. Toute partie à une action doit avoir une possibilité raisonnable d'exposer sa cause au tribunal dans des conditions qui ne la désavantagent pas d'une manière appréciable par rapport à la partie adverse. La commission européenne des droits de l'homme et la Cour européenne ont rappelé que l'exigence de l'égalité des armes « implique alors l'obligation d'offrir à chaque partie une possibilité raisonnable de présenter sa cause, y compris ses preuves dans des conditions qui ne la placent pas dans une situation de net désavantage par rapport à son adversaire ». « Une différence de traitement dans l'audition des témoins peut donc être de nature à enfreindre ledit principe ». Les critères d'appréciation du respect de ce principe sont les mêmes que précédemment et rejoignent les méthodes d'interprétation de la Cour, c'est-à-dire, une appréciation globale, qui tient compte des apparences et s'appuie sur des éléments concrets. La portée du principe, notamment à propos du contradictoire, concerne toutes les procédures, y compris celles qui se déroulent devant les autorités administratives investies d'un pouvoir de sanction. C'est également le cas des institutions de régulation qui font partie intégrante des modèles ici proposés, pour inverser le processus de démolition de l'identité de la société nigérienne contemporaine. Les parties concernées (demandeur, défendeur, intervenants, volontaires ou forcés), aucune ne doit bénéficier d'un statut privilégié, pas même l'Etat en matière fiscale, encore moins le Premier Ministre impliqué dans l'affaire MEBA. Cette garantie s'étend aux relations des parties avec des tiers qui ne sont pas, d'un point de vue processuel, des parties, tel que le Parquet de la cour de cassation.

Un exemple d'application du principe d'égalité des armes concerne le droit à l'assistance d'un avocat en matière pénale ; l'absence d'un défenseur, même si, dans une certaine mesure, elle est imputable à l'accusé, rend le procès inéquitable et « le refus du président du tribunal d'accorder un renvoi pour permettre à l'auteur de bénéficier des services d'un défenseur ... soulève des questions d'équité et d'égalité devant les tribunaux » ; la violation est alors prononcée au nom de l'inégalité des armes. Ce fut le cas lors du dernier procès intenté par le Premier Ministre de la Ve République à l'égard des directeurs du journal indépendant « Le Républicain ». Les avocats ayant annoncé leur retrait devant la scène qu'ils ont qualifié de parodie de justice, le juge a poursuivi imperturbablement son procès. Les prévenus refusèrent de répondre aux questions en l'absence de leurs avocats, le juge finit tout de même par prononcer une peine à leur encontre (Journal *Le Républicain-Niger*, 31 août 2006). La rupture du principe d'égalité des armes inhérent au procès équitable est de ce fait évidente. Le pouvoir fait recours à l'instrumentalisation de la justice, le juge qui préside tous les procès intenté à l'encontre de ces mêmes journalistes est presque toujours le même. Telle peut être la nature des dirigeants à réflexe d'abus de pouvoir.

Le Comité des droits de l'homme de l'ONU intègre la notion d'égalité de moyens qui est l'aboutissement d'une jurisprudence qui tient compte des circonstances de fait particulières à l'affaire. Il s'agit de chercher si dans la réalité concrète de la pratique judiciaire de l'Etat en cause et au delà des armes juridiques offertes à l'intéressé, celui-ci pouvait les utiliser avec des moyens adéquats : « le droit à un procès équitable implique nécessairement l'égalité des moyens entre l'accusation et la défense ». L'égalité des moyens peut par exemple être traduite par le fait d'avoir le temps et les facilités nécessaires pour préparer sa défense.

Une restriction énoncée à propos de l'égalité des armes et des moyens concerne la non assimilation de ces principes à une offre aux justiciables, des possibilités de tout exiger d'un tribunal. A titre d'exemple, une citation de témoins peut être refusée, si par les informations portées à la connaissance du tribunal, celui-ci juge qu'il n'y a pas de risque de porter atteinte à cette égalité. Le cadre de la bonne application de ces principes en faveur des justiciables est également borné et divers exemples de rupture du principe de l'égalité des armes peuvent être cités. C'est le cas des poursuites qui avaient été engagées contre le requérant sur le fondement d'un rapport remis au tribunal par un expert qu'il avait désigné. De même, il y a violation de ce principe si le droit de l'une des parties à répondre à l'autre dépend de la célérité de celle-ci à déposer son mémoire.

Le contradictoire est un élément de l'égalité des armes et du procès équitable. Le principe de l'égalité des armes « représente un élément de la notion plus large de procès équitable qui englobe aussi le droit fondamental au caractère contradictoire de l'instance ». Le droit de la défense et le principe de contradiction ne sont pas synonymes. Le principe des droits de la défense est un principe de droit naturel qui vaut en toutes matières, civile et pénale. Il est rencontré dans tous les contentieux, dans les procédures pénales et administratives, dans les contentieux économiques nouveaux, notamment devant les autorités de régulation. Le principe des droits de la défense est l'empreinte que doit donner une société sur ses procès, à savoir le respect des arguments des autres, le respect de la personne, de l'adversaire en matière civile, de l'accusé en matière pénale. C'est un droit naturel car le procès doit déboucher sur une vérité que le juge est amené à dégager par la contradiction, à défaut de la vérité. Dans un arrêt rendu à propos du contradictoire, la Cour européenne stipule que « le droit à un procès équitable contradictoire implique par principe, pour une partie, la faculté de prendre connaissance des observations ou des pièces produites par l'autre, ainsi que d'en discuter ».

Les garanties autonomes et notions complémentaires

Beaucoup d'exemples illustrent l'importance des garanties autonomes, tel que le droit à un tribunal, l'obligation de loyauté dans la recherche de la preuve ou encore la faculté qui doit être offerte à l'accusé de prendre part à l'audience lorsqu'il est réellement en mesure de participer à son procès, c'est-à-dire qu'il comprenne la nature de la procédure et l'enjeu pour lui. La garantie d'équité comme composante du procès équitable englobe les droits autonomes de l'égalité des armes et de la contradiction qui sont communs à la matière civile et à la matière pénale. Cette garantie couvre également la motivation des décisions de justice. Les motifs constituent la partie du jugement par laquelle les juges indiquent les raisons de leur décision. La motivation des décisions de justice admet un caractère indispensable à la qualité de la justice elle-même. Elle constitue le rempart contre l'arbitraire en forçant le juge à prendre conscience de son opinion, de sa portée. Elle procure au plaideur une justification de la décision et permet de procéder à une analyse scientifique de la jurisprudence. Elle permet à la Cour de cassation d'exercer son contrôle. La Cour européenne contrôle la motivation en tenant compte des circonstances particulières à chaque espèce et d'une manière « raisonnable ».

Comme dans les cas des deux garanties précédentes, à savoir la célérité et la publicité des débats, la définition du principe d'équité, de ses critères d'appréciation et de sa portée participent au renforcement de la bonne gouvernance de la justice. Les critères d'appréciation du respect de ces garanties sont quelques fois les mêmes à travers une appréciation globale, avec prise en compte des apparences et l'appui de l'appréciation sur la base des éléments concrets. La régulation de l'ordre juridique des Etats contractants s'étend jusqu'à la définition des sanctions auxquelles ces Etats s'exposent lorsqu'ils ne respectent pas les garanties définies et accordées par la Cour européenne. Au Niger, l'ordre juridique n'est pas aussi lié hiérarchiquement à des instances internationales. Ce principe a ses avantages et ses limites, y compris dans le cadre européen. Parmi les limites, il y a la difficulté de prendre en compte les réalités des sociétés qui composent les pays membres de l'institution internationale. Il est utile de permettre à chaque société de vivre avec ses propres réalités, dans le sens où toute volonté d'imposer un modèle, aussi bénéfique qu'il soit, s'il est perçu comme modèle imposé, il participera inévitablement à l'accroissement des tensions sociales. Or la récurrence des tensions ne peut permettre à une société d'atteindre un développement économique qui lui procurerait un bien-être certain. Des modèles alternatifs à des organismes internationaux peuvent exister dès lors qu'il est attendu d'une démocratie qu'elle s'affirme dans le respect du principe de séparation des pouvoirs. Cependant, avec cette séparation, la justice ne dispose pas de moyens de police, c'est-à-dire des moyens de faire exécuter ses jugements. Les citoyens doivent pourtant obtenir un moyen de recours qui leur permettrait de faire exécuter les décisions de justice en leur faveur. Le modèle d'une Cour dont les membres sont permanents peut permettre de jouer ce rôle primordial, à savoir imposer aux gouvernants de faire exécuter les décisions de justice, le cas échéant, il en ira du mandat de la gouvernance qui leur a été confié ou de sa reconduction. Le contrôle de la procédure et de la régularité du jugement est d'une efficace simplicité dans la justice traditionnelle. Le fait que les référentiels de base de la jurisprudence islamique soient immuables et dupliqués partout, évite toute perte de temps liée au contrôle d'une instance quelconque du procès, si ce n'est l'ultime instance offerte par le Créateur. Pour rendre justice, il suffit simplement au Alkali de se conformer au Coran et à la tradition du prophète de l'islam (PBSLSFSC).

L'apport du processus de "procéduralisation" du droit s'étend à la fois au sens strict du procès équitable, mais également au sens large. Au sens large, le droit à un procès équitable peut être décomposé en trois volets. Le premier est constitué par le droit d'accès à un tribunal. Le second volet se rapporte au droit à une bonne justice qui regroupe l'organisation du tribunal et le procès équitable au sens strict qui est le droit à un procès équilibré entre toutes les parties, avec le respect de l'égalité des armes, du contradictoire, etc. Le troisième volet concerne le droit à l'exécution du jugement, ce qui évite aux deux autres volets d'être purement théoriques. L'effectivité du droit à un recours juridictionnel suppose un droit à l'exécution des décisions de justice. La Cour européenne des droits de l'homme a rendu un arrêt jugeant que l'exécution d'un jugement ou arrêt, de quelque juridiction que ce soit, doit être considérée comme faisant partie intégrante du procès équitable : « le droit d'accès à un tribunal serait illusoire si l'ordre juridique interne d'un Etat contractant permettait qu'une décision judiciaire définitive et obligatoire reste inopérante au détriment d'une partie. En effet, on ne comprendrait pas que l'art. 6. par. 1, décrive en détail les garanties de procédure (équité, publicité et célérité) accordées aux parties et qu'il ne protège pas la mise en œuvre des décisions judiciaires ; si cet article devait passer pour concerner exclusivement l'accès au juge et le déroulement de l'instance, cela risquerait de créer des situations incompatibles avec le principe de prééminence du droit que les Etats contractants se sont engagés à respecter en ratifiant la convention... L'exécution d'un jugement ou arrêt, de quelque juridiction que ce soit, doit être considéré comme faisant partie intégrante du procès au sens de l'article 6 ».

Sous l'angle de l'extension de son domaine de couverture, le modèle du procès équitable s'applique à des procès sans procédure comme il s'applique à des procédures sans procès. L'hypothèse du procès sans procédure correspond à celle où un litige, et plus généralement un procès, échappe, en totalité ou en partie, aux règles légales et réglementaires gouvernant les procédures administrative, civile et pénale. Le but est de parvenir à un règlement amiable du différend ou également à un règlement juridictionnel, les parties manifestant l'intention de soumettre leur litige à un tiers qu'elles désignent elles-mêmes et qui, en qualité de juge privé, ne relève pas par principe des règles de procédure applicables aux juges publics. Le recours juridictionnel possible au Alkali illustre parfaitement ce principe de procès sans procédure Les procédures sans procès s'appliquent à des décisions, qui en droit ou en fait, sont exécutoires de plein droit et dont il est estimé qu'elles causent un préjudice à leur destinataire. L'infliction d'une amende à la suite d'une infraction peut être classée dans cette catégorie. La "procéduralisation" du droit incarnée à travers le modèle du procès équitable couvre également l'indépendance par rapport à tous les pouvoirs de fait et le pré-jugement, qui est l'appréciation de l'impartialité fonctionnelle des membres de l'organe exerçant la fonction juridictionnelle. Le principe qui consiste à soumettre les membres des cours ou les arbitres au serment confessionnel sur la base du livre de leur confession religieuse rentre dans cette optique de recherche de la garantie d'impartialité, ce principe étant appelé à s'étendre inexorablement. L'ensemble des démembrements de la justice porte dorénavant l'empreinte de la "procéduralisation" du droit avec sa cohorte de mécanismes, de notions et de principes qui tendent à une meilleure rationalisation du processus décisionnel.

Section 3. La capitalisation des acquis

L'évolution de nos sociétés postmodernes se traduit progressivement par l'émergence d'un droit substantiel à un procès équitable. Par exemple, le comité des droits de l'homme de l'ONU envisage le droit à un procès équitable, non seulement au stade de la recevabilité des requêtes, mais aussi et souvent au stade de l'examen au fond de la communication. D'aucuns pensent qu'en réalité, « les exigences multiples du droit à un procès équitable convergent toutes vers un but unique : l'équité, ce qui souligne le caractère substantiel du droit par delà son caractère éminemment procédural ». Le procès et l'équité « sont complémentaires et répondent à une même finalité : la défense d'un droit essentiel de la personne humaine ». Ainsi, le droit à un procès équitable tel que reconnu à l'article 14 du Pacte international « n'est-il pas un droit purement procédural mais il acquiert, dans une certaine mesure, la valeur d'un droit substantiel ? ». Le procès équitable devient un enjeu substantiel à un triple point de vue : du fait d'abord qu'il est devenu le critère d'appréciation du respect par les Etats adhérents des droits substantiels garantis par la Convention européenne, ensuite parce qu'il a permis de protéger par ces garanties, les droits qui n'entrent pas dans le champ d'application de la Convention, et enfin parce qu'il est devenu un droit substantiel.

L'énoncé explicite des garanties de procédure offertes par le modèle du procès équitable d'abord au sens strict (publicité des débats, célérité, équité) ainsi que la définition des critères de contrôle effectif, renforcent la bonne gouvernance de la justice et déterminent une contribution qualitative de ce processus de "procéduralisation" du droit. L'importance de ce processus se traduit par la définition des modalités d'application de chaque garantie, la définition des paramètres à prendre en compte, la définition des critères d'appréciation. L'organe de régulation des différents modèles proposés est appelé à consacrer une appréciation dans la globalité des faits en tenant compte des apparences et en s'appuyant sur des éléments concrets. Il revient aux gouvernants et aux gouvernés de se conformer aux différents principes édictés, la régulation de l'ordre juridique doit exposer tout contrevenant à des sanctions, y compris s'il est investi de la gouvernance de l'Etat. Dans le modèle proposé par exemple, il s'agira de sanctions énoncées par la Cour permanente à l'égard des acteurs gouvernants du point de vue de l'exercice de leur gouvernance, en cas de non respect des principes du procès équitable adapté au contexte local. L'apport du processus de "procéduralisation" du droit est entendu à travers l'usage de la jurisprudence islamique en tant que source du droit substantiel. En résumé, à travers la "procéduralisation" du droit, le système judiciaire est appelé à offrir aux citoyens le droit d'accès à un tribunal, le droit à une bonne justice qui regroupe l'organisation du tribunal et le procès équitable au sens strict et enfin le droit à l'exécution du jugement pour les besoins de l'effectivité du droit à un recours juridictionnel.

La démocratie se fonde sur la "procéduralisation" du droit. Il est possible de projeter qu'à l'avenir, l'application effective de cette notion processuelle de procès équitable jouera un rôle davantage important dans la régulation de l'ordre juridique, et au-delà, dans la stabilité des régimes démocratiques au Niger. Le respect du droit à un procès équitable par l'Etat, est l'un des critères d'appréciation de l'ingérence et de l'abus des acteurs gouvernants vis-à-vis des droits des citoyens. Le procès équitable est une notion protectrice des droits substantiels tels par exemple la garantie de ne pas s'auto incriminer puisqu'il est attendu de l'Etat, qu'il prenne en charge l'établissement de la culpabilité d'un accusé. « Le fondement d'un procès équitable présuppose qu'il soit offert à l'accusé la possibilité de se défendre contre les charges portées à son encontre. La position de la défense est ébranlée si l'accusé est ou a été contraint de s'accuser lui-même ». Cette disposition éloigne du spectre de la dictature pendant laquelle, l'intenable situation du torturé le conduit à s'accuser par aveu, dans l'optique d'échapper à la poursuite de la torture. Par contre, « Les condamnations à une amende en raison du refus du requérant de prêter serment et de déposer devant le juge d'instruction qui l'avait convoqué comme témoin, ne s'analyse pas en une violation du droit de l'intéressé de ne pas contribuer à sa propre incrimination ».

La prééminence du droit et les exigences d'une société démocratique jouent un rôle primordial. Diverses implications du modèle du procès équitable peuvent encore être développées. Un énoncé succinct peut être fait des méthodes principales retenues pour les besoins de l'interprétation, au nombre de quatre, toutes inspirées par l'idée de la promotion de la démocratie, de la paix et du droit. L'autonomie des notions liées au procès équitable définies par ailleurs, est relative à l'indépendance de ces notions par rapport aux qualifications nationales. Dans le modèle alternatif ici proposé, il s'agira pour la Cour permanente de protéger les notions définies du procès équitable contre l'interprétation que pourrait en faire les acteurs gouvernants à réflexe d'abus de pouvoir. Les méthodes relatives, l'une à l'utilisation d'un contrôle non limité à la matérialité des faits et l'autre à l'usage d'un contrôle au delà des garanties formelles, sont des mécanismes utilisables par la Cour permanente. L'approche globale du procès est une quatrième méthode qui consiste en l'ensemble de la procédure permettant d'apprécier le caractère équitable du procès.

Le droit processuel a changé et n'est plus seulement le droit comparé des trois grandes procédures administrative, civile et pénale. Il est devenu un droit commun à tous les procès, à toutes les procédures, sous l'influence des différentes normes. Les nouvelles sources du droit (internationales, constitutionnelles par exemple) confèrent à ce droit une dimension qui l'insère dans la mondialisation du droit. Le danger permanent de cette mondialisation pour les nations émergeantes à l'instar du Niger, réside dans la recopie à laquelle se livrent les gouvernants, c'est-à-dire l'importation des valeurs d'ailleurs, sans veiller à les adapter aux réalités du contexte local. La recopie engendre la démolition du modèle de base et du système de valeurs de la société. L'adaptation suppose la perception de l'apport d'un contenant constitué des principes du procès équitable, et que l'Etat est appelé à compléter au moyen d'une substance dont la source est appelée à être conforme à l'entendement des populations. Le droit processuel s'est construit autour du modèle universel du procès équitable dont l'utilité se rapporte à l'ardente obligation pour un Etat de garantir les droits de tous. Le caractère procédural par lequel ce modèle façonne l'administration de la justice admet des avantages dans le sens où l'usage de la procédure permet de rationaliser davantage le processus décisionnel. Il est possible de prévoir une extension de ces avantages dans chaque domaine où ce modèle est appliqué dans nos sociétés démocratiques. C'est cette perception qui fonde la proposition de divers modèles de régulation qui appellent aux principes du procès équitable.

Les champs d'application du modèle du procès équitable sont vastes. En considérant par exemple le phénomène de l'extension des droits et du renforcement du caractère démocratique de nos sociétés, il y a lieu de tenir compte du fait que l'évolution des droits est certaine mais pas définitivement acquise dans sa totalité. Le mouvement d'extension continue des droits doit se faire en suivant le principe d'adaptation au sein de la société nigérienne. Les valeurs sociales ne sont pas identiques à celles européennes. Ce mouvement d'extension des droits rappelle à juste titre l'analyse de Tocqueville qui définit la société démocratique comme celle qui tend à l'égalisation des conditions : « le développement graduel de l'égalité des conditions est donc un fait providentiel, il en a les principaux caractères : il est universel, il est durable, il échappe chaque jour à la puissance humaine ; tous les événements comme tous les hommes servent à son développement ». Il ajoute que cette situation n'est pas nécessairement favorable au développement des libertés : « ils ont pour l'égalité une passion ardente, insatiable, éternelle, invincible ; ils veulent l'égalité dans la liberté, et s'ils ne peuvent l'obtenir, ils la veulent encore dans l'esclavage. Ils souffriront la pauvreté, l'asservissement, la barbarie, mais ils ne souffriront pas l'aristocratie ».

Le mouvement d'extension continue des droits par adaptation aux contextes locaux et l'élévation de la procédure au rang de phénomène juridique premier, peuvent être présentés comme l'horizon des sociétés démocratiques de par le monde. Le résultat attendu de ces deux phénomènes relève de la mise en place de mécanismes qui renforcent davantage la stabilité de la gouvernance démocratique en période de turbulences politiques. Puisque tout ne peut être prévu à l'avance, l'avènement des turbulences peut être intégré dans un cadre conceptuel qui prévoit l'enrichissement des mécanismes, par exemple, par exploitation favorable à la société du principe d'extension des droits. La stabilité démocratique tient en grande partie d'une bonne administration de la justice du fait d'abord que les procès sont porteurs d'un conflit qu'il faut étouffer, du fait que les litiges opposent généralement les citoyens ordinaires entre eux, mais surtout du fait que, comme le cas de la IIIe République, les conflits peuvent opposer des acteurs investis de la gouvernance de l'Etat. Et dans ce cas, il y a une nécessité absolue de disposer d'un arbitre qui puisse obliger les acteurs à rationaliser leur comportement. Les phénomènes juridiques sont attendus pour être des facteurs de création d'ordre dans la société, pour aider à repousser sans cesse les frontières du désordre ou sa résurgence.

Deuxième partie :
Historique et analyse des régimes politiques postcoloniaux

Chapitre III. La Ière République

L'histoire politique de la jeune nation nigérienne est caractérisée à son initialisation dans la période post coloniale, par le règne du PPN (Parti Progressiste Nigérien), parti fondé à partir de la section nigérienne du RDA (Rassemblement Démocratique Africain), d'où le nom PPN-RDA. Le règne de quatorze années sans partage de ce parti a pris fin à la suite d'un coup d'Etat militaire, qui occasionna le règne de la dictature militaire du CMS (Conseil Militaire Suprême). Le présent chapitre est consacré à l'étude des politiques publiques du règne du PPN-RDA, de même que celles du CMS, ainsi que l'énoncé des enseignements qu'il est possible de capitaliser.

Section 1. Le règne du PPN-RDA

Les faits que nous enseigne l'histoire politique du Niger décrivent son statut de territoire militaire administré à partir de l'ancien sultanat de Zinder par les français en 1900. Le Niger devient une colonie française en 1922. En 1927, le pays est administré à partir de Niamey pour rééquilibrer les pouvoirs économiques et politiques locaux, diminuer le poids de la communauté linguistique majoritaire de Zinder, ainsi que l'influence de cette communauté du nord du Nigeria, une région riche et peuplée. Le statut du pays évolue pour devenir un territoire d'outre-mer en 1946, puis une République autonome au sein de la communauté en 1958, malgré la campagne pour le « non » au référendum menée par le parti Sawaba, opposé au parti du Chef du Gouvernement.

La République du Niger est proclamée le 18 décembre 1958, et le pays obtint son indépendance le 3 août 1960. Comme beaucoup de pays de l'Afrique de l'ouest, la majeure partie du territoire nigérien est occupée par le désert du Sahara. Parmi les acquis de l'héritage colonial, figure la mise en place d'un régime démocratique lors de la passation du pouvoir politique : le président a été élu par l'Assemblée nationale pour assurer les prérogatives du pouvoir politique. Le nouveau régime qui hérite de la gouvernance de l'Etat du Niger après la colonisation, n'échappe pas à la grille d'analyse néo-patrimoniale, applicable aux régimes africains de cette époque. A la veille de l'indépendance, l'opposition conduite par le Sawaba devient de plus en plus forte, ce qui a pour conséquence, une réaction du pouvoir qui contraint son dirigeant à l'exil. Cependant, bénéficiant du soutien du camp progressiste conduit par le Ghana et la Guinée, le dirigeant du Sawaba tenta sans succès de prendre le pouvoir par la force.

En avril 1965, le premier président échappe à une tentative d'assassinat. Il est cependant réélu la même année, le 30 septembre, avec la victoire électorale du PPN-RDA. En fait, le Gouvernement a instauré dans les faits un régime de parti unique dès 1960, malgré la disposition de la Constitution qui prévoyait le multipartisme. Hors mis ce lourd dérapage politique, le premier régime de la jeune nation nigérienne a dû faire face très tôt aux défis de l'édification d'une politique publique allant dans le sens du développement de l'Etat.

Jacques Lagroye admet que l'Etat n'est pas seulement « l'ensemble des possessions, territoires, édifices ou objets qui sont néanmoins, outre des ressources de son activité, des signes tangibles de sa présence ». L'installation progressive de l'administration coloniale a été une caractéristique essentielle de la gestion des colonies. L'introduction du modèle occidental d'Etat nation engendre la mise en place d'un système bureaucratique, s'efforçant de se présenter comme porteur de sa propre légitimité. L'administration remplit des fonctions analogues à celles de l'armée impériale et offre le modèle réalisé du projet politique de l'empire : intégrer et promouvoir lentement les peuples vaincus, sans leur imposer une déculturation brutale, généraliser la relation de clientèle (si manifeste dans l'institution de vétérans), rattacher directement au "prince" les appareils étatiques, développer un culte des "princes" qui assure au pouvoir un caractère sacré. (Lagroye, *Traité de Sciences Politiques*, p. 454).

I. Le contexte de début du règne du PPN-RDA

Le contexte économique qui marque la période des indépendances des pays émergeants a été pour la plupart de ces pays, dénoncé dans divers travaux qui illustrent quelques réalités, généralement passées sous silence par les théories qui traduisent les pensées dominantes. Divers facteurs externes ont influencé les politiques publiques de la Ière République. Dès l'accession de l'Afrique noire à l'indépendance vers 1960, certains observateurs dénonçaient la persistance de l'influence des ex-métropoles et soulignaient que, dans de telles conditions, la plupart des dirigeants n'étaient en définitive que des suppôts de l'impérialisme. Même ceux qui faisaient preuve de quelques velléités de "progressisme", ne bénéficiaient que de très peu de liberté de choix concernant les politiques de développement (ex. Fanon, 1960).

Le concept de "retard économique" de Gerschenkron (1962) illustre l'influence des facteurs externes au niveau interne pour les nations en retard, notamment les contraintes émanant d'un espace économique global structuré par les nations qui sont passées à l'industrialisation avant elles. De façon générale, indépendamment de l'aspect économique des institutions créées, le processus de déploiement de l'administration et de création d'unités économiques va participer à l'œuvre de développement à laquelle se sont attachés les régimes qui ont pris le relais de la gouvernance des jeunes nations, au delà de la fin des régimes coloniaux. Au Niger, la continuité de ce processus de déploiement est d'autant plus justifiée que la jeune nation manque d'institutions étatiques de base, comme les banques, les sociétés de transformation des produits agricoles. Le régime du PPN-RDA a dû donc répondre à cette préoccupation classée au rang des défis à relever. Il y a un mérite à reconnaître dans la mobilisation des intelligences qui a permis, par des moyens rudimentaires ou même inexistants, de créer des instruments qui satisfont à la contrainte de développement économique, qui satisfont également à la contrainte de l'édification des politiques publiques de proximité avec les populations. L'étude des institutions dans la définition communément reçue de la science politique admet une importance de fait, qui va de pair avec l'idée que la connaissance des mécanismes et des règles du droit public serait un aspect essentiel du savoir requis par l'explication des phénomènes politiques observables. La mesure des enjeux a orienté la politique du régime du PPN-RDA vers la création de sociétés étatiques et paraétatiques, pour soutenir la diversification de l'activité économique, notamment dans le secteur primaire. Dans cette phase d'industrialisation naissante du secteur agro-alimentaire, il faut noter une forte présence de l'Etat avec la participation d'entreprises étrangères dans le capital. Ces institutions constituent des leviers de politique publique, chacune des sociétés dans le domaine d'activité qui est le sien. La BDRN (Banque de Développement de la République du Niger) fut créée après le lancement d'un emprunt national obligatoire avec des fonds provenant en partie de la retenue sur les salaires des agents de l'Etat. Le but est de favoriser l'accès aux emprunts, même si la pratique est dominée par le clientélisme politique. La SOTRAMIL est une usine destinée à la transformation et la commercialisation des produits à base de céréales, notamment le mil, le sorgho, le maïs. La SONARA est l'organisme de transformation et de commercialisation de l'arachide, et joue un rôle de régulation des prix de l'arachide et du niébé. L'Union Nigérienne de Crédit et de Coopération (UNCC) a été créée en 1962 pour favoriser l'émergence des coopératives paysannes dont le regroupement devait améliorer la compétitivité de leur production sur le marché. L'organisme fut réorganisé en 1967 avec des prévisions sur son évolution, notamment lorsque la densité des coopératives de base sera estimée suffisante, l'UNCC apportera son assistance pour la constitution d'unions locales qui, à leur tour, s'organiseront en unions départementales. La COPRO-NIGER est un organisme chargé de l'importation et la distribution des produits de première nécessité. La SONITEXTIL est le reflet de l'incursion modeste de l'Etat dans le secteur manufacturier textile. De façon générale, les grands traits de l'économie nigérienne de la période postcoloniale révèlent un développement des cultures de rente à une échelle modeste et quelques industries de transformation de ces produits de base. Le numéro 366 du journal "la Roue de l'histoire" présente une liste assez complète de ces sociétés (Journal *La roue de l'histoire* du 22 août 2007).

Le manque de cadre de l'administration territoriale est compensé à travers une politique de mise en place progressive des écoles nationales de formation des cadres dans divers secteurs d'activité. Cependant, le regroupement communautaire inter-Etats est tout aussi considéré sous divers angles, notamment celui de la création d'écoles communes de formation des cadres, pour les besoins de la modernisation de la gestion des Etats membres qui les composent. Sur le plan régional, les acteurs politiques gouvernants font participer le pays dans divers organismes dont le CILSS, l'OUA (Organisation de l'Unité Africaine, aujourd'hui l'UA pour Union Africaine), l'OCAM (Organisation Commune Africaine et Mauricienne) bien que dissoute et dont les traces visibles réfèrent à l'existence entre autres, d'un Institut d'Informatique au Gabon. L'organisme est créé le 29 janvier 1971 par une conférence des Chefs d'Etats et de Gouvernements. Le but de ce projet novateur était de favoriser la formation de cadres en informatique et déjà à l'époque, les régimes africains avaient conscience des enjeux de la maîtrise de l'outil informatique pour le développement des différents pays. Au Niger, une direction de la statistique a été créée qui intègre en son sein toutes les ressources informatiques du pays. Les formations des statisticiens sont effectuées majoritairement à Kigali au Rwanda et celle des informaticiens à Libreville au Gabon en majorité.

Les statistiques constituent un outil efficace d'aide à la décision pour tout décideur qui sait s'en servir. Leur place et la place qu'occupe l'informatique aujourd'hui en font des domaines incontournables pour la gestion des Etats. Le degré d'évolution des techniques informatiques est de nos jours indissociable de la mesure du développement de tout pays. Dans l'évolution des missions assignées à ces écoles régionales, diverses branches de formation furent ouvertes bien plus tard, pour répondre aux besoins des Etats membres d'être en phase avec l'évolution sans cesse croissante des technologies.

Un autre aspect marque l'analyse des politiques publiques mises en œuvre à cette époque, il s'agit de la consolidation de la cohésion sociale. L'enjeu provient des frontières des différents pays tracées de façon que plusieurs ethnies coexistent simultanément avec des pratiques communautaires différentes dans le même Etat. Il y a plus une pregnance de l'identité communautaire aux lendemains des indépendances des pays africains plutôt qu'un sentiment d'appartenance à un pays. Face à l'émiettement ethnique hérité de la colonisation et du tracé abusif des frontières, les gouvernants de la Ière République ont choisi le modèle politique d'une prédisposition sociale qui existait déjà, et qui remonte à des temps non encore déterminés par les historiens chercheurs. Cette politique vise la perpétuation du lien de cousinage entre les sous groupes sociaux qui composent la nation nigérienne. Le cousinage à plaisanterie instauré entre les différentes ethnies admet une efficacité qui transcende le temps. Le mérite est de favoriser le métissage entre les ethnies qui finissent par constitués un ensemble hétérogène à forte cohésion sociale. Ce facteur relatif à la cohésion permet d'expliquer la réussite actuelle de ce ciment de l'union des populations autour de l'idée de l'existence même de l'Etat.

Ainsi, le cousinage à plaisanterie est un infaillible régulateur de tensions sociales au sein de la société nigérienne. Une de ses manifestations se traduit par des « altercations verbales plaisantes » dans des cérémonies et attroupements. La pratique matérialise la concorde nationale, il s'ensuit une récupération par officialisation des acteurs étatiques de cette force de cohésion sociale dont les racines remontent à la période ancestrale. Les générations des peuples, des ethnies, des corporations socioprofessionnelles, des classes d'âge, se sont reconnues comme étant parents et liées par un pacte qui engendre la paix et la tolérance. Le pacte permet aux membres de deux ou plusieurs groupes ethniques de se faire des railleries affables dans la plus grande cordialité. De façon générale, la pratique est un bienfait partagé des peuples de l'Afrique sub-saharienne. La croyance échappe à la rationalité, cependant joue un rôle important dans les sociétés modernes ou en modernisation, du fait que cette modernisation entraîne l'avènement du travestissement de la société dans la forme d'un matérialisme et d'un égoïsme dominants, et d'une déperdition des valeurs morales, donc d'une démolition de l'identité de ces sociétés. Le respect des règles impose une non transgression du pacte scellé par les ancêtres. L'humiliation et la trahison sont prohibées. L'importance est incontournable pour que soit mis fin à une situation de tension, ou pour que soient raffermies et renforcées les relations intercommunautaires. Dans cette régulation et cette cohésion sociales dont l'Etat n'est pas l'acteur central, les différentes ethnies du Niger se sont considérées comme parentes et le succès de la pratique l'a prolongé à l'intérieur des ethnies, entre clans et entre groupes socioprofessionnels des différentes communautés. Cette valeur sociale incontestable que garde le Niger a certainement épargné le pays des déchirures et autres conflits civils tragiques, pour que même avec l'avènement de la rébellion touareg, les liens intercommunautaires n'ont nullement été affectés. Ce cousinage considère comme partenaires de plaisanterie, les grand-parents et les petits-enfants, les Peuls et les Arawa, les Kourfeyawa et les Adarawa, les Marabouts et les chasseurs, les bouchers et les éleveurs, …, la liste n'étant pas exhaustive. Et pour faciliter sa mise en pratique, une taxe annuelle est instituée, que les cousins se réclament entre eux, celui qui est censé l'acquitter et qui ne le fait pas est considéré comme "incapable" (*Sahel dimanche*, 20 avril 2007).

La réalisation de l'unité nationale aux lendemains des indépendances n'était pas un objectif acquis, d'autant que les individus qui composent les nations s'identifient d'abord à la famille et à la communauté. La logique sous-tend que les Etats soient édifiés sur la base du rassemblement des communautés, elles-mêmes basées sur les familles et les individus qui les composent. La perception de l'appartenance à une nation comme produit importé et imposé par l'ordre colonial n'est pas automatique, et se traduit par la faiblesse du sentiment d'identité nationale. La prégnance de l'organisation communautaire offrait aux observateurs des réponses quant à l'avènement des sociétés précoloniales organisées et non anarchiques. C'est pourquoi, La diffusion du modèle étatique occidental vers les pays colonisés s'est heurtée entre autres, à cette organisation communautaire dont les structures offraient une résistance à l'organisation horizontale de la société. Le cousinage à plaisanterie constitue un précurseur de la fondation de l'unité de l'Etat que les acteurs politiques essaient d'entretenir. Bernard Lacroix estime que « l'unité de l'Etat relève du degré d'objectivation antérieur de cette unité et de l'aptitude de ses porte-paroles à l'entretenir par des gestes ou des phrases qui, en témoignant, l'objectivent encore ». (Lacroix, *Traité de Sciences Politiques*, p. 550).

La nature du changement attendu au travers des politiques publiques des acteurs du règne du PPN-RDA peut être perçue en considérant la spécification de Tönnies, qui envisage le changement social à travers le passage d'une forme d'organisation sociale dominée par la volonté naturelle à un modèle de société animée par une volonté rationnelle. Dans l'entendement de cette spécification, l'organisation communautaire correspond à la volonté naturelle. Il s'agit d'un système social traditionnel structuré dans le contexte d'une économie rurale, avec un contrôle collectif fort, un rôle prépondérant de la famille et de la religion et où la concorde s'établit d'autant plus facilement que l'individu s'identifie pleinement et naturellement à la communauté. Dans la logique de ce changement, la société qui renvoie à la vie urbaine et associative correspond à la volonté rationnelle. Cette vie urbaine et associative engendre l'émergence d'une opinion publique et l'affirmation de l'individu. Elle favorise aussi une distinction entre le privé et le public, et donc à la réalisation de la concorde par le biais de la convention. Chaque forme d'organisation, qu'elle soit communautaire ou sociétale, admet des avantages et des limites. La société, si elle renvoie à un plus haut degré de rationalité et de libération de l'individu, implique en revanche une lutte incessante pour le pouvoir : le politique n'est plus de l'ordre du naturel et de l'acquis, mais désormais du construit, de l'effort et du conflit (Tönnies, 1944). Le défi de la construction de l'unité sociale des acteurs gouvernants consiste à faire coïncider les avantages de la communauté dans la société nigérienne en construction. Il n'est pas possible d'effacer les acquis de l'ordre social préexistant, le contrôle collectif, le rôle de la famille et de la religion sont des données intrinsèques de la vie des citoyens. Le système communautaire permet d'atteindre un équilibre social indépendamment de l'intervention de l'Etat. C'est le cas du système de financement de retraite qu'il intègre. Chaque citoyen, dans son âge actif, a sa famille et ses devanciers en charge. Lorsqu'il arrive au troisième âge, il est admis à la charge de ses enfants au sens large. De façon itérative, le système se perpétue sans interférence de l'Etat. Il est plutôt possible de considérer que chaque fois que l'Etat s'occupe d'un domaine social pour le transformer, il apporte de nouveaux problèmes à résoudre. Il est plus utile et plus efficace de considérer l'évolution sociale nigérienne par application des principes communautaires dans le social courant.

Durkheim considère l'effet de la division du travail dans l'évolution sociale. Selon lui, Les systèmes sociaux évoluent d'un état où domine la solidarité mécanique vers un modèle d'organisation moderne où règne la solidarité organique. La puissance de la conscience collective caractérise la solidarité mécanique. Elle se traduit par une forte intériorisation par les individus de leur statut social, le poids de la religion et le règne d'une loi répressive.

Le jeu de la division du travail transforme l'ordre social. Cette division du travail social est utilisée et rendue possible par l'Etat et la bureaucratie, qui s'imposent alors comme le mode fonctionnel d'organisation politique de la société moderne (Durkheim, 1973, p. 201). L'Etat et la bureaucratie favorisent l'individualisation des relations sociales en assurant l'émancipation des citoyens et en procédant à la régulation de leurs rapports (Durkheim, 1950, p. 71s). Encore faut-il que soit éviter le danger latent d'une hypertrophie de l'Etat enserrant trop fortement l'individu et portant préjudice à la société civile (Badié, *Traité de Sciences Politiques*, p. 602).

II. Le poids de la domination économique extérieure

La gouvernance est liée à une exploitation plus ou moins accentuée au moyen de prélèvements d'impôts. Au delà des impôts, l'organisation coloniale du monde est un système d'exploitation des ressources humaines, économiques et du sous-sol des colonies, avec un caractère visible, à l'instar d'autres systèmes interétatiques qui l'ont précédé. « Toute société doit faire face aux contraintes imposées par des facteurs économiques, mais seule la civilisation [européenne] du XIXe siècle était économique dans un sens tout à fait particulier, c'est-à-dire qu'elle se fondait sur "un motif rarement reconnu comme valable dans l'histoire des sociétés humaines", notamment le gain » (*ibid.*, p. 30). R. McIver souligne dans sa préface, l'analyse de Polanyi à propos de la transformation du système économique occidental, illustrée à travers « une transformation historique particulière dans laquelle le remplacement d'un système économique par un autre a joué le rôle décisif … non pas parce que la relation économique est toujours première, mais parce que dans ce cas-ci, et dans celui-ci seul, le système "idéal" de l'économique nouveau modèle exigeait la négation impitoyable du statut social de l'être humain » (*ibid.*, p. x). Le système colonial tire donc sa source du système économique occidental du XIXe siècle. Les indépendances ont occasionné la conversion du système d'exploitation colonial, de son aspect immédiatement visible, vers une continuité de l'exploitation, dans une matérialisation moins visible. L'organisation coloniale assimilable à l'"empire-monde" en tant qu'ensemble historiquement réalisé était exploiteur. L'organisation politique recouvre le même domaine que l'économique avec la particularité de l'extraction du surplus par l'exercice de l'autorité politique et de la force militaire. Dans le cas du Niger nouvellement indépendant, des textes de référence en faveur de l'utilisation de la force sont mis en place par la puissance coloniale de façon à perpétuer l'exploitation du surplus par l'usage de la force. C'est l'exemple de l'accord de défense du 24 avril 1961 qui lie trois pays membres du Conseil de l'Entente à la France. Cet accord qui régit les relations franco-nigériennes en matière d'uranium, stipule : « la République du Niger, du Dahomey, et de la Côte d'Ivoire facilitent au profit des forces armées françaises le stockage des matières et produits stratégiques. Lorsque les intérêts de la défense l'exigent, elles limitent ou interdisent leur exportation à destination d'autres pays ».

L'évolution de ce système né des indépendances admet l'avènement de "l'économie-monde", dont la face moins visible s'est traduite par une exploitation au moyen de l'extraction du surplus par des processus d'échange. La raison qui conduit à l'exploitation est donnée par la non répartition équitable de l'éventail des tâches économiques à travers le système monde, du fait de l'organisation sociale du travail, « qui rehausse et légitime la capacité de certains groupes au sein du système à exploiter le travail des autres, c'est-à-dire, à obtenir une plus grande partie du surplus » (Wallerstein, 1974 a, p. 349).

L'organisation mondiale du travail conduit à l'émergence de zones que Wallerstein nomme "centre" ou "noyau" (qui représentent les anciennes métropoles), et les zones "semi-périphérie", et "périphérie" (qui représentent les colonies). Dans ce système, les tâches professionnelles sont hiérarchisées, celles qui exigent des niveaux plus élevés de compétence et une capitalisation plus forte sont réservées aux zones de rang plus élevé, autrement dit, le "centre" ou "noyau". Ceci s'est traduit par la signature de divers accords de protection qui inhibent l'accès à la périphérie des activités pouvant concurrencer le niveau sécuritaire ou économique du centre. Pour citer des exemples de faits illustrateurs, au Niger les sociétés de transformation d'arachide pour produire de l'huile, au Bénin les sociétés sucrières furent étouffées politiquement et économiquement pour qu'aujourd'hui, ces pays deviennent importateurs de ces mêmes produits. Par le passé, le niveau de développement moins avancé du centre exigeait une implication politique pour freiner de telles activités. Aujourd'hui, la seule contrainte économique suffit à imposer l'arrêt de ces activités au vu des coûts de reviens et de réalisation, ainsi que du fait de la pratique abusive des subventions agricoles que les pays développés octroient à leurs unités économiques. L'équation ainsi posée, de même que les contraintes internationales du moment, orientées vers les fermetures politiques des frontières des pays riches, imposent aux pays émergeants de trouver les moyens de la refondation de telles activités. N'est-ce pas paradoxal en 2007, qu'une société qui aspire à l'exemplarité et même à l'universalité élise un acteur politique sur la base d'un programme politique lui-même basé sur la xénophobie ? A partir de la période des indépendances, le "centre" est longtemps resté le lieu privilégié de la manufacture ainsi que des services commerciaux et financiers, tandis que la périphérie était celui de la production des matières premières, et ceci jusqu'à nos jours.

Les processus d'échanges inégaux qui relient les différentes zones, constituent l'évolution du système colonial dont les gouvernants de la Ière République avaient la responsabilité d'appréhender pour trouver le chemin qui mène au développement. L'économie-monde capitaliste récompense essentiellement le capital accumulé, y compris le capital humain, à un taux plus élevé que le labeur. De ce fait, la mal répartition de ces compétences professionnelles tend à se maintenir (Wallerstein, 1974 a, p. 350). De plus, l'absence de communauté politique au niveau de l'ensemble constitue un obstacle à tout effort de la part des populations de la périphérie pour obtenir une répartition plus équitable des bénéfices (Badié, *Traité de Sciences Politiques*, p. 582).

III. Le système politique néo-patrimonial

Du règne du multipartisme qui succède au régime colonial, l'histoire révèle un virage opéré vers le règne du parti unique, conformément à une pratique qui semble généralisée dans les autres pays émergeants d'Afrique. Ainsi, le parti d'opposition Sawaba est interdit. Les opposants du Sawaba furent persécutés et pourchassés, et se réfugièrent la plupart dans les pays comme le Ghana et la Guinée Conakry. Le régime politique nigérien entre alors dans une autre phase, celle du désir de pérennité ou du règne de l'illimité. Son fonctionnement rappelle à juste titre les théories des régimes politiques néo-patrimoniales et les illustre parfaitement. L'analyse de Bertrand Badié dans le Traité de sciences politiques illustre la définition d'un tel système politique.

De façon générale, le système politique néo-patrimonial présente deux traits caractéristiques du fonctionnement des systèmes politiques des pays émergeants. Ces traits se rapportent d'une part à la forte accumulation de capital de pouvoir politique contrastant avec la faiblesse du pouvoir économique endogène, et d'autre part, à la capacité de manipulation de ce pouvoir par les élites qui en sont détentrices (Badié, *Traité de Sciences Politiques*, p. 651).

De manière plus précise, dans un tel système politique c'est le pouvoir politique détenu par le prince qui est privilégié. Le prince, son entourage et sa bureaucratie constituent le centre tandis que les autres citoyens constituent la périphérie. Le centre accapare le pouvoir et prétend à la représentation exclusive de l'ordre social et moral. Dans son fonctionnement, le système politique néo-patrimonial est essentiellement orienté vers la reproduction à perpétuité de ce pouvoir ainsi que des ressources qu'il détient. La limitation de l'accès des groupes périphériques au centre vise à renforcer ce pouvoir détenu par le centre politique. Pour son maintien en place, le centre consent à allouer des biens matériels et symboliques aux différents groupes sociaux dans des limites calculées. Pour imposer son caractère incontournable, le centre procède à la limitation autant que possible de la mobilisation politique. Il entretient une fonction pragmatique qui ne débouche ni sur la promotion d'un réel changement, ni sur une véritable articulation des buts politiques.

Les élites néo-patrimoniales procèdent à une politique de modernisation indispensable pour entretenir leur propre légitimité, mais suffisamment limitée et retenue pour éviter une transformation profonde de la structure sociale, risquant de donner naissance à des élites économiques concurrentes qui menaceraient leur propre position. Ainsi s'explique, en particulier, l'ambiguïté des politiques de modernisation mises en place dans ce contexte et qui, en conformité avec les exigences de la domination internationale, se traduisent plus par la confirmation d'un statu quo que par la mise en œuvre des conditions d'un véritable décollage économique.

La logique néo-patrimoniale s'explique par divers facteurs propres à la plupart des sociétés des pays émergeants. Les ressources économiques sont rares et l'implication de cette rareté se traduit par une réévaluation des ressources politiques. L'ensemble de ces facteurs favorise un contrôle effectif par le centre des modalités d'accès aux biens économiques. Une prédisposition préalable découle de la nature même de la société nigérienne précoloniale qui n'admet pas de tradition de contre-pouvoir. Un autre facteur explicatif de la prégnance de la logique néo-patrimoniale est lié à l'inexistence d'une société civile structurée et d'une représentation autonome des groupes sociaux. De nos jours ce n'est plus le cas, pour avertir tout acteur politique qui aspire à la perpétuation d'un système identique dans la gouvernance de l'Etat, comme il a été possible de constater le maquillage du même système en démocratie néo-patrimoniale.

IV. Les défis climatiques et environnementaux

De nombreux fossiles de dinosaures du Crétacé inférieur ont été trouvés à Tazolé, au sud-est de l'Aïr. Le massif de l'Aïr couvre de nombreux vestiges de céramiques du VIIIe millénaire avant notre ère, mis à jour par les recherches des archéologues et des historiens. Ces vestiges de céramique sont contemporains de l'invention de la poterie dans d'autres régions du monde. L'histoire situe entre 2000 et 3000 avant J.-C., l'époque de début de la désertification du Sahara. La désertification va repousser les populations d'agriculteurs et les céramistes vers le sud. Les communautés d'éleveurs de bovins deviennent alors propriétaires des lieux du fait que leur activité n'est pas affectée de façon vitale. Les gravures rupestres constituent les nombreuses représentations des troupeaux de ces éleveurs gravées sur les rochers. Ces gravures témoignent également de la présence à cette latitude et à cette époque d'éléphants, d'hippopotames et d'une faune de savane abondante et variée. Le désert du Ténéré est riche en témoignages de la présence humaine au néolithique par un abondant matériel de pierre (pointes de flèches, meules, etc.), jusqu'à la désertification de la région située par les historiens au premier millénaire avant notre ère. Depuis lors, le phénomène de l'avancement du désert du Sahara devient une donnée permanente des populations riveraines, à travers le déplacement des dunes de sable favorisé par le vent de sable qu'est l'harmattan.

Le régime des indépendances a fait face à une multiplicité de contraintes transformées en défis pour les politiques publiques. Parmi ces contraintes, celles qui relèvent de l'ordre existentiel de l'Etat et de l'ordre existentiel des communautés qui le composent. Les défis climatiques et environnementaux se sont imposés très tôt dans l'agenda politique et dans les politiques publiques, non parce que ces défis n'existaient pas auparavent, mais parce que le transfert des pouvoirs imposent aux nouveaux acteurs d'œuvrer pour le bien-être de leurs populations. Ces populations font face à des risques climatiques et environnementaux majeurs, notamment l'avancée du désert du Sahara qui couvre la majeure partie du territoire. Ces défis avérés encore d'actualité de nos jours, illustrent l'aspect de la continuité de l'Etat et non sa rupture. Ils illustrent également les modifications apportées aux politiques publiques par les acteurs politiques qui se succèdent, chacun selon un temps déterminé tel que nous l'enseigne l'histoire. Les réponses à ces défis sont perceptibles à travers divers outils de politique publique présentés ici au moyen de l'approche risque, la plupart de ces dispositifs institutionnels étant encore utilisés de nos jours.

Les risques « avancée du désert », « sécheresse », « invasion acridienne » au Niger admettent un état permanent et latent, et déterminent des axes majeurs des politiques publiques. La permanence de ces risques auxquels participe le désert du Sahara, sert de bouclier contre toute tentative de quelque acteur politique de prôner l'avènement d'un monde maîtrisé. Ceci illustre l'une des grandes différences entre le monde politique du Niger et le monde politique occidental, dont certains aspects des communications politiques n'excluent pas la critique formulée par Dominique Pécaud, c'est-à-dire « l'insistance avec laquelle » ces acteurs politiques continuent de « prôner l'utopie d'un monde maîtrisé malgré la persistance et la multiplication des signes de » leur « impuissance à lui donner vie ».

A. Le défi lié à la pluviométrie

Au delà des frontières du Niger, la partie occidentale du continent africain tropical toute entière reçoit la plus grande partie de ses précipitations annuelles durant les mois d'été boréal, de juin à septembre. L'expertise disponible pour la connaissance de ce phénomène dénote l'arrivée de la mousson qui correspond à l'inversement saisonnier des vents dans la basse atmosphère. L'inversement du vent est connu des marins commerçants voyageant du Mozambique à l'Inde depuis des siècles.

En hiver, le vent souffle du continent plus frais vers l'océan plus chaud. Il s'agit du vent de sable appelé l'harmattan, provenant du désert du Sahara. Etant donné le mouvement du soleil au cours de l'année, le continent se réchauffe plus vite que l'océan. Cette différence de température crée une différence de pression de surface avec une haute pression océanique et une basse pression continentale. La mousson née de cette dépression souffle à la manière d'une brise marine géante, de l'océan vers le continent transportant ainsi les masses d'air humides. Au-dessus du continent, la mousson rencontre l'harmattan, chaud, sec et chargé de poussières. La rencontre crée le Front Inter Tropical (FIT) dont le positionnement est régulièrement donné par la météo. Le FIT délimite les parties du continent qui seront couvertes par les précipitations. Le phénomène est rare, mais des précipitations ou des traces de pluies peuvent avoir lieu sur des surfaces très limitées du désert du Sahara.

Les précipitations favorisent les activités humaines de base à savoir, l'élevage et l'agriculture. Malgré l'immensité de son territoire, seulement 4% du territoire nigérien est constitué de terres arables. L'aliment de base est le mil, cultivé et produit par près de 84% de la population qui sont des paysans ou éleveurs de produits de subsistance. L'agriculture fonctionne sous la pluie avec une irrigation très limitée, ne couvrant que 80 000 hectares environ. La récolte moyenne des cinq dernières années est estimée à trois millions de tonnes de mil.

La pluie occasionne la régénération des rivières et des nappes d'eau phréatiques. La maîtrise du cycle pluviométrique pluriannuel est un enjeu capital pour le pays et ses quatorze millions d'habitants aujourd'hui. Il est possible de se faire une idée précise de l'impact du risque climatique sur le secteur social et surtout sur le monde politique de la jeune nation nigérienne. La principale ressource exportée est constituée d'uranium, un matériau hautement sensible, drainant également d'autres enjeux internationaux et dont l'observation de la courbe de son cours dénote son effondrement les précédentes dernières années. Même avec l'évolution du cours du minerai de nos jours, son impact reste limité pour les besoins économiques du pays.

B. Le défi de la récurrence de la sécheresse

L'avancée du désert du Sahara est un phénomène marquant. Le vent de sable ou l'harmattan favorise le déplacement des dunes de sable plus au sud, avec comme corollaire, la réduction de la surface des terres cultivables et la baisse des quantités de pluie régulièrement enregistrées, malgré une forme réussie des techniques de fixation des dunes. Les conséquences de la sécheresse sont nombreuses. Elle engendre par exemple une forte réduction du niveau des rivières. En 1984, pour la première fois de son histoire contemporaine, le fleuve Niger, seul fleuve du pays, a cessé de couler. La sécheresse favorise également l'érosion éolienne, la dégradation du couvert végétal, la modification significative de l'environnement hydraulique (migration des ponds, …). La diversité de ses conséquences rend enrichissant l'analyse des politiques publiques mises en œuvre par les pouvoirs publiques pour faire face au risque « sécheresse » dans sa dimension environnementale.

La sécheresse engendre surtout des catastrophes humaines majeures avec l'avènement de la famine. Les 84% de la population paysanne nigérienne sont directement touchés, de même que l'ensemble du bétail qui constitue l'essentiel de l'épargne paysanne et le bouclier du pays contre l'importation de la viande. Tout le système social et économique se trouve affecté et compromis. L'exode devient massif et des villages entiers se vident. A la crise sociale et économique, s'ajoute une crise sanitaire du fait du développement des épidémies. Le pouvoir se retrouve en situation extrême, et une solution d'urgence doit être apportée pour faire face à l'urgence, puisqu'il est impossible de déterminer à priori les besoins exacts malgré les estimations.

C. Les outils de politique publique de lutte contre la sécheresse

A partir de la gestion des manifestations de la sécheresse et des catastrophes qu'elle a engendré, une analyse peut être faite des politiques publiques mises en œuvre par le gouvernement du Niger, de façon à faire ressortir la perception de ce risque tel que construit socialement, indépendamment de sa manifestation à venir, qui pour le cas de figure, serait inexorablement sous forme de catastrophe inéluctable. L'approche "configurationnelle" du risque (Weisben, 2007) permet de déceler les acteurs et les dispositifs institutionnels qui traduisent la prise en compte du risque « sécheresse » dans les politiques publiques.

L'OPVN (Office des Produits Vivriers du Niger)

En réponse aux risques climatiques de sécheresse, les autorités du Niger de la période des indépendances ont mis en place un établissement public à caractère commercial et industriel dénommé OPVN. Sa mission essentielle est celle d'un service public destiné à maintenir le Stock National de Sécurité et de réaliser des prestations de services au bénéfice de l'Etat. A l'origine de sa création, l'office traduit l'intervention de l'Etat pour contrôler les réseaux de commercialisation des produits agricoles. De façon générale, les sociétés publiques créées à l'ère des indépendances correspondent à un besoin de réorganiser le commerce au profit de l'Etat. L'office sert à réguler les prix des produits sur le marché lorsque les paysans sont amenés à vendre une partie de leur récolte pour faire face à d'autres besoins, tandis qu'ils rachètent ces mêmes vivres en période de soudure ou en période de semence. Cet outil est également utilisé pour satisfaire les besoins d'une clientèle politique sélectionnée par les acteurs gouvernants.

Dans sa mission de maintenance du Stock National de Sécurité, l'office se charge de la mobilisation des stocks de céréales en cas de crises alimentaires, de l'entretien des capacités de stockage, du traitement phytosanitaire et du renouvellement annuel d'une partie du stock national de sécurité.

Au fil du temps, l'OPVN a concentré ses efforts dans la gestion des aides alimentaires, dans l'organisation des transferts de céréales en direction des zones où sont mises en œuvre les actions d'atténuation des crises, dans le contrôle de qualité des céréales, les traitements phytosanitaires pour le compte des tiers, dans la location des capacités de stockage non affectées au stock national de sécurité et dans l'organisation du transport de céréales en recourant éventuellement au secteur privé.

Le CILSS (Comité Permanent Inter-Etat de Lutte contre la Sécheresse au Sahel)

Le CILSS a été créé le 12 septembre 1973 à la suite des grandes sécheresses qui ont frappé le Sahel dans les années 70. Il regroupe quatre Etats côtiers (Gambie, Guinée-Bissau, Mauritanie, Sénégal), quatre Etats enclavés (Burkina Faso, Mali, Niger, Tchad) et un Etat insulaire (Cap Vert).

Du point de vue éco-géographique, la zone sahélienne typique correspond au domaine climatique où les précipitations annuelles moyennes varient de 300 à 750 mm. Elle se situe entre la zone saharo-sahélienne ou subdésertique (où la pluviométrie varie de 100 à 300 mm par an) et la zone soudanienne (qui enregistre une pluviométrie moyenne se situant entre 750 et 1200 mm).

Quatre objectifs opérationnels ou spécifiques sont assignés au CILSS :
Assurer la sécurité alimentaire et une meilleure gestion des ressources naturelles, gérer les questions de population/développement, suivre et impulser des actions d'échanges des produits agricoles et agro-alimentaires;
Assurer la maîtrise de l'eau pour l'amélioration des conditions de vie des populations sahéliennes;
Promouvoir des marchés nationaux et régionaux dynamiques, fluides et intégrés pour les échanges des produits agricoles et agro-alimentaires;
Faire autorité dans les domaines de la maîtrise de l'eau, de la population et le développement d'infrastructures au plan sous régional et international.

Le CILSS est un outil sous régional qui ne répond pas systématiquement aux injonctions des acteurs politiques d'un pays particulier, mais permet d'asseoir une meilleure expertise partagée des crises, une meilleure centralisation des moyens de prévention et de lutte contre les risques partagés à savoir le risque « sécheresse » et le risque « invasion acridienne ».

Les autres acteurs

Divers services institutionnels étatiques sont mis en place et sont destinés à promouvoir la politique publique de lutte contre le risque « avancée du désert », le risque « sécheresse » et le risque « invasion acridienne ». Il s'agit du service des forêts et faunes, des services municipaux, des services de l'environnement. La lutte contre l'avancée du désert s'effectue au moyen du renforcement du couvert végétal et des techniques de fixation des dunes.

De nos jours, d'autres projets financés par des pays et organismes internationaux participent à la lutte contre la désertification. Divers organismes internationaux de recherche y prennent également part et constituent des acteurs non négligeables dans la prise en compte du risque environnemental (l'ICRISAT, l'AMMA, …).

Déductions à partir de l'approche "configurationnelle" du risque

Le symbolique et la catégorisation des enjeux jouent un rôle primordial dans la gestion des risques. Ce fait s'illustre à travers la commémoration de la fête de l'indépendance au Niger, le 3 août, placée sous le signe de la fête de l'arbre. A cette occasion, tous les acteurs politiques et tous les citoyens sont conviés par les gouvernants à participer aux cérémonies de plantation d'arbres, organisées à l'échelle du territoire national. De même que le pouvoir des indépendances n'a pas toléré l'expression d'une opposition politique malgré les dispositions de la Constitution qui consacrent le règne du multipartisme, de même le constat se dégage quant à l'absence de la société civile comme acteur participant à la gestion des risques « avancée du désert », « sécheresse » et « invasion acridienne ». L'Etat demeure l'acteur central de gestion de ces risques.

Malgré les dispositifs institutionnels mis en place, la sécheresse qui a sévit au Sahel en 1972 et 1973 a été dure et dévastatrice. Les dispositifs ne sont que des outils d'atténuation des effets de crise, jusqu'à un certain rang, au delà duquel l'impuissance des hommes l'emporte sur l'efficacité des outils qu'ils mettent en place pour la juguler. Les capacités humaines n'apparaissent que comme fortement limitées face aux forces de la nature quand elles se déchaînent. La sécheresse impose sa contrainte au moyen des conséquences néfastes sur l'économie, sur l'environnement, sur le plan sanitaire et humain. Le CILSS a consolidé la solidarité communautaire des Etats pour faire vivre les populations avec l'espoir, pas forcement avec des moyens adéquats. L'OPVN a servi d'outil de mise en œuvre des actions d'atténuation de la crise engendrée par cette sécheresse. Mais face à cette « accélération de l'histoire », et comme dans beaucoup d'autres domaines, le Niger dépend essentiellement de l'assistance internationale. Le régime de la Ière République dut lancer plusieurs appels à l'aide, avant d'obtenir des réponses de la part de certains donateurs internationaux, notamment l'ancienne métropole, les pays arabes, les pays francophones.

L'aspect essentiel de la politique publique d'atténuation de cette crise réside dans le choix des acteurs gouvernants de procéder à la distribution gratuite de vivres face à l'urgence. Mais dans la pratique de ce choix politique, divers facteurs vont participer à la modification de sa mise en œuvre. Au nombre de ces facteurs, la forte politisation des structures autour de la volonté d'un seul acteur gouvernant, le besoin d'obtenir en contrepartie le statut de "sauveur" ou tout simplement celui d'obtenir la reconnaissance des victimes. Le facteur humain ou l'état de nature n'est pas absent du fait de la cupidité née du désir des acteurs à divers niveaux, d'accéder à un enrichissement rapide, une cupidité qui l'emporte sur le besoin réel de porter assistance. Cette cupidité favorise l'appropriation illégale des dons obtenus, soit pour une consommation propre des acteurs chargés de la mise en œuvre qui n'en ont pas forcement besoin, soit pour la mise en vente de ces denrées sur les marchés locaux. Il y a donc de multiples raisons qui participent à l'explication des accusations formulées contre le régime pour détournement de l'aide destinée aux populations. Les putschistes qui renversèrent le régime n'ont pas manqué de s'en servir en évoquant cette raison officiellement pour justifier le coup d'Etat.

V. La chute du régime du PPN-RDA

L'histoire accorde à l'acteur politique gouvernant du régime du PPN-RDA, une place de membre éminent du noyau de la famille francophone, et sa place parmi les fondateurs de la francophonie. En mesurant l'importance de l'accalmie internationale, lorsqu'elle provient en particulier des Etats africains voisins immédiats et distants, l'acteur gouvernant a su développer une diplomatie habile et une offre permanente de dialogue et de compromis. La pratique d'une telle diplomatie l'éloigne de l'isolement et facilite l'instauration des relations de proximité avec les autres dirigeants du cercle immédiat. Cette précision requiert toute son importance, puisqu'elle offre à l'acteur, une possibilité que possède son régime, de faire jouer ses relations afin de rétablir son ordre en cas de coup d'Etat militaire.

Le numéro 4 du journal « Energie pour tous » consacre une analyse des facteurs qu'il est utile de prendre en compte dans l'explication de la chute du régime de la Ière République. Le régime du PPN-RDA était au faite de sa puissance et pratiquement indéracinable lorsque sévit la terrible sécheresse de 1973 qui s'est traduite par une famine sans précédent dans les campagnes. L'incapacité affichée des gouvernants à prévoir le fléau et à alerter à temps la communauté internationale afin d'organiser l'aide aux victimes, a fini par susciter un vif mécontentement dans la population. Les facteurs apparents de la stabilité du régime sont relatifs à la réduction de l'opposition au silence, à l'appartenance des gouvernants à un réseau d'autres gouvernants de soutien africain, à la position du gouvernant de fidèle allié au sud du Sahara de l'occident, notamment de la puissance coloniale. La rébellion quasi ouverte du numéro deux du régime contre le leader du parti unique au pouvoir depuis l'accession du pays à l'indépendance en août 1960, ne remet pas en cause la stabilité du régime, étant donné que de telles querelles sont fréquentes.

Les pages de l'histoire qui suivront décrivent un événement nouveau dans l'évolution politique de la jeune nation nigérienne, événement qui va sceller définitivement le sort du régime du PPN-RDA. En effet, à l'insu des organes de renseignement du régime, des unités militaires de toutes les garnisons du Niger, notamment des troupes d'Agadez, de Tahoua et de Zinder, villes situées à plusieurs centaines de kilomètres de Niamey, vont rallier la capitale avant le 14 avril 1974 en évitant les routes nationales, à travers dunes et broussailles. Dans la nuit du 14 au 15 Avril 1974, alors regroupés dans la périphérie de Niamey, les putschistes ont attendu deux heures du matin pour converger vers les bâtiments administratifs et le Palais présidentiel au sein duquel ils disposent d'un complice de taille, l'aide de camp et l'homme de confiance du président de la République. A cette heure, des coups de feu ont été entendus par les habitants du côté du palais présidentiel. Aux environs de cinq (5) heures du matin, les populations sont surprises par la présence dans la ville de soldats en grand nombre et en tenue de campagne qui incitent les passants à rester chez eux. Des blindés prennent position aux endroits stratégiques de la ville. Les accès aux immeubles administratifs, notamment les ministères, l'Assemblée nationale, le Trésor public, la banque centrale, les postes et télécommunications sont bloqués. Les véhicules sont systématiquement arrêtés et minutieusement fouillés. La radio nationale qui débute ses émissions à 6 heures 30 reste silencieuse, un silence qui pèse lourd pour les populations. Les émissions de la radio commencent à 7 heures 30, mais avec de la musique militaire, après la traditionnelle diffusion de l'hymne nationale. A 8 heures 45, le Chef d'Etat Major des Forces Armées Nigériennes (FAN) alors lieutenant Colonel, lit sur un ton calme et ferme la proclamation de la destitution du régime, de la suspension de la Constitution, de la dissolution de l'Assemblée nationale, de la suppression de toutes les organisations politiques. La proclamation est diffusée de quart d'heure en quart d'heure. Le président des indépendances vient d'être renversé par son Chef d'Etat Major, quarante huit heures avant la réunion décisive qui devrait aboutir au rehaussement du prix de l'uranium Nigérien et Gabonais. S'il est difficile d'apporter des preuves d'une implication directe de la puissance coloniale dans ces événements, les indices qui le montrent sont multiples, notamment à propos de la revalorisation du prix d'uranium. Pourquoi l'accord de défense n'a-t-il pas été appliqué pour que, les troupes de la métropole stationnées à Niamey, disposant d'une puissance de feu supérieure à celle de l'armée nigérienne, bien que celle-ci ait symboliquement encerclé le camp français, interviennent pour rétablir le régime ? L'explication facile serait de croire à l'absence des responsables du camp, au flottement politique en métropole du fait du décès le 2 Avril 1974 de leur président. Cependant, la genèse présentée ci-après, des négociations engagées par les autorités du Niger pour obtenir la revalorisation du prix d'uranium donne des explications plus tangibles (Journal *Energie pour tous* N° 004 du 10 Mai 2007). Les paragraphes qui suivent présentent cette genèse proposée par ce journal, alternée avec l'analyse des enseignements politiques induits.

Lorsque la « Conférence Franco-Nigéro-Gabonaise » s'ouvre le 23 mars 1974 à Niamey, les chefs des délégations nigérienne et gabonaise avaient demandé à considérer le métal sous l'aspect commercial. « Le chef de la délégation nigérienne précise que la seule production du Niger de 1000 tonnes par an, équivaut à 10 millions de tonnes de pétrole, se traduit par une économie en devise de l'ordre de 150 milliards de FCFA et un allégement de dépenses pouvant être estimé de 80 à 100 milliards de FCFA ». Face aux Africains, la délégation Française refuse d'envisager la prise en compte de ces deux paramètres fondamentaux de la problématique de l'uranium nigérien. Elle refuse de « s'engager dans une évaluation de l'uranium par comparaison au pétrole sur le plan énergétique », s'obstine à ignorer le facteur « devises étrangères », et se déclare tout juste prête « à réexaminer le prix actuel du métal et à étudier un accroissement de l'aide ». La logique de contrepartie que retirent les puissances mondiales vis-à-vis de l'aide au développement est assez paradoxale, du fait que cette aide est inscrite dans les politiques publiques à titre d'assistance accordée à titre gracieux aux pays en développement. Cette logique de contrepartie est généralement financière, et engendre un bénéfice aux puissances, qui multiplie par un chiffre considérable l'aide accordée aux bénéficiaires.

Le lendemain la délégation française remet un mémorandum basé sur des attendus déformés. Les prix de revient du kWh nucléaire et thermique sont qualifiés de théoriques, alors que celui du kWh thermique avait été communiqué par un très haut responsable de l'EDF (Electricité de France). Des calculs établissent que si les centrales nucléaires et thermiques fonctionnaient pendant 1850 heures au lieu de 6 à 7000, les prix du kWh seraient égaux; l'extraction de l'uranium de l'eau de mer coûterait quatre fois moins cher que le prix demandé par les Nigériens. « La tendance récente à l'amélioration du prix de l'uranium dans les transactions internationales permet d'escompter une revalorisation du prix de l'uranium africain. La délégation française affirme la volonté de la France de faire bénéficier les producteurs nigériens et gabonais des meilleures conditions qu'il est possible d'obtenir sur le marché. Elle se déclare prête à étudier avec le Niger et le Gabon les moyens d'exercer une action commune tendant à la revalorisation des prix internationaux de l'uranium. L'augmentation prévue de la production du Niger exercera également des effets positifs sur les recettes ». Cette argumentation se résume à imposer aux Etats producteurs de tabler sur une revalorisation de l'uranium au niveau du marché mondial, et sur la prise en considération du caractère spécifique de l'uranium par les acteurs politiques métropolitains. « Le Gouvernement Français est disposé à faire bénéficier dès 1974 le Niger et le Gabon, par anticipation, d'une partie des revenus attendus de la revalorisation de l'uranium ».

Le Niger et le Gabon présentent alors un contre mémorandum, « en dehors des paramètres calculables, il en est d'autres plus importants, qui ne relèvent pas du calcul, c'est-à-dire l'indépendance économique de la France, la garantie de pouvoir satisfaire ses besoins énergétiques, une économie substantielle de devises à l'égard de l'étranger, le renforcement de la zone franc et enfin la solidarité des trois pays qui, dans une politique concertée, représentent 15% du marché mondial de l'uranium ». Le Gouvernement Français affirme que « l'économie de marché est désavantageuse » pour le Niger, « mais on n'y peut rien », s'il s'agit de multiplier par trois ou quatre le prix de l'uranium, « on pourrait discuter », « mais le président du Niger demande beaucoup ». Le Gouvernement Français et le Commissariat à l'Energie Atomique (CEA) sont d'accord sur la nécessité d'augmenter dans des proportions considérables le prix de l'uranium nigérien, mais divergent sur celui d'entre eux qui doit régler la facture, le gouvernement pouvant user de l'aide au développement. De toute évidence, le président du Niger était devenu encombrant et gênant, le président Gabonais, lui, ne constituait pas d'obstacle, du moment que la mine devrait être fermée. L'implication implicite du gouvernement français et du CEA au coup d'Etat est donnée à travers le prix convenu par la suite avec les putschistes. En effet, le 15 avril 2007, l'un des acteurs militaires ayant participé au putsch du 15 avril 1974, un Colonel des FAN à la retraite, reconnaissait à la radio Ténéré FM de Niamey, que le CMS (Conseil Militaire Suprême) regroupant les officiers putschistes, a pu obtenir une multiplication par cinq du prix de l'uranium, un peu plus du facteur quatre proposé à l'ancien régime.

Les discussions qui ont eu lieu à Paris dans la nuit du 14 au 15 avril 1974 autour du président par intérim et en présence du Chef de la délégation Française, chargé de négocier le prix de l'uranium avec les parties Nigérienne et Gabonaise, avaient décidé de ne pas faire intervenir les troupes Françaises basées à Niamey. La puissance coloniale s'autorise l'application des textes uniquement pour défendre ses propres intérêts, contrairement à tout esprit de l'applicabilité automatique du droit et des traités internationaux. La leçon est celle de la désillusion de toute croyance à la volonté des acteurs politiques de tenir des engagements sans faire intervenir la nature des rapports de force. Les plus forts disposent de tous les droits, y compris celui de ne pas respecter le droit en refusant de remplir leur engagement, en refusant de respecter leur parole donnée et de s'acquitter des charges qui sont les leurs, et dans cette optique, les plus faibles n'ont qu'à s'incliner. C'est comme disent les généraux grecs d'Athènes, « les forts font ce qu'ils ont la force de faire, les faibles font ce à quoi ils sont contraints ».

La problématique du déséquilibre des termes d'exploitation des gisements des pays émergeants est partout la même. D'une part, il y a la faiblesse du pourcentage qui revient aux pays propriétaires des gisements et d'autre part, se pose le problème du contrôle effectif de la production et du prélèvement des parts qui reviennent aux Etats propriétaires. Le premier aspect de cette problématique est illustré par le processus qui a conduit à l'exploitation des gisements d'uranium du Niger. Le CEA qui devrait devenir plus tard Cogema ensuite Areva chercha à bénéficier de l'exonération de la taxe spécifique sur les carburants, à obtenir une baisse de 50% de l'impôt sur le bénéfice industriel et commercial et sur la taxe ad valorem, et avec l'appui des acteurs politiques français, obtenir l'exemption de la taxe sur le chiffre d'affaires (TCA) de 13%. Ce point particulier relatif à la suppression de la TCA prive le Niger de 500 millions de francs CFA de rentrées fiscales pour un budget national de l'ordre de 5 milliards de Francs CFA. Le processus de cupidité financière atteint son paroxysme à propos de la Somaïr (Société des Mines de l'Aïr) dans laquelle la CEA se réserve 100 000 actions à titre gracieux. Comme dit le proverbe, "de l'argent, plus on en a, plus on en a besoin".

Les enseignements de ce passage de l'histoire du Niger et son apport pour les théories des Relations Internationales révèlent que le coup d'Etat militaire dans les pays émergeants peut être un moyen d'expression d'une hégémonie, un moyen qui participe à l'accumulation propre au système capitaliste, contrairement aux volontés et politiques affichées qui stipulent la mise en place de programmes pour aider les pays émergeants à sortir du sous-développement. D'où le double langage et l'hypocrisie qui caractérisent les rapports entre Etats forts et Etats faibles. Les gouvernants des Etats forts dédouanent leur conscience en stipulant ouvertement l'appartenance de leur programme à des actions honorables pour garder tous les honneurs d'un tel acte. Leurs concitoyens sont quelques fois bernés, si leur indifférence ne l'emporte pas et si les quelques compatissants à l'endroit des citoyens des Etats faibles ne se laissent pas convaincre par l'argument de la hausse des prix. Cependant, à considérer le programme d'assistance publicisé, ce sont les Etats forts et les acteurs qui les gouvernent qui s'accaparent encore tous les privilèges, c'est-à-dire, la plus grande partie du surplus financier, pour éviter l'expression "la presque totalité". Le coup d'Etat est un moyen à la fois accessible aux gouvernements des puissances même à titre de suggestion, ainsi qu'aux grands groupes commerciaux, de par leur capacité à manipuler et à corrompre l'élite militaire des pays émergeants, de même que l'élite politique des puissances, le tout combiné avec leur capacité à acheter et acheminer des armes.

La reconnaissance de la légitimité de l'aspiration à la gouvernance de tout acteur ne peut servir de justification d'un changement de régime qui met en danger la vie d'autres individus. Certes, le contexte national dans lequel se sont déroulés ces événements est porteur d'une telle alternative de sa propre autodestruction. Le règne du parti unique avec une opposition en exode et réduite au silence est synonyme de règne illimité. Or la gouvernance publique n'est ni héréditaire, ni une propriété privée, contrairement au statut concédé à la gouvernance traditionnelle. De tels régimes n'offrent pas d'alternative de changement de régime dans un cadre pacifique prescrit par la loi. Ajouté à ces facteurs, le désir illimité qu'affiche le groupe CEA de maximiser ses profits, même sous le principe "d'une fin qui justifie les moyens". Le coup d'Etat est utilisé comme moyen, avec au préalable la constitution d'un lobby qui défend un intérêt financier. Ce lobby se compose des acteurs politiques et civils de la métropole, des membres du Gouvernement qui vont à l'encontre des prescriptions du président français.

Section 2. La dictature militaire

La Ière République fut d'abord dirigée par un président civil initialement démocratiquement élu, dont le régime a connu une longévité de 14 ans, jusqu'au 15 avril 1974, date à laquelle, des officiers de l'armée, regroupés au sein du Conseil Militaire Suprême (CMS) procèdent à une intrusion anti-démocratique sur la scène politique. Ce premier coup d'Etat militaire amorce un nouveau virage dans la gouvernance politique du Niger, un virage qui mène au règne d'une dictature militaire. Parmi les raisons avancées pour justifier ce changement hors cadre démocratique, la mauvaise gestion de la famine née de la sécheresse qui a sévit cette année et l'année d'avant au Sahel. Dans cette métamorphose de l'histoire politique, la grille de lecture néo-patrimoniale applicable au nouveau régime qui dirige le pays s'enrichit de l'option des théories des régimes dictatoriaux. L'exception révèle le caractère modéré de cette dictature, mais avec une dimension politique des rituels qui maintiennent l'équilibre, et pour l'analyse desquels, tous les aspects qu'ils comportent vont permettre de déceler les piliers de l'équilibre régnant. Balandier insiste à juste titre sur la dimension politique de ces rituels : « tous les mécanismes qui contribuent à maintenir ou à recréer la coopération interne sont eux aussi à mettre en cause et à considérer. Les rituels, les cérémonies ou procédures assurant une remise à neuf périodique ou occasionnelle de la société sont, autant que les souverains et leur "bureaucratie", les instruments d'une action politique ainsi entendue » (1967, p. 44).

Au lendemain du coup d'Etat militaire, une centaine de prisonniers politiques fut libérée, dont certains étaient détenus depuis 1959 et les exilés sont autorisés à rentrer dans le pays. Le 17 avril 1974, le CMS établit le président de la République et Chef de l'Etat, avec comme mandat de rétablir l'économie du pays et la moralité de la vie politique. Le premier Gouvernement mis en place est exclusivement composé d'officiers, l'Assemblée nationale est remplacée par un Conseil National pour le Développement (CND). A partir d'avril 1974, commence le régime dictatorial des officiers de l'armée membres du CMS avec une assignation à résidence de l'ancien président déchu. Le programme de ce régime porte sur le redressement économique consécutif à la sécheresse et sur la poursuite de la coopération avec la France, notamment en matière d'exploitation de l'uranium qui se traduit par la signature d'un nouvel accord économique en 1977. L'analyse de cet aspect de la poursuite de la coopération avec la France comme raison officielle, est assez révélateur de l'influence des rapports avec l'ancienne puissance coloniale dans le coup d'Etat militaire.

Dans l'exercice du nouveau pouvoir, la quiétude politique n'a pas été immédiate. Des complots et des tentatives de coup d'État se sont succédé durant les cinq premières années de pouvoir de ce régime, notamment en août 1975, en mars 1976 et en octobre 1983. Les instigateurs de ces putschs ont tous échoué, la stabilité politique a donc régné jusqu'au décès du Chef du CMS le 10 novembre 1987, à Paris, à la suite d'une tumeur du cerveau, dont les signes ont commencé à apparaître vers la fin de l'année 1986. Mais comme d'habitude, la santé des puissants relève d'un mystère savamment entretenu et inaccessible au peuple, peut-être pour les besoins du pouvoir et de son ordre. Les acteurs politiques ne s'enrichissent pas des leçons que donne le temps, qui dispose de l'éventualité de rendre visible ce qui est soigneusement caché. Le général président a régné en maître absolu de l'Etat et des Forces Armées. Il est l'acteur politique qui concentre les trois fonctions les plus importantes du pays. Il est à la fois président de la République, Ministre de l'intérieur et Ministre de la défense nationale. Cette concentration de pouvoir n'est pas fortuite. Des raisons explicatives motivent cette concentration et méritent d'être énoncées. Le poste de la Présidence de la République et celui de la défense nationale permet à l'acteur d'exercer un double contrôle de l'armée, tout en dirigeant la magistrature. Le poste de Ministre de l'intérieur lui permet d'exercer un contrôle permanent de la société, notamment au moyen du service de renseignements. Le Ministère des Finances est attribué à un intendant militaire, homme de confiance de l'acteur gouvernant, ce qui lui facilite la mise en place d'outils de détection et de répression des détournements des finances publiques, tout comme un contrôle des dépenses des autres ministères.

Le remaniement de juin 1975 ouvre l'accès du gouvernement aux civils avec quatre postes de secrétaires d'État. Le nombre de civils au sein du CMS est augmenté en 1981. L'orientation "militarisante" du régime est perceptible à plus d'un titre, l'entrée des civils dans les hautes fonctions étatiques se fait avec une grande limitation et une lenteur calculée. En 1982, des préparations sont entreprises pour former une Constitution de gouvernement. Dans cette optique, un premier ministre civil est nommé le 23 janvier 1983, suivi en janvier 1984, de l'établissement d'une commission chargée de rédiger la Charte Nationale. Cette Charte est un document pré constitutionnel, qui a été approuvé plus tard par référendum. Elle prévoit la mise en place des établissements non électifs et consultatifs aux niveaux nationaux et locaux. Le principe de non élection permet de renforcer le pouvoir du gouvernant qui choisit de nommer les membres de façon autonome. L'aspect consultatif est attribué à l'attention que l'acteur accorde à l'écoute des citoyens ou leurs représentants.

Malgré l'exploitation des énormes gisements d'uranium, la dépendance du pays à l'égard de l'aide alimentaire et financière extérieure augmente et est accentuée par la récurrence de la sécheresse. L'analyse attribue au régime précédent un programme plus réaliste en matière de politique de fixation de prix d'uranium, ce programme devant permettre de résorber les crises alimentaires récurrentes, même si les acteurs politiques ont accepté un accroissement de l'aide au détriment de l'augmentation du prix d'uranium. La régulation de l'aide étant plus facile pour l'ancienne métropole qui peut se désengager plus facilement. Lorsque de par les relations internationales le Niger a noué d'importantes relations avec les Etats-Unis, des tensions s'installent entre le Niger et la Libye qui est son voisin du nord. La raison évoquée attribue à la Libye l'assistance qu'elle offrirait aux Touaregs, les poussant ainsi à prendre les armes contre le régime de Niamey. Les incidents de mai 1985 qui éclatent entre l'armée nigérienne et des Touaregs à Tchin-Tabaraden, justifient une telle hypothèse.

I. La gouvernance par les rites

Il est utile de convenir avec la pensée qui stipule que la relation politique est inhérente à toute vie sociale et s'exerce par la contrainte permanente de circuits non politiques tels que la parenté, la religion ou les règles d'échange économique. Cette contrainte implique des rituels d'affirmation de la cohésion sociale (Lagroye, *Traité de Sciences Politiques*, p. 403). C'est dans ce registre et celui des actes communs à tout régime dictatorial, que s'inscrivent les mouvements de masse organisés avec une spécificité autour des organisations de la jeunesse appelées la Samaria. La Samaria est utilisée comme acteur central de toutes les éditions annuelles du festival national de la jeunesse. Le règne du CMS a coïncidé avec la période faste de la vente d'uranium. Le cours de ce minerai principalement exporté par le pays était assez élevé sur le marché international. Dans ces conditions, les éditions du festival national de la jeunesse sont devenues de véritables sources de consommation de finances publiques. Les manifestations nécessitent d'assurer le déplacement, le logement et l'entretien de centaine de participants pendant plusieurs semaines. Tout comme le festival, les éditions du championnat national de lutte traditionnelle donnaient également des occasions d'événements fastes. L'usage que font les régimes de ces événements modifie perpétuellement la logique même de leur conception préalable. Dans le contexte de la dictature militaire, ces manifestations constituent des rites de propagande du régime. Le contenu à connotation traditionnelle dominante n'échappe pas à la politisation, dans un sens qui aide les acteurs gouvernants à asseoir une autre forme de domination sur le peuple. Elle est plus silencieuse et obéit à une logique qui ne tombe sous la conscience qu'avec un peu de distance et une interprétation de l'utilité de la tenue de telles manifestations. Les cultures et les traditions des communautés qui composent le pays sont récupérées par les acteurs politiques et adaptées aux idéaux du régime. Les programmes des chants, des balais, des théâtres visent à présenter les performances de la gouvernance des acteurs politiques, à justifier leur choix et tendent à affirmer l'amour du "Chef". Dans d'autres civilisations disparues aujourd'hui, les sous-chefs sont appelés des "Chefs", le Chef est appelé "Grand Chef". Dans les contenus des rites politiques que représentent les éditions du festival national, et bien au-delà, dans l'apparition publique de tous les jours, la force de caractère, l'expression du visage, le comportement, la parole, la force de travail, tout concorde de façon naturelle et non artificielle ou mesurée, vers l'identification du chef au pouvoir lui-même. La mise en œuvre de ces mécanismes ou ces rites qui perpétuent la domination indirecte peut-elle être assimilée à la recherche du consentement populaire puisque le peuple ne dispose pas de choix possible ? Jacques Lagroye suppose qu'« en réclamant l'approbation de ceux qui sont assujettis à la relation de pouvoir, en déployant tout un appareil de rites qui tendent à obtenir l'acquiescement et non la simple docilité, les dirigeants manifestent leur désir de fonder la domination sur le consentement ». Il poursuit l'argumentaire en énonçant que « lorsque le pouvoir politique est l'objet d'un discours particulier, et des rites spécialisés, ceux-ci s'articulent étroitement aux conceptions et aux croyances qui concernent l'ensemble de la vie sociale. L'amour du chef qui "exerce" le pouvoir et qui, pour le sens commun, tend à s'identifier au pouvoir lui-même, permet une appréhension complémentaire du mécanisme d'idéalisation ».

Dans un régime dictatorial, la coercition, aussi bien que la propagande, jouent un rôle important dans le contrôle interne. L'exercice de la coercition n'a pas échappé à la dictature militaire au Niger. Elle est déployée envers et contre ceux qui provoquent le soupçon, ceux qui ont un penchant pour le pouvoir sans le vouloir soumis à celui du chef du CMS. La coercition n'épargne surtout pas ceux qui aspirent à la contestation. Le cas est illustratif des étudiants grévistes enrôlés de force dans l'armée où l'appropriation par les individus des leçons de "suivisme" et de civisme est un impératif. Cependant, aussi paradoxal que cela puisse paraître, la dictature militaire affiche un visage de prédation et de sagesse qui fait d'elle une dictature modérée. De par les tentatives manquées de coup d'Etat, le régime a été prédateur, les coupables présumés sont jugés dangereux pour le pouvoir et certains ont été physiquement éliminés. La sagesse relève du fait que ceux du peuple qui s'écartent des rangs de pensée ou de comportement qui sont tracés, sans aller au delà des limites tolérables, sont au moins écoutés. L'écoute permet de mieux déceler et de rechercher la compréhension des motivations qui les animent. La personnalité de l'acteur dirigeant le CMS a joué pour beaucoup dans la non visibilité par le sens commun des "escadrons de la mort", au point de poser la question de leur existence. C'est plutôt la hantise des agents de renseignement qui a prévalu avec son cortège de règne de la suspicion. La suspicion empêche les individus de se concerter et d'échanger leurs points de vue sur les aspects de la politique publique.

II. La recherche de l'équilibre dans les politiques publiques

Malgré le règne de la dictature, le système politique n'est pas pour autant déséquilibré, dans le sens d'une volonté qui s'affirme et s'impose avec brutalité, sans faire attention au retour d'information qui émane du peuple et qui permet aux acteurs d'ajuster leur politique publique. Il est perceptible, de par une volonté d'asseoir une justice sociale, une répartition équitable des revenus, …, que la dictature militaire était en phase avec certaines aspirations du peuple. La recherche de l'équilibre du système politique est perceptible, d'un côté dans la rigueur de l'ordre et de la discipline imposés à la société conformément à la définition de l'orientation politique que choisit l'acteur dirigeant, de l'autre côté, dans la limite que le pouvoir n'a pas franchi pour sombrer dans la persécution, la répression et la brutalité. La recherche de l'équilibre se traduit par le respect du principe qui énonce que trop de pression tue le pouvoir et moins de pression dégrade le pouvoir. Ces deux aspects de la problématique de l'équilibre du pouvoir dictatorial sont développés par Jacques Lagroye : « l'amoindrissement de l'efficacité coercitive entraîne aisément de soudains glissements de la soumission à la rébellion puisque la croyance en la légitimité d'un pouvoir tyrannique perd ses raisons d'être avec la diminution de la peur qu'il inspire ». « Plus le pouvoir politique est assuré, moins il exerce effectivement la coercition. L'usage de la violence physique est presque toujours symptôme de faiblesse, aveu d'échec. Cependant, si opérante que soit par elle-même la simple injonction de l'autorité légitime, la menace ou l'usage de la contrainte n'est jamais exclue en "dernier recours". Ce qui implique une hiérarchie entre l'efficace de la coercition et l'efficace de l'autorité légitime ». (Braud, *Traité de Sciences Politiques*, p. 382).

La recherche de l'équilibre est également perceptible de par la proximité de l'acteur dirigeant du CMS avec les populations, un fait qui contraste avec une rigueur sans commune mesure envers la hiérarchie militaire, politique et administrative. Certains aspects de cette tolérance sont rationnellement inexplicables, comme le cas illustré après l'exécution des officiers et civils jugés responsables du coup d'Etat manqué de 1976. La réponse d'un autre acteur détenteur du pouvoir traditionnel et lié sur le plan familial à l'une des victimes, est surprenante et contre nature, dans la logique du climat de peur et de crainte instauré par le régime. La logique des régimes totalitaires aurait voulu qu'une telle menace pousse le pouvoir à la liquidation physique. Mais les deux acteurs, l'un détenteur du pouvoir traditionnel et l'autre de la gouvernance de l'Etat ont vécu simultanément sans se rencontrer, chacun tirant une satisfaction apparente de l'équilibre de la menace réciproque. Le mystique contribue à expliquer la logique d'un tel équilibre. Mais l'usage du mystique est réglementé par le Créateur qui a instauré des règles auxquelles chaque individu est tenu de se conformer.

Les chefs traditionnels sont écoutés et respectés par les populations, plus que les acteurs secondaires des pouvoirs publics, de par leur proximité et l'absence de protocole pour leur accessibilité. L'opinion publique à travers les chefs traditionnels, concède largement le mérite qui a consacré l'évolution en grade du dirigeant du CMS, du grade de Lieutenant Colonel, au grade de général d'armée puis de général de division. Les autres officiers accèdent également aux privilèges dus à leur allégeance au système. Les postes clés de l'administration étatiques sont occupés par ces officiers, notamment les cadres de commandement, qui sont plus prompt à se soumettre à la logique militaire et à la faire respecter. Leur soumission est d'autant plus mécanique que l'acteur dirigeant est le plus haut gradé, Chef suprême des armées et qu'il exerce en même temps les fonctions de Ministre de l'intérieur. Mais de façon générale, la carrière de la vie active qui ne se conçoit que dans la fonction publique est ouverte aux talents sous la politique de récompense des plus méritants. L'absence de règles de ségrégation pour l'entrée à la fonction publique (financée entre autres par la vente d'uranium), découle normalement du principe de répartition équitable des bénéfices tirés des ressources naturelles, même si de par les actes des acteurs secondaires qui occupent des postes d'importance non négligeable, certaines régions se sont retrouvées plus développées que d'autres en terme d'infrastructures. Le stade suprême d'une telle politique publique est atteint avec le retard en infrastructures de la cité uranifère, un fait qui fournit un argument consistant aux rebellions qui vont par la suite émerger dans le nord.

III. Le système "tout-Etat"

Le régime du CMS compte à son actif une politique publique de lutte contre les détournements des deniers publics. La conscience collective de la société est dominée par la rémunération de l'effort et rejette de façon générale ce qui est considéré ou supposé mal acquis. Pour le contrevenant, la prégnance du contrôle collectif encore vivace ne permet pas d'obtenir une reconnaissance des privilèges d'un statut social enviable aussi longtemps que la communauté se souviendra que la source de la richesse n'est pas licite. La lutte contre le phénomène de détournement par le régime du CMS qui se traduit par le remboursement et l'emprisonnement est d'autant plus utile à inscrire dans le registre des politiques publiques, que ce phénomène a pris une ampleur sans précédent avec une paradoxale tolérance sociale provenant de la position enviable que les auteurs de tels actes acquièrent aujourd'hui.

Malgré la qualité de travailleur de l'acteur dirigeant du CMS, la vision totalisante pour le renforcement et l'évitement de partage du pourvoir a conduit à la prégnance du système "tout-Etat". Ce système occasionne l'exacerbation de la centralité de l'Etat qui fournit à la fois la formation et l'emploi. Le refus de servir l'Etat après une formation est normalement sanctionné soit par l'emprisonnement, soit par la présentation d'une ardoise à éponger par le récalcitrant. L'ardoise récapitule l'ensemble des dépenses fait par l'Etat depuis l'entrée au cycle scolaire primaire de l'intéressé, une somme théoriquement inaccessible. Le système "tout-Etat" imposé a favorisé l'étouffement de l'initiative privée, et a empêché le développement d'une culture d'entreprenariat. Des sociétés paraétatiques de l'ancien régime vont faire les frais de cette politique, malgré l'avantage social qu'elles représentent, celui du germe de la transformation locale des produits agricoles. C'est le cas de la SEPHANI, de la SOTRAMIL, de la SONARA, de l'UNCC qui vont passer à l'état de cessation d'activité.

La facette handicapante d'une telle politique publique s'est fait ressentir avec l'avènement de la IIe République qui a fragilisé financièrement l'Etat : l'Etat ne peut plus fournir l'emploi, les élites n'ont pas la culture d'entreprise, l'adaptation prendra beaucoup de temps. Le système "tout-Etat" admet également une autre caractéristique relative à la volonté de freiner l'immigration des populations, sous entendu que les besoins de l'Etat pour son développement requièrent toujours plus de main d'œuvre à court terme. Si les conclusions du rapport des nations unies qui stipulent que les pays développés auront besoin de la main d'œuvre des pays émergeants du fait du vieillissement de leur population venaient à être appliquées par les pays développés, la conséquence du choix de freiner l'immigration se traduira par le retard du Niger par rapport aux pays de grande immigration comme le Sénégal ou le Mali. Les retombées financières que tirent ces pays de l'immigration de leurs ressortissants sont d'un facteur multiplicatif élevé de l'aide au développement accordée par les pays industrialisés aux pays en développement. Encore que cette aide au développement est toujours accordée avec une contrepartie. De même, lorsqu'il n'y a pas de mouvement des populations, l'exploitation commerciale de certaines destinations par les compagnies aériennes s'avère déficitaire. La longue absence des nigériens à l'étranger contribue à expliquer le retard du Niger et de la destination Niger dans le domaine du transport aérien. Est-il rationnellement permis de penser que ces acteurs politiques auraient pu faire une planification ou une projection dans l'après uranium en concédant le départ d'une main d'œuvre dont ils ont besoin ? L'immigration des populations est une alternative inévitable pour les pays en développement, en particulier le Niger qui connaît une évolution du prix de l'uranium en dents de scie et une récurrence de la sécheresse. L'illustration de l'efficacité d'une telle solution s'est faite à l'issue des attaques acridiennes d'octobre 2004. Cette invasion des criquets a occasionné une famine tout aussi catastrophique, mais dont l'effet est atténué dans la région de l'Ader du fait de sa tradition de forte immigration et de région du Niger qui connaît le plus de fils à l'étranger. Le mécanisme de la solidarité communautaire est tout simple, ceux qui sont à l'extérieur ont la charge morale, affective et parentale de venir en aide aux victimes qui sont restées. L'Ader se distingue des autres régions par la permanence des leçons de solidarité communautaire de ses populations à l'intérieur de la zone comme à l'extérieur du pays. Dans la conception collective du système éducatif, l'immigration et l'école coranique sont perçues comme complémentaires et/ou simplement comme des alternatives à l'école moderne.

IV. La prise en compte des "risques" dans les politiques publiques

Malgré la prégnance de l'encadrement et l'orientation politique assez vivace, le pays doit inlassablement lutter contre l'avènement récurrent de la famine. Le régime militaire donne un écho à cette préoccupation avec le slogan qui stipule qu'"aucun nigérien ne mourra de faim ni de soif". L'agriculture de "contre-saison" est présentée comme complémentaire à l'agriculture saisonnière. A chaque saison de pluie, les bras valides qui remplissent des espaces comme l'auto gare pour la manutention, sont déportés de force dans leurs villages d'origine. L'action sous entend qu'ils participent à la campagne agricole pour aider leurs parents à améliorer leur rendement. Sans considérer l'affirmation sous l'angle de la justification, s'il n'y avait aucune satisfaction politique des gouvernants nécessaire à la prégnance de la dictature, les sommes consommées par les rites politiques peuvent être investies dans des projets agricoles de longue portée, au besoin sur plusieurs générations, puisque des espaces existent (l'Irhazer par exemple) avec des nappes d'eau souterraines, qui, lorsqu'ils sont mis en valeur, permettront de régler le problème de l'autosuffisance alimentaire qui reste encore un objectif majeur de ce pays. Le régime dictatorial est assez coûteux dans le maintien de son règne et de son équilibre, et dispose de ses propres contraintes qui relèvent de sa survie. Il détient les clés des finances publiques, les clés de leur distribution et de leur répartition entre les secteurs qu'il juge prioritaires. Une facette de modernisation de l'agriculture est présentée à travers les visites de l'acteur gouvernant dans les aménagements hydro agricoles en bordure du fleuve Niger.

L'amélioration de la production agricole est également limitée par la prégnance des risques "avancée du désert", "sécheresse" et "attaques acridiennes" qui imposent leurs contraintes aux acteurs gouvernants, indépendamment de la nature de leur régime. Le régime des indépendances a déjà procédé à la mise en place d'institutions publiques pour faire face aux défis climatiques et environnementaux qui caractérisent la position géographique du Niger. Les acteurs gouvernants de la dictature militaire ont conservé la plupart de ces dispositifs institutionnels présentés précédemment et récapitulés ci-dessous.

L'OPVN est l'un des organismes qui a servit dans l'expression des politiques publiques de la dictature militaire. La définition de ses objectifs n'a pas changé. Dans son aspect d'atténuation de crises, les gouvernants ont utilisé le principe de distribution gratuite de vivres, notamment, pour faire face à la sécheresse qui a sévit au Niger en 1984. Cette sécheresse s'est traduite entre-autres, par la perte du cheptel dans le nord du pays. En choisissant le principe de distribution gratuite des vivres, le pouvoir manifeste sa proximité avec les populations éprouvées. Dans le partage commun d'une conscience collective qui met en avant la responsabilité des chefs pour la moindre erreur de gestion de la famine, le courage politique de l'acteur gouvernant lui a permis de donner l'alerte à la communauté internationale au moment opportun. Le dirigeant du CMS a saisi le cadre de la tribune des Nations Unies pour lancer à l'endroit du monde : « je n'ai pas honte de dire que j'ai faim ». Le rappel est important, la compréhension du comportement des acteurs politiques reste une donnée des traits caractéristiques qui favorisent leur classification.

La dictature militaire n'a pas laissé beaucoup de place à la spéculation sur les vivres pour préserver les paysans des aléas du marché. La mission de maintenance du Stock National de Sécurité est exécutée, ainsi que l'entretien des capacités de stockage et le traitement phytosanitaire. L'approvisionnement des populations est assuré sans aucune discrimination, encore moins celle d'une coloration politique qui de toute façon n'existait pas, chaque individu se rend librement aux différents magasins pour acheter ses vivres. L'organisme étatique a également servi les acteurs gouvernants dans la logique de la récompense offerte aux officiers de l'armée en contrepartie de leur allégeance au pouvoir. La conférence nationale de juillet 1991 a permis de recueillir le témoignage qui corrobore un tel usage de l'institution, au travers des sorties de vivre sur de simples instructions verbales.

Le CILSS était un organisme international de jeune âge lors de l'avènement de la dictature militaire. Le comité a poursuivi la réalisation des missions qui lui sont dévolues. La bonne perception internationale du régime et ses bons rapports avec ses voisins immédiats constituent des données qui aident à la performance de telles institutions.

L'ICRISAT est un organisme de recherche en agronomie et regroupe des Etats africains et asiatiques dont l'Inde. Les visites présidentielles à l'ICRISAT se sont traduites par l'expression d'un manque de résultat à la hauteur des espérances du pouvoir, en comparaison avec les sommes dépensées. Le dirigeant du CMS utilise le levier de la pression permanente pour espérer obtenir de ces chercheurs, des résultats probants en vue de leur insertion dans le cycle agricole.

Dans la prise en compte des risques précédemment énoncés, les services des forêts et faunes, municipaux, et de l'environnement participent à la protection des végétaux, à la création des ceintures vertes au niveau de certaines communautés urbaines. L'État garde une continuité des politiques publiques, ce principe de création de ceinture verte a été initié par les gouvernants de la Ière République. La mobilisation gagne le terrain social avec un slogan assez révélateur qu'utilise la dictature militaire : « celui qui a planté un arbre n'a pas vécu inutile ». Les services de l'environnement planifient et exécutent également des campagnes de lutte contre l'éclosion des moustiques à chaque période hivernale.

La prise en compte des risques environnementaux par les acteurs dirigeants de la dictature militaire donne un registre assez large. L'Etat du Niger actuel a abandonné la plupart des actions de politique publique environnementale initiées par les régimes précédents. Les nouveaux gouvernants tirent le plus souvent la couverture de l'insuffisance financière.

V. La gouvernance sociale

Parmi les acquis positifs du régime du CMS, figurent la politique d'émancipation de la femme à travers la lutte contre la prostitution. Le régime offre des facilités de réinsertion familiale à celles qui en sont victimes et instaure des moyens de lutte pour faciliter la protection des jeunes filles scolarisées.

L'équilibre politique atteint par la dictature militaire se reflète dans l'intolérance morale de la conscience collective par rapport à la corruption, dans la rareté des détournements des fonds publics, dans la manifestation d'un effort de réduction de la prostitution, dans le secours en faveur de la scolarité des jeunes filles menacée par des grossesses précoces. Pour réduire la prostitution, le régime "force" les prostituées au mariage avec pour le jeune couple un capital de démarrage de la nouvelle vie. Il est moralement acceptable pour les populations, qu'à la place de toute contraception rejetée par la croyance religieuse collective qui conduirait à une déréglementation sociale, que l'auteur de la grossesse d'une fille sur les bancs de l'école n'ait d'autre choix que le mariage ou la prison. La prudence qui accompagne les comportements du fait de cette mesure préventive et répressive occasionne une amélioration du taux de fréquentation des jeunes filles à des niveaux scolaires de plus en plus élevés. La gouvernance sociale instaure des règles de régulation des comportements des individus. Les jeux de hasard sont par exemple interdits, en dehors de la tombola nationale qui fonctionne sous la couverture étatique. Les autres jeux de société sont prohibés au motif qu'ils freinent l'ardeur des individus au travail.

Les populations sortent d'un système de gouvernance traditionnelle dans lequel le Chef détient le pouvoir absolu de décision. La colonisation a installé un régime dictatorial d'exploitation. Il n'y avait donc pas de société civile émancipée face au régime du CMS qui admet une plus grande proximité avec la conception traditionnelle du pouvoir. Le facteur lié à la position de prince héritier du trône de Damana-Fandou du gouvernant du CMS apporte en partie une explication de cette proximité par rapport à la gouvernance traditionnelle. L'exemple qui illustre l'absence d'une société civile et toute autre liberté qui conduirait à son émergence est donné par le mécanisme de répression de la grève des étudiants de mai 1983. Elle s'est soldée par l'enrôlement de force des grévistes au sein de l'armée. Globalement, le front social est resté apaisé et s'illustre à travers une tolérance par défaut vis-à-vis de la gouvernance par le biais de la dictature. Cette tolérance par défaut, est illustrée à travers l'absence de soubresauts sociaux comme l'a connu le gouvernement de la IVe République qui avait un penchant pour cet héritage, bien qu'il s'agisse de périodes non comparables sur le plan de l'émancipation de la société. Le régime du CMS permet aux détenteurs des sous-pouvoirs d'en jouir, tant que leur soumission au chef est acquise. Par exemple, le passage d'un cortège des autorités illustre cet aspect de la domination. Lorsqu'un Préfet de département passe avec sirène et escorte, chaque individu est tenu de se ternir debout jusqu'à la fin du passage du cortège de la "hakouma". Et s'il est rapporté un contrevenant par les agents de renseignement, c'est l'autorité qui prononce de manière aléatoire la peine encourue et à exécution immédiate. La prégnance d'un pouvoir devenu prérogatives personnelles qui tend vers l'idéalisation ressort à travers divers épisodes de la gouvernance des acteurs secondaires du régime du CMS. Il en est ainsi à titre d'exemple illustratif du cas d'un administré qui aborde par un hasard, un Préfet de département circulant seul à bord de son véhicule à contempler son territoire, le niveau de sécurité atteint par le pouvoir le permet amplement. L'administré affirme au Préfet que de toute l'étendue de sa vaste zone d'influence et de gouvernance, il n'y a personne qui puisse porter une barbe et se targuer d'en avoir une, il n'y a qu'une seule barbe digne de ce nom et c'est celle du Préfet. Mais peut-être voyant son interlocuteur un peu trop emporté par tant de flatteries, l'administré précise qu'il est le seul à faire exception. Lorsque le Préfet lui répond qu'il va l'emprisonner, l'administré énonce en substance « il n'y a pas de privilège à tirer à l'emprisonnement d'un griot ». Ainsi, tout comme le fou de la cour du Roi qui apparut en Europe, ici c'est le griot qui transgresse, mais à l'usage du gouvernant. L'épisode rappelle à juste titre la fable du « corbeau et le renard » puisque l'administré finit par obtenir quelques billets de banque. Mais elle illustre surtout l'expression d'un pouvoir personnel des acteurs secondaires de la gouvernance de l'Etat, du fait qu'ils disposent de prérogatives d'emprisonnement, et leurs injonctions sont toujours exécutées.

Section 3. La décrispation

Le président du CMS décède des suites d'une tumeur au cerveau, en novembre 1987. Et comme dans bon nombre d'exemples, le pays est sans héritier formé pour le diriger, encore moins permettre d'amorcer le virage démocratique qui s'annoncera trois ans plus tard. Certes le régime du CMS a mis en place un embryon de parti politique sous le vocable de SDD (Société De Développement) qui sera par la suite utilisé par ses héritiers pour donner naissance au parti MNSD (Mouvement National pour la Société de Développement). La mutation du SDD vers le MNSD s'est faite sous le régime de la « décrispation » qui succéda à celui du CMS. Le nouveau régime est dirigé par un autre militaire général d'armée, alors Chef d'Etat Major des FAN sous la dictature militaire, en sa qualité d'officier du CMS le plus haut gradé. L'avènement de la démocratie a occasionné le changement de nom de ce parti, les acteurs qui l'animent ayant choisi d'ajouter le vocable "Nassara" pour donner le nom MNSD-Nassara.

A sa prise de fonction en tant que président de la République, le nouvel acteur gouvernant procède, comme un rituel des "puissants" de par le monde, à l'amnistie générale des condamnés politiques. Les prisonniers impliqués dans la tentative de coup d'Etat d'octobre 1983 sont également libérés. L'amnistie s'étend également au président de l'ère des indépendances, jusque-là en résidence surveillée.

Le programme politique des gouvernants du régime de la décrispation n'était pas connu à priori, il est plus attendu l'affirmation de la continuité de la vision dictatoriale du régime précédent. Pourtant, le caractère de l'acteur dirigeant va jouer en faveur de la levée progressive des moyens de coercition, notamment la permanence des services de renseignement qui inhibent toute expression d'un point de vue qui ne soit pas favorable à la gouvernance politique. Le nouveau régime tolère donc une certaine liberté d'expression, ce qui lui a valu le qualificatif de "régime de la décrispation". Le 15 juillet 1988, un nouveau Premier ministre est nommé suivi le 2 août de la même année de la création du parti unique MNSD. Le 17 mai 1989, le président est élu à la tête d'une nouvelle instance politique suprême du pays dans laquelle siègent civils et militaires. Le Conseil Supérieur d'Orientation Nationale (CSON) devient le nouvel organe de gouvernance à la place de l'ancien CMS. Bien qu'il s'agisse d'un organe perçu de très haut par les populations, il est important de noter la continuité des mécanismes de la gouvernance par rapport à la dictature militaire, avec une nouvelle variante. La différence avec le régime du CMS est traduite par le caractère moins contraignant du nouvel acteur dirigeant, ce qui donne moins de place à la coercition. L'analyse des politiques publiques et des outils pour les mettre en œuvre permet d'appréhender la continuité des actions entreprises par le précédent régime militaire qui a instauré les bases de la stabilité politique. Cette stabilité va régner jusqu'au souffle du vent démocratique venant de l'est, à l'époque des grands soubresauts de l'histoire internationale.

Chapitre IV. La IIe République

Elle est essentiellement marquée par le retour au règne d'un parti unique, dans la logique du règne de l'illimité, un rêve dans lequel le vent démocratique venant de l'est lors de l'effondrement de l'Union Soviétique, surprend les acteurs à l'époque investi des prérogatives de la gouvernance de l'Etat.

Section 1. Le règne du MNSD-parti Etat

La création du MNSD par les autorités du régime de la "décrispation" est une étape qui marque la préparation du retour au principe électoral pour la désignation des gouvernants. Cependant, les gouvernants en place limitent ce retour à la seule expression des sensibilités et des opinions politiques dans un seul parti. Et puisqu'il y a toujours des arguments parfois scientifiques pour justifier toutes les décisions de ceux qui gouvernent, le motif invoqué est que le multipartisme est porteur de désordre, et est contraire à la garantie assignée à l'Etat, celle du règne de l'ordre. Le cadre théorique ainsi créé justifie le choix opéré et lui confère une légitimité dans ce processus d'ouverture d'une nouvelle ère dans la sphère politique. Le processus avance de façon incrémentale, il est possible de concéder que l'Etat vient de faire un pas en direction de la démocratie avec le passage par le règne du parti unique. Cependant, il y a un réel paradoxe qu'il faille aller aux élections pour élire un candidat qui n'a pas d'adversaire, que tous les messages des sections et sous-sections des contrées lointaines du pays ont d'entrée de jeu plébiscité. Le paradoxe pousse à rentrer dans une itération en boucle perpétuelle : a la question de savoir à quoi cela servira de tenir des élections dans un tel cadre, la réponse de la recherche d'une légitimité minimale refait surface, mais ne convint pas et pousse à réévaluer à nouveau la même question initiale. Le paradoxe est exacerbé par l'existence d'autres formules, pourquoi pas celle de l'élection du gouvernant par le parlement, dans l'optique de faire des économies de temps, d'énergie et des finances.

L'ouverture du règne d'un parti unique est confortée par l'adoption par référendum, le 24 septembre 1989, d'une nouvelle Constitution. La IIe République naquit ainsi dans le cadre théorique de la gouvernance au moyen d'un parti Etat. Le 10 décembre de la même année, le général qui gouverne, créateur du troisième parti politique du Niger, s'est fait une légitimité en accédant à la Présidence de la République avec un score "fleuve" de 99,5 % des suffrages. Il y a du bien dans ce score par exemple lorsqu'il sert à distraire les citoyens qui assistent à des spectacles de comédie dans les démocraties pluralistes. Mais ceux qui l'ont choisi étaient peut être sincères dans le sens de la certitude de la véracité de leur choix. Suite à ces élections, le Mouvement National pour la Société de Développement devient le parti Etat, au sein duquel tout programme politique doit être conçu, pourquoi pas, un regroupement opposition-mouvance présidentielle-indépendants à la fois. Les élections ont permis aux populations de désigner les 93 députés tous issus du MNSD pour siéger à l'Assemblée nationale. Le régime venait alors d'atteindre son apogée, les gouvernants peuvent alors tranquillement et en toute logique postuler au règne de l'illimité. La limitation du nombre d'années par mandat n'est qu'un artefact pour recommencer la fête électorale, qui permet au régime de se revigorer avec un véritable tapage médiatique, dans lequel ceux qui s'acharnent à animer la scène, rivalisent de formule pour marquer leur soumission et leur attachement au "Chef". Les mêmes spectres apparaissent encore aujourd'hui sur la scène politique, mais les faits ne sont pas nouveaux. A l'époque déjà, il y avait des "soumis achevés" qui demandaient l'élection du "Chef" à plus de 100% de suffrage. Les dirigeants de l'époque avaient l'accès facile à l'épargne de l'ancien régime et étaient généreux, alors une telle attitude de soumission peut rapporter gros, "l'argent étant le nerf de la guerre". Ainsi, le régime peut s'auto convaincre de sa propre existence et de sa légitimité populaire.

La constitution de 1989 ramène les civils au pouvoir dans le cadre du parti unique, la gouvernance étant assurée par le général qui a changé d'uniforme pour répondre aux nécessités du moment. Un usage efficace est fait des statistiques pour le traitement des résultats du recensement général de la population. L'informatique est présente dans l'aspect fichier électoral qui servira de base, pour toutes les autres élections qui suivront, avec au besoin des modifications majeures ou mineures.

Le Sahara était jadis une mer comme le témoigne les traces géologiques et les gravures rupestres. Le désert qui l'a remplacé avance inexorablement chaque année. Malgré la politique des dirigeants du CMS destinée à lutter contre cette avancée du désert, le pays n'est pas à l'abri des catastrophes naturelles comme la famine ou d'autres conséquences de cette désertification. Il y a un rappel utile à noter l'impertinence du choix qui a occasionné l'absence de visibilité d'investissement durable depuis le régime du CMS. Les ressources financières que ce régime a épargné pour servir entre autres à faire face aux jours difficiles, à la chute du prix de l'uranium et aux catastrophes naturelles, ont connu par la suite une gestion patrimoniale. A la mort du président du CMS, le régime du MNSD et de ses héritiers favorise l'avènement de détournements massifs en faveur d'un cercle politique et de ses "clients". La conséquence est amère pour les fonctionnaires et le reste des citoyens, le pays plonge alors irrémédiablement dans une crise financière aiguë non encore résorbée aujourd'hui. L'illustration de cette "cupidité politique" est donnée par le naufrage de l'importante et symbolique institution financière qu'est la BDRN. L'un des rares leviers de politique publique a avoir survécu depuis sa création par le président de l'ère des indépendances s'écroule. La banque entraîne avec elle, les épargnes des citoyens à la caisse d'épargne postale. Par la gabegie d'une classe politique, tout est à nouveau à recommencer, peut-être même à partir de rien, s'il n'y a plus de reste ou s'il n'y a que des squelettes vivants des bâtiments qui témoignent de l'amer souvenir de ces institutions. Il y a une difficulté réelle à gérer les finances et une faculté qui n'est pas répartie de façon homogène entre les individus. Il y a certes l'ivresse engendrée par le pouvoir lorsqu'il tend vers un despotisme et un totalitarisme fou, il y a également une importance à reconnaître l'ivresse engendrée par la richesse lorsque ceux qui en disposent pensent pouvoir tout faire et pensent pouvoir tout acheter. Dans cette ivresse de la disponibilité financière que les acteurs s'acharnent à estimer illimitée, en refusant de lever le regard pour percevoir, comme sur un tapis roulant, la partie du coffre qui se vide inexorablement, l'histoire retiendra de nombreux autres ratés en matière d'investissement. Un aéroport est construit dans le village de l'acteur gouvernant. Il s'amortit sans rentabilité financière par manque d'activité. Sur la même balance de comparaison, la capacité d'accueil et la capacité touristique de l'aéroport international de la capitale Niamey ne sont pas améliorées.

Théoriquement, le régime dispose des atouts qui lui garantissent une stabilité et le règne d'un pouvoir personnel : il dispose de moyens financiers colossaux, associés à une Constitution qui lui garantit le règne de l'illimité, une absence d'opposition politique, une loyauté sans faille de l'armée. Les relations extérieures ne sont pas problématiques, la politique adoptée en matière d'extraction minière est la continuité des choix du précédent régime. Elle garantit le respect des intérêts des sociétés extractrices de l'ancienne métropole. Il n'y a donc pas de crainte de manipulation due au facteur "uranium". Les soubresauts qui vont secouer le régime viendront de loin et de façon inattendue. La perception du phénomène par l'image est importante à plus d'un titre. En effet, à l'image d'un éboulement de montagne à l'échelle du monde, les événements politiques se précipitent dans le bloc soviétique. Un vent naquit de ces turbulences lointaines. Le vent de la démocratie commence alors à souffler à partir de l'est et à grande vitesse au point de surpasser la progression prédictible de toutes les mutations envisagées par les scientifiques des relations internationales. Lorsque ce vent atteint le continent africain, il se transforme en tempête d'instabilité pour bon nombre de régimes. Cet événement historique va constituer la fenêtre d'opportunité et le point de départ de la démocratisation du continent. Le régime du MNSD parti Etat va en faire les frais.

Section 2. Renaissance de la démocratie

L'épisode de la renaissance de la démocratie, à cette période de l'histoire contemporaine du Niger, s'articule autour de trois points illustrés par l'organisation des manifestations et des mobilisations sociales, la convocation de la Conférence Nationale Souveraine (CNS) et la transition démocratique qui s'en suit. C'est donc le front social qui est à la base de l'instabilité qui a forcé le changement de régime. Mais le front social ne pouvait aboutir sans inclure la personnalité de l'acteur dirigeant qui n'a pas de penchant pour la brutalité. A ces données internes, il faut ajouter l'importante donnée externe, c'est-à-dire les grands changements internationaux intervenus avec l'écroulement de l'Union Soviétique et la nécessité imposée aux régimes africains par les puissances notamment occidentales pour qu'ils se démocratisent. Tous les moyens sont utilisés, y compris le conditionnement de l'aide, acquise de facto auparavant, à la démocratisation des régimes. Il est à juste titre permis de considérer que les ébullitions du contexte interne ne sont que des conséquences de cette volonté d'orientation affichée de l'extérieure, à l'image du système de vases communicants. La déduction est évidente lorsqu'elle révèle que les dictatures qui ont régné sur le continent bénéficiaient de la complicité et la bénédiction de ces mêmes puissances.

En 1990, le régime de la décrispation va traverser une turbulence politique de grande ampleur avec une vague de manifestations qui vont fortement le secouer. Au nombre de ces manifestations, le douloureux événement du 9 février de la même année au cours duquel, une marche d'étudiants a été fortement réprimée par l'armée avec usage de balles réelles. Trois décès sont enregistrés dans les rangs des manifestants et de nombreux blessés. En conséquence, la levée des boucliers sur le plan interne ainsi que les condamnations externes ont créé une contrainte à laquelle le régime ne pouvait durablement résister. Le 2 mars 1990, un nouveau Premier Ministre est nommé. L'acte traduit une parade politique qui est toujours la même, elle est partagée par tous les "puissants" à travers le monde, elle consiste à sacrifier un allié pour protéger l'acteur dirigeant. La pression ne tombe pas pour autant. Le 11 juin de la même année, l'Union des Syndicats des Travailleurs du Niger (USTN) organise une grève générale. Pour montrer la facette de "décrispation" de son régime, le président annonce qu'il est prêt à se joindre aux grévistes pour faire la grève. A ce titre, la personnalité non brutale de l'acteur politique dirigeant va jouer dans la suite des événements. Sous la contrainte, le régime va instaurer le multipartisme le 15 novembre 1990 et va légaliser les partis d'opposition. La conférence nationale fut convoquée du 29 juillet au 3 novembre 1991. Elle donne une nouvelle Constitution approuvée par référendum et des organes de transition dont le Haut Conseil de la République (HCR) et un Premier Ministre, Chef du Gouvernement. Quelques temps après la tenue de ce "rendez-vous" des forces vives de la nation, les conséquences de la dilapidation des ressources financières vont se préciser avec des signes d'essoufflement financier du pays. Les fonctionnaires de l'Etat vont pour la première fois de l'histoire du Niger connaître de long mois d'arriérés de salaire.

La conférence nationale prononce le maintien du président de la République à son poste pour la durée restante de son mandat. Une période transitoire tout aussi politiquement et militairement tumultueuse va s'ouvrir du 1er novembre 1991 au 31 janvier 1993. Politiquement, l'opinion publique assiste à une confrontation entre le dirigeant du HCR et le Premier Ministre, Chef du Gouvernement. Leur divergence apparaît au grand jour lorsqu'il s'agira par exemple de reconnaître diplomatiquement la Chine Taiwan afin de faire bénéficier l'Etat du Niger d'un emprunt proposé par ce pays en contrepartie de cette reconnaissance. Le Premier Ministre réussit à imposer son choix malgré la présence de longue date des autorités diplomatiques chinoises. La Chine rompt alors ses relations diplomatiques avec le Niger et ne les reprendra qu'au cours de la suivante transition démocratique. L'histoire démontre de nos jours que le choix est hasardeux du fait de l'émergence de la Chine comme puissance économique mondiale. Dans le bras de fer qui oppose le HCR et la Primature, le président de la République a gardé une neutralité visible. Il adopte un comportement favorable au changement en laissant les rênes du pouvoir et en se limitant à un rôle protocolaire, malgré l'héritage de la dictature militaire encore présente dans les esprits. Sur le plan militaire en janvier 1992, le gouvernement reconnaît officiellement la rébellion touarègue. Mais cette dernière multiplie ses raids principalement contre des objectifs civils avec une connotation ethnique. Malgré cette tentative d'allumer la brèche de la guerre de tous contre tous, la cohésion de la société nigérienne, qui, par ailleurs, connaît un fort degré de métissage interethnique, a résisté. Cependant les raids de la rébellion ne sont pas les seuls éléments qui vont marquer le domaine militaire. Les 28 et 29 février 1992, des militaires mécontents vont inaugurer une autre pratique jusque-là méconnue du grand publique. L'ère des mutineries des casernes est ainsi inaugurée. Jusqu'à ces dates, l'armée a toujours gardé une loyauté envers les acteurs gouvernants en dehors de quelques groupuscules qui ont tenté des coups d'Etat énoncés précédemment. Malheureusement, les mutineries vont s'étaler dans le temps, sur plusieurs régimes successifs jusqu'à la Ve République, et la fin de ces perturbations du fonctionnement normal de l'armée sera lourde de conséquence.

La transition démocratique ouverte par la conférence nationale procède à la rédaction et la mise en place d'une nouvelle Constitution, adoptée par référendum le 26 décembre 1992. La nouvelle Constitution de l'ère démocratique instaure un régime semi-présidentiel. Le choix d'un tel régime est discutable, la suite des événements le démontre pleinement. D'autant que l'impression qui se dégage, n'est pas celle du choix d'un régime conforme aux intérêts et à la stabilité du pays, mais pour qu'il serve aux forces politiques émergeantes à affaiblir l'ex parti unique. Cette thèse est corroborée par la charte électorale qui retient le principe du plus fort reste, favorable aux petits partis, c'est-à-dire aux partis nouvellement créés, qui n'ont pas encore eu l'occasion de mesurer leur poids électoral. Le choix admet une justification par le contexte de cette démocratisation. Il était possible de procéder autrement, en procédant purement et simplement à la dissolution du parti unique, comme au Bénin, et en stipulant clairement le penchant pour la recomposition du paysage politique. La possibilité demeure de veiller à éviter les retrouvailles des mêmes acteurs dans le directoire d'une même structure politique. Sous une telle hypothèse, le choix clairement affiché du régime présidentiel aurait permis au paysage politique et à la gouvernance de l'Etat de gagner en stabilité. Pourtant les forces vives avaient abondé dans ce sens en préconisant et en obtenant la dissolution et l'interdiction de l'utilisation de la Samaria et de ses symboles, une organisation considérée comme un démembrement naturel du MNSD. La prise de position des animateurs de la conférence nationale en faveur de la dissolution de ce parti aurait donc pu aboutir facilement.

Le Bénin a fait un tel choix, celui de la dissolution de l'ex parti unique, un choix imposé par l'acteur gouvernant de l'avènement démocratique qui a pourtant créé la structure. Le gouvernant béninois est allé plus loin en interdisant l'utilisation sous quelque forme du nom et des symboles de sa structure politique qu'il venait de dissoudre. Il donne un autre exemple en se retirant totalement de la vie politique pendant le premier mandat de son remplaçant, lui laissant le champ libre pour asseoir une bonne gouvernance ou pour commettre des dérapages qui ne pardonneront pas à son apprentissage aux commandes de l'Etat. Cet acteur gouvernant de l'avènement démocratique fut rappelé très tôt par ses concitoyens, juste après le premier mandat de son remplaçant qui avait pourtant une seconde chance, et réussit à terminer deux mandats successifs à la tête de l'Etat. Il était possible que les forces vives du Niger s'inspirent de cette expérience, même si les deux expériences étaient parallèles, avec une synchronisation temporelle légèrement décalée, mais avec ceci de commun : les deux dirigeants de l'avènement de la démocratie ont accepté de se retirer sans penchant pour la brutalité. La seule différence est qu'au Niger, une autre personnalité en la personne du président de la Ve République avait déjà pris les commandes de l'ex parti unique et le gouvernant en place n'avait pas de penchant pour un retour aux affaires.

L'expérience du Mali confirme le bien-fondé du choix du régime présidentiel hors de toute contrainte imposée par le parti unique. En effet, l'avènement de la démocratie au Mali s'est fait également dans la douleur, lorsque le dirigeant du régime en place autorisa l'armée à tirer à balles réelles, pour réprimer une marche citoyenne de réclamation de l'instauration d'un régime démocratique. Les populations avaient décidé de marcher sur le palais présidentiel et le climat était davantage lourd de conséquence lorsque l'armée prit ses responsabilités pour mettre fin à la dérive du régime dictatorial. Le parti unique était déjà affaibli par cette répression de la marche citoyenne lorsque la période des compétitions électorales fut ouverte. Avec le poids de cette barbarie, le changement du dirigeant du parti n'a pas d'impact et ne peut permettre à l'organe de retrouver son leadership. Le Mali opta clairement pour le régime présidentiel, contrairement au Niger, où les forces vives utilisèrent des déguisements pour contourner le poids du MNSD malgré leur position de force qui pouvait faire aboutir une telle dissolution. La solution de la dissolution et de l'interdiction ouvrirait une autre phase dans l'enracinement du processus démocratique. Les événements du 9 février étaient suffisamment graves pour valoir au MNSD son interdiction par la conférence nationale, de même que l'interdiction de ses membres influents de se retrouver ne serait-ce que, à deux, dans le bureau politique d'une structure politique. Le général malien qui dirigea la transition démocratique sans afficher un quelconque penchant pour son maintien au pouvoir fut, comme le gouvernant béninois de l'avènement de la démocratie, rappelé aux commandes de l'Etat après deux mandats successifs de son remplaçant. En avril 2007, il est réélu pour un deuxième mandat à la tête de son pays.

Au Niger, le premier tour des élections générales a eu lieu en février 1993. Elles occasionnent la victoire d'une alliance de partis politiques regroupés au sein de l'AFC (Alliance des Forces du Changement). En rompant avec les régimes politiques néo-patrimoniaux qui se sont succédé, les élections de 1993 occasionnent le début du règne du premier président démocratiquement élu pour diriger la IIIe République. C'est pourquoi le surnom de "Nafarko" est attribué à ce nouvel acteur élu gouvernant, qui était jusqu'à l'avènement de la démocratie, méconnu de la scène politique et sans expérience pour la gouvernance de l'Etat. L'expérience de la gouvernance se consolide en gouvernant, de nombreux acteurs ont pu très vite s'adapter, parmi lesquels, en majorité, ceux qui ont une aptitude naturelle à gouverner. Le Niger va donc connaître l'expérience d'une gouvernance démocratique pluraliste. Cependant, le bilan ne sera pas à la hauteur de l'espérance des forces vives qui concédèrent un sacrifice douloureux pour l'avènement de cette démocratie. Les élections de février 1993 vont certes installer un régime démocratique, mais vont malheureusement et non intentionnellement signer la fin de la stabilité politique et l'avènement d'une instabilité récurrente accompagnée de turbulences politiques et sociales.

Section 3. Réévaluation analytique de la montée des tensions

L'environnement local du règne de la IIe République présente un visage singulier. D'une part, le MNSD parti Etat domine la scène politique et l'exercice de la gouvernance de l'Etat. D'autre part, l'Union des Scolaires Nigériens (USN) et l'Union des Syndicats et Travailleurs du Niger (USTN) occupent la scène sociale, notamment le domaine syndical. Le point de départ ou l'événement déclencheur des turbulences qui vont affecter la gouvernance politique provient non pas des revendications syndicales traditionnelles, mais de l'environnement extérieur. De façon générale, il est toujours attendu du militantisme syndical qu'il adopte la sagesse du réalisme dans ses revendications. Autrement dit, aucun syndicat ne peut poser des revendications que selon la capacité économique et financière du pays. Cette prédisposition prépare déjà à la facilitation de l'entente entre les acteurs qui l'animent et les acteurs qui exercent la gouvernance de l'Etat. L'un des points qui suscite le désaccord, empêche le consentement au sacrifice, tout comme le regroupement et l'unité de tous les acteurs, est lié à un décalage évident entre le train de vie des acteurs politiques et étatiques, et celui des travailleurs ou plus modestement des citoyens, qui pourtant cotisent pour renflouer les caisses de l'Etat. L'attitude est réellement paradoxale, à se demander comment les acteurs gouvernants peuvent-ils solliciter plus de sacrifices aux acteurs sociaux, quand eux-mêmes ne se privent pas de vivre dans le luxe, qu'il soit singulier ou exagéré, qu'il soit caché ou ostentatoire ? Au regard des responsabilités assez lourdes qui pèsent sur les gouvernants, il n'est pas attendu d'eux, lorsqu'ils en sont conscient, que l'exercice du pouvoir leur serve de moyen d'entrée dans le cercle des "richissimes". La question que la société est amenée à régler consiste à faire que l'Etat permette selon ses moyens, à l'acteur gouvernant et à lui seul, de disposer d'un minimum pour garantir une vie de l'après règne assez équilibrée, pour encourager les gouvernants à éviter de sombrer dans l'accumulation illicite au détriment de l'économie de la société. Ce réflexe répréhensible est utilisé dans leur conviction de se faire justice pour "services rendus", en justifiant leur acte pour les besoins de convaincre leur propre conscience, de la nécessité de préparer la retraite de l'après règne. La mise en pratique de ce principe d'évitement de l'accumulation illicite requiert fondamentalement le courage et la retenue des dirigeants face à la tentation.

Lorsqu'en 1990 à la conférence de La Baule les directives du dirigeant de la "néo-métropole" furent énoncées au cours du sommet France-Afrique pour imposer aux régimes du continent de se démocratiser, les syndicalistes nigériens étaient dans la lutte pour l'égalisation des conditions de vie en vue de résorber la fracture sociale née de l'instauration d'un système clientéliste sans précédent par le MNSD parti Etat. Le système est caractérisé par une exhibition ostentatoire de richesses et a eu pour conséquence de faire péricliter la banque nationale. Le contexte international était caractérisé par les changements opérés en Union Soviétique et la volonté des dirigeants qui dominent la scène internationale, d'imposer une démocratisation des régimes dictatoriaux ou monopartites qui règnent en grand nombre dans les pays africains. Les directives du dirigeant français eurent très vite des échos au sein de l'environnement local nigérien. Il est important de marquer une discussion analytique pour comprendre le "comment" et le "pourquoi" du succès de telles directives externes sur l'ordre interne, et quels sont les moyens qui garantissent ce succès.

Pour cela, il faut remonter à la source de la création des Etats africains. Lorsque les armées coloniales vainquirent les communautés qu'elles avaient affronté, la domination leur a été imposée non pas par l'affluence des hommes de l'armée provenant de la métropole, mais imposée en recrutant des hommes de main au sein de ces mêmes communautés pour défendre l'ordre colonial. Lorsque l'administration coloniale a été déployée, elle était imposée et de facto braquée contre les citoyens des communautés vaincues pour faciliter l'inculcation des valeurs métropolitaines. Avec les indépendances, les fonctionnaires métropolitains sont rentrés en métropole, mais sont remplacés par des fonctionnaires formés, issus de ces mêmes communautés. Paradoxalement, la saveur de l'exercice du pouvoir a conduit les nouveaux maîtres à perpétuer leur propre domination sur leur communauté, avec l'aval des acteurs métropolitains transformés en tuteurs, pour perpétuer le système d'exploitation des richesses naturelles des espaces appartenant à ces communautés. La domination est exercée au besoin au moyen de mécanismes de coercition, parfois brutaux, pour maintenir l'ordre établi par les tuteurs, de concert avec les nouveaux gouvernants. La fracture entre gouvernants et gouvernés prend naissance à ces racines. Elle demeure et est si évidente que lorsque les gouvernants déjà impopulaires se trouvent en désaccord avec leurs tuteurs métropolitains, ces derniers se présentent en défenseur de la cause des gouvernés. Certains parmi les gouvernés saisissent l'opportunité de se rapprocher du côté des tuteurs pour obtenir des moyens de pression efficaces contre les gouvernants. La symétrie d'un tel schéma de liaison révèle la conjonction des tuteurs avec les gouvernés pour couper les gouvernants de toute légitimité et s'en servir au besoin afin de justifier d'éventuelles sanctions internationales. De ce fait, les tuteurs maintiennent la pression sur les gouvernants, une pression accentuée par les moyens de coercition dont disposent les premiers sur les derniers, tout comme les gouvernants dominent les gouvernés avec des moyens de coercition qui sont à leur portée. C'est encore la prévalence de la vieille règle des empires qui consiste aux tuteurs à diviser les gouvernants et les gouvernés pour régner en maître sur les deux. Un seul cas de ce schéma révèle l'absence de place pour les tuteurs, lorsque les gouvernants et les gouvernés réussissent à asseoir une gouvernance collégiale qui réponde au mieux aux aspirations de chacun. Les réactions des tuteurs sont logiquement d'éviter l'instauration d'une telle proximité.

Les injonctions pour la démocratisation des régimes politiques africains provenant de La Baule ont été vécues au Niger par divers acteurs du domaine syndical de même du domaine politique, comme une fenêtre d'opportunité qui permet de rentrer dans l'histoire. Il n'y a cependant pas eu de manifestation de courage politique, aucun responsable de parti n'a défié le pouvoir en place en s'affichant comme tel. Ce sont les travailleurs et les scolaires qui furent victimes de manipulation. L'objectif est certes noble, celui de voir les populations bénéficier de plus d'espace de liberté de base, loin des systèmes de renseignements et de coercition étatiques. L'objectif est aussi celui de pouvoir contester légalement les décisions arbitraires des gouvernants et les voir de ce fait descendre un temps soit peu du piédestal sur lequel l'exercice du pouvoir les a installé. Les scolaires vont s'atteler sans relâche à la tâche, constituant la plupart du temps, tout à la fois, l'avant garde de la lutte contre l'hégémonie politique et la victime première des acteurs politiques. Ces rôles délaissés par les aspirants à la scène politique occasionnent en 1990 une dérive du système scolaire par "fuite", d'un modèle dominé par l'effort et la compétition pour l'acquisition des connaissances, vers un modèle dominé par le militantisme pour imposer le poids de l'association estudiantine sur l'échiquier. Comme toujours, il y a des acteurs de cette association qui ont tiré profit de cette dérive du modèle, l'occasion leur permet, pas forcement avec l'aptitude requise, d'apparaître sur la scène. Ainsi, le paraître l'emporte sur le fond et le travail attendu. Avec les enseignements de l'histoire et les échos des événements d'ailleurs, cette catégorie d'acteurs estudiantins, fort heureusement limitée, sera soumise à la logique du pouvoir et au rêve des dirigeants. « Le pouvoir parle toujours "d'ailleurs", l'imaginaire contribue à donner forme et crédibilité au gouvernement du réel » (Balandier, 1980; Baré, 1977). Cette catégorie d'acteurs estudiantins est certes limitée en nombre, mais dispose d'une influence qui a occasionné la prolifération et le déploiement de la structure scolaire à l'intérieur du pays. L'une des conséquences amères de ce militantisme au détriment de l'excellence a été la dénaturalisation et la déréglementation durables du système scolaire qui peine encore et toujours à retrouver un modèle de fonctionnement basé sur l'excellence. Le régime actuel de la IVe République a fini d'achever toute faisabilité immédiate de ce rêve à travers l'instauration du principe de "passage automatique" pour contrer les revendications des enseignants. Il est utile d'espérer que la récente prédisposition favorisée par la loi pour la création des IUT (Instituts Universitaires de Technologie) dans différentes régions du pays puisse contribuer à asseoir le modèle de l'excellence en permettant une décongestion salutaire de l'actuelle structure universitaire.

Les tensions nées des agitations scolaires et syndicales ont atteint leur paroxysme lorsque, à l'absence du président de la République, les gardiens du régime décident de faire réprimer la marche des étudiants par l'armée en utilisant des balles réelles. Les scolaires payèrent un lourd tribut. La pression sur le régime s'est davantage accentuée avec les tergiversations des responsables qui refusèrent d'assumer l'acte de la répression. Le président a dû se soumettre à une logique de communication pour y répondre. Son comportement peut être appréhendé dans une approche globale. Balandier estime que « le langage du pouvoir recourt à un lexique, obéit à des règles et use d'une rhétorique qui lui sont propres. Il établit par nécessité une communication calculée. Il implique le secret, il utilise le silence » (Balandier, *Traité de Sciences Politiques*, p. 316-317). La communication calculée est illustrée par la prise de parole du président à la conférence nationale. Le secret est lié à sa déclaration d'assumer l'entière responsabilité des événements du 9 février face à une opinion qui recherche le véritable coupable et qui cherche à établir la vérité. Le silence est l'état dans lequel l'acteur s'est courageusement réfugié durant la transition pour observer sans réagir, l'instauration d'un nouvel ordre, l'ordre démocratique.

La logique de la montée des tensions sur la gouvernance de la IIe République peut être schématisée à son initialisation par les agitations syndicales en réponse à la destruction de l'édifice financier du pays opéré par les gouvernants et leurs courtisans. La crise s'est métamorphosée avec la fenêtre d'opportunité d'instauration d'une démocratie multipartite qui offre la possibilité aux acteurs de rentrer dans l'histoire. L'instauration de cet ordre est imposée par les acteurs politiques "néo-métropolitains". Elle est commandée par le nouvel ordre mondial lié à la désagrégation de l'Union Soviétique. Coupé des supports "néo-métropolitains", le régime est poussé à l'erreur et finit par créer l'événement qui déclenchera inéluctablement sa chute ultime, l'événement par lequel il a fini par mitrailler une foule sans défense.

Troisième partie :
Enseignements des épisodes de montée des tensions des régimes politiques post-conférence nationale

Chapitre V. La IIIe République

La lecture que donne l'avènement et le règne des gouvernants de la IIIe République du Niger s'articule dans un premier temps autour du règne de l'Alliance des Forces du Changement (AFC); puis la cassure de l'alliance qui donne lieu à la cohabitation telle que stipulée par la loi fondamentale; enfin, l'irruption des militaires rendue inévitable par le climat de confusion politique volontairement créé par les acteurs politiques.

Section 1. Le règne de l'AFC

Avec les élections législatives du 14 février 1993, la répartition des sièges de l'Assemblée nationale attribue vingt-neuf sièges au MNSD, cinquante sièges aux partis de la mouvance présidentielle rassemblés sous l'AFC. Les élections présidentielles du 27 mars 1993 donnent une configuration politique de la IIIe République avec une répartition du pouvoir entre les partis politiques membres de l'AFC. Le président de la Convention Démocratique et Sociale (CDS Rahama), est élu président de la République, celui du parti ANDP Zama-lahiya (Alliance Nigérienne pour la Démocratie et le Progrès) est au perchoir de l'Assemblée nationale dès le 14 mai 1993 et le président du Parti Nigérien pour la Démocratie et le Socialisme (PNDS Tarayya) devient Premier Ministre, Chef du Gouvernement, le 17 avril 1993. Le MNSD-Nassara l'ex parti Etat, est réduit à l'opposition. Chaque période électorale apporte le reflet des préoccupations politiques du moment qui prévalent dans la société nigérienne. Ainsi, tandis que le CDS prônait le changement au moyen de son slogan "Tchangi ko da gatari", le slogan favori du PNDS laissait comprendre que c'est seulement lorsqu'un mur est fissuré que les lézards y trouvent refuge. Ce qui dénote de la nécessité de préserver l'alliance de ces fissures.

De nouveaux acteurs politiques sont donc élus gouvernants. Leur installation n'est pas un acte isolé, il se propage à l'image du mouvement oscillatoire des vagues. Des changements interviennent au niveau des cadres de commandement, au niveau de l'administration étatique, avec la même logique de répartition. La logique crée immanquablement une entorse à la performance de l'administration; d'une part, de nouveaux acteurs sans grande expérience acquièrent des postes pourtant stratégiques à l'exemple de la direction des examens et concours; d'autre part, tout acteur, sans distinction de ses performances et de ses qualités professionnels, est systématiquement remplacé s'il n'affiche pas de coloration politique conforme aux partis de l'alliance. Ceux qui aident les princes à justifier un tel comportement affirment qu'il ne peut exister d'acteurs apolitiques ou neutres, ils sont avec ou contre l'alliance. Bernard Lacroix estime que l'Etat se présente d'abord comme un ensemble de postes offerts à l'appropriation sociale, et que les avantages spécifiques que représentent ces places étatiques ne sont pas offerts à tous, mais disponibles pour leur usage sociaux dans cette logique du possible qui tend à ne faire aspirer chacun qu'au probable. Il n'y avait pas, dans la logique des nouveaux acteurs, de distinction entre les places étatiques qui sont des postes "politiques" et celles qui représentent des postes "techniques". C'est une appropriation purement politique qui a motivé la répartition, à tel point que le numéro deux du parti présidentiel manifeste son refus de cautionner ces actes en procédant à une analyse sans complaisance. L'acteur affirme que le régime précédent faisait du "vol", mais que le présent régime est un système de prédation qualifiable de règne du "wassosso", c'est-à-dire une sorte de précipitation de chacun pour s'approprier une part. La politique de répartition choisie est inadaptée, du fait des critères de sélection qui ne permettent pas de privilégier l'amélioration des performances de l'administration ou de préserver le fonctionnement rigoureux imposé par la dictature militaire. L'empreinte militaire de la rigueur était encore présente dans le comportement des administrés.

La division sociale du travail admet une forme pyramidale, y compris dans la société traditionnelle. Il est communément reconnu la légitimité de l'aspiration de tout individu à être plus proche du sommet que de la base. Le sommet procure plus d'avantages qu'il est possible d'acquérir. Dans nos sociétés contemporaines, l'institution scolaire contribue à la reproduction de ces aspects spécifiques de l'ordre social, de par les formations professionnelles et universitaires, de par les cycles courts et les cycles longs, tous préparant à la qualification nécessaire à l'occupation des fonctions dans la société. La forme de l'Etat en fait un autre dispositif qui concourt à la perpétuation de cette forme pyramidale du travail social. Cet aspect est lié aux formes de division du travail qu'il incarne et qui lui permettent de se réaliser. Les postes ne sont pas tous destinés à la récompense du militantisme politique. La solution à apporter aux dérives observées dans les reflets des mécanismes de nomination aux postes étatiques, avec l'avènement du régime de l'AFC et des régimes qui lui ont succédé, passe par l'analyse des formes de la reproduction sociale de l'Etat pour en classifier les postes du militant politique et les postes des acteurs techniquement adaptés. Cette analyse doit elle-même intégrer toutes les données relatives aux modes d'appropriation des postes étatiques, à savoir la description, l'appel à candidature et la sélection. Le pourvoi des postes étatiques est certes une contrainte, puisqu'à la faveur des usages sociaux dont ils sont les enjeux, ces postes acquièrent une forme d'existence sociale indépendante des titulaires qui les occupent. Mais, les nécessités de l'amélioration des performances de la bureaucratie étatique doivent imposer une meilleure objectivation des critères d'attribution des postes étatiques dont l'existence traduit l'offre d'appropriation collective. Le régime de la IVe République va utiliser une autre logique qui met en avant les acteurs qui occupent ces postes et non les postes eux-mêmes. Chaque logique trouve son explication dans les circonstances de son utilisation et les raisons qui motivent les acteurs décideurs qui en font usage.

Après la répartition des postes et ses dérives, le nouveau régime est supposé prêt à répondre aux sollicitations des électeurs qui ont porté leur choix sur les nouveaux gouvernants, dans le sens de les satisfaire. A l'image d'un tableau de bord avec divers indicateurs en panne, les alarmes des secteurs sociaux à redresser sont nombreuses. Il est possible de convenir que sans le développement d'efforts plus que d'ordinaire, il sera difficile de savoir par quel bord commencer. Déjà depuis la fin des années 1980, les Touareg réclamaient un partage des richesses plus équitable. Cet aspect des revendications sur les richesses naturelles pèse lourd dans la gestion que font les pays émergeants de leurs ressources. Comme si les gouvernants se sont passés le même mot d'ordre, la logique du flou est entretenue. Un des facteurs explicatifs est qu'il y a des acteurs qui ne changent pas, ceux qui animent les sociétés extractrices. Sans porter toutes les responsabilités de ce flou dans la gestion, les sociétés extractrices sont pour beaucoup dans la perpétuation d'un système opaque pluri régimes dans le cadre de la gestion des ressources naturelles. Leur crainte d'un système politique assez pointilleux dans le contrôle de leurs activités serait explicative de l'entretien sur plusieurs régimes, de ce système d'exploitation à réflexe de corruption. La loi de la garantie des intérêts personnels que retirent les gouvernants impose certainement au pouvoir d'utiliser le silence, le silence sur ce qui a été obtenu et le silence sur l'utilisation qui a été faite. La quasi absence de réalisation, généralement après une période assez longue, finit par traduire l'insuffisance de l'impact des ressources naturelles dans le développement des pays propriétaires des gisements. La gestion des ressources financières tirées de l'extraction des ressources naturelles ressemble à un domaine réservé à l'enrichissement d'un cercle circonscrit à la gestion du pouvoir et permet de perpétuer le règne néo-patrimonial. La rébellion illustre le danger permanent qui est la conséquence logique de la gestion constamment faite des revenus tirés de ces ressources. Des sources provenant du quotidien gouvernemental attribuent la naissance de la rébellion à l'ingérence de l'ancienne puissance coloniale, dont un facteur clé peut, par déduction, être lié à la vente d'uranium à la Libye. Même dans cette optique, ce facteur n'est que déclencheur et son effet dépend d'une prédisposition favorable existante, celle relative à l'absence de transparence dans la gestion de l'extraction des ressources naturelles. Il est possible de postuler que l'émergence d'une société civile permettra d'atteindre l'objectif de la transparence et celui d'une meilleure utilisation. A la seule condition que la société civile elle-même ne tombe pas sous la tentation de la corruption, ou que les hommes politiques ne s'activent pas à la discréditer.

A partir de 1991, une rébellion touareg sévit dans l'Aïr et ensanglante cette partie du pays malgré des accords de paix toujours remis en question. L'insécurité qu'elle engendre est essentiellement cantonnée au nord, elle ne réussira pas à s'étendre dans les autres zones du pays. Les dirigeants du régime de l'AFC n'auront pas le temps d'affronter la problématique de l'utilisation des revenus liés à l'extraction et la commercialisation de l'uranium. Non pas du fait de la rébellion parce que celle-ci n'aura pas d'impact sur l'instabilité politique qui suivra. Le règne de l'instabilité viendra de l'alliance elle-même, porteuse pour la circonstance des germes de sa propre autodestruction.

La conquête du pouvoir est certes une œuvre difficile, mais sa conservation l'est encore davantage et devient une œuvre de longue haleine. Les vingt et un premiers mois du nouveau Gouvernement sont animés. Les turbulences politiques viennent d'abord du bras de fer engagé par le nouveau Premier Ministre contre la principale centrale syndicale qui s'invite par la circonstance dans l'agenda politique. Il s'en suit la grève la plus longue de mémoire d'homme qu'a connu le pays, cinquante et cinq (55) jours au total. Le front social reste en permanente effervescence face à l'intransigeance des nouveaux acteurs élus gouvernants.

Par analogie au domaine aéronautique, les conclusions des enquêtes déclenchées par les catastrophes qui y surviennent révèlent que l'accident est toujours la cause de plusieurs événements qui s'enchaînent. Dans le cas du régime de l'AFC, le bouillonnement social sera un facteur d'initialisation. Il est permis de postuler que l'effervescence du front social est maîtrisable par le pouvoir à la condition de conserver la flexibilité de la démarche et des rapports de négociation. Il est attendu de chaque acteur rationnel, qu'il sache la ligne à ne pas franchir dans le cadre d'une revendication qui peut être satisfaite.

Le pouvoir se mesure de par sa capacité à produire et à faire régner l'ordre et la quiétude dans la société. Un nouveau facteur d'ébullition va s'ajouter à la position proactive des acteurs syndicaux. L'opposition affiche son impatience en attendant les prochaines élections et décide de poser des actes qui défient le pouvoir de la gouvernance de l'Etat et son ordre. Le pouvoir de l'AFC se braque contre une opposition qui choisit un fonctionnement générateur récurrent de désordre. Cet épisode est d'un apport important dans l'aide à la classification des acteurs politiques. Des manifestations de rue avec son cortège de pneus brûlés sur les chaussées, jusqu'aux mots d'ordre de désobéissance civile, en passant par les bureaux de l'hémicycle saccagés, l'opposition utilise tout ce qui participe à la provocation. L'opposition se donne elle-même le surnom de pyromane à travers le slogan "Nassara dan dangui". Le pouvoir ne réagit pas de façon appropriée, les cas d'arrestation de certains leaders de l'opposition sont des actes éphémères, l'instigateur de ce désordre, alors secrétaire général du principal parti d'opposition de l'époque, loin de faire face aux conséquences des actes ainsi posés, ou même par esprit de solidarité envers les membres de son parti, trouvait toujours le temps de traverser la frontière pour un refuge salutaire au Burkina Faso.

Les facteurs de déstabilisation s'enchaînent. Certainement avec la manipulation des acteurs politiques qui ont régné précédemment en maître sur le pays. Ces acteurs se retrouvent par un revirement de l'histoire hors du circuit de décision, et sont réduits à l'opposition politique au régime de l'AFC. Les soldats des premiers rangs vont se mettre de la partie. Les agitations politiques gagnent ainsi les casernes militaires et se traduisent par des mutineries appelées "la troupe". Ce qualificatif symbolise les manifestations de mécontentement des soldats, tout ceci dans le contexte d'une rébellion armée active dans le nord. Les réponses du pouvoir démocratique expérimental ne furent malheureusement pas appropriées et traduisent un laisser aller, à tel point que de l'intérieur comme de l'extérieur, des voix s'élèvent dans les médias dont un média international de l'ancienne métropole, pour dire « le Niger a besoin d'être gouverné ». Finalement, le pouvoir démocratique expérimental réagit à travers un discours du président de la République dont l'une des phrases clés stipule que « l'armée n'est pas une institution au-dessus de la loi ». Jusque-là, le pouvoir tient bon. Toutes ces effervescences sont rentrées dans le cadre de la nouvelle routine des populations, sans qu'il y ait une menace réelle qui affecterait directement le régime en place. L'avènement démocratique commandé par les puissances mondiales est un facteur explicatif de l'absence de réflexe d'un changement hors du cadre démocratique à cette période. La démocratie autorise les administrés, civils et militaires à faire part de leurs points de vue ou de leur désaccord à propos des choix opérés par les acteurs gouvernants, y compris par des manifestations ouvertes, mais celles des militaires méritent d'être étroitement encadrées.

Section 2. La cohabitation

Le registre des turbulences que doit affronter le régime de l'AFC affiche l'ébullition du secteur social, la génération du désordre par l'opposition, la rébellion armée qui sévit au nord et la récurrence des mutineries militaires circonscrites aux casernes et quelques villes éloignées de la capitale. Mais le facteur qui sera fatal au régime de l'AFC viendra de la crise qui paraît au grand jour entre le PNDS et le CDS, deux des trois principaux partis de l'alliance au pouvoir. Cette crise politique est un facteur de trop dans le registre des turbulences qui secouent la gouvernance étatique. Lorsque la crise entre ces deux partis, qui renvoie à celle qui oppose le président de la République au Premier Ministre Chef du Gouvernement a atteint son paroxysme, le 28 septembre 1994, le président du PNDS démissionne de son poste de Premier Ministre. Le dirigeant du PNDS ne s'arrête pas seulement à la démission, le président de la République a estimé que le poste revenait au PNDS et qu'un autre acteur pouvait le remplacer. Ce remplacement étant synonyme de sa mise à l'écart politique, le président du PNDS va d'abord exclure de son parti le nouveau prétendant au poste de Premier Ministre, pour finalement créer une alliance, contre toute attente, avec le MNSD-Nassara. Aussi, le Niger plonge immédiatement dans une impasse politique sans précédent. La nouvelle logique qui anime les acteurs politiques est celle de la vengeance entre les anciens membres de l'AFC, ajouté à cela, la logique de la provocation permanente et d'affrontement dans laquelle s'était enfermée l'opposition qui ne réussissait pas à y sortir. La scène politique devient alors explosive dans une logique du "plus nocif possible" qui concatène toutes les autres logiques. La phrase haoussa qui résume cette logique stipule « bari mu nuna mussu bakin tchiki », et c'est cette logique qui anime chacun des principaux protagonistes pris isolément.

Un nouveau Premier Ministre Chef du Gouvernement est nommé dans les rangs du CDS. Le 9 octobre 1994, le Gouvernement signe un accord avec la rébellion touareg. Dans le même temps, une nouvelle majorité parlementaire se forme à l'Assemblée nationale emmenée par le PNDS et le MNSD. Le nouveau Gouvernement est censuré conformément à la logique du "plus nocif possible" privilégiée des acteurs politiques. La logique insolite de la vengeance conduit le président de la République à dissoudre le parlement, dans l'optique de retrouver une majorité qui lui permettra de gouverner. Même si ce choix est politiquement viable et adapté à la situation, le facteur vengeance tient du fait que dans la suite des événements, le président n'a pas pu surmonter sa propre passion pour s'imposer en homme d'Etat. L'histoire est têtue pour ce qu'elle décide d'imposer aux individus et aux acteurs qui s'affichent à l'image des "puissants" parfaits. L'issue des élections législatives anticipées du 12 janvier 1995 ne donne pas les résultats escomptés par le pouvoir, les élections donnent à nouveau un avantage à un siège près au MNSD et au PNDS, qui formeront de nouveau une majorité parlementaire. Les partis à un seul député auteurs de ce déséquilibre contre le pouvoir, viennent sans le savoir, de signer la disparition dans les futures éditions du code électoral, de la règle de calcul du "plus fort reste", remplacée aujourd'hui par "la plus forte moyenne" qui leur est nettement défavorable. La cohabitation est donc inévitable. Il reste au président de la République une seule issue, celle de choisir un acteur politique issu de l'opposition avec lequel il lui sera possible de gouverner sans tumultes. Mais l'opposition va proposer un seul nom en lieu et place des trois noms prévus par la Constitution, et pas n'importe lequel, celui de l'acteur initiateur de toutes les provocations et manifestations de désordre, et que le pouvoir n'a pas réussi à maintenir hors du pays, là où il s'est réfugié après chaque coup. Le 5 février un Premier Ministre est nommé issu de l'opposition. Mais sa nomination est rejetée par le camp majoritaire à l'Assemblée au motif qu'il ne correspond pas au nom transmis par l'opposition. Des conciliations sont entamées, mais puisque l'un des camps devait céder, devant l'analyse que fait la Cours Suprême de la Constitution, c'est le président de la République qui va se plier aux desiderata de l'opposition, en nommant le Premier Ministre imposé, le 21 février 1995. Malheureusement ce choix sera fatal pour le régime. Dans un proverbe haoussa, le président du parti du Premier Ministre nommé a résumé la mission qu'il a assignée à son "missionnaire" dans le sens de la déstabilisation du président de la République. Le proverbe stipule, « contre le lièvre des temps modernes, il faut un chien des temps modernes ». L'analyse politique et les événements qui vont suivre confirment l'intention à peine voilée à cet instant de l'opposition, celle de rendre le pays davantage ingouvernable.

Après la sortie du processus électoral et le tumulte créé par la nomination du nouveau Premier Ministre, dont l'acteur désigné est le secrétaire général du MNSD, le président du PNDS est élu président du parlement par la nouvelle majorité. A partir de cette configuration, ainsi que de la logique de la vengeance ajoutée à celle du "plus nocif possible", c'est-à-dire de la provocation et de l'épreuve de force, le chaos de la cohabitation finit d'ériger le mur de l'impasse politique. Les nouveaux acteurs politiques gouvernants adoptent des comportements hors de toute rationalité qu'exigent le pouvoir et les positions respectives qu'ils occupent. La première stratégie du nouveau Gouvernement a été d'imposer au président de la République un nouveau Chef d'Etat Major général des Forces Armées Nigériennes (FAN). Le président finit par accepter de permuter les deux Chef d'Etat Major, l'ancien qui était celui des FAN devient son particulier, et son particulier devient celui des FAN. Lorsque le président refuse de signer les conclusions du conseil des ministres dont le Gouvernement lui a été imposé et qui proposent de changer les directeurs généraux des sociétés, c'est le Premier Ministre qui adopte la logique de la provocation pour le faire, empiétant ouvertement sur les prérogatives d'un président jugé beaucoup trop passif par l'opinion. L'installation des nouveaux directeurs généraux se fait sous la logique du "plus nocif possible", le Gouvernement utilise la police qui prend soin d'expulser les précédents locataires des bureaux. Lorsque le président, en sa qualité constitutionnelle de Chef suprême des armées, demande à l'armée d'intervenir pour restaurer les directeurs chassés manu militari, le Chef d'Etat Major général attire son attention à juste titre sur les dérives que peuvent provoquer un tel affrontement avec les policiers et décline l'ordre présidentiel. C'est donc le caractère passif du président qui est à nouveau en cause, dans la mesure où divers acteurs apprennent à ne pas appliquer ses directives constitutionnellement attribuées à lui. Lorsque le président de la République refuse de convoquer les conseils des ministres, c'est le Premier Ministre qui s'auto charge de le faire et de les présider, empiétant une nouvelle fois sur le champ présidentiel. Le schéma de l'affrontement de rue qui a perpétué le règne de l'anarchie s'est transféré dans les hautes sphères du pouvoir. Aucune des tentatives de médiation entreprises par les acteurs de la scène internationale n'a réussi à faire revenir les deux acteurs gouvernants à des meilleurs sentiments, qui, de l'extérieur, donnent l'image d'un jeu que le pouvoir lui-même ne peut tolérer. Le pouvoir admet des rites qui opèrent toujours à l'intérieur des limites qui s'imposent comme contraignantes à tous les acteurs. Le pouvoir ne peut tolérer le jeu puisque même face à l'usure ordinaire, il oblige les acteurs investis à se revigorer périodiquement. Le jeu des nouveaux acteurs gouvernants défie de manière spectaculaire, le caractère qui attribue une "puissance permanente" au pouvoir. Le pouvoir est une arme, pas de la puissance tout entière, mais d'une parcelle de la puissance, contre l'anarchie. Il sert l'acteur investi du port de cette arme et en fait un puissant. Mais le porteur de l'arme ne peut s'arroger la volonté de s'amuser avec, sans que l'arme ne se retourne violemment contre lui, pour donner l'exemple. Le jeu de la dérision et l'exercice du pouvoir ne peuvent faire ménage commun que dans des conditions contraignantes, c'est-à-dire que le puissant ne fasse pas partie des joueurs, que les sujets qui jouent soient tolérés dans la logique où le jeu est fait à l'usage du puissant. Ainsi, « avec le Fou de cour paraît, au cours de l'histoire européenne, le partenaire direct du pouvoir. Lui aussi transgresse, mais dans la proximité et à l'usage du Prince. Il trace les limites du pouvoir et du rang sur les lieux même où celui-là s'exerce et où celui-ci se montre » (Balandier, 1980). D'autres acteurs utilisent des rites artificiels pour manifester la force qui doit rester au pouvoir. Des crises presque à la commande sont provoquées dans des organisations dont les acteurs qui les dirigent prennent une décision arbitraire pour l'imposer aux administrés. Ces administrés réagissent en bloquant l'activité de l'organisation et en appellent à l'acteur gouvernant. Finalement, le puissant prend une décision qui tranche le conflit, et la fait savoir par son porte parole dont l'expression du visage ou les lunettes fumées finissent de convaincre que la limite du choix laissé aux sujets est franchie. La décision du puissant est généralement au profit des administrés lésés. La résolution d'un tel conflit vient renforcer le prestige du gouvernant. Ainsi, alors que divers acteurs politiques gouvernent au moyen d'artefacts pour montrer le visage de la puissance du pouvoir, les acteurs politiques de la cohabitation au Niger posent des actes qui le dégradent aux yeux des administrés. La participation de l'acteur gouvernant au jeu est synonyme d'un pouvoir qui est "tombé par terre", il suffira alors aux autres acteurs de se courber pour le ramasser. L'arme est dangereuse, et pour parer à toute contamination, les autres acteurs gouvernants, en premier lieu les acteurs internationaux voisins immédiats, se mettent de la partie avec leur intérêt évident de faire cesser cette menace sur le mythe entretenu du pouvoir.

Il est important de consacrer une discussion analytique sur cet épisode au vu de son importance et pour révéler l'absence de visibilité sur les choix de l'acteur gouvernant qui a conduit au "naufrage démocratique". Constitutionnellement, le président dispose de deux options. La première est relative à une nouvelle dissolution de l'assemblée nationale, mais elle ne peut intervenir qu'un an après les dernières législatives anticipées. La seconde option est liée à l'usage de l'article de la Constitution qui lui permet, en cas de situation d'urgence, de forcer la récupération de l'exercice des prérogatives du pouvoir. Dans les deux cas, ses adversaires ne doivent pas anticiper ses intentions. Le fait que le nouveau Gouvernement ait imposé un nouveau Chef d'Etat Major général des FAN rentre dans la stratégie de prévention de l'usage de l'article de la Constitution. Parce que dans ce cas, il ne suffira pas d'un simple décret. L'implication ouverte de l'armée dans ce processus permettra d'imposer la mise en application du décret présidentiel. Il faudra pour cela que le président dispose de l'appui total de l'armée pour les besoins d'employer les grands moyens que nécessitent les provocations, pour faire cesser les défis lancés au pouvoir par les autres acteurs. La suite peut être démocratiquement acceptée de l'extérieure, lorsque ces acteurs sont traduits en justice et qu'en attendant l'issue du procès, que ces acteurs bouillonnants soient mis en résidence surveillée. Le règne de la IVe République a montré qu'il est possible de maîtriser les manifestations de rue des militants des partis. Peut-être que dans ce cas de figure, l'appui des militants des partis restants de l'AFC aurait permis au président de la République d'équilibrer l'occupation de la rue. Et de toute façon, dans les négociations qui s'ouvriront, c'est le président qui se retrouve en position de force et qu'un des compromis puissent permettre de retourner aux urnes pour de nouvelles élections législatives avant la date constitutionnelle. L'article fut régulièrement évoqué par le groupe présidentiel mais jamais appliqué.

Il est permis de postuler avec le temps, ceci pour éviter une récidive de l'erreur, que la gestion par le président de la nomination du nouveau Chef d'Etat Major général (CEMG) des FAN était la clé du problème et pouvait être analytiquement autrement. Le nouveau CEMG proposé et imposé par le Gouvernement était Chef d'Etat Major particulier du président au moment de sa désignation par l'opposition. L'objectif politique d'une telle proposition vise immanquablement à affaiblir la sécurité du président qui a deux options possibles. (1) En refusant d'accepter la proposition de l'opposition, c'est son Chef d'Etat Major particulier qu'il mécontentera avec les risques évidents pour sa sécurité. (2) En acceptant la proposition de l'opposition, le nouveau Chef d'Etat Major en tiendra certainement compte et ne prendra pas l'opposition pour adversaire, ce qui est arrivé. Cependant, une troisième possibilité s'offre au président de la République, qui n'a peut être pas été proposée, mais certainement pas utilisée. La connaissance de l'acteur, alors Chef d'Etat Major particulier du président, révèle qu'il possède une prompte disposition à prendre le pouvoir en fonction des moyens dont il disposera. Ceci lui a valu son éloignement par le régime de la dictature militaire du CMS, de l'aide de camp du président du CMS au poste d'ambassadeur. L'acteur le dira lui-même plus tard, s'il était à la tête de l'armée au moment de la Conférence Nationale qu'il n'a pas supporté, le coup d'Etat aurait été exécuté à cette époque. (3) Il était possible au président de la IIIe République de demander à son Chef d'Etat Major particulier de renoncer publiquement à l'offre du Gouvernement, moyennant par exemple l'élévation à un grade supérieur, le cas échéant, il devra procéder à nouveau à son éloignement. Si l'arme est dangereuse, il faut la retourner. Dès lors que ceci est fait, le Chef d'Etat Major général encore en place devient automatiquement l'adversaire du Gouvernement et sera plus disposé à exécuter les ordres d'un président qui l'a défendu face à ceux qui veulent le destituer. Pour la suite du scénario, toute tentative de forcer le changement de ce Chef d'Etat Major peut être utilisée par le président de la République pour décréter la menace sur les institutions démocratiques et utiliser l'article de la Constitution afin d'amorcer le processus de mise en accusation des acteurs qui le défient. L'histoire est têtue, ce qui devait arriver arrivera. Le rôle d'analyste et de spectateur confère une position confortable dans la proposition des scénarios, leur application dans le cadre réel admet des contraintes dont le temps, et d'autres données non disponibles à priori pour être intégrées dans l'analyse.

Il est possible de convenir que le président a préféré le jeu des prolongations pour arriver à la fin de l'année d'attente que lui impose la Constitution avant une nouvelle dissolution du Parlement. Et dans ce cas de figure, il doit prendre les moyens de sa patience, à commencer par la prise de la hauteur qu'exige son rang, tout en annonçant les raisons qui sont les siennes au peuple qu'il prendra à témoin. Parmi les moyens, figure l'adoption d'un comportement effacé de la scène des querelles politiques, le temps nécessaire, tout en montrant les gages de sa bonne volonté à ses adversaires qui ont déjà commencé à persécuter les citoyens pour le recouvrement d'impôts. Ceci suffit pour augurer d'une défaite électorale certaine. Si une telle proposition a été faite au président par ses conseillers ou ses militants, en particulier le sous-préfet de Filingué de l'époque et que ce dernier n'y a pas tenu compte, c'est que l'acteur est tombé dans l'un des pièges du pouvoir : celui de l'enfermement du puissant qui le conduit à l'exercice d'un pouvoir solitaire, d'une expression de l'autosuffisance et d'une autre influence assourdissante. Il en découle une possibilité de postuler à la disparition d'esprit constructeur, une prédisposition qui implique que l'acteur descende au moment opportun du piédestal sur lequel l'a installé le pouvoir, pour échanger des points de vue avec ses collaborateurs, en lieu et place d'une prédisposition qui pousse le gouvernant à s'auto écouter constamment. Ce trait caractéristique est corroboré par l'évolution régressive du poids du CDS, du fait que la majorité des membres influents qui ont été contraints de le quitter se sont retrouvés à des meilleures places sur l'échiquier politique. Il incombe donc à l'acteur et à son système de gouvernance du parti, la responsabilité de la déperdition des votes d'un parti initialement présenté comme en pleine évolution. Normalement, la gouvernance peut s'apprendre en gouvernant. Le général auteur du coup d'Etat qui a renversé le régime de l'AFC énonce que, le dirigeant du régime déchu aurait pu apprendre à gouverner la population de huit millions d'habitants par le simple principe d'adaptation, sauf éventuellement cas d'un handicap naturel à ne pas pouvoir assumer de telles responsabilités. De ce fait, l'opposition a donc réussi à bloquer l'usage de l'article de la Constitution par le président en lui imposant un Chef d'Etat Major général des FAN qui ne répond pas à ses ordres. L'acteur y rajoute de sa propre nature par le jeu de la dérision du

pouvoir auquel il s'est livré en réponse aux provocations d'un Premier Ministre voué à cette cause. Ce comportement aura malheureusement raison du régime de l'AFC. En effet, l'opposition a tout mis en œuvre pour que la deuxième dissolution du parlement ne voie jamais le jour, le dernier acte du scénario devait désormais être exécuté.

Section 3. L'irruption des militaires

Le 24 avril 1995, le nouveau Gouvernement va signer de nouveaux accords de paix avec la rébellion touaregs. La volonté de négociation face à la rébellion est de ce fait restée inchangée par rapport au précédent Gouvernement. Sur cet aspect de la gestion de la fin de la rébellion, il n'y a pas de fait nouveau, ni d'événement particulier directement lié au déclenchement de la fin de règne de l'AFC. L'événement déclencheur viendra le 26 janvier 1996 à travers un courrier adressé par le président de l'Assemblée nationale à la Cour suprême, en accord avec le Premier Ministre, Chef du Gouvernement. L'auteur demande par écrit à la Cour de déclarer l'empêchement absolu du président de la République au motif d'une tentative de division et donc d'affaiblissement des forces armées nationales. Le grief reproché était attribué à une proposition (réelle ou à vérifier) du président de la République au Gouvernement, de transférer certaines attributions du Chef d'Etat Major général des FAN et même du

Ministre de la Défense nationale, à son Chef d'Etat Major particulier. L'argument du président de l'Assemblée nationale était que ce comportement du président de la République, entre autres, peut provoquer un péril réel pour l'unité nationale, la préservation de la paix et de la concorde entre nigériens ainsi que pour le redressement économique. Vingt quatre (24) heures après l'envoi de cette lettre, soit le 27 janvier 1996, un coup d'Etat militaire intervient. L'arrangement pour le montage de la conspiration sera trahi par la raison évoquée la même journée : les putschistes font allusion dans leurs déclarations de prise de pouvoir à la lettre du président de l'Assemblée nationale, paradoxalement, une lettre écrite seulement la veille. Ce fait a témoigné aux yeux de beaucoup d'analystes politiques, la complicité du président de l'Assemblée nationale et du Premier Ministre dans le coup d'Etat. Un autre fait va corroborer cette hypothèse, ces deux acteurs ne seront pas inquiétés aussitôt par l'armée à l'instar du président de la République mis aux arrêts. C'est seulement le lendemain du coup d'Etat, qu'ils rejoignirent le camp militaire de Tondibiya, dans un scénario qu'ils n'avaient pas envisagé.

Les coups d'Etats militaires procèdent aux mêmes rites, la musique militaire est diffusée, la ville est quadrillée, les points stratégiques envahis par les mutins, le Parlement est dissous, les partis politiques sont suspendus. Le peintre aura donné une image réaliste de cet épisode de la vie politique, celle du boa (le coup d'Etat) qui vient de phagocyter sa proie (la jeune démocratie nigérienne). Le respect du rituel ne reste pas là, une instance dirigeante du pays est mise en place, cette fois-ci le nom proclamé est le Conseil de Salut National (CSN), présidé par l'ancien Chef d'Etat Major général des FAN devenu putschiste. Pour l'occasion, la recherche de la légitimité a commencé par la présentation à la télévision nationale d'une foule en liesse, certainement satisfaite de la fin du jeu puéril que la classe politique lui a imposé. Ceci est un sentiment partagé et traduit que le nouvel homme fort vient d'atteindre son apogée et sa consécration. A l'acteur, est dorénavant ouverte la porte d'instanciation de la maxime qui stipule qu'il vaut mieux être aimé que d'être craint. Ce sentiment de délivrance du jeu de la dérision du pouvoir témoigné par le peuple traduit l'amour attribué à un chef rappelé en situation d'urgence pour sauver la société d'un danger. Ici, le danger était le déclin de la société par le désordre et la guerre civile, du fait que les générateurs de ce désordre n'ont jamais manqué de tirer la corde ethnique. La suite de l'histoire corrobore l'affirmation historique selon laquelle, toute chose qui atteint son apogée, va immanquablement vers son déclin. Elle corrobore également à propos du sort réservé à l'opposition qui a délibérément provoqué ce changement hors cadre démocratique, l'affirmation qui stipule que le porteur de l'arme du pouvoir ne peut s'arroger la volonté de s'amuser avec sans que l'arme ne se retourne violemment contre lui pour donner l'exemple. Le 31 janvier 1996, un nouveau Premier ministre est nommé, il forme un Gouvernement entièrement composé de civils. Le nouvel homme fort du pays dispose du choix entre deux comportements. Le premier exemple lui est donné par le militaire malien qui a mis fin au règne du dictateur qui refusait l'avènement de la démocratie. Le régime dictatorial malien utilisa une répression féroce contre une manifestation des citoyens avant de sombrer, par sursaut patriotique d'un groupe de militaire devant la gravité de la répression et son cortège de nombre de morts. Ce militaire malien réussit à organiser des élections, à quitter le pouvoir avec tous ses honneurs pour y revenir plus tard, après les deux mandats successifs du président élu qui lui a succédé. Le deuxième exemple, est celui de tous les putschistes qui ont forcé le passage pour accéder à la prorogation du règne de leur pouvoir, avec une conversion vers le domaine politique au moyen d'élections généralement truquées. L'acteur politique avait ses propres raisons, le Niger n'est pas le Mali, et les auteurs de la génération du désordre peuvent s'accrocher au pouvoir, le pervertir, devenir violents, et même considérer le général comme dangereux pour leur propre stabilité, une fois qu'ils reviennent aux commandes de la gouvernance de l'Etat. D'abord, parce que l'histoire a montré le fort prix payé par les militaires partisans du général. Ensuite, à ce qu'il a été constaté, ce qu'ils ont été capables de faire au peuple qui les a élu. Un retour d'ascenseur anxieusement empreint de trahison des aspirations de ce peuple. En réponse à leur interpellation sur l'aspect de cette trahison, pour toute couverture qui dédouanera leur conscience, ils diront : « même si le marché venait à clôturer aujourd'hui, le colporteur a acquis un bénéfice certain ». A ceux qui en sont victimes, il revient le soin de s'adresser à Celui qui voit et entend tout, et étant la source de la puissance tout entière, il n'y a pas de doute en l'immensité d'un pouvoir jamais interrompu qu'Il détient absolument. Pour celui des acteurs qui désire s'en convaincre, qu'il apprenne le fonctionnement du système solaire, qu'il recense les êtres vivants de la terre, qu'il étudie la science volcanique, qu'il rembobine les films sur le tsunami et les tremblements de terre, qu'il contemple les oiseaux et les avions dans leur envol ou qu'il contemple les étoiles de l'univers entier. Dans tout cela il y a des signes, destinés uniquement à celui qui comprend.

Section 4. Réévaluation analytique de la montée des tensions

Le règne de l'AFC ne connaît pas de contexte international spécifique défavorable. Pourtant le régime va rapidement sombrer face aux tensions dont il lui incombait la responsabilité de faire face, ce qui rend important la tâche de relever les traits caractéristiques du contexte national qui ont occasionné son naufrage. De l'analyse des événements qui se sont succédé jusqu'à la fin de ce règne, l'événement déclencheur est lié à la cassure de l'Alliance qui a accédé au pouvoir aux termes des premières élections démocratiques et pluralistes du pays depuis les indépendances. Les enseignements tirés de ces pages de l'histoire suggèrent aux leaders politiques de prendre la mesure des responsabilités qui leur incombent, entre autres, l'adoption des comportements de respect réciproque, et qui sont conformes à la définition des enjeux qui les lient. L'effet escompté lorsqu'ils accèdent au pouvoir au moyen d'une alliance, est que leurs efforts tendent vers la préservation des liens de l'alliance afin de ne pas compromettre la stabilité du régime qu'ils ont contribué à créer. La responsabilité incombe aux grands partis d'éviter le piège de l'hégémonie, et aux petits partis, celui de la réciprocité dans la nocivité. Le piège de l'hégémonie est celui qui conduit les grands partis à des calculs de petites combinaisons, dans le sens de diviser les petits partis pour s'assurer constamment un ralliement du nombre qu'il leur faut pour gouverner, quels que soient les petits partis qui y participent. La limite d'un tel jeu est qu'il n'est qu'éphémère, le temps que les autres partis découvrent la supercherie par les changements constants de position des partis dominants. Alors, la cassure du jeu qui suivra conduira inéluctablement à une instabilité.

L'entropie menace la société de désordre. Les facteurs entropiques du contexte interne du règne de l'AFC concernent d'abord l'inflexibilité du régime vis-à-vis des mouvements syndicaux. S'ajoute à ce facteur par la suite, le comportement d'une opposition hors de toute norme de sagesse. La Cour suprême a participé à l'exacerbation des facteurs entropiques, de même que l'armée à travers la récurrence de ses mutineries.

Lorsque l'AFC a perdu sa cohésion interne avec le départ d'un parti membre influent, et qu'une nouvelle majorité a imposé la cohabitation au président de la République, l'acteur a été affaibli à la fois par un comportement qui n'était pas à la hauteur de ses responsabilités face à un Premier Ministre provocateur, et aussi par l'armée, qui n'était pas aux côtés de son Chef Suprême pour garantir la stabilité du régime. Finalement, tel un navire à travers des vagues géantes qui symbolisent la turbulence, le régime de la IIIe République a sombré par l'entremise d'une conspiration. Face à ces handicaps du contexte national, il importe de tirer les enseignements de ces épisodes qui participent à la complétude des facteurs de la stabilisation des régimes démocratiques au Niger.

Les gouvernants élus face aux scolaires et aux travailleurs

Les premières "victimes" du régime de l'AFC furent les syndicats représentant les étudiants et les travailleurs. L'explication tient du rôle que ces derniers ont joué dans la lutte pour l'instauration de l'ordre démocratique qui laisse supposer une manipulation évidente dont ils seraient victime de la part des acteurs politiques. Avec le triomphe de leurs différents mouvements, ces acteurs corporatistes ont acquis une force et constituent un contrepouvoir réel. Mais les acteurs politiques ne peuvent admettre l'existence d'une telle force qui entrave l'affirmation de leur propre pouvoir. Ainsi, la volonté d'affaiblir les mouvements sociaux a conduit le Gouvernement à adopter une ligne de conduite inflexible, en dehors de toute rationalité qu'impose la nécessité d'ouvrir des négociations et de les maintenir, y compris par des avancées incrémentales. De cette logique découle la grève des syndicats qui s'étire dans le temps. Il est vrai que depuis Hobbes, « la paix civile est conçue comme le résultat de l'action bienfaisante de la puissance étatique qui, grâce au pacte collectif par lequel chacun s'en remet au souverain, autorise ce dernier à châtier ou à exclure tous ceux qui poursuivraient, dans l'état civil, la guerre de tous contre tous, caractéristique de l'état antérieur au pacte ». Cependant, il est important de convenir avec Bernard Lacroix que « désormais, loin d'être conçue comme ce qu'on pourrait imaginer qu'elle est, si l'on accordait pas autrement de crédit aux intentions affichées des gouvernants (et par exemple l'acceptation résignée par les acteurs sociaux des aspects de la domination étatique auxquels, tels la conscription ou l'impôt, ils ne peuvent se soustraire), la paix est imputée à son action et le caractère paisible des citoyens réputé la manifestation de leur obéissance ». Pour éviter le basculement de l'obéissance à la contestation des acteurs sociaux, le comportement des acteurs gouvernants doit tendre vers la perpétuation de l'acquisition de cette obéissance des administrés. Pour y parvenir, l'un des meilleurs moyens qu'offre le pouvoir est la flexibilité et la négociation, sans franchir le rang à partir duquel, le pouvoir se trouverait dévalorisé. A partir du voisinage non franchi de ce rang, tous les acteurs qui participent à la négociation feront preuve de compréhension et de comportement consensuel, à moins que leur objectif ne soit d'engendrer le désordre. Dans ce cas, il n'y a pas de condamnation à émettre à ce qu'ils subissent la rigueur de la loi dans une mesure proportionnée.

Les gouvernants élus face à une opposition turbulente et nocive

Autant le règne d'un parti politique ou d'une alliance ne doit pas conduire à la négation des autres partis, autant l'opposition a une place dans la conduite des affaires publiques qu'il faut lui reconnaître. Il y a donc une nécessité d'instaurer un code de bonne conduite et de respect mutuel dont l'Etat serait garant de son respect, lorsque des acteurs politiques choisissent librement de s'en écarter. C'est le cas du comportement entropique de l'opposition face au régime de l'AFC. Le code de bonne conduite est une garantie qui permet au pouvoir de montrer clairement aux acteurs politiques la voie à suivre. Et lorsque ces derniers s'en écartent, le pouvoir n'a pas d'autre choix que de sévir, non pas de façon brutale ou injuste, mais dans une optique à la hauteur de l'acte qui éviterait tout écart avec l'équité. Le postulat dit, « nul ne doit être lésé au delà de la portée préalablement évaluée du tort qu'il a commis ». Et cette évaluation incombe aux gouvernants pour éviter le piège de l'ivresse du pouvoir ou d'un pouvoir aveugle. Il est escompté qu'avec des règles de jeu énoncées clairement, la punition infligée au contrevenant devient difficilement condamnable de par la validité de sa justification. L'objectif d'une punition doit être de prévenir d'éventuelle forme de récidive du tort posé par l'acteur. Elle doit viser à le lui faire prendre conscience, sauf s'il admet le faire délibérément. Et dans ce cas, l'acteur s'auto-condamne tout seul à subir la rigueur de la loi.

Une Cour suprême à jugement géométrique variable

En lieu et place d'une impartialité que lui impose le rôle qui lui est dévolu, la Cour suprême a été plus partiale dans ses jugements destinés à dénouer la crise qui oppose le président de la République au Premier Ministre, Chef du Gouvernement, par ailleurs président du PNDS. Dans le jugement relatif à l'attribution de la tablette financière des marchés publics, la Cour a d'abord estimé que la tablette revenait au président de la République lorsque le litige l'opposait au président du PNDS. Lorsque la crise politique entre les deux acteurs gouvernants a provoqué la cassure de l'AFC et qu'une nouvelle majorité imposa au président de la République un nouveau Premier Ministre alors secrétaire général du MNSD, la Cour revient sur son premier délibéré. Elle estime que sa première lecture de la Constitution était superficielle et que la tablette revenait en fait au Premier Ministre, Chef du Gouvernement. Il y a l'évidence d'une motivation traduite par un comportement partial de la part d'une juridiction censée maintenir son impartialité. L'explication peut provenir d'un militantisme ou d'une sympathie apparents et à peine cachés envers le plus grand parti politique, qui revient à nouveau aux commandes d'une partie de la gouvernance de l'Etat. De telles dérives appellent à l'institution d'une Cour gardienne de la Constitution avec des membres élus à vie. Le quotidien de ses membres doit être pleinement assuré pour les mettre à l'abri de la tentation. Les membres candidats doivent disposer d'une popularité, d'un âge minimum fixé, et que toute contestation d'au moins un citoyen de leur aptitude à assurer leur rôle doit être vérifiée au moyen d'un procès équitable au moment de leur désignation. Le modèle du procès équitable doit permettre de confirmer ou d'infirmer la véracité de la contestation sur la base de preuves concrètes. Ce principe permettrait aux citoyens détenant la compétence sollicitée qui n'ont pas de militantisme affiché, de retrouver une place dans la séparation des pouvoirs. Cette disposition avec son bien-fondé se trouve à l'encontre de la doctrine de l'AFC ou même au-delà, avec des hommes politiques qui supposent qu'il ne peut exister d'individus apolitiques ou neutres, les individus sont avec ou contre eux.

Une armée en ébullition récurrente

Les troubles récurrents qui perturbent le fonctionnement de l'armée nigérienne de la période post démocratique sont d'un point de vue analytique, l'œuvre d'une manipulation des acteurs politiques, puisque l'avènement de ces troubles ne peut être rêvé par ses auteurs pendant les régimes qui précèdent l'année 1990. Les mutineries de l'armée sont porteuses de désordre, elles ne servent ni leurs auteurs, ni l'image que donne la société au monde extérieur. Il appartient aux individus d'apporter chacun une contribution aussi modeste soit-elle, destinée à l'amélioration de la perception qu'ont les autres peuples de la société, par exemple, les peuples d'Europe vis-à-vis du continent africain, qui perçoivent beaucoup plus une image d'anarchie. Les lectures des épisodes contemporains de l'histoire du continent telle que faite par la presse européenne les laisse entrevoir une certitude que le continent africain soit le lieu où se sont donnés rendez-vous, les pires criminels, tous les démons du désordre et les pires virus du monde. La récurrence des mutineries ne peut que contribuer à renforcer une telle image désolée. L'arrêt des mutineries peut être obtenu, si tel est que les auteurs estiment que l'acte sert à poser des revendications, en instituant la tenue régulière des états généraux de l'armée. La IVe République a donné une ébauche de solution satisfaisante à la récurrence des mutineries. Parmi les facteurs développés, l'instauration d'un fonctionnement républicain de l'armée à travers lequel, les responsables désignés de l'armée sont respectés et écoutés dans les rangs, et leur désignation s'est faite sur une base consensuelle. Il est important de convenir qu'il n'y a pas de solution militaire à un problème militaire, mais plutôt une solution politique à un problème militaire. La solution consiste à faire des choix pour garantir la stabilité du régime tout en affirmant la force qui doit rester à la loi. Il est utile de convenir l'évitement des sangs versés sur l'autel des répressions, avec une inutilité évidente de tels actes. Le pouvoir a le devoir de faire prendre conscience aux différents acteurs du danger des actes qui perpétuent le règne du désordre. La négociation doit cependant l'emporter sur les vampires de la division et de la destruction.

Une hiérarchie de l'armée insoumise

Les facteurs entropiques du contexte interne du règne de l'AFC révèlent l'insoumission de la hiérarchie de l'armée au président de la République. Lorsqu'en plus de ces facteurs s'est rajoutée l'attitude de provocation constante d'un Premier Ministre voué à cette cause, la réponse adéquate à ces paramètres de turbulence politique repose sur l'aptitude du président de la République à gouverner. Il incombe à l'acteur la responsabilité de la restauration de l'ordre, en particulier lorsque les institutions de la République sont menacées. Le processus permanent en réponse à ces facteurs entropiques passe par le développement des moyens qui lui permettent d'abord de s'auto évaluer et d'évaluer ou faire évaluer ses propres décisions. Plus la crise est forte, plus il est important que le gouvernant ne tombe pas dans le piège de l'isolement. La concertation et les décisions consensuelles doivent l'emporter sur l'emprise des décisions solitaires. La nécessité de faire face aux situations exceptionnelles qui mettent le pouvoir à l'épreuve trouve sa réponse dans les définitions du pouvoir lui-même. R. J. Mokken et F. N. Stokman (1976, p 37) définissent le pouvoir comme la capacité d'acteurs à fixer ou changer (en tout ou partie) les alternatives de choix ou d'actions offertes à d'autres acteurs. Le gouvernant de l'AFC était attendu pour prendre en main les rennes du pouvoir, c'est-à-dire, à la place de subir ou de faire ce que les auteurs de la provocation attendent qu'il fasse, qu'il soit l'auteur qui fixe ou fasse changer les instanciations du jeu démocratique de la cohabitation. Pour cela, il fallait qu'il prenne de la hauteur pour éviter le piège qui consiste à rentrer dans le jeu de ses adversaires. Au nombre des atouts que l'élu gouvernant avait la latitude de conserver, ceux de l'influence que lui offre la gouvernance de l'Etat, une influence dans le sens définit par Philippe Braud, c'est-à-dire « la capacité de déterminer partiellement les choix ou actions d'autres acteurs au sein du même jeu d'alternatives ». Lasswell et Kaplan (1950,

p. 75) conçoivent le pouvoir comme « la capacité de produire des effets voulus ... qui concernent directement d'autres personnes ... capacité assortie de la possibilité de recourir à des sanctions si les effets voulus ne se produisent pas ». L'application de cette définition n'a pas été possible au gouvernant de la IIIe République du fait de son implication dans le jeu, mais surtout de son rapport avec l'armée. D'une part, il y avait la nécessité de motiver les responsables de l'armée pour la sauvegarde du régime, y compris en ramenant à cette cause les autres membres de la hiérarchie militaire pour éviter toute concertation qui faciliterait la réussite d'un coup d'Etat militaire. D'autre part, il était nécessaire d'éviter de tomber dans le piège tendu par l'opposition politique, celui de la création du désordre, de la prégnance des facteurs entropiques. Le piège a fonctionné du fait de l'obstination du gouvernant à faire des choix solitaires qui s'avèrent inefficaces. Il est normalement supposé que la concertation d'un cercle assez large puisse permettre à l'acteur gouvernant de se détacher de la chanson singulière chantée par ses suppôts, d'autant plus dangereuse qu'elle est compatible à celle qu'il désire entendre. Ceux de son entourage qui chantent une telle symphonie contribuent malheureusement à l'hypostasier davantage en lui ôtant toute visibilité sur d'autres alternatives de choix possible. Or, en prenant de la hauteur comme énoncé dans l'historique, l'acteur dispose d'une latitude qui lui permet de circonscrire progressivement la capacité d'initiative et de nuisance de son Premier Ministre provocateur. Les éléments de gouvernance disponible avec la prise de hauteur permet à l'acteur gouvernant d'asseoir un comportement tel que stipulé par la définition de Philippe Braud à propos de l'exercice du pouvoir : « Les actes de pouvoir sont imputables à des sujets exerçant une volonté; ils ont pour conséquence de restreindre le libre choix d'autres sujets. Le pouvoir apparaît donc comme une capacité d'imposer, dans une direction donnée, sa volonté à quelqu'un dont, symétriquement, la capacité d'initiative se trouve circonscrite ».

Une conspiration

Le régime de l'AFC a été emporté par une conspiration. La conspiration est le pire des actes susceptibles d'être posés pour pousser au naufrage d'un régime démocratique. Tout de même, l'évitement d'un autre piège évident réside dans la prise de conscience par les acteurs gouvernants, de l'effet néfaste de la psychose de l'omniprésence de la conspiration. Dans de tels cas, les dérapages sont trop grands vers l'instauration d'un régime policier. Il n'y pas de solution idéale en réponse à une conspiration. Il n'y a que des moyens plus ou moins efficaces qui permettent de contrôler le comportement des détenteurs des armes, pour éviter que ces acteurs n'utilisent les armes achetées avec l'argent des citoyens contre les élus choisis par ces citoyens. Les responsables de l'armée, du Chef d'Etat Major général aux Chef d'Etat Major spéciaux (armée de terre, armée de l'air, particulier) en incluant les Commandants de zone et les détenteurs des clefs des magasins d'armes, de même, toute la garde rapprochée des acteurs étatiques, doivent être soumis au serment confessionnel pour qu'ils adoptent un simple comportement : qu'ils ne s'associent pas à la préparation et à l'exécution d'une conspiration, qu'ils soient les garants de la prévalence de la Constitution. Et en cas de doute dans l'interprétation de tout article, qu'ils se rangent du côté des décisions de la Cour suprême dont les membres sont élus à vie dans le modèle proposé.

Chapitre VI. La IVe République

Les prémices de l'avènement de la IVe République viennent de la conjugaison de plusieurs événements. Sur le plan international, l'époque des régimes militaires est révolue. Les bailleurs de fonds et les organisations régionales et sous régionales africaines et européennes adoptent des comportements hostiles à tout régime non démocratique. Il pèse alors sur les putschistes, la nécessité de procéder à la restauration d'un régime démocratique, avec la possibilité pour celui qui gouverne, de procéder à une métamorphose politique.

L'espoir de l'avènement d'un renouveau sur la scène politique a gagné aussi bien les citoyens, les acteurs de la société civile embryonnaire que les politiciens eux-mêmes, qui adoptent un comportement de consensus plus acceptable. Les Chefs traditionnels choisissent cette fenêtre d'opportunité qui leur est offerte par l'histoire pour prendre les moyens de se rapprocher de l'homme du pouvoir. Leur réunion de la circonstance décide d'accorder au nouvel homme fort, le grade de général d'armée, pour services rendus, notamment en démêlant les fibres tissées de la crise politique. L'acteur accepte le grade, l'armée exécute la cérémonie qui l'entérine, les autres acteurs dont ceux politiques rejoignent le camp de ceux qui adressent les félicitations. De par ces informations disponibles aux analystes politiques, l'acceptation de son élévation au grade de général est concevable à titre d'assurance que l'acteur s'accorde à lui-même, une telle opportunité n'est pas automatiquement récurrente dans l'histoire. Il ne pourra se fier aux acteurs politiques au cas où il viendra à céder la place et restera présent dans les rouages de l'armée, y compris par l'obéissance même symbolique des officiers et hommes de rang.

Les acteurs politiques évoluent de consensus en consensus, c'est la mesure que leur impose le règne de l'armée qui détient dorénavant les clés du pouvoir et qui peut à tout moment changer la donne en leur défaveur. La prudence, puisqu'ils acceptent de se mettre en retrait, le profil bas lié à l'absence de pneu qui brûle, la courtisanerie, dans le sens de faire édifier de nouvelles lois plus favorables à un camp ou d'avoir l'appui des autorités pour éventuellement modifier les paramètres électoraux, l'offre de bonne foi, pour effacer les travers du jeu de la dérision du pouvoir, sachant de ce nouvel acteur dirigeant autant une rigueur qu'un caractère imprévisible, un caractère de fierté et d'indépendance, tels sont essentiellement les comportements d'une classe politique aux aguets du signal qui déclenche la ruée pour la conquête du pouvoir. Dans ce climat lourd d'incertitudes, une nouvelle Constitution est élaborée avec l'acceptation de tous les acteurs politiques. Les anciens acteurs dirigeants ne semblent pas faire leur mea-culpa, ils se contentent d'accuser et de déverser leur venin sur l'ancienne Constitution. La nouvelle Constitution supprime le régime semi-présidentiel auquel toutes les dérives politiques ont été attribuées. Le pouvoir du président de la République est renforcé. Une question méritait pourtant d'être posée dans une démarche analytique de ce processus beaucoup trop beau : et si au lieu de préparer la passation du pouvoir à la même classe politique, les nouveaux acteurs préparaient en fait un menu pour mieux s'installer, surtout que la nouvelle Constitution autorise des candidatures indépendantes et que l'âge requit pour postuler à la magistrature suprême a été ramené de 45 à 40 ans, une fourchette qui inclut l'âge du général ? Nul n'est mieux servi que par soi-même dit l'adage.

La nouvelle Constitution est adoptée par référendum le 12 mai 1996 à l'unanimité de la classe politique. La IVe République venait ainsi de naître. Le 20 mai, l'interdiction des partis politiques est levée. Jusqu'à l'adoption de la nouvelle Constitution, les stratégies adoptées par l'homme fort du pays ne laissent pas apparaître une quelconque intention de poursuite de la gouvernance, les acteurs politiques n'adoptent pas de comportements qui traduisent leurs inquiétudes à ce sujet. Lorsque des dates furent retenues pour la tenue des élections présidentielles, le moment de vérité impose aux acteurs étatiques de faire part de leurs intentions réelles. Et dans les diverses stratégies déployées, les partisans du général n'ont pas manqué d'approcher les partis politiques, notamment les plus grands de l'échiquier, pour obtenir leur ralliement à sa candidature. Les dirigeants de ces partis tiennent bon et s'accrochent, aucun de ces grands partis ne décide d'accepter une telle éventualité et tous ont fini par présenter leurs propres candidats. Le camp du général est condamné, d'abord par le temps qui ne lui permettait pas d'installer un véritable appareil de conquête du pouvoir à travers tout le pays et obtenir ainsi le ralliement des masses populaires; ensuite par l'adversité des acteurs politiques et dont la rancune ne peut empêcher qu'ils en tiennent compte s'ils accédaient à l'exercice du pouvoir; et enfin par l'impréparation du fait des dates trop rapprochées pour ces élections.

A partir de cet instant, le groupe qui défie les partis politiques doit improviser et utiliser d'autres moyens dans l'optique de conserver le pouvoir, devenu désormais un enjeu de taille, d'autant plus important que si les acteurs politiques reviennent aux commandes, ils ne pardonneraient certainement pas au général ce penchant si ouvertement affiché. Il est permis d'admettre dans le sens d'une discussion analytique, que le général a commis une erreur de taille qui symbolise le changement de ses intentions. En effet, si lors du coup d'Etat, ses intentions étaient de conserver le pouvoir, la traduction en justice des anciens acteurs politiques pour blocage des institutions de la

République devait être inévitable. Cet argument est plus acceptable à l'extérieur et y compris dans les rangs des militants des différents partis. L'objectif étant d'apparaître en "justicier qui délivre le peuple" aux yeux de l'opinion publique nationale, étouffée par cette querelle intolérable. Un tel acte fera réfléchir plus d'un électeur avant qu'il accorde son vote aux partis des anciens acteurs gouvernants. Si l'objectif d'affaiblir l'influence des partis sur les masses populaires est atteint, la candidature du général peut être présentée sous l'angle de continuer une période transitoire de renaissance de l'Etat sur les cendres du jeu de la dérision. Le second argument étant l'engagement de laisser les acteurs politiques instituer le jeu politique au sein d'une Assemblée nationale qui ne dispose plus de moyens constitutionnels qui empêcheraient au président de gouverner. L'explication de la non réalisation d'une telle alternative peut provenir, comme l'a fait savoir le numéro deux du CSN, de leur intention de "balayer la maison" et de céder la place, pas de rester. La discussion analytique permet de postuler qu'un tel argument a soit été sincèrement utilisé par les instigateurs du coup d'Etat et qu'au contact des gouvernants étrangers, que le général ait décidé de changer ses intentions pour rester aux commandes de l'Etat; soit que l'argument n'était dès le départ que destiné à donner aux membres du groupe putschiste une justification de l'acte à poser et de sa noblesse, ce qui cimenterait le groupe pour parer à toute trahison avant la récupération du pouvoir. Mais même dans une telle option, le bon sens commande de préparer l'après prise de pouvoir et le processus qui va permettre de le conserver.

Section 1. La crise de légitimité

Jacques Lagroye estime qu'« en un sens, la légitimation est l'acquisition d'une légitimité et correspond à une préoccupation d'ordre méthodologique. La légitimité d'un régime ne se réduit jamais à la légalité, ou à la "légitimité formelle" des dirigeants et de leurs actes. Si la légitimité tient pour partie à la durée d'un régime, elle a également besoin de l'accord des sujets, des élites notamment, et plus largement des populations ».

Max Weber définit trois types de légitimité qu'il fait correspondre à trois types de domination qui permettent en un sens de les définir (Weber, 1971). Il distingue :
La domination traditionnelle à travers le caractère sacré des coutumes ancestrales grâces auxquelles les gouvernants désignés sont reconnus légitimes.
La domination légale rationnelle qu'il fonde sur la croyance en la légitimité des actes accomplis et des gouvernants choisis dans le respect des procédures que fixent lois et règlements établis selon les exigences de la raison.
La domination charismatique qui suppose la croyance en l'aptitude exceptionnelle d'un chef appelé au pouvoir, généralement en situation de crise, pour arracher la société aux dangers qui pèsent sur elle.

Le régime du général doit dépasser le cadre d'une domination charismatique qui peut lui être concédée, dans la mesure où ni le pouvoir, ni la société ne peuvent tolérer le jeu de dérision auquel se sont livrés les acteurs précédemment élus gouvernants. L'objectif est d'obtenir le règne d'une domination légale rationnelle à travers l'aboutissement du processus démocratique qui permet au peuple de désigner ceux qui seront appelés à le gouverner. Ainsi, après le référendum sur la nouvelle Constitution qui instaure un régime présidentiel, les élections présidentielles sont convoquées les 7 et 8 juillet 1996. La candidature du général est indépendante, et soutenue par un comité créé pour la circonstance des élections, appelé COSIMBA. Le régime est conscient de son handicap populaire et prend les moyens qui sont en son pouvoir pour éviter une tournure défavorable que pourrait prendre le processus électoral. Le passage démocratique forcé n'est donc pas exclu, il s'est traduit par une large utilisation des possibilités de fraudes offertes par l'outil informatique. L'outil sert à asseoir une gestion telle que choisie par celui qui l'utilise, il ne sert nullement à contrôler les consciences des utilisateurs. Les partis politiques confortés par leur emprise populaire assistent à un fait nouveau dans le registre des élections au Niger : dans le fichier électoral mis à jour, de nombreux électeurs pressentis de leur bord se retrouvent à des grandes distances de leurs lieux de vote, certains ne pouvant certainement pas effectuer le déplacement puisqu'il leur faudra entreprendre un voyage, ce qui est formellement interdit par la loi le jour du vote.

Lorsque ces partis politiques ont choisi de ne pas soutenir la candidature du général, ils se sont empressés d'utiliser son revirement pour entamer la phase de discrédit aux yeux des électeurs. La plupart d'entre eux ne votent que par régionalisme ou par automatisme, sans tenir compte des critères de sélection des programmes des candidats. Il n'y a qu'une élite intellectuelle qui pouvait le faire, mais elle représente une proportion électorale faible. La balance des atouts dont dispose chaque camp donne une configuration politique nouvelle : le général a été contraint à une candidature indépendante et à mettre en place le COSIMBA, les partis politiques disposent d'un électorat acquis à leur cause comme l'indique les législatives anticipées, un électorat qui n'est pas disposé à changer radicalement son vote. Peut-être que le phénomène est davantage accentué par l'apparition du général en homme militaire et une absence de communication politique de sa part qui justifierait son comportement. Le comportement du général susceptible d'être attendu par le peuple peut être celui du général malien arrivé au pouvoir pour arracher son peuple de l'enfermement d'un tyran et de l'exercice d'un pouvoir fou. Il est possible que le peuple s'attende à ce qu'il suive cet exemple, qu'il s'éloigne du pouvoir pour un certain temps en organisant des élections qui ne le saliraient pas.

Un fait marquant de ces élections permet de convenir que les fraudes informatiques n'ont pas permis au général de disposer d'un résultat de passage à la gouvernance au premier tour. Les fraudes électorales admettent des facettes non visibles, mais aussi des facettes visibles. L'acteur gouvernant démontre à l'opposition qu'il détient un atout de taille sur eux, c'est le pouvoir et décide d'en faire usage pour faire pencher la balance électorale de son côté. Contre toute attente qui pouvait permettre à ses adversaires d'anticiper, bien qu'ils n'aient pas de moyens efficaces de recours, le Ministre de l'intérieur du général dissout la Commission Electorale Nationale Indépendante (CENI), récupère la gestion des résultats électoraux et annonce la victoire du général dès le premier tour. Le pouvoir tourné en dérision par les acteurs politiques retrouve dans ces pages de l'histoire, toutes ses forces et son caractère contraignant. Le processus électoral ne prend pas fin à la proclamation des résultats. Le pouvoir a conscience de l'existence d'une menace potentielle, celle des leaders politiques qui peuvent demander la descente de leurs militants dans les rues. Certains militants avaient déjà commencé à manifester leur mécontentent contre la fraude informatique. Le pouvoir réagit vivement pour parer à cette éventualité, les leaders de l'opposition sont assignés à résidence surveillée, les manifestants sont dispersés à coup de grenades lacrymogènes, le troisième cercle de citoyens constitués de ceux qui se sont abstenus et qui amoindrissent le taux de participation, continuent de manifester leur indifférence. Le silence retombe dans les rues, il ne reste plus que la gestion du pouvoir aux nouveaux maîtres presque "autoproclamés", se contentant d'une légitimation par un processus électoral controversé. Le Niger plonge à nouveau dans une turbulence politique, mais cette fois-ci avec un acteur dirigeant formé par l'exercice des règlements militaires et par le régime de la dictature militaire du CMS. Est-il analytiquement possible de déterminer si le régime admet une légitimité ? Sans tenir compte de son contenu et en acceptant le caractère de bien-fondé du processus démocratique, la définition donnée par Philippe Baud peut être évoquée par le camp de l'acteur élu gouvernant, le jugement ne sera pas porté sur la façon dont l'élection a lieu : « la légitimité peut être définie comme l'attribut d'une procédure institutionnelle, d'une attitude ou d'une action, en vertu duquel s'attachera à elle une présomption de bien-fondé assise sur la croyance en des valeurs partagées ». Le camp de l'acteur élu gouvernant peut convenir avec Lipset (1962) que « la légitimité implique seulement la croyance à la valeur sociale des institutions », et doit pour cela faire intervenir d'autres mécanismes pour obtenir cette acceptation de la part du peuple.

Devant la manifestation intrinsèque de la contrainte permanente que le pouvoir est capable d'imposer, les électeurs et les leaders des partis politiques concèdent leur défaite en s'abstenant de toute manifestation. Ces derniers recouvrent alors la liberté. C'est dire que même si des négociations ont eu lieu dans les rouages du pouvoir avec la médiation d'acteurs internationaux, l'échange est simple à formaliser : les leaders des partis politiques doivent s'abstenir de toute manifestation reconnaissant de facto la victoire du général, qui en contrepartie doit leur rendre la liberté. Or cette liberté coûte plus chère que le fauteuil présidentiel perdu et qu'il existe encore un lot de consolation potentiel que représente l'accès à l'Assemblée nationale. Visiblement, les partis politiques sont en position de faiblesse et ne peuvent contraindre le régime à faire ce qu'il ne veut pas. Les élections législatives furent convoquées le 23 novembre 1996. Les partis politiques furent contraints au boycott, au motif de l'absence de transparence.

Il est permis de postuler que ces élections législatives pouvaient permettre de résorber la crise politique, si le pouvoir et l'opposition se sont entendus. Les articles de la nouvelle Constitution ne donnent à l'Assemblée nationale qu'un impact limité sur la gouvernance et le contrôle du pouvoir, le président peut gouverner par ordonnance. La chambre des représentants ne sera tout au plus qu'une tribune donnée aux acteurs politiques pour perpétuer le jeu politique qui va immanquablement finir par les diviser, du fait que certains acteurs ne manqueront pas d'être essoufflés par l'absence de revenu et auront un penchant pour un retour rapide aux affaires. Ce mode de satellisation des partis politiques par le pouvoir est résumé par l'affirmation d'un acteur politique de la scène internationale, lui-même gouvernant, lorsqu'il offre patiemment des postes à l'occupation de l'opposition. L'acteur dit en substance, « si l'oiseau oublie le piège, le piège n'oublie jamais l'oiseau ». Lorsque certains partis acceptent de venir aux affaires, ils sont phagocytés : ils ne peuvent défendre ou mettre en place leur propre programme, ils sont contraints d'exécuter le programme du parti au pouvoir et plus important, ils ne peuvent attaquer le bilan qui devient pour les performances, un acquis du parti au pouvoir et pour les contre-performances, un handicap partagé.

Ayant perdu par la force du pouvoir les élections présidentielles et législatives, les principaux partis politiques ennemis d'hier se regroupent finalement autour de l'ancien président de l'AFC déchu pour former le FRDD (Front pour la Restauration et la Défense de la Démocratie). Le paradoxe vient de l'acceptation de l'acteur ancien gouvernant de ce regroupement autour de sa personne. L'ancienne opposition illustre par ce geste hautement politique, sa connaissance du caractère de l'ancien président pour son penchant vers le rêve, l'illusion et le réconfort de la domination avec une absence de distinction entre le caractère réel et le caractère virtuel. Le peuple assiste à un autre spectacle, celui des pratiques de cordialité visant à effacer les séquelles de la guerre politique de la cohabitation avec ses conséquences néfastes sur la jeune démocratie, l'instabilité politique ayant entraîné une stagnation de tous les autres secteurs de la scolarité à l'entreprenariat. Et chaque fois que les nouveaux acteurs gouvernants se rapprochent de la signature des accords internationaux pour obtenir des financements ou des investissements, les acteurs politiques recourent à la perturbation de la scène sociale et se transforment en victime ou démontrent l'absence de liberté lorsque le pouvoir réagit énergiquement. Le résultat conduit à la suspension des financements et des investissements, généralement conditionnés à la bonne marche de la démocratie.

Section 2. Le tumulte de la gouvernance

Le front social est resté en ébullition, non pas de par le poids des partis politiques, mais plus par le refus de l'acteur gouvernant de concéder un minimum de liberté. Toute dénonciation des travers de la gouvernance conduit son auteur à s'exposer à des châtiments d'un mystérieux groupe certainement affilié au pouvoir. Des acteurs sociaux furent transportés hors de la ville par des hommes encagoulés pour que le décor soit encore plus terrifiant, avant d'être copieusement tabassé. Le spectre des acteurs portés disparus commence à planer. Mais lorsqu'ils sont retrouvés, ils admettent ne pas être prêts à renouveler l'expérience. Des médias privés ne sont pas épargnés. Lorsqu'un gardien d'un média privé saccagé affirme avoir vu des hommes en tenue militaire se livrer à l'acte avec acharnement, il est contraint sous la menace de reconnaître qu'il s'est trompé. Lorsque certains acteurs de l'opposition entreprennent de voyager à l'extérieur du pays, leurs passeports sont confisqués et ils ne trouvent aucun huissier pour en faire le constat. Lorsque certains d'entre eux décident de sillonner l'intérieur du pays, c'est seulement arrivés presque à destination après des centaines de kilomètres, que les forces de l'ordre leur demande de recommencer le voyage au motif qu'ils ne se sont pas présentés à la barrière de sortie de la capitale. Ces passages illustrent que les acteurs gouvernants, en voulant peut-être restaurer l'image d'un pouvoir fort, sont tombés dans un autre piège qui mine le pouvoir, celui de l'abus, du dépassement des limites de la pesanteur de la coercition qu'il tolère. Le pouvoir dispose certes d'une efficacité coercitive, mais il intègre un besoin de flexibilité sans laquelle la corde qui le relie aux administrés finira par céder. Et dans ce cas, « la croyance en la légitimité d'un pouvoir tyrannique perd ses raisons d'être avec la diminution de la peur qu'il inspire » (Braud, *Traité de Sciences Politiques*, p. 382). Ce qui impliquera un glissement vers la désobéissance civile, et plusieurs cas illustrent cette désobéissance, à l'exemple des populations de Tahoua munies de catapultes, opposées à l'arrestation du coordonnateur régional du FRDD, contre les gaz lacrymogènes de la police anti-émeute. L'opposition a ainsi trouvé un moyen d'emprise sur le pouvoir : c'est sa rigidité et son penchant évident pour la coercition qui l'éloigne davantage du consensus, un caractère lié au modèle qui a formé l'acteur gouvernant, celui de la dictature militaire du CMS. Tout en jouant le beau rôle, celui de la victime, l'opposition multiplie l'avènement des cas qui raidissent davantage la corde qui relie le pouvoir et le peuple.

Sur le plan administratif, les gouvernants de la IVe République essaient d'asseoir une politique publique dont l'orientation est qualifiée de "remise des nigériens au travail". Le pouvoir est porteur d'illusion pour les gouvernants inattentifs, les mêmes journalistes qui ont chanté les louanges des gouvernants de la IVe République, se retrouvent par la suite à louer ceux de la Ve République, avec la bénédiction paradoxale de ces derniers, bercés et naviguant ouvertement dans une illusion évidente. Si le pouvoir traditionnel admet l'existence des griots, c'est que le pouvoir en avait besoin, pour que ses louanges soient chantées. D'aucuns pensent qu'il est inutile pour un Chef d'exercer le pouvoir s'il n'y a pas un griot pour chanter ses louanges. Le rôle de cette catégorie socioprofessionnelle traditionnelle est donc noble, du fait de sa proximité avec le pouvoir et sa position de courroie de transmission entre le pouvoir et le peuple. Mais il ne peut être toléré l'usurpation de cette pratique par des acteurs "juniors" chargés de la communication d'informations. Il n'y a pas de mérite à reconnaître que des hommes des médias gouvernementaux sombrent dans le travestissement de leur rôle : le pouvoir a besoin d'entendre une chanson, il suffit pour eux de la chanter, peu importe l'acteur qui gouverne, les mêmes mots s'adaptent à tous. Cette catégorie d'acteur est mise à contribution par le régime de la IVe République. Pour cela, un slogan est énoncé par les journalistes des médias gouvernementaux à chaque visite de l'acteur gouvernant dans les bureaux et les ministères : « le poste ne vaut que par l'homme qui l'occupe ». Une politique de visite surprise est instaurée par l'acteur gouvernant pour vérifier que ses administrés sont à l'heure au travail. Il ne s'agit ni plus ni moins que de la recopie certifiée conforme de la pratique de l'autre général gouvernant du CMS, dont le nouvel homme fort du pays était l'Aide de Camp. Ceci explique donc cela. A travers cette activité, les acteurs étatiques entendent occuper la scène, et comme le souligne à juste titre Bernard Lacroix, « plus l'Etat occupe la scène, plus il occupe les esprits. Plus il occupe les esprits, plus il encombre les débats. Et plus il encombre les débats, l'idée n'est paradoxale qu'en apparence, plus il est solide ». L'activité des acteurs gouvernants liée à la "remise des nigériens au travail" est un « événement politique », et « comme la plupart des autres phénomènes politiques », il « est aussi et entre autres le produit du travail symbolique qui concourt à la définition sociale » de l'existence de l'Etat. "Politisation", "régulation" juridique et expression électorale présentent ainsi cette particularité d'être « des réalisations qui, envisagées sous l'angle de leur genèse, procèdent de mécanismes relationnels homologues », en ce sens qu'elles mettent toujours en jeu des acteurs animés par des objectifs spécifiques (Lacroix, *Traité de Sciences Politiques*, p. 563).

Les activités politiques initiées par l'acteur gouvernant révèlent une absence de finesse et un caractère d'apprentissage, l'acteur lui-même répond à ses lacunes politiques en affirmant « qu'il n'y a pas d'école pour Chef d'Etat ». Mais la mutation de l'homme d'armée vers l'homme politique doit être achevée du fait que « l'ordre politique a bien une existence propre. Dans la mesure où il s'incarne en un type d'activité ayant ses finalités spécifiques, dans la mesure où il se définit par des enjeux et des intérêts singuliers qui commandent les comportements de ceux qu'il convie à entrer dans son cercle enchanté, il ne se confond nullement avec les formes socialement constituées de la domination sociale dont il participe. Il les met certes à contribution, c'est pour cela que les hommes politiques appartiennent plutôt aux dominants, de même que l'exercice de l'activité politique devient l'une des ressources de la domination sociale ». « L'ordre politique au sens abstrait » peut être défini comme un ensemble « d'activités organisées en vue de la solution des questions d'intérêt général » et au sens concret comme une « activité orientée vers la conquête des profits politiques », de même que « la solidité de l'ordre politique tient aux mécanismes sociaux qui la perpétuent ». (Lacroix, *Traité de Sciences Politiques*, p. 564).

Le général essaie donc d'asseoir une gouvernance politique de l'Etat, malheureusement, son côté militaire l'emporte ouvertement pour laisser plus de place à la coercition. Sa formation de l'exercice du pouvoir tient majoritairement du régime d'exception et son comportement se trouve justifier par le rêve vécu par plus d'un citoyen, celui de voir l'Etat reprendre sa force pour que s'éloigne le spectre du jeu de la dérision du pouvoir des acteurs politiques. Ainsi, d'anciens alliés du pouvoir de l'AFC vont composer la nouvelle Alliance des Forces Démocratiques et Sociales (AFDS) pour soutenir le pouvoir en place. Dans la foulée, un nouveau parti présidentiel est formé appelé le RDP-Jama'a (Rassemblement pour la Démocratie et le Progrès). Le régime avance de façon incrémentale dans l'occupation progressive du champ politique. Il n'y a qu'une menace partielle qui handicape la bonne marche du régime militaro démocratique, celui du retour des mutineries à répétition dans les casernes. En homme d'armée, le général ne peut se le permettre. C'est pourquoi, le régime inaugure un modèle de résolution de ce problème récurrent. De façon générale, l'exécution des règlements militaires suppose que les éléments reconnaissent un Chef et lui obéissent. A chaque mutinerie, le scénario est presque toujours le même. Un détachement lourdement armé est dépêché dans la compagnie militaire en ébullition. La compagnie est encerclée, quelquefois de nuit, après que de jour, mutins et loyalistes se soient adonnés à des jeux de cartes (la belote étant le jeu le plus répandu), comme pour mettre les mutins en confiance. Après l'encerclement, les négociations sont engagées. Les mutins n'ont pas d'autres choix que de déposer les armes pendant les négociations face à la puissance de feu supposée des loyalistes. Finalement, les mutins sont arrêtés sans effusion de sang, quelques fois au moment où ils sont les plus vulnérables, comme lors de l'appel au drapeau sans arme. Enfin, les coupables sont radiés de l'armée. A cette époque, le fonctionnement de l'armée peut être considéré globalement comme républicain, du fait du consensus qui a aminé ses membres lors de la désignation de son dirigeant plus ou moins imposé au président de la République à l'amiable. Le nouveau CEMG des FAN possède une popularité notoire auprès des hommes de rang. Malgré la rareté des moyens financiers, les salaires des FAN sont toujours payés en priorité et les problèmes qui touchent l'armée sont toujours réglés en priorité. L'affirmation de ce fonctionnement républicain de l'armée est révélée par son refus de cautionner l'acte d'assassinat du général par sa garde personnelle, en contrepartie du pouvoir qui lui était offert.

Section 3. La modification des règles internationales

En terme d'indice de développement humain du PNUD (Programme des Nations Unies pour le développement), le Niger occupait à cette époque l'avant dernière place du classement. Ainsi, les politiques internationales des puissances dominantes sont plus orientées, en cas de condamnation du comportement des dirigeants nigériens, vers la restriction de l'octroi au pays de l'assistance internationale en terme d'aide au développement. Ce fut le cas lors du coup d'Etat de janvier 1996. De même, les résolutions de l'ONU (Organisation des Nations Unies) relatives à la mise en place d'embargo ou d'autorisation de guerre, sont généralement appliquées à des nations supposées plus robustes sur la scène internationale, dans le sens supposé de les amener à des pratiques conformes au droit international édicté par l'hégémonie des puissances dominantes. Ceci n'est certainement pas une option qui retiendrait l'attention des dirigeants de ces mêmes puissances qui sont en quête de manifestation internationale de leur puissance et qui ne peuvent la réduire à l'agression d'un pays considéré comme économiquement et militairement "faible". Dans le cas où un tel pays venait à manquer à certaines des obligations internationales que lui imposent les puissances dominantes, des moyens invisibles apparaissent comme ceux qui seront privilégiés pour perpétuer la domination de ces acteurs internationaux au moyen de l'usage de la coercition. La Belgique a reconnu l'implication de ses services secrets et ceux de la CIA (agence des services secrets américains) dans l'assassinat du dirigeant des indépendances de la RDC (République Démocratique du Congo). Le motif qui lui était reproché relève de sa volonté d'instaurer un régime communiste dans cette période de guerre froide à l'échelle mondiale entre l'idéologie communiste et l'idéologie capitaliste. Jacques Lagroye souligne à juste titre que « la mobilisation par un Etat à caractère idéologique marquée de sympathisants dans un autre Etat, et leur manipulation afin d'influencer la politique de ce dernier dans tel ou tel domaine ne sont pas qu'un fantasme policier ». D'autres exemples illustrent l'implication des dirigeants des puissances dans divers assassinats d'acteurs politiques de par le monde. L'assassinat n'est cependant pas le seul moyen de l'expression de cette hégémonie. Les guerres en sont une autre illustration, comme celle d'Irak, de l'actuelle RDC, … La création et le financement des rebellions armées participent à ce tableau sombre, tel que le débarquement des rebelles cubain de la baie des cochons, la rébellion armée qui a ravagé l'Angola, ou plus modestement, la première rébellion touareg du Niger dont il est possible d'associer la naissance à la vente d'uranium à la Libye et que face aux reproches des pays occidentaux, le dirigeant du CMS affirme la souveraineté de son pays à vendre sa part d'uranium à qui il voulait. Les traces de financement de la deuxième rébellion touareg mèneraient au groupe minier français Areva et la Libye, ainsi que l'ont affirmé divers acteurs dont ceux qui gouvernent l'Etat. La vente des permis d'exploration des gisements d'uranium à d'autres pays à l'instar de la Chine serait la cause de cet empoisonnement de la quiétude du nord du Niger par ces présumés coupables. Les coups d'Etat militaires, à l'exemple du tout premier perpétré au Niger, ne sont pas en reste dans le sombre registre des actions silencieuses menées par les acteurs des grandes puissances sur les pays dominés. « La prudence fréquente qui caractérise les interventions armées directes des Grands est contrebalancée par la formidable expansion de ce qu'on pourrait appeler l'arme subversive : si la conquête n'est pas toujours possible ni désirable, la manipulation de la politique intérieure des Etats est d'autant plus tentante et fréquente que ces Etats sont frêles et artificiels ». (Hoffmann, *Traité de Sciences Politiques*, p. 690). Le registre est complété par le financement des mouvements sociaux comme au Zimbabwe, « l'impact des facteurs se ressent dans toutes les catégories d'Etats contemporains, y compris non seulement les "petits" qui sont généralement reconnus comme étant très vulnérables à l'ingérence des "gros", mais aussi les "gros" eux-mêmes, qui contrôlent souvent mal les effets rétroactifs de leurs propres activités extérieures, et sont par ailleurs sujets à nombre de contraintes qui semblent accorder aux "petits", par défaut, un pouvoir structurel insolite sur eux » (Lagroye, *Traité de Sciences Politiques*, p. 567).

Il est possible de postuler l'impact non moins important de l'action du dirigeant de la IVe République sur les relations internationales, du fait des violations répétées de l'embargo aérien imposé par les puissances occidentales à la Libye. Lorsque par la suite l'OUA (Organisation de l'Unité Africaine, actuelle UA pour Union Africaine) est saisie du dossier, l'institution continentale africaine s'est auto prononcée pour la levée partielle de cet embargo. La conséquence est traduite par la succession d'autres Chefs d'Etats Africains qui atterrissaient à Tripoli. Il importe de relever que depuis ce fait marquant des relations internationales, dans la gestion des crises qui touchent le continent, les puissances occidentales ont changé de comportement. La décision n'est plus imposée d'en haut par les nations unies ou un organe régional européen. Elle est d'abord préparée au sein des instances sous régionales, comme le cas de la CEDEAO (Communauté Economique Des Etats de l'Afrique de l'Ouest) pour la Côte d'Ivoire, avant la transmission de la décision des Chefs d'Etats à l'instance régionale, l'UA (Union Africaine) et enfin à l'ONU, qui avalise en dernier lieu les options préalablement discutées et retenues. Ce principe relève tout de même de la manipulation, les Chefs d'Etats Africains, à quelques rares exceptions, comme celle du dirigeant de l'Afrique du Sud dans la crise ivoirienne, vont toujours dans le sens souhaité par les dirigeants occidentaux.

Sur le plan des relations internationales, les violations répétées de l'embargo libyen par le dirigeant de la IVe République a occasionné un bouleversement des procédures de prise de décision. Il est permis de postuler que cette prise de position courageuse vis-à-vis de la menace permanente que représentent les chasseurs bombardiers occidentaux n'est pas étrangère à l'assassinat de l'acteur politique, en particulier après sa visite à Cuba. Un autre événement corrobore l'implication de l'ordre international dans l'assassinat du président de la IVe République, notamment après le bombardement américain d'une usine au Soudan. A la suite d'une visite officielle dans ce pays victime de l'agression américaine, le président de la IVe République a assuré du haut de la tribune des Nations Unies, que l'usine était purement pharmaceutique, contrairement à la raison officielle évoquée par les américains stipulant qu'il s'agissait d'une usine de fabrication d'armes de destruction massive. La différence de courage présente un contraste déconcertant, puisque tandis que les dirigeants de la Ve République n'osaient même pas nier officiellement l'implication du Niger dans la vente d'uranium à l'Irak comme raison évoquée par les américains pour justifier une barbarie sans précédent dans l'histoire du monde de l'après guerre froide, le dirigeant de la IVe République déclarait sur le sol américain, du haut de la tribune de Nations Unies, que les américains avaient consciemment menti en bombardant une usine pharmaceutique au Soudan sous le prétexte ouvertement faux d'une unité de fabrication d'armes de destruction massive. Une philosophie stipule que lorsqu'un individu désire noyer son chien, il l'accuse généralement de rage. En observant le parallèle des événements du monde contemporain qui se succèdent et qui corroborent l'implication de l'ordre international dans l'assassinat du président de la IVe République, il importe de noter que l'assassinat du dirigeant du Nigeria voisin du Niger et à la même période, proche compagnon de l'acteur nigérien dans leurs démarches sur la scène internationale, a ouvertement été revendiqué par la CIA, l'agence des services secrets américains. Les documents déclassés des services secrets des puissances dominantes montrent que leurs acteurs gouvernants disposent de forces de l'ombre utilisées pour exécuter de tels contrats afin d'éliminer des dirigeants du monde jugés encombrants. Ces documents combinés à l'analyse des bouleversements internationaux permettent de synthétiser un éventail des moyens d'action utilisés pour perpétuer la domination des puissances tant sur le plan politique, idéologique, qu'économique.

Section 4. Retour à la transition démocratique

Le régime de la IVe République a manifesté sa volonté de poursuivre l'installation des institutions démocratiques telle que stipuler par la Constitution. Un consensus fut trouvé avec les partis d'opposition pour l'organisation des élections locales le 7 février 1999 avec la participation de tous les partis politiques. L'enjeu de ces élections résulte de l'aspect de test pour le pouvoir en place et son nouveau parti politique. Malgré tous les efforts politiques des acteurs gouvernants et les efforts de certains de leurs protégés qui instaurent un autre spectre de violence électorale avec l'incendie des bureaux de vote en paillote, ces élections sont largement remportées par les partis d'opposition. Mis devant une telle évidence, les gouvernants font à nouveau recours au pouvoir : de nombreux résultats vont par la suite être annulés par le régime. La crise politique se perpétue, mais la déstabilisation du régime viendra de son propre intérieur. Des observateurs attestent de l'évocation de ces élections locales annulées par des officiers de l'armée, pour demander la démission de l'acteur gouvernant. D'autres observateurs font état de la volonté affichée par l'acteur gouvernant de destituer les militaires qui l'ont accompagné dans la conquête du pouvoir comme facteur déclencheur du malentendu. De toutes les raisons évoquées, il y a une évidence : connaissant le caractère militaire de l'acteur gouvernant, les officiers ne peuvent demander sa démission que s'ils disposent d'une assurance de mener à bien leur revendication. Il est alors permis de supposer qu'une telle assurance ne pouvait venir que de l'extérieur, c'est-à-dire d'au moins un acteur qui gouverne une des puissances dominantes de la scène internationale. Le communiqué officiel de la France après l'assassinat, même avec son caractère traditionnellement hypocrite et réducteur imposé à la vérité, affiche l'étonnement des acteurs politiques et stipule qu'ils ne sont « pas au courant » de l'éventualité de la tragédie. Pour corroborer la possibilité d'une méconnaissance supposée de la France, l'effet surprise apparaît dans les réponses aux questions des journalistes données par l'acteur dirigeant gabonais qui domine les relations franco-africaines. L'acteur postule : "les putschistes ne sont pas les seuls à détenir des armes,… Ce que je dis n'engage que moi-même". En effet, sur la scène internationale, le dirigeant nigérien est plus proche de la France comme le témoigne ses fréquentes visites étatiques, et très éloigné des Etats Unis à qui il a répondu dès leur condamnation de son coup d'Etat militaire : « nous n'acceptons aucune menace, d'où qu'elle vienne ». Il est possible de lire dans les grands traits de la politique africaine de la France, la proximité des dirigeants de ce pays avec tous les acteurs gouvernants du continent africain qui sont coupés des aspirations légitimes de leurs populations. L'un des exemples le plus marquant est donné par le Togo, qui, à la mort de son dirigeant, a vu le régime pourtant dictatorial qualifié par le président français d'"ami de la France".

La crise au sein de l'instance militaire va connaître un dénouement tragique. Malheureusement, trois ans après sa prise de pouvoir, précisément le 9 avril 1999, le général est assassiné à l'escadrille nationale de Niamey par sa propre garde prétorienne. Les faits méritent qu'on s'y attarde puisqu'ils introduisent la liquidation physique dans les débats politiques de l'ère démocratique du Niger. A la veille de la tragédie, comme pour relayer la demande des officiers ou de leurs commanditaires extérieurs, l'ancien Chef de l'Etat de l'AFC assez proche des Etats Unis, prononce à son tour un discours inhabituellement menaçant pour demander la démission du président. Le jour du drame, après quelques audiences accordées à des personnalités du sérail, les visiteurs du jour sont informés que le président entreprendra un voyage dans la localité d'Inates pour y rencontrer des chefs de tribus de la région afin d'évoquer des questions de sécurité et de bon voisinage avec le Mali. L'hélicoptère a été choisi comme moyen de transport en raison de la mauvaise qualité de la route. A l'arrivée du président à l'escadrille nationale, il reçoit les honneurs militaires, s'arrête en fin de ligne pour accorder une poignée de main au chef du peloton comme le veut l'usage et poursuit ses pas en direction de l'hélicoptère. Cet instant fut fatidique puisque le calme ambiant est très vite déchiré par un coup de feu qui attire l'attention de toute la sécurité rapprochée du président. Et avant qu'une décision ne soit prise, des rafales d'armes automatiques pleuvent de partout sur tout le groupe dont quelques uns seulement ont réussi à se projeter au sol. Le pire se produisit pourtant. Le président est touché dans le dos de même que plusieurs éléments de sa sécurité. Avec la relative accalmie qui s'installe, le secours au président est improvisé. Son chauffeur se fraye un chemin et interpose son véhicule comme écran. Mais à l'instant où les secouristes tentent de placer le blessé sur la banquette arrière du véhicule, un énorme bruit s'installe à nouveau : les assaillants activent la fameuse 12/7, les mettent en joue et criblent tout le rayon avec les projectiles d'une arme redoutable qui ne laissera aucune chance à personne (Journal *Républicain-Niger*, 15 avril 2006). Au centre de toute l'opération, une seule unité, la garde présidentielle à la tête de laquelle se trouvait le Chef d'Escadron qui va conduire la nouvelle transition, devant le refus du Chef d'Etat Major des FAN de prendre le pouvoir qui lui est offert en contrepartie de la caution de l'acte d'assassinat. Les civils ne sont pas restés en marge. Ne voulant pas s'afficher au grand jour, les commanditaires de l'assassinat investissent le Premier Ministre pour déclarer la dissolution de l'Assemblée nationale. Les députés commencèrent à rétorquer l'absence de toute base constitutionnelle qui autorise le Premier Ministre à procéder à une telle dissolution. Les élus franchissent un pas supplémentaire en proclamant que la Constitution stipule qu'en cas de décès du président de la République, c'est le président de l'Assemblée nationale qui doit assurer son intérim. Devant la crise institutionnelle naissante, les auteurs du putsch prennent la mesure de la situation et s'assument. Ils confirment la dissolution des institutions de la République, ce qui a pour effet de calmer tous les acteurs politiques. Les partis politiques reviennent en force et se mettent de la partie. Les putschistes acceptent de former un Gouvernement essentiellement et paradoxalement constitué de civils. Ceci peut s'expliquer analytiquement par une absence de préparation de l'après acte d'assassinat par les mutins ou plus simplement, leur connivence avec les acteurs politiques. Une telle raison tient également ou alors celle de la libération du jeu politique, pour expliquer le soutien que le secrétaire général du principal parti, le MNSD Nassara, va apporter aux putschistes en justifiant l'assassinat du président de la République par une affirmation lourde de sens. Son affirmation banalise l'acte d'assassinat : « les coups d'Etats militaires occasionnent toujours la mort d'hommes, qu'il s'agisse d'une personnalité ou de simples individus ». Il faut noter que dans le camp du général, comme l'a dit l'un des leaders d'un parti membre de l'AFDS, qu'il y a un mélange de "faucons" et de "colombes". Ce mélange laisse supposer que les "faucons" du régime ont pesé de tout leur poids pour que le général conserve une ligne dure face aux événements déclencheurs de la tragédie. Dans cette catégorie d'acteurs, figurent l'ancien Ministre de l'intérieur artisan de la dissolution de la CENI en 1996, et celui qui lui a succédé à ce portefeuille, auteur de la mise en bastonnade des journalistes dans les locaux officiels.

Un Conseil de Réconciliation Nationale (CRN) est mis en place par la junte militaire pour diriger le pays. Les membres du Gouvernement nigérien seront mis à mal par leurs homologues pendant les rencontres internationales. C'est le cas des ministres maliens dans les instances sous régionales de l'Afrique de l'Ouest, qui n'hésitent pas à quitter la salle pour protester contre la présence d'un membre d'un Gouvernement issu d'un putsch. Ce comportement des autorités maliennes jamais apparu par le passé peut témoigner en fait d'une autre implication : celle du dirigeant gabonais qui se trouve en bons termes avec le dirigeant malien et le défunt dirigeant nigérien. Le règne du CRN fut de courte durée, neuf mois au total, devant les condamnations internationales de l'assassinat qui a inauguré son règne. La cohésion ne règne pas pour autant au sein du groupe. Chacun des militaires putschistes appréhende le caractère éphémère de leur gouvernance. La gravité de l'assassinat et les condamnations internationales ne leur donnent pas d'autres choix que de s'auto disqualifier à toute participation à la compétition électorale. Ces acteurs qui ont pris la gouvernance du pays se sont empressés, en ordre dispersé, de s'allier à des partis politiques qui eux, sont appelés à retourner à la compétition. De cette compétition est attendu l'instauration d'un régime qui succédera à la transition qui était en cours. Pour illustrer l'absence de cohésion au sein du groupe, les analystes politiques se réfèrent généralement à l'intervention radiotélévisée du CRN qui mettait ouvertement en garde son président, alors acteur gouvernant, pour son penchant à peine voilé pour le PNDS. Même si le CRN tenait à ce que les élections se déroulent dans le calme et la transparence la plus totale, cette prise de position n'est traduite que par l'intérêt du parti auquel les autres membres du CRN se sont alliés, à savoir le MNSD. Cependant, l'acteur dirigeant, étant déjà compromis par la brutalité de l'assassinat de son prédécesseur, prend cette menace au sérieux. Les dispositions qui permettent de bâcler les élections pour remettre frauduleusement le pouvoir à un parti politique, si elles existaient, n'ont jamais été appliquées de façon évidente et visible par les putschistes.

La nouvelle Constitution confectionnée est votée par référendum le 18 juillet 1999. La classe politique est toujours la même, et de même que précédemment, le même argumentaire est développé, pour attribuer l'impasse politique à la concentration des pouvoirs aux mains du président de la République. De ce fait, certains dirigeants de la transition, en phase avec le principal parti, vont instaurer à nouveau dans la nouvelle Constitution, un régime semi-présidentiel avec un code électoral à la plus forte moyenne favorable aux grands partis. Ce modèle de régime apparaît comme le choix de certains membres de la classe politique qui se préparent à utiliser le poste de la gouvernance de l'Etat non électif, la Primature, pour préparer leur propre accession à la Magistrature Suprême. Les clauses de la nouvelle Constitution, du fait de l'impossibilité du président de la République de limoger son Premier Ministre sans passer par une motion de censure à l'Assemblée, risquaient pourtant de conduire à un nouveau blocage politique. Ceci dès lors que l'acteur de la Primature a un minimum d'emprise sur ses députés, ce qu'il obtiendra par ailleurs avec la Présidence du parti qu'il va cumuler. La parade est que le Premier Ministre signe à l'avance une lettre de démission avant sa nomination, que le président de la République fera dater et publier dès qu'il le voudra. Pour la troisième fois consécutive, une Constitution est mise en place non pas dans l'intérêt de la gouvernance de l'Etat, mais dans celui des petits calculs de politiciens avérés ou en devenir ; non pas en faisant le bilan des carences des précédentes Constitutions et de la capitalisation des blocages politiques, mais seulement pour permettre à un groupe de conserver le pouvoir. Les acteurs politiques de la conférence nationale et de la transition qui a suivi ont procédé au choix d'une Constitution pour favoriser l'émergence de nouveaux partis politiques. Pour le cas des deux dernières transitions, c'est l'hégémonie d'un petit groupe qui est privilégiée, d'une manière moins subtile et plus évidente qu'impose la compassion aux aspirations des citoyens. La convocation d'une autre Conférence nationale aurait certainement permis à la classe politique de faire son mea-culpa. Malheureusement aucune des deux dernières transitions n'a connu de préparation de l'après transition. La préparation aurait permis au pays de tourner le dos aux impasses politiques à répétition. Malgré ce handicap de la nouvelle Constitution, le processus électoral est enclenché, le premier tour des élections présidentielles a eu lieu le 17 octobre, le second tour jumelé avec les législatives le 24 novembre 1999. Une nouvelle configuration de partis politiques va prendre les rennes du pouvoir.

Section 5. Réévaluation analytique de la montée des tensions

Le règne de la IVe République présente une caractéristique analytiquement enrichissante dans l'observation du contexte interne, des rapports avec l'ordre international établi et du caractère du dirigeant élu gouvernant. Ces différents facteurs vont participer à la description de la montée des tensions qui ont caractérisé le régime, jusqu'à la conspiration par assassinat politique, qui conduira à son déclin. Le dirigeant a une formation militaire, avec une expérience en matière de gouvernance passée dans le contexte de la dictature militaire. Ce facteur suffit à expliquer la prégnance d'un ordre autoritaire accentué par l'option choisie de restauration de l'autorité de l'Etat, sur les cendres du jeu de la dérision du pouvoir des précédents acteurs gouvernants. La contribution de ce facteur est assez importante dans les tumultes de la gouvernance que va traverser le régime. Les rapports du dirigeant avec le contexte international révèle l'affirmation de ses options politiques par rapport à l'ordre hégémonique établi par les grandes puissances, malheureusement avec un handicap important, puisque la politique publique de la gouvernance de l'Etat instaurée a coupé le gouvernant de ses administrés, avec une fracture sans cesse renouvelée lors des tentatives du régime d'obtenir la caution des citoyens au moyen des élections. Dans un tel contexte, l'acteur apparaît seul sans support interne, face à la tâche dont l'impact s'est traduit par la suite par un changement notoire observable de certaines règles de jeu internationales. Le contexte interne est plus révélateur de la nature de la montée des tensions. Le décor présente une crise de légitimité née de litiges électoraux, puis un ordre syndical en mouvement de grève devenue récurrente, ensuite une corde tendue qui relie gouvernants et gouvernés, et aussi une opposition qui participe à la rigidité de la corde, avec également des élections locales qui furent annulées. Finalement, c'est à nouveau une conspiration qui a eu raison du régime, malheureusement avec une variante négative supplémentaire, celle de l'introduction de l'assassinat dans la compétition politique.

La crise de légitimité née de litiges électoraux

La crise qui s'est installée entre les acteurs gouvernants de la IVe République et les autres acteurs politiques peut être qualifiée de crise de légitimité née du contentieux électoral. Cependant, la légitimité elle-même admet plusieurs facettes et plusieurs fondements qui doivent permettre aux acteurs de surpasser l'acte posé à un instant donné et de trouver les moyens de surmonter leurs divergences. Philippe Braud estime que « la légitimité a un rapport direct avec les croyances sociales admises dans un système culturel donné. Ce sont elles qui pourront être mobilisées en vue d'assurer l'intériorisation des injonctions si l'usage de la force qui les garantit en dernier instance peut passer pour légitime aux yeux d'une fraction de la population ». La recherche permanente de la possibilité d'asseoir son autorité sur un minimum de légitimité a conduit l'acteur gouvernant à assurer une mutation progressive pour une meilleure participation au jeu démocratique. Au nombre des actes qui corroborent cette hypothèse, figure la création d'un parti politique à l'échelle nationale. Jacques Lagroye estime que « la légitimité d'un régime découle de son identification à un système de normes, de son aptitude présumée à assurer le triomphe des valeurs socialement désirables ». Dans le contexte du règne de la IVe République, le système de normes est synonyme de défis permanents de créer les conditions de la tenue d'élections libres et transparentes. Les turbulences politiques traversées par les gouvernants du régime laissent une autre saveur à l'exercice du pouvoir, celle qui enseigne à tout acteur aspirant à la gouvernance de l'Etat, d'éviter de tomber dans le piège d'élections truquées dans le but de forcer l'accession au pouvoir. La gouvernance ne peut être souhaitée que dans le consentement des administrés, le cas échéant, c'est que ces derniers soient amenés à adopter un comportement qui défierait en permanence le pouvoir et l'ordre qu'il a établi, à titre de reflet des conséquences du conflit politique qui prévaut dans la société. Les conflits politiques constituent le couronnement des phases qui achèvent la régression de la société. L'illustration de la paralysie sociale que peuvent engendrer les crises politiques est faite à travers le domaine scolaire nigérien affecté par un nombre élevé d'années blanches devenues récurrentes depuis l'avènement de la démocratie. L'économie du pays n'est pas en reste dans la régression, puisque lorsque perdurent les troubles, il n'est pas possible de mobiliser les intelligences pour produire des richesses. La prise en compte de l'épisode des élections présidentielles de 1996 au Niger doit convaincre n'importe lequel des aspirants à la gouvernance de l'Etat, de se conformer aux règles démocratiques normales pour accéder de façon saine au pouvoir, et espérer l'exercer pleinement dans le sens qui permettrait à l'acteur de s'auto inscrire en lettre d'or dans les anales de l'histoire de la gouvernance politique du Niger. Dans le cas contraire, la probabilité est forte d'obtenir un règne désolé, que seuls les moyens de coercition peuvent garantir, une coercition qui est le rempart des faibles. Et si la tolérance du peuple ne l'emporte pas sur sa capacité de réaction face à un tel règne caractérisé par des forts moyens de coercition, les troubles que devra affronter le régime finiront par braquer d'autres acteurs contre le gouvernant dans le sens de barrer la route à l'expression de son hégémonie, y compris par des changements en dehors du cadre démocratique. Ainsi, à l'état actuel des aspirations des peuples, de la liberté qu'ils ont obtenu, de leur prise de conscience des enjeux nationaux et internationaux et de leur émancipation vis-à-vis de la soumission exclusive au pouvoir, les élections bâclées pour imposer le triomphe d'un acteur et lui garantir son accès à l'exercice du pouvoir sont immanquablement porteuses des germes de coups d'Etat militaires.

La récurrence du mouvement de grève syndicale

Le contexte du règne de la IVe République a coïncidé avec une aggravation de la crise économique. Il n'est pas possible aux acteurs de modifier le cours de la vente d'uranium et les accords passés avec les sociétés qui l'exploitent, tout comme les agitations internes ne permettent pas d'obtenir des capitaux extérieurs. Le régime a hérité du gouffre financier créé depuis la IIe République. De ce fait, les revendications salariales syndicales deviennent récurrentes mais reçoivent une réponse assez dure de la part de l'acteur gouvernant, ce qui prouve un défaut de communication politique du régime. Comme dit l'adage, « on ne peut sévir contre quelqu'un et l'empêcher de pleurer ». En réponse aux journalistes lors d'une visite officielle au palais de l'Élysée, le président de la République disait que les syndicalistes ne recevront aucun "sou" si l'Etat n'a pas les moyens de payer leur salaire. La réaction traduit la dureté de la ligne adoptée par le régime face aux revendications sociales. Ce comportement révèle l'indifférence au consentement dont note Philippe Braud dans l'exercice du pouvoir : « le pouvoir stricto sensu créateur d'obligations implique la négation ou, du moins, l'indifférence au consentement. Le pouvoir d'influence n'a quant à lui de réalité que dans la mesure où la personne assujettie à l'influence exerce d'elle-même sa volonté dans le sens requis ». Pourtant, des solutions peuvent permettre de négocier le paiement de tout ou partie des salaires si tel est que les moyens financiers de l'Etat sont faibles et que les acteurs gouvernants acceptent de réduire le train de vie de l'Etat. Tout sacrifice à solliciter doit être collégial avec un esprit d'équité. Les négociations sont porteuses de germes du consentement à l'exercice de la gouvernance. Un tel consentement n'est pas systématiquement synonyme de soumission dans le sens de l'esclave qui se soumet au maître. La soumission est synonyme de manifestation du consentement dans cette affirmation de Philippe Braud : « Il est possible de soutenir notamment depuis Hobbes, que la soumission, même par la crainte de la sanction ou sous la menace, est la manifestation d'un consentement. Même dans l'hypothèse limite de la conquête, le vaincu consent à se soumettre aux volontés de son vainqueur puisqu'il s'abstient de résister, quelles qu'en soient ses raisons, et notamment la crainte d'être exterminé. Le consentement fait défaut dans la seule hypothèse où un individu est physiquement contraint de faire ce à quoi il se refuse de toute sa volonté ». Toutefois, « Hobbes distingue le pouvoir physique qui est l'exercice de la violence matérielle (arrestation manu militai, expulsion de force par exemple), force qui exclut le consentement, et le pouvoir politique qui l'inclut nécessairement même si le sujet obéit à son souverain par peur ». La recherche du consentement est une des caractéristiques de l'exercice du pouvoir démocratique. Elle permet au régime de se conformer à une règle d'or de conduite de la gouvernance de l'Etat, celle qui impose aux acteurs gouvernants de ne pas placer des concitoyens dans une situation où ils n'ont rien à perdre. « Peter Blau et les théoriciens de l'échange ont considéré qu'un acteur a toujours le choix entre l'obéissance à une injonction assortie de sanction et l'acceptation de la punition, fut-elle aussi extrême que la mort ou la privation perpétuelle de la liberté. Ces "paradoxes" de Hobbes et Blau mettent à nu la fragilité du concept même de liberté entendu comme possibilité non conditionnée de choisir au sein d'une alternative déterminée. Une information indiscutable, une promesse de récompense particulièrement séduisante constituent des conditionnements aussi efficaces que la menace de contrainte physique, laquelle est d'ailleurs parfois résistible » (Braud, *Traité de Sciences Politiques*, p. 338). Tout individu résiste plus facilement à la contrainte physique lorsqu'il n'a rien à perdre. L'auteur estime que « si ces analyses de Hobbes et Blau paraissent paradoxales », c'est plutôt « parce que le concept de liberté comme libre arbitre, comme marge de choix non conditionnée est lui-même hautement paradoxal ». Le conditionnement du choix ne nuit pas à la tenue des négociations, au contraire, les acteurs doivent comprendre les frontières du possible et de l'impossible. Les négociations créent un cadre qui permet aux acteurs de réduire la distance qui sépare leurs points de vue. De façon générale, l'expérience des différents régimes qui se sont succédé permet de souligner l'importance du principe de négociation qui doit toujours prévaloir sur tout autre principe, en réponse aux revendications des acteurs sociaux, dans le souci d'asseoir une gouvernance moins tumultueuse. Les acteurs gouvernants manifesteraient ainsi leur volonté d'attirer davantage l'attention de leurs interlocuteurs, de les éduquer en quelque sorte, et s'éloigneraient ainsi du réflexe d'abus du pouvoir. La coercition ne doit prendre le pas que dans le cas évident de l'affirmation d'une tendance à instaurer le jeu de la dérision, ou de la manifestation d'une mauvaise foi nocive évidente. Pour donner corps au processus de négociation, la mise en œuvre du compromis auquel les acteurs sont parvenus de par leur respect de l'engagement contracté permettra de faciliter le règne de la quiétude sociale d'abord, et ensuite, l'aspiration au développement économique de la société. Le principe de négociation est d'autant plus important que « le pouvoir, quelles qu'en soient les multiples facettes, gît toujours dans l'interaction; il est relation entre des acteurs ou des systèmes d'attitudes, d'opinions et de comportements. Inversement, toute interaction est nécessairement caractérisée par une relation de pouvoir, unilatérale ou mutuelle, qui s'exprime à travers un échange d'informations… Le pouvoir, lato sensu, se situe dans l'interaction; mais cette interaction est elle-même conditionnée par une distribution inégale des ressources. C'est au niveau de ces conditionnements globaux qu'apparaît l'originalité du pouvoir politique : système organisé d'interactions multiples, dont l'efficacité repose sur une alliance singulière entre le monopole tendanciel de la coercition et la quête d'une légitimité minimale... Beaucoup de décisions associent le pouvoir à la participation au processus décisionnel qui dégage la volonté collective » (Braud, *Traité de Sciences Politiques*, p. 337).

Une corde tendue qui relie gouvernants et gouvernés

A partir de l'inflexibilité qui a caractérisé la gouvernance des acteurs de la IVe République, découle la non résolution du problème posé par la nature tendue de la corde qui relie le régime et les gouvernés. L'influence du régime de la IIIe République est explicative d'une telle résolution dans le comportement des nouveaux gouvernants, qui choisissent deux options majeures dans leur politique publique. Un premier principe a pour finalité de restaurer l'autorité de l'Etat et le deuxième principe est relatif à la remise des nigériens au travail. Balandier estime qu'« il n'y a pas de pouvoir sans appropriation de symboles et de signes, il n'en est pas davantage sans contrôle d'un langage et d'un savoir ». Cette appropriation s'est faite au moyen des slogans dans l'optique d'éloigner le spectre du jeu de la dérision du pouvoir et dans le sens de la remise des nigériens au travail. Malheureusement, des dérives apparaissent dans l'application du premier principe de la gouvernance que le régime s'est assigné, celui de la restauration de l'autorité de l'Etat. L'instanciation du second principe pour remettre les nigériens au travail s'est faite, entre autres, avec le slogan : « le poste ne vaut que par l'homme qui l'occupe ». Cette mise en œuvre de ce principe est compatible avec l'affirmation de Bernard Lacroix selon laquelle « être en situation de se servir d'un objet conduit à la fois à savoir s'en servir et à savoir à quoi cet objet sert ». Dans la distribution des postes offerts par l'Etat à l'occupation collective, le régime a choisi de les ouvrir aux cadres indépendamment de leur appartenance politique dans le sens d'affaiblir davantage la popularité de ses adversaires politiques. La remise des nigériens au travail est un principe conforme à l'idée de récompense comme sanction établie par Philippe Braud : « les sanctions appartiennent à deux ordres différents : la récompense et la punition. Dans le premier cas, la soumission au pouvoir entraîne une amélioration de la situation de l'intéressé, qui reçoit en échange, des avantages matériels (argent, emploi, statut juridique amélioré) ou des avantages symboliques (considération sociale accrue à raison de son dévouement, de son esprit de sacrifice, …). Dans le second cas, la situation résulterait de l'infliction d'une amende, de la perte de liberté, d'une atteinte à l'honneur, … ». Cependant, le régime a beaucoup de peines à améliorer son image auprès des populations et manque de pratique de communication politique. La logique de l'injonction a prédominé face à toute contestation, conformément à la restauration de l'autorité, dans le sens où le non respect de cette injonction conduit à la deuxième forme de sanction énoncée par le même auteur : « Il y a injonction lorsque l'inexécution du comportement prescrit ou la non conformité à l'attitude requise entraîne l'infliction d'un dommage, malgré la résistance éventuelle de l'intéressé ». Le cas le plus exagéré est illustré par le Ministre de l'intérieur qui passe des journalistes à la bastonnade au moyen de la cravache, dans son bureau officiel. L'acte est extrême et condamnable à tout point de vue. La solution aux dérives moins extrêmes observées se trouve dans la pratique de la communication politique. Tout régime a la capacité d'améliorer la perception que les populations ont de l'exercice du pouvoir fait par les acteurs qui l'animent. Les faits, les actes, les gestes qu'il faut pour consoler et se faire comprendre, la volonté d'asseoir un principe de proximité avec les aspirations populaires dans les politiques publiques, tous ces aspects participent à l'instanciation de cette communication. La communication politique n'entrave pas la restauration de l'autorité de l'Etat, s'il le faut, le pouvoir peut se refléter à travers sa capacité à répondre avec équité, aux préoccupations des populations, tout en veillant à donner une image acceptée.

Une opposition qui participe à la rigidité de la corde gouvernants-gouvernés

La compétition démocratique instaure le jeu qui autorise l'affaiblissement de l'adversaire politique sous la logique du respect des dispositions morales qui conditionnent fortement cette compétition. A défaut d'avoir le pouvoir qui lui permettrait de faire prévaloir ses points de vue, l'opposition au régime de la IVe République a cherché davantage à affaiblir la résistance de la corde qui relie le pouvoir et les gouvernés. Elle adopte pour cela un comportement qui participe à accentuer la rigidité de la liaison. Balandier apporte une spécification analogique du pouvoir exercé par un régime et les reflets qu'il engendre : « Le pouvoir considéré dans ses effets doit aussi l'être dans sa nature propre. Il existe et ne peut exister que dans l'ambiguïté. Il apparaît à la fois comme une nécessité et une menace; sa capacité de coercition peut être estimée dangereuse par ceux qui la subissent. Certaines sociétés révèlent la dynamique opérant "contre l'Etat", les fluctuations d'un pouvoir qui est, au moins symboliquement désamorcé de ses dangers ». Les gouvernants de la IVe République exercent leur domination au moyen de la coercition, le reflet se traduit par la prise de conscience de l'opposition qui perçoit le danger que représentent ces mécanismes de la gouvernance de l'Etat. Pour retourner sa propre force contre lui avec toute l'inertie qu'il engendre, l'opposition choisit d'accentuer ce trait caractéristique du régime. Il s'en suit une instabilité qui se perpétue. L'instabilité empêche de désamorcer le pouvoir des dangers qu'elle engendre. Dans un régime démocratique, l'opposition participe à la gouvernance de l'Etat, non pas dans une formule complaisante du style d'un « gouvernement d'union national », mais dans le sens où elle met en place des outils de diagnostic efficaces de la gestion effectuée par le régime de tous les domaines de la vie, qu'elle participe à la diffusion des contre-performances décelées. Ce faisant, l'opposition politique participe à la prise de conscience des citoyens invités par cette circonstance offerte, à définir par acceptation ou par rejet, le style de gouvernance qu'ils tolèrent. Le statut de l'opposition est nécessaire pour asseoir une stabilité démocratique.

Des élections locales annulées

Malgré les dérives du principe de restauration de l'autorité de l'Etat, le régime de la IVe République a choisi d'affronter ses adversaires politiques sur le terrain électoral. Gaetano Mosca (1939, p. 71) observait que les gouvernants et les gouvernés éprouvent le besoin de savoir que la gouvernance n'est pas établie sur la base exclusive de la simple force matérielle, ainsi sur celle d'un principe moral. Le régime de la IVe République semble prendre conscience du fait que « si écrasante que soit la supériorité militaire ou policière, deux périls ne peuvent être conjurés que par la recherche d'une légitimité minimale : le premier résulte des dispositions permanentes des assujettis à la révolte dès lors qu'il existe entre eux et les gouvernants, un simple rapport de forces sans aucun accord sur des procédures de résolution des conflits ni, à fortiori, sur des valeurs à respecter; ces dispositions hostiles se matérialisent aussitôt que la conjoncture paraît favorable. Ces virtualités permanentes rendent particulièrement coûteux le maintien d'un appareil coercitif approprié, et toujours aléatoire le maintien de l'ordre dans l'ensemble social. Le second péril tient aux motivations des membres eux-mêmes de l'appareil coercitif. Leur fidélité et leur discipline ne sauraient être garanties par la seule menace d'une violence supérieure; elles doivent être stimulées de diverses manières : rémunérations matérielles, gratifications symboliques, c'est-à-dire en dernière analyse, la possibilité pour eux de se représenter positivement, eu égard aux valeurs qui sont les leurs, la mission coercitive qui leur est dévolue » (Braud, *Traité de Sciences Politiques*, p. 380-381). Malheureusement, le réflexe de l'exercice d'un pouvoir à forte coercition renforcé par les "faucons" du régime a empêché les gouvernants d'asseoir une politique d'élections libres et transparentes. Des élections furent à nouveau annulées, mais l'usage à répétition de la pratique devient exagéré. Il est important de souligner pour tout pouvoir, que l'annulation des élections, quelles qu'elles soient, y compris les plus élémentaires, et surtout celles de l'accès à la gouvernance de l'Etat, est un revers de la gouvernance. Il vaut mieux un report que l'annulation. Et si la contrainte impose la tenue des élections, l'acceptation des résultats lorsqu'il n'y a pas de preuves de fraudes qui entachent la régularité du scrutin, est un moyen de conserver une personnalité imposante et charismatique pour les leaders politiques. S'ils sont condamnés à quitter l'exercice de la gouvernance, l'histoire n'exclut pas de les rappeler aux commandes de l'Etat.

Une conspiration

Il existe une pratique de tutorat politique non formalisée mais perceptible à travers les comportements des acteurs, entre les acteurs politiques des ex-colonies et des tuteurs plus ou moins désignés au niveau de l'ancienne métropole, que la pratique transforme de facto en "néo-métropole". Tout semble se décider à l'extérieur du pays, de l'entente entre les acteurs politiques d'un pays de la périphérie jusqu'à la description du comportement qu'ils doivent adopter. La pratique se tient à l'écart du peuple, elle va à l'encontre de toute affirmation de sa souveraineté. Elle perpétue la domination politique du centre sur la périphérie, une domination constamment orientée en faveur de la défense des intérêts du centre. Les dirigeants de l'ex-métropole étaient les principaux soutiens internationaux occidentaux du président de la IVe République. Il y a une utilité à noter le réflexe de soutien qu'ils apportent à tout gouvernement coupé de ses administrés, dans le sens de l'instanciation de la vieille règle des empires de diviser pour régner. Malgré ce handicap, avec une possibilité qu'il ne soit pas perçu comme tel, l'acteur a le courage d'adopter un comportement qui bouscule l'ordre international. La nécessité impose d'affronter un seul ordre à la fois, ou l'ordre interne, ou l'ordre externe, mais pas les deux à la fois. De préférence la liaison gouvernants-gouvernés pour participer au jeu international et faire face à l'hégémonie des puissances, y compris en forçant le changement des règles. Les raisons implicites de la tragédie qui a engendré le naufrage de la IVe République montrent toutes les limites du tutorat politique. La pratique apparaît comme un complot contre les aspirations légitimes du peuple. Elle ne peut servir de couverture à un dirigeant au point de remplacer la solide couverture de ses citoyens, puisque au gré des changements de leurs intérêts, les tuteurs n'hésitent pas à élire de nouveaux disciples sans se soucier des moyens qu'ils utiliseront pour aboutir à ce remplacement. Le tutorat politique empêche de faire le deuil de la colonisation, au point où des acteurs politiques néo-métropolitains sont apparus pour faire son apologie, par cynisme. Le réconfort tient du fait qu'il n'y ait pas de nation au monde qui n'ait été colonisée. Tandis que ces acteurs confessent cette apologie en la considérant comme les prémisses d'un destin commun, d'autres de par le monde leur rappellent leur propre histoire et ses moments tout aussi douloureux, ce qui appelle à appliquer la même formule de prémisses d'un destin commun vis-à-vis de ceux qui les ont colonisés. Ainsi, le système de rappel se retrouve équilibré et confère à ceux qui participent à ce jeu, une sorte de satisfaction de part et d'autres, en particulier face à ceux qui s'en servent dans leur aspiration de conforter leur hégémonie. La prévalence de la pratique du tutorat politique peut être perçue pour temporaire. Les gouvernants qui ne s'appuient que sur le tutorat politique à la place de leurs citoyens connaîtrons certainement dans le meilleur, un règne dans l'indifférence généralisée, donc sans consentement synonyme de participation collective ou de compassion au sort que leur réserve l'histoire, dans le pire, un règne animé par de turbulences accompagnées d'un caractère aléatoire des conditions de fin de règne. Une telle fin de règne est-elle meilleure, ou bien celle qui comporte une spécification des conditions de fin en toute quiétude, propre à tout régime véritablement démocratique et en phase avec les aspirations de ses citoyens ? Le courage politique peut être attendu dans le sens de l'appropriation par les gouvernants de l'affirmation de Balandier : « le pouvoir obéit à des déterminations internes et résulte également des nécessités externes. Chaque société globale est en relation, directement ou à distance, avec d'autres sociétés qu'elle considère comme "étrangères" ou hostiles, menaçantes pour sa sécurité et sa souveraineté. Ce danger du dehors la contraint non seulement à organiser sa défense et ses alliances, mais aussi à exalter sa cohésion et son unité (aspects politiques), ses traits distinctifs (aspects culturels) ». La citation est utile dans le sens qu'elle permette à la société de s'intégrer dans le concert d'autres sociétés avec ses propres réalités, sans que les acteurs politiques qui la gouvernent n'agissent dans le sens du travestissement de ces réalités.

Si le dirigeant de la IVe République est arrivé au pouvoir d'abord par coup d'Etat militaire, la victime dénombrée par la rumeur populaire tentait de faire son travail, à savoir la protection rapprochée du président de la République en exercice. La victime aurait affronté de face le détachement des putschistes bien que mieux armés, venu opérer l'arrestation du président, et n'avait pas obtempéré aux ordres de baisser l'arme contrairement à ses coéquipiers. Il y a un hommage solennel à rendre à tout individu qui s'engage et qui respecte son engagement. Si le dirigeant de la IVe République s'est maintenu au pouvoir au moyen d'une élection désorganisée, le régime n'a pas attenté à la vie de ses adversaires politiques. Il y a une absence visible de raisons à invoquer pour justifier la conspiration qui s'est muée en tragédie qui coûta la vie à l'acteur gouvernant, et dont les exécuteurs durent utiliser une arme destinée à des cibles non humaines. Il peut être admissible que l'ombre du dirigeant de la IVe République va planer longtemps sur les acteurs chargés de la gouvernance de l'Etat comme en témoigne la présence fréquente de toute la classe politique pour commémorer l'anniversaire de sa mort. Il est encore attendu qu'une enquête véritablement indépendante établisse les faits, même de façon partielle, puisque le principal exécuteur de la conspiration est lui aussi décédé. Les conditions de la mort et la mort du dirigeant de la IVe République admettent un impact considérable. Il est admissible que les règles du jeu international en sont déjà symboliquement marquées, de par la place offerte aux institutions politiques africaines dans le processus de prise de décision des puissances mondiales dans le cadre des Nations Unies. Ces acquis serviront à l'instar de ceux de ses compères des indépendances du Ghana, de la RDC, ou plus récemment du Burkina Faso (1985-1987), jusqu'à ce que ses successeurs décident peut être de vendre l'héritage acquis. Les actes du dirigeant de la IVe République enseignent que l'Etat le plus "faible" en terme d'indice de développement humain peut contribuer significativement à modifier les conditions d'expression de l'hégémonie des grandes puissances, une expression assez souvent traduite par une injustice évidente, à tel point qu'hégémonie et injustice deviennent étroitement liées. L'affectation du contexte interne est assez révélatrice de la portée de l'ombre de l'acteur. Il est véritablement important de souligner que les acteurs politiques mesureront à coup sûr leur comportement pour éviter de retomber dans la situation de blocage politique de la troisième et la IVe Républiques. De tels blocages portent immanquablement des germes de changement hors cadre démocratique, avec la facilitation offerte aux auteurs de tels actes, de pouvoir justifier leurs agissements. Philippe Braud énonce que « l'observation historique montre que les usurpateurs de légitimité dynastique, ou les putschistes qui abolissent les institutions démocratiques, s'empressent néanmoins de donner des (pseudos -) justifications à leurs actes, fondées sur un intérêt supérieur (celui de la Patrie, de la Révolution, des Masses, etc.); par ailleurs, ils tentent toujours d'instaurer une nouvelle légalité, c'est-à-dire un nouvel ordonnancement juridique… En d'autres termes, les détenteurs de la coercition visent à mobiliser des représentations sociales de leur domination, qui favorisent l'acquiescement des assujettis en prétendant se fonder sur des valeurs éthiques susceptibles d'être largement partagées ». Cependant, dans le cas des auteurs du coup d'Etat qui a emporté la IVe République, aucune justification ne saurait être énoncée puisque l'acte a débordé du rang qui délimite l'entendement collectif. Néanmoins, des acteurs politiques sont paradoxalement venus à leur secours, en faisant recours à la banalisation de l'acte d'assassinat, à titre de mise en avant des constatations susceptibles d'être largement partagées. Le rôle est qualifiable du jeu des "avocats du diable". Il n'était pas possible pour les putschistes de garder le pouvoir, il fallait qu'ils le cèdent à tout prix, d'où la première tentative de le rétrocéder au Chef d'Etat Major général des FAN. Le groupe putschiste n'a certes pas conservé le pouvoir, mais il l'a partagé avec les acteurs politiques, de façon à jouer un rôle primordial qui leur confère un contrôle effectif sur l'armée.

Chapitre VII. La Ve République

Elle connaît une articulation politique dont la délimitation correspond aux deux mandats successifs de cinq ans accordés au bénéfice d'un groupe d'acteurs politiques. La classe politique en entier semble s'organiser de façon à éviter la perpétuation des blocages dans la gouvernance de l'Etat. La stabilité du régime s'analyse à travers le maintien en place des principaux acteurs, notamment le président de la République, le président de l'Assemblée nationale et deux acteurs seulement qui se sont succédé à la tête du Gouvernement. L'analyse de cette page de l'histoire du Niger dans les lignes qui suivent se rapporte aux politiques publiques de l'ancien Gouvernement, conduit par un Premier Ministre pendant une période de sept ans. Le premier mandat de cinq ans accordé au régime correspond plus à une phase expérimentale de réapprentissage d'un jeu démocratique différemment distribué par rapport au passé. Malgré les scandales politico-financiers et un semblant collectif de rejet de l'accumulation illicite, la reconduction des mêmes acteurs, et donc des mêmes pratiques de détournement sinon plus accentuées, a eu pour conséquence d'accélérer la démolition de cette partie de l'identité de la société nigérienne, pour engendrer une conscience collective obnubilée par les richesses et le matériel, et résolument tournée vers leur acquisition. Un processus accentué par un dérèglement de l'économie avec une inflation des prix. Tout de même, la fin du règne des acteurs de la Ve République est beaucoup trop dense en événements politiques, elle impose un autre travail scientifique à part entière.

Section 1. La phase expérimentale

A l'issue de l'épisode électoral d'octobre et novembre 1999, une nouvelle alliance des partis au pouvoir est créée sous l'appellation AFD (Alliance des Forces Démocratiques). Le président du MNSD-Nassara est élu président de la République, le secrétaire général de ce parti devient Premier Ministre, Chef du Gouvernement, le président du CDS obtient la Présidence de l'Assemblée nationale. L'opposition se regroupe au sein de la Coordination des Forces Démocratiques (CFD) avec entre autres partis politiques, le PNDS, le RDP et l'ANDP avant son revirement lors du premier mandat qui le ramènera au sein de l'AFD. Cependant le partage des postes n'est pas bouclé pour autant. Contrairement à toute démarche qui commande de rechercher un fonctionnement républicain de l'armée, les acteurs politiques venus à nouveau aux commandes de l'Etat pratiquent ouvertement la vieille règle des empires, à savoir, diviser pour régner.

Les anciens membres du CRN qui ont perpétré le coup d'Etat contre la IVe République en tournant ouvertement le dos à leurs compagnons, accèdent aux hauts postes de responsabilité de l'armée et sont élevés coup sur coup à des grades supérieurs par décret et avancement exceptionnel, au mépris des règles d'ancienneté et d'avancement normal.

La pratique vise certainement à rétribuer la loyauté des bénéficiaires de ces avancements dans l'instauration d'un autre ordre, d'un autre système de gouvernance tout à fait particulier, et non pour leur loyauté au service de l'Etat. La pratique crée immanquablement des frustrations évidentes au sein de l'armée. Les anciens hauts gradés de l'armée sont affectés à des postes symboliques de conseillers des Préfets de département ou amener à servir sous des moins gradés. Certains parmi ces militaires ont préféré prendre courageusement le chemin de la démission. Le président de la République justifie ce choix par la précédente implication des militaires concernés dans la politique, et comme tel, il postule que ce choix est moins violent que celui qu'il a lui-même enduré lorsque dans le même cas en 1990, il dû partir en retraite anticipée. A la place d'une justification, il peut être concédé plutôt l'expression de la succession de frustrations que l'acteur élu gouvernant avait enduré. Les difficultés aiguisent le caractère. Le Premier Ministre tente une autre aventure explicative en énonçant le manque de places suffisantes pour « caser tout le monde ». Mais l'argument est superficiel et ne résiste pas à une observation attentive, puisque des moins gradés obtiennent des postes de commandement là où les hauts gradés sont placés en état de chômage "militaro technique". Et même dans des pays comme le Gabon qui connaissent un grand nombre de généraux avec nettement moins d'habitants, il n'a jamais été question d'encombrement.

Malheureusement, très tôt, ceux qui étaient présentés comme les artificiers de la naissance des mutineries vont à leur tour devoir y faire face. Le gouvernant de la IVe République a déjà donné une solution "propre" à ce phénomène en évitant une confrontation entre militaires qui conduirait à des bains de sang totalement inutiles pour le pays. Mais il y a les intérêts du pays, il y a ceux des acteurs gouvernants, les deux ne coïncident pas forcement. Contre la première mutinerie qui a éclaté dans une caserne militaire de l'est, dans la région de Diffa, le scénario de la terreur a plutôt prévalu. La réputation de "brutal" du Chef de l'armée a joué lorsque le conseil des ministres lui a donné le feu vert pour restaurer l'ordre « par tous les moyens ». Comme pour illustrer leur détermination à ne pas faire de place à la négociation, le détachement d'intervention dépêché dans une caserne de la capitale contaminée par le mouvement de Diffa, n'entre pas dans la compagnie par la porte. Il crée sa propre porte en tirant au canon de blindé sur le mur pour exhiber la puissance de feu que détiennent "les brutes" dans cette mission de restauration de l'ordre. A Niamey, il n'y eu pas de tir de riposte. Cependant à Diffa, des affrontements sanglants ont éclaté. Lorsque la tension est montée à son comble, et que le pouvoir décide de faire recours au silence, contrairement à la loi sur la liberté de la presse, le président de la République promulgue un décret qui enlève aux médias toute possibilité de couverture du drame qui se jouait. Dès lors, ils pouvaient dorénavant s'entretuer en "silence", personne ne connaîtra le bilan exact de ces affrontements lorsque les mutins libérèrent leurs otages et prennent les chemins du désert, à bord de tout véhicule qu'ils ont pu récupérer. Paradoxalement, le gouvernement lance hasardement des patrouilles de policiers pour intercepter au besoin les militaires mutins, bien que la formation par la profession et la puissance de feu soit en défaveur de ceux qui sont chargés de la traque. Ceci aurait malheureusement pu constituer le socle d'une rébellion naissante contre laquelle le pays n'a pas le luxe financier de s'acheter des armes, la question du développement économique étant normalement prioritaire. Sept ans plus tard, la suite des événements va corroborer cette hypothèse de l'impact des événements survenus à Diffa dans la naissance d'une rébellion armée. Même mis à part la déclaration de l'implication d'un ancien officier des FAN aux côtés de la nouvelle rébellion, l'analyse de la réussite des actes posés par cette rébellion démontre pleinement l'implication de stratèges militaires. Après cet épisode de Diffa et Niamey, un calme plus inquiétant pour l'avènement d'une armée républicaine règne dans les casernes militaires. Les mutins de Niamey ou ceux qui se sont rendus à la suite des affrontements de Diffa sont emprisonnés. Les nouveaux acteurs gouvernants décident de créer un tribunal martial pour les juger, bien que contraire aux dispositions de la Constitution. Le tribunal a siégé et a rendu son jugement (Amnesty International, 2007).

Sur le front politique, l'opposition est restée moins active, en dehors de quelques motions de censure déposées à l'Assemblée, mais qui comme attendu, du fait du vote de la majorité mécanique, n'ont pas connu de succès. Les raisons qui motivent ces motions de censure sont liées aux passations de marchés publics de gré à gré par les acteurs gouvernants, inaugurant ainsi un virage vers une "mal gouvernance" financière. C'est l'exemple de l'affaire Zeinab dans laquelle les gouvernants attribuent une enveloppe financière conséquente à des travaux de réfection surévalués. La récurrence de la dénonciation de ces passations de marchés publics a offert des opportunités à l'opposition pour susciter des débats à l'Assemblée nationale au travers de ces motions de censure. Mais dans ce jeu politique, le vote est mécanique et même si après le premier scandale financier, des députés proches du pouvoir ont marqué le coup à travers une condamnation verbale, le vote a permis aux acteurs qui occupent la scène de la gouvernance de continuer à gouverner. Les rares manifestations de rue de l'opposition sont liées à un militantisme en faveur de la liberté de la presse, lorsque des journalistes qui dénoncent les détournements des fonds publics sont mis aux arrêts. Cette stratégie de l'opposition est à l'opposée de celle qui fut adoptée jusque-là par la configuration successive de l'opposition politique au Niger, depuis l'avènement de la démocratie. En rappel, les stratégies jusque-là développées passent par des pneus qui brûlent, des meubles saccagés à l'Assemblée nationale pendant le règne de l'AFC, ou "le jeu de la victime" contre le pouvoir de la IVe République. Le nouveau pouvoir de la Ve République réussit à contenir les manifestations de l'opposition en créant le CNDP (pour Conseil National de Dialogue Politique), un organe informel destiné à favoriser la prégnance du débat entre les deux centres politiques AFD et CFD. Bien que l'opposition soit plus ou moins contenue, le pouvoir ne va pas pour autant savourer la quiétude et la tranquillité, d'autant que des journaux indépendants vont dévoiler à l'opinion publique, plusieurs autres scandales politico-financiers. Parmi ces scandales, les LAP (Lettre d'Autorisation de Paiement) et PSOP (Paiement Sans Ordonnancement Préalable) adressable au Trésor National pour satisfaire une clientèle politique, le riz japonais qui constitue une aide reçue de ce pays, mais qui a été redistribuée à crédit à des acteurs politiques au pouvoir, le paiement était toujours attendu. Théoriquement, il était attendu qu'à l'issu des élections qui s'annoncent à la fin du premier mandat de cinq ans, que la sanction populaire tombe en défaveur de ceux qui gouvernent, par rejet des consciences collectives de l'enrichissement illicite et de la pratique des détournements.

Le décor politique qui caractérise la fin du premier mandat des acteurs politiques en place depuis les élections de novembre 1999 admet plusieurs caractéristiques. La mauvaise gouvernance est décriée par les journaux indépendants, elle est constituée essentiellement de pratiques de détournements de biens publics, de surfacturation et marchés de gré à gré, tout comme du règne d'une impunité en faveur des auteurs de ces malversations. Un nouveau visage social s'est dessiné, il offre les traits d'une petite classe de citoyens qui s'enrichit très rapidement et de façon exponentielle. Sur le plan législatif, l'influence de l'Assemblée nationale pour le contrôle des actes du Gouvernement va en s'amoindrissant. Cependant, cette fin du premier règne de cinq ans est un aspect marquant de l'avènement démocratique au Niger depuis 1990, celui d'un mandat conduit à son terme. Cette fin de règne s'illustre à travers une crise de gouvernance aigue du fait de la "mal gouvernance généralisée" et une domination du politique dans tous les rouages de l'appareil étatique. Le deuxième mandat qui s'annonce va être plus animé, la société civile va adopter un comportement proactif et va s'imposer dorénavant dans la gestion de bon nombre d'affaires publiques.

Section 2. Le processus électoral de 2004

I. Les élections locales

La tenue des élections générales et locales est la phase terminale du processus électoral de 1999. Cependant, la mise à l'agenda politique de ces élections par les acteurs gouvernants n'a pas été immédiate, en enchaînement avec les précédentes élections. L'enjeu initial était de garantir l'autonomie des collectivités locales par un transfert des compétences dans les domaines économique, social et culturel. Il est attendu de ce processus de décentralisation, des avantages parmi lesquels l'assurance de la promotion de la démocratie et la participation du citoyen à la gestion de la chose publique. La décentralisation est attendue pour favoriser la réduction des tensions concernant les minorités et l'augmentation de l'efficacité de l'administration publique. La promotion du développement local est également un avantage dudit processus, étant donné que la lourdeur et la lenteur administratives de l'administration centrale représentent une pesanteur qui freine le développement des collectivités. Le processus favorise le développement socioculturel, du fait que la centralisation administrative a occasionné la dispersion des activités locales et une faiblesse de l'encouragement du pouvoir central. Sur le plan environnemental, les autorités issues des élections locales seront chargées d'organiser l'exécution des projets locaux, la revivification du cadre territorial, la redynamisation démographique des différentes localités avec des perspectives de protection et développement durable, ...

Il y a matière à justifier l'enclenchement du processus, pour que par la force des mots, pas forcement des actes, le pouvoir se retrouve du côté des populations pour perpétuer l'illusion de proximité. Cependant, c'est sous la pression de la société civile et des partis politiques que les acteurs gouvernants décident de mettre en place la CENI (Commission Electorale Nationale Indépendante) le 15 août 2003. Le chronogramme de la CENI fixait la date du 27 mars 2004 pour la tenue des élections municipales, c'est-à-dire la dernière année du mandat des acteurs gouvernants. Le glissement des enjeux est de ce fait inévitable, la nouvelle priorité est de permettre aux partis politiques et aux acteurs gouvernants, de juger de la popularité de leur gestion sur les administrés. Si ce glissement révèle la manipulation non apparente des textes au bénéfice des luttes politiques, le processus va révéler des modifications des textes législatifs plus ou moins improvisées.

Le cadre juridique qui régit l'organisation de ces élections est offert par la Constitution de type semi-présidentiel votée par référendum le 18 juillet 1999 et le code électoral. La Cour suprême accompagne le processus pour veiller à la régularité des opérations de vote et proclamer les résultats définitifs. Indépendamment des processus électoraux, la Cour constitutionnelle a la charge d'interpréter et de vérifier la véracité des textes législatifs, en particulier dans le cas présent de modifications préélectorales. Les premières modifications apportées au code électoral introduisent le serment confessionnel pour les présidents et rapporteurs des commissions électorales. Le potentiel de confiance à accorder par les acteurs politiques aux membres de la commission n'est pas automatique, le serment confessionnel devait permettre aux différents acteurs de se fier aux responsables des commissions pour prévenir leur participation éventuelle aux fraudes électorales. A travers le caractère improvisé de ces nouvelles dispositions, il est possible de postuler à l'extériorisation à peine voilée du reflet d'une forte méfiance des acteurs politiques. Le comportement rappelle par analogie, la méfiance de certains acteurs à l'égard de leur propre ombre, lorsqu'elle se déplace à mesure qu'ils traversent des chemins éclairés à multiples lumières. De tels acteurs préféreraient certainement l'obscurité dans laquelle il n'y a aucune ombre, plutôt des formes floues d'une silhouette méconnaissable, et qui peut tout faire sans être identifiée. La logique de l'ambiguïté et celle du silence qui caractérisent le pouvoir admet le comportement des acteurs politiques dans le cercle de ses principaux adeptes fanatiques. Le serment confessionnel est également demandé aux magistrats, qui, traditionnellement, s'acquittent de la tâche d'organisation des élections. Mais cette sollicitation a engendré un désistement massif dans la chaîne d'organisation. La mise en place de ces règles rejoint l'affirmation de Jacques Lagroye qui décrit le processus par lequel « sont élaborés une idéologie, un corps de croyances, un système de normes, communs, acceptables par tous ; les valeurs posées comme collectives sont souvent, pour l'essentiel, celles d'un groupe privilégié, mais elles intègrent les finalités d'autres groupes, et peuvent être infléchies, adaptées, recomposées en versions conciliables mais non identiques de la même partition ». En considérant le comportement introverti des acteurs qui animent le parti au pouvoir, il en découle que les valeurs posées, entre autres le serment confessionnel, qui intègre les finalités des autres partis et acteurs politiques, visent à donner un maquillage de crédibilité au cas où le processus électoral dévoilera d'autres pratiques de tricheries. Puisque le cas des membres de la CENI qui participent à la fraude n'est pas le seul problème des élections, comme par inadvertance, beaucoup d'autres problèmes étaient passés sous silence.

La classe politique demande à l'unanimité le report des élections de deux mois, étant évoqué qu'ils permettront une meilleure préparation des partis politiques, un allègement des dossiers de candidature et la correction du fichier électoral. La nouvelle date du 29 mai 2004 est proposée par la Commission. Lorsque le ministre de l'intérieur a finalement transmis à la Cour constitutionnelle les dossiers de candidature, la plus grande partie des arrêts de la Cour déclaraient inéligibles d'importantes listes des partis politiques. Le désarroi a gagné la classe politique, d'autant que le parti des acteurs gouvernants est largement concerné. Les acteurs politiques s'entendent à nouveau à travers le CNDP pour demander un ultime report. L'acte est en porte à faux par rapport à la loi, les décisions de la Cour ne sont susceptibles d'aucun recours. Mais l'Etat est mis devant d'autres responsabilités liées à la finalisation du processus électoral. Finalement, les élections ont eu lieu le 24 juillet 2004, avec leur cortège de fraudes et de contestations, qui conduit de façon récurrente, à la minimisation de leur impact sur les résultats globaux et la validation finale par la Cour constitutionnelle. Après la proclamation des résultats en nombre de conseillers par partis politiques et indépendants, les départements sont érigés en régions et les sous-préfectures en départements. Le 15 septembre 2004, les anciens préfets et sous préfets furent installés respectivement en tant que gouverneurs de régions et préfets de département. Les Chefs de postes administratifs deviennent des Sous-préfets. En fait, les sous-chefs deviennent des Chefs, et les Chefs, des grands Chefs. Cependant, dans la suite du processus, le pouvoir continuera de s'acharner à empiéter sur les dispositions de la loi, par abus volontaire, tandis que ceux qui dérangent les acteurs qui détiennent ce pouvoir sont sommés de les respecter. L'affrontement AFD (pouvoir) et CFD (opposition) a rallongé la période d'installation des élus au delà des quinze jours après la proclamation des résultats définitifs prescrits par la loi. Malgré toutes les manœuvres même déloyales des acteurs gouvernants pour affirmer et asseoir leur hégémonie, il n'y a pas eu de fonctionnement mécanique majorité-opposition, les élus ont désavoué leurs partis politiques au profit de leurs populations de base. La tendance de la domination de la coalition au pouvoir s'est retrouvée de ce fait inversée.

II. Les élections présidentielles et législatives de 2004

L'histoire révèle ceci de commun entre les élections, c'est que les épisodes électoraux se succèdent mais ne se ressemblent pas. Au terme des cinq ans de gouvernance circonscrits par la Constitution au bénéfice des acteurs élus, le rituel des élections présidentielles reprend avec des acteurs opposés à travers deux enjeux. Pour les gouvernants, il s'agira de l'avènement de la continuité de la gouvernance littéralement traduite par son slogan haoussa "Ta Zartché". L'opposition politique est en attente de l'avènement de l'alternance démocratique pour permettre de postuler à l'enracinement de la démocratie. A l'occasion de ces élections, la configuration des alliances CFD et AFD se fissure du fait que les principaux partis cherchent à se détacher de l'hégémonie des plus influents. Le rapprochement observé laisse entrevoir une première coalition du PNDS, du RDP, de l'ANDP, et du tout nouveau transfuge du CDS, le RSD. Le PNDS étant au centre des partis d'opposition, l'apport du CDS lui est important pour espérer franchir la barre du pourcentage absolu d'accès à la magistrature. Le parti a donc signé en aparté avec le CDS, une convention de création d'une alliance dénommée APR (Alliance Patriotique pour la République) dans laquelle, chaque parti accepte de faire voter ses militants au deuxième tour en faveur du candidat le mieux placé. Le refus du CDS de s'allier à l'ensemble des autres partis est justifié par ses membres qui évoquent la scission du parti des dirigeants qui animent certains partis politiques. Cette raison est normalement attendue pour être appliquée quelque soit les alliances auxquelles le CDS est amené à participer. Paradoxalement, ce ne sera pas le cas, les membres du parti ont dû fermer les yeux et arrêter de spéculer sur la participation à une alliance commune avec les partis qu'ils considéraient à leur antipode, lorsque le parti décide d'apporter son soutien au MNSD. Il y a donc la prégnance d'une versatilité nocive dans le jeu politique, qui milite en faveur de sa moralisation réelle et effective.

Théoriquement, les partis influents se sont plus ou moins éloignés du principal parti au pouvoir. Les premières réactions des acteurs gouvernants se sont illustrées dans la distribution des cartes d'électeurs, avec un blocage évident de la distribution à Illéla, région de l'acteur qui dirige le PNDS. De par la dénonciation de cette pratique, le spectre d'élections truquées a plané à nouveau dans l'atmosphère politique. Le pouvoir affirme sa capacité à gagner dès le premier tour, l'opposition s'appuie sur les résultats des élections locales comme argument irréfutable pour avertir que dans cette éventualité, elle rendrait le pays ingouvernable. Le président du PNDS franchit un cap supplémentaire en animant une conférence de presse dans laquelle il exhibe les prototypes de fausses cartes d'électeurs fabriquées par les acteurs gouvernants et distribuées à leurs militants pour opérer des votes multiples. Le pouvoir décide de porter plainte. La suite de ce bras de fer ne sera pas connue, le silence l'ayant emporté sur la nécessité d'établir judiciairement la réalité des faits. La campagne électorale s'est poursuivie. Elle prend par moments et par endroits des allures insolites. C'est le cas à Tahoua, lorsqu'un ministre de cette localité se déplaçait pour faire campagne avec une poignée d'individus qui scandaient le slogan "Ta-Zartché" ou la continuité, une foule plus nombreuse porteuse de sacs de riz vides scandait : "Ta-Zartché da chinkafan mou", c'est-à-dire, « la continuité sans le remboursement de notre riz ? ». Par ce slogan dans l'Ader et par les sacs vides qui symbolisent le geste de citoyens venus réclamer leur part de riz spoliée, l'opposition attirait l'attention des populations sur le scandale du riz japonais, l'implication du ministre dans le détournement, et que la reconduction du mandat des gouvernants en place supposait la continuité des pratiques illicites dans la gouvernance de l'Etat. Il était naturel que l'opposition attende l'alternance comme sanction du peuple à l'égard des gouvernants.

La campagne des gouvernants a pris un autre visage, celle d'un événement faste et de l'exhibition des richesses pour émerveiller les électeurs de la campagne par usage de moyens qui leurs sont inhabituels. Le propre du sens commun est qu'il formule généralement des commentaires qui tendent à amplifier davantage le caractère enjolivé des objets inhabituels. Il y a cinq ans de cela, la campagne de ces acteurs était nettement plus modeste. Ce qui illustre un glissement, d'une sollicitation initiale basée sur la manipulation des sentiments des électeurs, vers une sollicitation sur la base de l'enjolivement des richesses acquises et d'objets matériels sophistiqués. Autrement dit, il s'agit d'un glissement d'une situation de recherche du consentement des citoyens qui supposait que les acteurs étaient à cette époque faibles, vers une situation d'imposition aux citoyens d'autres normes qui supposaient être plus proches de la situation actuelle des détenteurs de la gouvernance de l'Etat, et qui cachent à peine le pouvoir d'injonction qu'ils détiennent. Tout ce bruit entretenu fait perdre de vue les "affaires" de la gouvernance et empêche les individus de se demander quel était le programme politique proposé.

Dans ce spectacle de la fête préélectorale, des individus se sont adaptés à l'ultime circonstance offerte et ont développé des techniques destinées à "plumer" davantage les candidats. Il leur suffit d'impressionner par une illusion de représentativité, d'assurer tour à tour chaque candidat de leur soutien et de solliciter auprès de chacun plus de moyens financiers. La campagne électorale est telle qu'il n'y a pas de place pour développer un argumentaire qui assure de la viabilité d'un programme proposé par un candidat. Même un candidat sans aucun programme pouvait participer avec succès à la cacophonie. Les campagnes électorales méritent d'être repensées, pour qu'elles acquièrent davantage d'efficacité dans l'ensemble du processus. Il s'agit là d'un défi aux différents spécialistes, qu'il s'agisse des experts en sciences sociales, des acteurs de la société civile ou des hommes de médias, parce que de toute évidence, nombre d'acteurs politiques encore moins ceux qui aspirent à un pouvoir néo-patrimonial, ont à priori plus d'intérêts à perpétuer le désordre qui empêche de trouver le chemin qui mène à l'évaluation des candidats et de leurs programmes. Une fois que le document évaluateur est établi, qui permette aux citoyens de distinguer les véritables enjeux de chaque élection, il appelle à un véritable travail de ventilation et d'éducation bien avant les élections, loin du cirque électoral auxquels les acteurs politiques convient les citoyens continuellement. Il est important que les populations suivent des déterminismes liés à des valeurs sociales particulières, à la place de suivre des acteurs ou des structures qui animent la scène, que ces acteurs soient politiques ou de la société civile. La sensibilisation peut prendre son fondement à partir de la morale et de la religion, de sorte que si un acteur change par rapport au déterminisme, que la population ne puisse le suivre. Cela suppose par ailleurs une prise de conscience de la nuisance de l'intoxication dans le jeu.

Le 16 novembre 2004 jour du scrutin, des irrégularités furent constatées, notamment autour d'un bureau de vote de Maradi où la plupart des votants se sont dirigés vers un domicile privé juste à la sortie du bureau de vote, un fait qui corrobore l'hypothèse de l'achat des votes par le propriétaire, militant en faveur des gouvernants en place. Le scrutin admet un contraste qui le diffère de celui de la dernière transition démocratique. En fait, depuis le régime de l'AFC, les gouvernants candidats aux élections n'ont pas réussi à organiser des élections acceptables. Cette logique d'élections acceptables n'est illustrée que lorsque les gouvernants ne sont pas partie prenante dans la compétition électorale. La raison est importante qui lui vaut sa formalisation actuelle par la loi. Cependant, il y a lieu d'aller au delà des dispositions actuelles qui ont imposé au Premier Ministre et aux membres de son Gouvernement de démissionner préalablement de leurs postes respectifs avant toute participation à la compétition électorale. La loi doit spécifier le délai de six mois à un an avant les élections, et imposer au président de la République un Premier Ministre issu de la société civile lorsque le président est candidat au renouvellement de son mandat. Le cas échéant, il est fort à craindre que le processus se retrouve corrompu par toute forme connue et même inconnue de fraude électorale, puisque les acteurs qui cherchent à tout prix à gagner innovent continuellement dans les tricheries électorales. Et même le Premier Ministre ainsi imposé n'échappera pas à leur prédation, s'il n'y prend garde, notamment l'offre de le reconduire en contrepartie de son acceptation de faire entorse au processus et permettre à un candidat de gagner.

A la fin de la centralisation et du calcul des statistiques liées au vote, lorsque les résultats du premier tour furent communiqués et donnèrent un score à l'acteur gouvernant sortant qui approche la majorité absolue, la scène politique va connaître un spectacle imprévisible par tout analyste politique. L'ANDP d'abord, le RSD ensuite, puis le CDS et enfin le RDP, changent tour à tour de camp et apportent leur soutien aux acteurs gouvernants sortants. Le ralliement du CDS est apparu plus tard comme déjà négocié avant même la tenue des élections. En considérant ce comportement du CDS, d'une part l'accord passé avec le PNDS devait servir uniquement lorsqu'il arriverait à la deuxième place donc au second tour, malgré le chèque encaissé du PNDS, et d'autre part, l'accord avec le MNSD devait tenir pour renouveler les clauses de 1999 lorsqu'il arrive en troisième position. En fait d'une stratégie ou d'une ruse électorale, c'est plutôt d'une absence de déterminisme politique qu'il s'agit, un indéterminisme non favorable à l'équation de stabilité. Si tous les vingt-neuf partis devaient appliquer cette règle d'intérêt particulier et recroquevillé, puisqu'il existe nécessairement un intérêt entre tous les partis pris deux à deux et c'est simplement leur importance qui les différencie, le nombre d'alliances préélectorales exploserait inexorablement pour atteindre quatre cent six alliances en appliquant la combinatoire, tandis que la règle de l'arrangement donnerait huit cent douze alliances. La dérive comportementale du CDS en tant que modèle à suivre se retrouve scientifiquement désastreuse pour le système démocratique. En analysant le même comportement sur le plan moral, une seule question mérite d'être posée : les auteurs de ces actes, pensent-ils soustraire cet engagement non tenu de la liste des engagements sur lesquels ils seront interrogés le jour des comptes, où la notion d'engament n'est liée à aucune activité humaine spécifique ? S'ils réussissent à échapper au système instauré par les hommes, ils se feront rattraper par ce choix d'un bienfait éphémère. La signature d'un accord avec un parti suivi du revirement des différents signataires apportent un réconfort à ceux qui s'abstiennent en raison de la trahison qui sévit dans le milieu politique. L'épreuve est douloureuse pour tous ceux qui assistent impuissants au règne accablant de la trahison. L'épisode illustre le règne de l'anarchie des alliances, mais contrairement à l'anarchie des souverainetés internationales, rien, ni même la conscience et la raison n'encourage les acteurs politiques à ternir leurs engagements. Le deuxième tour des élections présidentielles est jumelé avec les législatives et est prévu pour le 4 décembre 2004. L'issue de ce deuxième tour des présidentielles est d'avance scellée. Tout de même, le report du vote en faveur du candidat du pouvoir n'a pas été automatique. Les militants en grande majorité n'ont pas tous respecté les mots d'ordre donnés par leur hiérarchie politique. L'explication tient de la réaction au douloureux spectacle de la trahison et à la compassion à l'égard de la victime, ici le PNDS. L'opposition s'en est donc tirée avec un score honorable. Après la victoire électorale, les récompenses sont tombées sous forme d'extension du nombre de ministres, de nouveaux postes créés à l'appropriation des nouveaux venus, tels le Haut Conseil des Collectivités Territoriales (HCCT) pour le dirigeant du RDP, la Haute Cour de Justice (HCJ) pour celui de l'ANDP et le Conseil Economique et Social (CES) pour le RSD. La création de ces postes s'est faite sans aucune mesure de performance ou de l'implication budgétaire des actes politiques ainsi posés. Le pouvoir est tel qu'il permet aux acteurs de faire ce qu'ils ont envie pour parvenir à la matérialisation de leurs intérêts propres. Le pays a ses intérêts, l'idée n'est pas paradoxale, qui ne sont pas forcement ceux des acteurs qui le gouvernent.

Le MNSD atteint ainsi le sommet de sa puissance au sortir des élections présidentielles, tandis que le revirement est attendu pour plomber l'évolution des partis qui l'ont perpétré. Dans le règne qui va suivre, aucun parti ne disposera de moyen de faire changer la donne politique imposée par le MNSD. L'hégémonie est à son paroxysme, l'histoire nous enseigne que tout système qui atteint son apogée, va immanquablement vers son déclin. Le pouvoir rend ivre, et cette ivresse autorise les acteurs gouvernants à repousser sans cesse les limites qui circonscrivent les manœuvres de satisfaction de leurs intérêts. Puisqu'il n'y avait pas de rempart pour que « le pouvoir ne puisse pas abuser du pouvoir », la force de la pression exercée par l'Etat sur les citoyens s'accentue au travers de mécanismes de contribution financière citoyenne. Finalement, les citoyens finissent par s'organiser pour faire reculer l'Etat, la société civile venait de faire marquer le pas à l'hégémonie politique. La société civile proactive émerge alors et se dresse en rempart, une naissance dans la douleur de la répression et des choix inefficients des acteurs gouvernants, qui ont, sans le vouloir, précipité son éclosion. L'adversaire est plus solide que le pouvoir pouvait le prévoir, il réussit à empêcher aux gouvernants le règne de leur hégémonie. Aucun parti politique qui ne soit au pouvoir ne l'a réussi dans l'histoire démocratique du Niger, c'est-à-dire, équilibrer la balance de la pesanteur dans les relations entre le pouvoir et ce parti. Si l'expérience était à refaire, les gouvernants ne la referaient certainement pas, puisque le rêve de tout pouvoir qui s'inspire de ses fondements néo-patrimoniaux, est d'empêcher l'émancipation du peuple, y compris si le système scolaire devait en faire les frais. Il est utile de rappeler que le président de la République et son Premier Ministre sont des élèves de la dictature militaire qui a perpétué le règne du régime dictatorial et néo-patrimonial du CMS, et qui est pour l'essentiel, la base de l'inspiration de ces acteurs gouvernants. Leur deuxième repère d'inspiration tient de la gouvernance de la IIe République avec l'hémorragie sans précédent qui eut raison des finances publiques et même privées de la nation nigérienne. Cette base contribue de façon importante à expliquer l'explosion des "affaires", c'est-à-dire l'exagération des scandales politico-financiers.

Section 3. Les dimensions de l'attaque acridienne d'octobre 2004

De façon générale, le rythme de l'évolution d'une société rencontre à certaines périodes de son histoire, la prégnance des facteurs perturbants qui empêchent de conserver une uniformité d'évolution. Depuis les indépendances, le domaine des politiques publiques au Niger est marqué par la prévention et la lutte contre les risques "avancée du désert", "sécheresse" et "invasion acridienne". L'évolution au fil du temps s'est traduite par l'enrichissement de ces politiques publiques en outils, en techniques et en institutions, le tout en liaison avec l'évolution de la science. Ces dispositifs représentent des leviers actionnables à la disposition des acteurs gouvernants. Il est ainsi rendu possible, la compréhension du décalage qui peut exister dans le traitement d'une crise entre des acteurs disposants de moins de moyens techniques, et ceux disposants de moyens de plus en plus sophistiqués, et dont il est attendu logiquement d'eux, un meilleur résultat. Tout résultat contraire met en cause la pertinence des choix des acteurs politiques eux-mêmes, et plus loin encore, leur capacité ou aptitude à gouverner. Cette aptitude renvoie à la définition que donne Lipset (1962) de l'efficience d'un régime, c'est-à-dire son « aptitude fonctionnelle à appréhender et à résoudre les problèmes majeurs de la société ».

En octobre 2004, une crise liée à la famine, elle même liée à l'invasion des criquets pèlerins, va connaître une gestion assez particulière. Avec l'avènement de cette crise et les choix des acteurs gouvernants, la Ve République va offrir une fenêtre d'opportunité qui favorise l'émergence d'une société civile proactive et de plus en plus émancipée, et dont les acteurs s'imposent dorénavant dans la gestion de ces risques dès lors qu'une des incidences a trait à l'augmentation des prix des produits de grande consommation. La participation de ces nouveaux acteurs à la gestion de ces risques traduit un changement radical de la gestion d'un problème à l'origine essentiellement du domaine des spécialistes et des pouvoirs publics vers un processus plus ouvert et plus participatif.

I. L'expertise sur la menace acridienne

La nature contraignante de l'impact des attaques acridiennes au Sahel est révélatrice des dimensions qui s'imposent aux acteurs politiques. Des dispositifs institutionnels ont été mis en place comme référentiel d'une politique publique de prise en compte de la problématique des attaques acridiennes récurrentes au Sahel. L'approche "risque" permet de mieux appréhender ces politiques publiques. L'expertise technique et scientifique de l'approche analytique d'étude des acteurs fait ressortir la catégorisation en risque majeur des attaques acridiennes, du fait de leurs effets hautement néfastes, par l'ampleur de leurs conséquences dans l'espace et le temps. L'aptitude des services techniques à les juguler frôle l'impuissance du fait de la dépendance vis-à-vis de moyens que l'Etat ne dispose pas systématiquement, cette aptitude atteint le stade de l'impuissance lorsque la nature se déchaîne inexorablement.

La connaissance des capacités de nuisance du criquet pèlerin découle de sa morphologie, de sa biologie et de sa situation géographique. L'insecte habite normalement l'Afrique au sud du Sahara et l'Inde sur environ 16 millions de kilomètres carrés. En cas de crise de la natalité, il devient un insecte migrateur qui visite lors de ses migrations une soixantaine de pays d'Afrique, d'Asie et d'Europe, sur une superficie de plus de 29 millions de kilomètres carrés.

Les criquets adultes mesurent 70mm de longueur environ (les mâles étant plus petits que les femelles) et pèsent 2 grammes. Ils consomment chaque jour leur poids de plantes, Le transit intestinal est très rapide, environ une demi-heure, mais en période de disette le transit est ralenti, la nourriture pouvant mettre deux à trois jours pour passer. Cette régulation permet à l'insecte de résister à la faim et à la soif, ce qui est utile pour la traversée des régions désertiques du Sahara.

Du point de vue biologique, le criquet pèlerin passe au cours de sa vie par les stades d'œuf, de larve, de nymphe et d'adulte. L'incubation de l'œuf dure une quinzaine de jours, ou un peu plus, étant donné les conditions d'humidité particulières requises. Les connaissances que détiennent les peuples du Sahara permettent de lier la naissance des criquets avec l'arrivée de la pluie. Ils naissent souvent durant les heures chaudes de la matinée, souvent de façon massive, en fonction de l'humidité ambiante.

Cette expertise laisse entrevoir que les principaux moyens de lutte contre l'invasion des criquets résident dans l'observation des espaces géographiques, la détection des nuées de criquets en mouvement et la pulvérisation des insecticides sur des grandes surfaces. Tous ces moyens sont relativement coûteux et difficilement accessibles, d'où la mise en place de certaines politiques étatiques du Sahel reposant sur un partage en commun des charges liées à la prévention et au traitement.

II. Les outils de politique publique de prévention et de lutte contre les criquets pèlerins

Les services environnementaux sont chargés de la phase de pulvérisation d'insecticide au sol. Mais la faiblesse des moyens financiers de l'Etat ne permet pas à ces services de disposer de moyens adéquats dans la réalisation des missions qui leurs sont assignées.

Le Niger, comme les autres pays membres, fait recours aux services du CILSS ou à la solidarité internationale. Mais l'acteur majeur de la lutte contre l'invasion acridienne est la FAO, organisme des Nations Unies. Le Centre d'Intervention Antiacridien d'Urgence de la FAO a mis en place un bulletin d'information sur les criquets pèlerins. Ce bulletin s'étend à tous les pays d'Afrique et d'Asie concernés par le risque « invasion acridienne ». En situation d'urgence, le principe est basé sur la centralisation au niveau de la FAO des fichiers de sortie appelés RAMSES accompagnés d'une brève interprétation et qui sont transmis par les pays concernés deux fois par semaine. La FAO demande également la transmission des bulletins décadaires résumant la situation des pays affectés[4].

La spécificité de l'hivernage 2004 au Niger est liée au fait que malgré les prévisions et les traitements réalisés par les autres pays, aucune mesure de prévention concrète n'a été prise par le pouvoir publique. Cette absence de la matérialisation de la politique publique de prévention de ce risque ou plutôt l'absence de moyens invoqués par les acteurs politiques a été le précurseur du déclenchement du mouvement citoyen. A la même période, lorsque les pays d'Asie sortaient du dévastateur tsunami, le Niger a été l'un des premiers pays à annoncer sa contribution, sans doute pour attirer l'attention sur sa situation intérieure qui va immanquablement se traduire en catastrophe du fait de la famine qui s'annonce, suite à la destruction des récoltes paysannes par les criquets. Les acteurs politiques ne le savent peut être pas, un tel acte politique est contre-productif, puisque la conception qui règne sur la scène internationale voudrait que ce soit les grandes nations qui tirent exclusivement tous les honneurs de l'assistance aux pays victimes de catastrophe, lorsqu'ils sont considérés comme moins grands. Il sera difficile que ces grandes nations acceptent l'usurpation de leur rôle par un pays, de surcroît considéré comme "faible". Les errements des acteurs politiques se traduisent en une véritable fenêtre d'opportunité qui va davantage conforter les groupes sociaux dans leur lutte pour la prise en compte de leurs points de vue dans l'arène politique.

III. Les systèmes et mécanismes de prévision des crises alimentaires au Sahel

L'OPVN (Office des Produits Vivriers du Niger)

L'organisme reste un établissement public à caractère commercial et industriel, mais les différents régimes qui se sont succédé en ont fait divers usage. Tout en maintenant le Stock National de Sécurité et en réalisant des prestations de services au bénéfice de l'Etat (à partir de la Ière République), sa mission a été étendue à la réalisation des prestations au bénéfice de la Commission Mixte de Concertation (CMC), des donateurs et des tiers. L'office se charge de la mobilisation des stocks de céréales en cas de crises alimentaires sur décision de la CMC.

Au volet de la réalisation de prestations de service au profit de la CMC Etat-Donateurs, l'OPVN concentre toujours ses efforts dans les rouages traditionnels liés à la gestion des aides alimentaires, à l'organisation des transferts de céréales en direction des zones où sont mises en œuvre les actions d'atténuation des crises.

De cette expertise sur la connaissance de ce dispositif institutionnel, il ressort un aspect important pour l'analyse de la politique publique. Il s'agit des actions d'atténuation des crises qui peuvent prendre diverses formes. généralement, les régimes qui se sont succédé, même sous la dictature militaire, ont utilisé le principe de distribution gratuite de vivres. Les acteurs politiques en place vont appliquer le principe de la vente à prix modéré pour faire face à l'inflation occasionnée par la rareté des vivres et éviter une dérégulation de la loi du marché. L'OPVN sert à réguler les prix des

---

[4] Sitographie : Pages consacrées au criquet pèlerin sur le web : www.fao.org/ag/locusts

céréales sur le marché. En période de récolte, les paysans sont amenés à vendre une partie des céréales récoltées. Ils rachètent ces mêmes vivres en période de soudure ou en période de semence. Mais l'utilisation le reste du temps de l'outil est marquée par les besoins des acteurs politiques de satisfaire une longue clientèle politique, instaurant de ce fait un véritable système clientéliste. Si les sorties marquent une forme évidente de ce système clientéliste, les entrées de stock ont un visage moins apparent, en ce sens que le marché d'achat des vivres est réservé à des commerçants non choisi de façon transparente.

Les autres systèmes

Le risque "invasion acridienne" et le risque "sécheresse" se rejoignent dans la crise alimentaire qu'ils engendrent. Les différents outils concentrent les efforts des techniciens dans la prévention de ces crises alimentaires. L'un des premiers exemples significatifs de système de secours en cas de catastrophe est représenté par le Plan ORSEC proposé par la Coopération Française et successivement repris par la Communauté Européenne. Le plan intègre une « demande d'information » définie clairement en termes d'utilisateurs, de contenus, de formats et de temps d'utilisation, sur la base d'analyses détaillées des facteurs déterminants de la sécurité alimentaire des populations sahéliennes en cas d'avènements répétés de la sécheresse[5].

Plusieurs outils ont vu le jour dans un processus temporel de fourniture d'information :
PRESAO (Prévision Saisonnière en Afrique de l'Ouest) : permet de prévoir les pluies saisonnières sur la période de Juillet à Septembre.
Front de Convergence Intertropical : l'existence de séries longues sur les positions du FIT permet de définir sur un plan décadaire, l'évolution de l'installation de la saison et de la fin de la saison.
Modèle ZAR (Zone A Risque) : outil agro météorologique dont les hypothèses sont basées sur le bilan hydrique et ses conséquences sur l'évolution des cultures.
Modèle Diagnostic Hybride des Cultures (DHC) : se base sur la détermination dans le temps de l'évapotranspiration réelle de la plante, en fonction de l'humidité du sol et de l'évaporation.
SIM (Système d'Information sur les Marchés) : vise à centraliser les prix des denrées ainsi que ceux des animaux et leur nombre dans un observatoire régional.
Divers autres outils ont été développés.

Dans le cadre des mesures de régulation liées aux politiques publiques des acteurs gouvernants, un répertoire d'informations et d'actions est disponible pour la prévention et la gestion des crises. Il est fourni par le réseau de Prévention des Crises Alimentaires au Sahel, qui détient ici une expertise notoire :
L'amélioration des prévisions climatiques à brève et moyenne échéance pour la mise à disposition de nouveaux produits d'information sur les tendances de la campagne ;
L'économie alimentaire des ménages qui constitue la clé de passage entre l'identification des zones vulnérables et le ciblage des groupes vulnérables ;
L'analyse des prix qui passe par l'homogénéisation des méthodes de collecte jusqu'à l'établissement des niveaux d'influence territoriale des différents marchés ;

---

[5] Réunions annuelle du Réseau de Prévention des Crises Alimentaires au Sahel

Une meilleure connaissance des flux en termes monétaires sur la base des cultures de rente. Ces cultures méritent une attention tant du point de vue prévisionnel que de l'évaluation finale de la production.

De l'analyse des informations ci-dessus, il ressort que les partenaires extérieurs jouent un rôle primordial dans la détermination de la politique publique au Niger en matière de prévision des crises alimentaires. L'Etat n'a donc pas le monopole. Certains outils existants sont fournis par l'AGRHYMET qui est un centre appartenant au CILSS, donc à la communauté des Etats qui y participent. L'approche "configurationnelle" du risque présente une population assez étoffée d'acteurs impliqués dans la prise en compte du risque « invasion acridienne ». Il en est de même pour les dispositifs institutionnels existants. Le constat qui se dégage est relatif à l'absence de la société civile comme acteur participant à la gestion des risques « avancée du désert », « sécheresse » et « invasion acridienne ». Ces risques forment depuis les indépendances, un domaine traditionnellement dominé par l'Etat et les organismes internationaux.

IV. Le tumulte de la gestion de la famine

De par son importance dans la naissance de nouvelles turbulences sociales, la chronologie des faits qui décrivent la catastrophe occasionnée par l'invasion acridienne d'octobre 2004 au Niger, mérite d'être approfondie. L'application de l'approche "configurationnelle" facilite la synthétisation des informations contenues dans la description chronologique. La discussion analytique portée sur les politiques publiques et sur le comportement des autres acteurs permet de saisir les dimensions et les implications des choix opérés par tous les acteurs. En suivant l'évolution de la crise, il apparaît son déplacement du domaine initialement de l'ordre humanitaire et sanitaire, vers le domaine politique. L'approche "configurationnelle" permet de saisir l'émergence de nouveaux acteurs, les opérations symboliques posées par tous les acteurs et les dispositifs institutionnels auxquels le pouvoir public a fait recours dans le traitement du dossier de la crise étirée. Ce processus permet de mieux comprendre cet épisode de la vie politique et sociale du Niger.

En automne 2003, la FAO publie un bulletin d'information sur les résurgences des criquets pèlerins qui se sont développées dans le nord-ouest de la Mauritanie, le nord du Mali et du Niger et dans le nord-est du Soudan, suite à de bonnes pluies et une reproduction estivale. Quelques essaims s'étaient déplacés vers le sud du Maroc ainsi que des ailés dans le sud de l'Algérie et en Egypte.

L'hivernage 2004 a également été marqué par une invasion acridienne observée à l'avance et annoncée par les outils de prévention. Le journal indépendant « *Républicain-Niger* » fait écho de cette information et attire l'attention des autorités sur la mesure de la situation, l'urgence qui s'impose, la famine qui ne manque pas de s'installer. L'article porte également sur les mesures prises par les autres pays concernés à savoir le Mali et le Burkina Faso et enfin sur l'immobilisme des acteurs politiques gouvernants (Journal *Républicain-Niger*, 29 juillet 2004 ; 23 septembre 2004).

De façon concrète, le Gouvernement n'a pas procédé au traitement qui s'impose sur le terrain pour faire face au déplacement des criquets. Les végétations étant livrées à elles-mêmes face au danger acridien, le ravage des récoltes était inévitable et elles furent entièrement détruites. La famine s'installe dans les foyers les plus touchés.

L'approche analytique explicite l'expertise technique et scientifique disponible pour rendre compte de la gestion de cette crise par les acteurs élus gouvernants. Le rapport de Mme Isabelle Defourny[6] illustre à juste titre la chronologie des faits :

« En octobre 2004, une première alerte avait été donnée sur la situation nutritionnelle au Niger. Une mission d'organisations internationales indique un déficit céréalier au Niger pour l'année 2004-2005 de 223.448 tonnes soit 7,5% des besoins nationaux. Si, à l'échelle nationale, ce déficit n'était pas énorme, la mission explique qu'il ne doit pas occulter l'extrême vulnérabilité alimentaire de plus de 3 millions de personnes dans quelque 3.000 villages. La mission recommande l'intervention des pouvoirs publics et des organisations impliquées dans des programmes de développement pour compenser le déficit céréalier.

Suite à cette évaluation, le gouvernement du Niger adresse au Programme alimentaire mondial (PAM), fin novembre, une demande de 78.000 tonnes de céréales. Le Niger ne recevra que de 6.562 tonnes, soit moins de 10% de la demande initiale.

Pendant les mois de janvier, février et mars, le nombre d'enfants atteints de malnutrition sévère augmente considérablement dans les centres de Médecins Sans Frontières. En avril, différentes enquêtes nutritionnelles confirment la gravité de la situation. L'Assemblée nationale du Niger lance à son tour un appel d'aide alimentaire d'urgence à la communauté internationale.

Le 19 mai, l'Organisation des Nations unies demande 16 millions de dollars afin de contenir la crise. Quelques jours plus tard, le Premier ministre nigérien réitère l'appel de son gouvernement.

Comment, malgré ces multiples signaux d'alerte, en arrive-t-on aujourd'hui à une situation d'urgence ? Face à cette crise, la principale réponse des autorités nigériennes appuyées par les agences internationales et les organisations de développement a consisté à mettre en place un système de "ventes à prix modéré" du mil.

De septembre 2004 à juin 2005, 42.000 tonnes de mil ont été mises en vente à prix réduits, en dessous de ceux du marché. Ces quantités, pour 3,4 millions de personnes vulnérables, sont tout à fait insuffisantes. Elles représentent en moyenne à peine plus de 12 kg de mil par personne pour 9 mois, alors qu'une personne consomme en moyenne 20 kg par mois !

Mais surtout, début juin, le Premier ministre nigérien a lui-même reconnu l'inefficacité d'une telle action en signalant que, parmi les 3,6 millions de personnes menacées par la pénurie alimentaire, des centaines de milliers sont démunies au point de ne pouvoir s'offrir les céréales, même à bas prix. Les personnes les plus sévèrement frappées par la crise alimentaire sont en effet les plus pauvres : des agriculteurs ayant subi de mauvaises récoltes, mais aussi des éleveurs et des artisans. Beaucoup ont déjà épuisé leurs ressources en vendant biens et animaux pour se nourrir.

---

[6] Extrait du rapport de Mme Isabelle Defourny, Médecin, responsable adjointe des programmes MSF (Médecins Sans Frontière) dans la région

Le gouvernement a alors proposé une autre "solution" : un prêt de céréales, remboursable après la récolte. Cette mesure a certes le mérite de rendre immédiatement disponible des vivres aux personnes ayant le plus besoin, mais grèvera fortement les réserves des familles pour l'année suivante et poursuivra le cycle infernal de la pénurie.

Dans les faits, ces mesures reviennent à faire payer l'aide aux personnes qui en ont le plus besoin et qui ont le moins de moyens.
Du côté de la prise en charge médicale des enfants sévèrement malnutris (c'est-à-dire en danger de mort imminente), les soins sont payants au Niger, inaccessibles aux plus pauvres et MSF est aujourd'hui le seul acteur humanitaire à avoir mis en place un programme de soins aux malnutris.

Les enquêtes de mortalité rétrospectives effectuées par Epicentre et MSF en avril dans les régions de Keita, Dakoro et Mayayi ont révélé, chez les enfants de moins de 5 ans, des taux de mortalité déjà supérieurs aux seuils d'urgence à une période de l'année où ils sont peu malades. Avec l'arrivée de la saison des pluies en juin, les diarrhées et le paludisme vont faire leur apparition et fragiliser encore davantage la situation d'enfants déjà très affaiblis par le manque de nourriture.

Alors qu'elles seraient selon nous la seule mesure capable d'éviter une aggravation de la situation et de très nombreux décès, les distributions alimentaires gratuites dans les zones les plus touchées par le manque de nourriture provoquent toujours une forte réticence chez les bailleurs de fond, les agences des Nations unies et le gouvernement et ne sont toujours pas à l'ordre du jour. Le risque de déstabilisation du marché, brandi par les différents acteurs pour justifier leur refus, prend le dessus sur la nécessité de déployer des secours vitaux afin d'éviter aux plus faibles de sombrer dans la malnutrition et de mourir à très court terme. La gratuité des soins médicaux pour les enfants de moins de cinq ans dans les régions les plus frappées n'est pas non plus, à ce jour, mise en place, malgré la promesse du ministre de la Santé nigérien.

Ce refus de reconnaître l'urgence de la situation et d'envisager des mesures exceptionnelles reviennent tout simplement à condamner les enfants des dizaines de milliers de familles les plus pauvres du Niger à mourir de faim. »

De l'analyse "configurationnelle" du risque en cours pour synthétiser les informations contenues dans la description des faits quant à la politique publique de gestion de la famine, il en ressort que :
- les principaux acteurs sont : le pouvoir exécutif public, l'organe législatif, le journal « Le Républicain Niger », le centre MSF, la FAO, le PAM, l'ONU, le FMI, la Banque Mondiale,
- les opérations symboliques développées révèlent qu'en tant qu'institution, chaque acteur a fait ce qu'il sait faire (Allison et Halperin, "*Bureaucratic Politics*"). Le journal indépendant « *Républicain-Niger* » qualifie la famine du nom du président de la République à l'image de toute la masse paysanne en souvenir de ce fléau. Cette dénomination ajoutée à bien de raisons qui sont propres à l'acteur, constituent la clé de l'explication de la position du président de la République à reconsidérer le qualificatif de famine. Le débat est improductif de qualification de la catastrophe, des acteurs secondaires abondent dans le sens d'une volonté d'étouffer l'alarme lancée déjà tardivement. Si l'organisme MSF a apporté son

aide par rapport aux soins qu'il a fourni, la FAO a joué le rôle d'annonciateur des signes précurseurs, l'ONU et le PAM ont pris le relais de la diffusion du signal d'alarme et la centralisation de l'aide fournie par les donateurs. Les gouvernants du Niger sous l'instigation du FMI et de la Banque Mondiale recherchent malgré la catastrophe, les moyens de fructifier le capital.
- la catégorisation des enjeux de ces acteurs permet de les regrouper en trois catégories, à savoir, prévenir de l'imminence de la catastrophe, lutter contre la malnutrition, et éviter la déstabilisation du marché des céréales. Les dispositifs institutionnels utilisés par les pouvoirs publics concernent l'OPVN, la Cellule Crise Alimentaire dépendant directement du cabinet du Premier Ministre, ainsi que le Ministère de l'agriculture et de l'élevage.

L'analyse de ce rapport fait ressortir :
- Une mise en place tardive d'une politique publique efficace de gestion de la crise provoquée par l'invasion des criquets pèlerins.
- Une inefficacité de la politique publique du Gouvernement qui brandit l'argument de déstabilisation du marché face à une catastrophe humanitaire sans précédent. L'argument ne tient pas compte d'une donnée fondamentale, c'est que le marché est déjà déstabilisé puisque les paysans qui l'approvisionnent et s'y approvisionnent n'ont aucune ressource pour participer au processus d'échange. La récolte perdue constitue leur principal atout.

Ces deux aspects vont être les principaux vecteurs de la lutte engagée plus tard par la société civile qui saisit l'opportunité d'une politique publique inefficace face à une crise humanitaire aiguë. La crise se déplace du domaine social vers le domaine politique.

Lorsque la politique publique de vente de céréales à prix modéré a été lancée par le Gouvernement, au sommet de la hiérarchie, certains des derniers maillons de la chaîne de mise en vente se sont appropriés les directives, se sont donnés des marges de manœuvre confortables, au mépris des règles de la morale qu'impose la compassion à l'égard des victimes de la catastrophe. Les "petits" fonctionnaires ne sont pas des "implements" mais des "policy makers", même s'ils ne disposent pas des mêmes ressources que les acteurs étatiques (Eymeri Douzans, 2007). Les acteurs instaurent un système clientéliste dans lequel la plus grande partie du stock est revendu à prix modéré certes, mais aux commerçants, généralement proches de leur obédience politique avec un surplus qui revient aux vendeurs. Les commerçants à leur tour ramènent les céréales sur le marché, mais au prix du marché. Ainsi, la vente à prix modéré des vivres s'arrête avant la sortie des magasins de l'OPVN.

Dans l'optique d'évaluer cette politique publique, l'Etat dispose des moyens de retrouver les véritables bénéficiaires de la vente à prix modéré. Le fait marquant est lié au manque de mémoire des acteurs étatiques (Pressman-Wildavski, 1973). En effet, la pratique de détournement de l'aide en période de crise a déjà été dénoncée en 1972, lorsque les gouvernants de la Ière République ont dû faire face à une situation de crise alimentaire. Et plus important encore, l'argument a été utilisé pour justifier un coup d'Etat militaire. La gestion des catastrophes naturelles a été par le passé, l'occasion de changement de régime hors du cadre démocratique. Les raisons avancées par les militaires ayant réussi le premier coup d'Etat de l'histoire du Niger, le 15 avril 1974, sont entre autres relatives à la mauvaise gestion de la famine qui a sévit au Sahel en

1972. Dès lors, à côté du risque « sécheresse » et du risque « invasion acridienne » plane toujours le risque « retour à la transition démocratique », d'autant que le régime militaire d'avril 1974 a parfaitement géré la sécheresse et la crise alimentaire de 1984. La performance des acteurs gouvernants dépend de leur appropriation de la mesure de cette menace sur la démocratie, contre laquelle le devoir impose d'asseoir une gestion efficace de ces crises avec une plus grande proximité des victimes. Pour les acteurs politiques avertis, il n'y a véritablement pas de place aux errements d'une expérimentation dans la gestion de ces crises telle que stipuler par Pierre Lascoumes : « les politiques publiques d'environnement et de gestion de certains risques fonctionnent comme un terrain d'expérimentation d'une nouvelle forme d'action publique »[7].

Dans la foulée de la crise, et en tirant les conclusions des détournements de l'aide alimentaire, certains donateurs décident de couvrir toute la chaîne de fourniture de l'aide, de la collecte au transport vers les zones touchées, jusqu'à la distribution gratuite sans intervention de l'Etat. Les acteurs gouvernants n'ont pas caché leur irritation en haussant le ton pour retrouver leur place dans la chaîne. Le Premier Ministre brandit l'argument de la souveraineté nationale. Les organisations internationales sont directement visées (Journal *Républicain-Niger*, 12 août 2005). Des voix s'élèvent au sein de la société civile et font remarquer que la réaction du Gouvernement est normale. Elle traduit la réussite du blocage d'un détournement qui adviendrait immanquablement si l'Etat reste l'acteur distributeur. La société civile va progressivement prendre place dans le processus de gestion de la crise qui perdure, mais ce sont les conséquences d'une autre politique publique qui vont accélérer cette émergence.

V. La société civile et la politique publique de gestion de crise

Si la crise alimentaire d'octobre 2004 a été l'occasion d'une prise de conscience collective des associations de la société civile regroupées autour de la Coalition Qualité/Equité contre la vie chère au Niger, une seconde raison va précipiter l'irruption de ces associations dans le domaine politique jusque-là réservé exclusivement au pouvoir publique. En effet, sous la contrainte imposée par les bailleurs des fonds (FMI, Banque mondiale) à travers le Programme d'Ajustement Structurel, le Gouvernement du Niger va faire voter à l'Assemblée nationale et promulguer une loi des finances rectificative pour l'année 2004-2005, avec la particularité d'élargir la TVA (Taxe sur la Valeur Ajoutée) aux produits de grande consommation, à savoir le lait, le sucre, la farine de blé, le riz, les tranches d'eau et d'électricité. La logique de la cupidité financière continue de régner, même après le refus de la distribution gratuite de vivres, justifiée selon les acteurs gouvernants, par la déstabilisation d'un marché devenu pourtant incontrôlable.

La Coalition saisit la nouvelle fenêtre d'opportunité de la nouvelle loi des finances, organise des séances de sensibilisation à l'endroit de la population et passe à la phase de manifestation. La première intitulée « Niger-pays mort » a consisté à demander aux populations de rester chez elles le 15 mars 2005 pour marquer le désaccord avec la nouvelle loi des finances et exiger son abrogation. La réponse du pouvoir publique a été d'abord de chercher à diviser le mouvement en faisant un appel à demi ouvert aux

---

[7] M. Julien Weisbein, « Le gouvernement du risque », IEP Toulouse.

militants des partis politiques membres de l'alliance AFD au pouvoir. L'appel traduit la négation de la considération que les acteurs politiques doivent à leurs militants, chargés en permanence de justifier l'injustifiable, chargés constamment de se faire "hara kiri" pour le bonheur des gouvernants. Le paradoxe est accentué lorsque les militants eux-mêmes ne donnent aucun signe d'une prise de conscience d'un jeu qui accentue pourtant en permanence leur détresse existentielle. Ainsi, face aux revendications et contestations de la société civile et faute de pouvoir développer un argumentaire scientifique viable, les acteurs politiques se sont maintenus dans la logique politique malgré le refus tactique des acteurs de la société civile de colorer politiquement leurs revendications. La prégnance de la logique politique a perduré sur toute la ligne, depuis ce premier jour de la manifestation citoyenne du 15 mars, où le Premier Ministre, alors en visite à Paris, s'étant fait invité au journal de RFI pour la circonstance, a commencé la réponse à la première question par "je ne vais pas catégoriser les gens en pro ou anti-MNSD …". Expression lourde de sens, qui masque à peine aux yeux des observateurs attentifs, un appel aux militants de son parti pour qu'ils se désolidarisent du mouvement social citoyen et lui faire ainsi échec. Cependant, le symbole utilisé par la société civile a été plus fort : personne ne renonce à obtenir la baisse des prix des produits incontournables, même s'il s'agit des militants du MNSD, d'autant que les commerçants ne feront aucune distinction.

Les acteurs au pouvoir reconsidèrent leur première option, le pouvoir réagit en second lieu aux manifestations citoyennes en utilisant la force et l'intimidation. Les responsables de la société civile sont emprisonnés sous le prétexte d'« atteinte à la sûreté de l'Etat » et furent déportés. Ces actes traduisent la promptitude de certains acteurs politiques à endosser facilement le rôle de prédateur. L'explication tient de leur position, puisqu'ils ne sont ni les victimes ni les chargés de l'exécution. C'est pourquoi le réflexe facile de l'usage des moyens de coercition devient assurément le rempart des faibles. L'ampleur de la contestation ne baisse pas pour autant. Finalement, ce qu'il aurait fallu faire par anticipation pour étouffer les germes de l'absence du consentement, le Gouvernement cède devant la détermination et la réussite des mouvements de mobilisation. Les leaders de la Coalition sont libérés, la loi des finances rectificative est elle-même rectifiée, enfin une nouvelle loi est promulguée qui supprime l'application des nouvelles mesures fiscales. S'il y avait quelque part une règle d'honneur, le Gouvernement aurait dû démissionner. Mais il y a des acteurs politiques qui sont capables de soutenir l'insoutenable sans cligner des yeux ni sourciller. Comme le traduit une maxime haoussa, l'absence de gêne se traduit par des yeux qui deviennent "secs".

L'émergence de la Coalition Qualité/Equité contre la vie chère traduit la première problématique de la teneur politique des risques : l'Etat n'a plus le monopole de la gestion des risques en raison de ses manquements mais aussi de l'apparition de problèmes échappant à sa capacité de maîtrise. La société civile va par la suite s'investir aux cotés de la Cellule Crise Alimentaire du bureau du Premier Ministre, en co-supervisant la distribution des aides reçues dans le cadre de la lutte contre la famine. Et pour rester dans le jeu politique et éviter de perdre son statut de contrepouvoir face aux pouvoirs publiques, la Coalition Qualité/Equité contre la vie chère se saisit de quelques dossiers de moindre importance tel que la contestation des chauffeurs de poids lourds qui constituent le pilier de ravitaillement du Niger, pays enclavé, à partir des pays frontaliers côtiers. Ces chauffeurs contestaient la mise en place de nouvelles mesures de contravention après la mise en service d'une bascule de pesage.

A travers le maintien de la pression sur le Gouvernement, la Coalition instancie la deuxième problématique de la teneur politique des risques, à savoir que, la crise qui a occasionné son avènement est la résultante incontrôlée de certains choix des pouvoirs publiques. L'application de l'approche "configurationnelle" du risque à cet épisode qui consacre l'émergence de la société civile donne la distribution suivante :
Parmi les acteurs, il y a la Coalition Qualité/Equité, le pouvoir publique, les vendeurs de pains et de thé pour la première fois de l'histoire du Niger constitués en syndicat, ... Il y a un mérite à reconnaître dans le regroupement syndical de ces vendeurs, un regroupement qui traduit une exaspération notoire devant les dérives des détenteurs du pouvoir public qui sévissent impitoyablement.
Leurs opérations symboliques instanciées sont relatives à l'organisation des journées "pays mort",
La catégorisation des enjeux couvre à la fois la gestion de la famine et la lutte contre la cherté de la vie,
Les dispositifs institutionnels qui sont rentrés dans le jeu concernent les services de maintien de l'ordre public, la commission de négociation, la Cellule Crise Alimentaire qui a parfaitement su jouer son rôle dans la maîtrise des paramètres et des statistiques qui permettent de circonscrire la crise.

Section 4. Extension et généralisation de la crise sociale

Le changement de paradigme est associé aux précisions apportées dans la littérature quant à la notion de risque. Le pouvoir installe les gouvernants sur un piédestal. La gouvernance affiche une image de perfection dans la prise de décision. Lorsque dans ce décor la société civile réussit l'exploit de contraindre les acteurs gouvernants à modifier leur décret, la saveur de cette victoire va engendrer un changement de paradigme dans la mobilisation sociale née des errements politiques de la gestion de la crise alimentaire. En déplaçant le domaine de la contestation vers un objectif qui ne laisserait pas indifférents les acteurs politiques, la société civile doit prendre des provisions. « La lutte est d'abord une question de droit de la mener. La résistance à l'accroissement du pouvoir coercitif n'est guerre possible que dans le droit reconnu à des individus, à des groupes, à des organisations de se dresser contre lui pour l'arrêter » (Lagroye, *Traité de Sciences Politiques*, p. 459). Et ce droit est consacré par la Constitution, mais les acteurs politiques n'hésitent pas à y fermer les yeux au gré de leurs intérêts. Et étant donné la disparition du "droit de remontrance" que devait exercer le parlement, la résistance à cette nouvelle forme d'oppression reste un impératif d'ordre moral.

La loi des finances a achevé d'occasionner la coupure entre gouvernants et gouvernés, en ce sens que ces derniers perçoivent dorénavant les premiers comme étant insensible à leur condition de vie. La suite de l'activité de la société civile démontre que la crise n'est plus considérée comme la survenue d'un événement dramatique et comme une contrainte à gérer, mais comme une dimension interne des sociétés qui situe son origine dans des dysfonctionnements organisationnels et une ressource potentielle pour les acteurs et les organisations. La volonté de la société civile de constituer une force proactive face à l'hégémonie du politique démontre le passage du risque majeur qu'est la sécheresse ou l'invasion acridienne, à un risque collectif du fait de l'apparition d'affaires et de controverses parallèlement à la survenue des facteurs qui peuvent alourdir les conditions de vie de tous les jours des populations. La Coalition se charge d'affronter toute circonstance de mauvaise gestion dont l'impact se traduit assez souvent au niveau politique par de nouvelles mesures fiscales.

La pression de la société civile nigérienne sur le Gouvernement ne tombe pas. La pression née de la mauvaise gestion de l'invasion acridienne suivie de la tentative d'instaurer de nouvelles mesures fiscales n'est pas dissipée lorsque le journal indépendant « Le Républicain-Niger » révéla l'affaire MEBA (Ministère de l'Education de Base) dans laquelle sont impliqués deux ministres. L'un des ministres milite au sein du CDS dont le président est au perchoir, le second milite au MNSD, parti du président de la République et du Premier Ministre, Chef du Gouvernement. Les faits stipulent que ces ministres qui ont géré le portefeuille de l'éducation de base, ont procédé avec l'accord du Premier Ministre, à une passation et une exécution irrégulière des marchés couvrant la somme mis à la disposition du Niger par certains pays d'Europe pour aider au développement du système éducatif. Il n'en fallait pas plus pour que la Coalition Qualité/Equité, déjà en lutte pour obtenir la réduction des prix de téléphone, d'eau, d'électricité, du gaz et d'essence, s'en saisisse du dossier et rempile avec les manifestations citoyennes à forts succès. Les "puissants" sont mis à nouveau aux pieds du mur. Ils mobilisent tous les symboles légaux et même illégaux à leur disposition : multiplication des meetings du MNSD-Nassara, principal parti au pouvoir, présentation du Premier Ministre comme victime des « blancs », tenu des propos ethnocentriques, distribution des sommes d'argent considérables, … Face à une revendication en faveur de la justice sociale, les acteurs gouvernants se réfugient à nouveau dans la logique politique. Le processus aboutit finalement à la marche du 29 juillet 2006 destinée selon ses auteurs, à apporter un soutien social massif au Gouvernement et au président de la République. Il serait reconnu à ces acteurs gouvernants moins de défaillance dans des domaines autre que politique, si leurs pratiques dans leur domaine politique de refuge ne comportent pas des marques d'un énorme handicap lié à leur incapacité à satisfaire les aspirations de la population. A l'image d'un signal sonore porteur d'une information utile et utilisable, l'exercice qu'ils font de la politique s'apparente plutôt à du bruit.

La marche consacre la naissance d'une nouvelle alliance des partis politiques appelée AFD pour la République (AFD/R). Les acteurs élus gouvernants se bousculent pour rattraper les différents ratés de leurs politiques publiques. Le Premier Ministre d'abord, fort du succès de cette marche, décide de durcir le ton face aux associations de la société civile et aux journalistes. Le président de la République décrète l'ouverture des négociations avec la société civile. La Coalition énonce comme principe de participation aux négociations avec le Gouvernement, son refus de dialoguer avec les ministres impliqués dans l'affaire MEBA. Finalement une commission a été mise en place. Les négociations entre les représentants du pouvoir publique et la Coalition Qualité/Equité contre la vie chère se sont poursuivies et ont abouti à la signature d'un protocole d'accord en février 2007 qui consacre des pourcentages importants de réduction sur la plupart des produits soumis par la Coalition. Le résultat est important, le jeu est celui de la fuite en avant, ce protocole est toujours en attente d'application. Le pouvoir joue sur le temps pour des raisons inconnues du grand public, jusqu'au jour où il sera trop tard pour que la simple application du protocole d'accord permette de résorber la crise sociale y afférent. Faut-il recourir à la logique de la cupidité financière pour expliquer ce choix ? L'observation démontre plutôt l'usage des négociations à titre de jeu des prolongations dans lequel l'instigateur attend patiemment l'essoufflement de ceux qui y sont soumis. Il y a une temporisation de l'ardeur des acteurs de la société civile qui mérite explication : ces acteurs de la société civile en ont-ils conscience de ce jeu des prolongations ou n'ont-ils plus de moyens de contraindre les gouvernants à passer à la phase d'application du protocole d'accord ? Vont-ils décevoir ceux qui pour une fois au Niger espèrent voir un processus d'inversion de l'inflation conduit à son terme pour traduire la sensibilité de ces animateurs de la scène civile à leurs conditions de vie ? Si l'affaire MEBA a constitué le socle de création d'une nouvelle alliance des partis politiques et a ainsi permis à de nouveaux acteurs de rentrer dans le jeu, elle a également contribué à consolider l'unité des centrales syndicales notamment de l'enseignement et des associations de la société civile.

L'ambigüité demeure quant à l'efficacité de la marche du 29 juillet, perceptible en terme de théâtralisation, en réponse à la sollicitation citoyenne de voir un processus juridique conduit de façon à ce que soit matérialisée l'indépendance de la justice. L'idée de théâtralisation telle que définie par Jacques Lagroye peut permettre d'appréhender certains contours de la participation de la masse populaire à cette marche. « La théâtralisation, ici, n'est pas la réalisation d'un spectacle qui ferait voir ce qu'est le pouvoir, dans le déroulement d'un drame politique présenté à une foule massive. Non que l'Etat-spectacle soit un phénomène inopérant; mais l'efficacité des rituels est généralement fonction du degré d'implication de tous dans leur progression. C'est la participation des foules qui rend opérants les rituels et les cérémonies de rénovation, de rétablissement de l'ordre, de retour à la vie, dans les sociétés au mode de pensée mythique. Avant même que sa signification politique soit perçue, la "théâtralisation" est fête et apporte de ce fait une satisfaction immédiate à tous ceux qui y participent : satisfaction fantasmatique des aspirations et des désirs que la relation quotidienne de pouvoir ne peut prendre en compte, illusion fusionnelle qui fait oublier les conflits, moment privilégié de joie qui rompt avec la grisaille de la vie habituelle ». Il est fort à postuler que nombre de participants à cette marche si chèrement payée perçoivent d'abord le caractère festif, en l'absence de la perception de toutes ses implications. Tout rassemblement donne une dimension différente de la vie de tous les jours et une impression de force. La lutte pour l'avènement de la justice équitable menée par la société civile est aussi au bénéfice des participants à cette marche du 29 juillet, dont l'une des implications était pourtant de faire échec à la lutte citoyenne. Par cette mobilisation massive, les participants à cette marche démolissent leur propre rempart contre le règne de l'impunité et du travestissement dont ils peuvent être victimes à tout moment. Déjà que pour beaucoup d'entre-eux, le détournement des finances scolaires leur impose de payer des fournitures supplémentaires et de cotiser pour faire construire des classes en paillotte. A l'évidence, la somme récoltée en contre partie de leur participation ne suffira pas à couvrir tous ces frais. Normalement, l'échec de la manifestation aurait précipité le remboursement des frais détournés. Ce remboursement aurait octroyé aux participants à la marche un double soulagement, d'abord pour le capital que la justice équitable obtient, ensuite pour la couverture des frais qui alourdissent leur charge scolaire. Une explication de la participation de nombre d'individus tient de leur désir d'avoir en main, la part du capital distribué, y compris si en le laissant à l'Etat, ce capital permettra de couvrir pas seulement une partie, même s'il s'agit de la totalité de leurs frais scolaires. Cette option traduit un déficit de confiance des sollicités à l'égard de ceux-là même à qui leur geste de participation apporte un soutien. Qui doit en conséquence tirer l'enseignement qui s'impose de ce regroupement à forte cohésion de façade et fortes dissensions internes, accentuées par l'absence de confiance réciproque ? Est-ce les solliciteurs ou les sollicités ? En refusant de tirer l'enseignement d'un regroupement d'aspirations incompatibles entre elles dans leurs fondements qui conduirait à la séparation sincère, les solliciteurs et les sollicités fondent leur relation sur la base d'une hypocrisie visible cimentée par l'argent. Pour la plupart, la relation ne tiendra que tant que l'argent sera présent.

Pour comprendre le rôle des partis politiques dans le conflit global et dans cette tentative du 29 juillet, il faut remonter à leur définition eux-mêmes. « Dans les démocraties, les partis politiques jouent un rôle fondamental dans la légitimation du pouvoir-parce qu'ils représentent, le pluralisme, la liberté d'expression, mais aussi par leurs pratiques et par la signification ultime de leurs discours. Leurs pratiques concordent avec les pratiques et les rituels du pouvoir lui-même : congrès et assises, manifestant l'unité essentielle après que les affrontements se soient révélés dans les conflits de tendances et de clientèles; valorisation par la promotion à des postes de responsabilité de ceux qui affichent leur conformité à un modèle, à une "ligne", à un mode de vie; élection des dirigeants, voire des candidats. La signification ultime de leurs discours est que le politique doit être pris très au sérieux, ce qui contribue puissamment à l'idéaliser, voire à le sacraliser; est constamment répété que les gouvernants peuvent, s'ils le veulent, modifier partiellement le cours de événements, dispenser les bienfaits et assurer la prospérité, écarter les dangers, sinon changer la société elle-même » (Lagroye, *Traité de Sciences Politiques*, p. 462-463). Dans ce règne d'une forte cohésion de façade à forte hypocrisie interne, que chacun considère ce qu'il obtient et ce qu'il s'est acquis. Il n'y a donc pas de surprise que tout comme les partis politiques qui animent l'ordre interne, que l'ordre externe soit empreint de forte hypocrisie dans les rapports entre Etats. Malheureusement, l'hypocrisie prend la forme d'un sentiment susceptible de procurer un ressentiment de satisfaction à ceux qui l'ont choisi.

Le dossier MEBA a suivi son cours normal et avec la pression des partenaires extérieurs, l'immunité des deux ministres impliqués fut levée par l'Assemblée nationale. Les députés proches de la primature se sont mobilisés pour empêcher l'audition du Premier Ministre par la commission ou même que son nom soit cité dans le rapport. Les pressions exercées finissent par payer. Seuls les ministres concernés sont placés sous mandats de dépôt en attendant leur procès. Cependant, les affrontements entre le camp des acteurs gouvernants et celui de ceux qui recherchent les limites de leur implication dans les détournements se poursuivent à distance. Pour se soustraire à la pression, les gouvernants utilisent un levier à leur disposition. Le procureur de la République anime un point de presse et énonce des menaces à peine voilée à l'endroit des avocats du Directeur général et du Directeur de publication du journal indépendant "Le Républicain" qui sont à la base des dénonciations des malversations des acteurs gouvernants (Journal *Républicain-Niger*, 10 septembre 2006). Après avoir emprisonné les dénonciateurs, les gouvernants utilisent l'intimidation dans l'optique de faire baisser la fièvre de la contestation populaire. Les dits avocats sont connus pour leur opposition à l'acteur politique Chef du Gouvernement. Ces défenseurs de l'ordre juridique répondent par un autre point de presse dont la teneur est résumée par une phrase lourde d'implication « Nous avions été menacés par un régime militaire dirigé par un général, nous ne baisserons pas l'échine sous un régime dirigé par un douanier » (Journal *Républicain-Niger*, 10 septembre 2006). Devant l'échec de l'intimidation, le pouvoir se fragilise davantage. Le recours à l'intimidation est presque toujours aveu de faiblesse. Lorsque les mêmes avocats demandent l'audition du Premier Ministre, et que la Cour de justice adresse à cet effet une correspondance au président de la République pour que l'acteur soit mis à la disposition de la justice de même que deux autres ministres, pour

toute réponse immédiate, le pouvoir utilise le silence. C'est le Premier Ministre qui va par la suite animer une conférence de presse improvisée dont le contenu est résumé par la phrase « je ne démissionnerai pas ». L'acteur politique demande cependant que lui soit soumis les points de son interpellation par écrit, contrairement à la procédure (Journal *L'événement*, 27 mars 2007). L'affaire MEBA est au point d'être bouclée pour la tenue d'une parodie de justice dans une préoccupation sociale liée à une nouvelle activité armée dans le nord. Elle révèle à nouveau le visage de l'instrumentalisation de la justice, les chefs d'accusation sont rognés par la présidente de la commission d'instruction, de même que le Premier Ministre n'a pu être entendu (Journal *La roue de l'histoire*, 20 juin 2007). La perception qui se dégage de l'instrumentalisation de l'action publique dans ce scandale politico-financier se traduit par :
des effets d'inertie dans l'optique de résister à la pression extérieure à travers la consolidation de l'Alliance au pouvoir par la création de l'AFD/R et la marche du 29 juillet 2006,
la production d'une représentation spécifique de l'enjeu que l'Alliance est amenée à traiter s'est faite à travers ce que le Premier Ministre a appelé l'application du principe d'« imputabilité », à savoir que seuls les ministres détiennent l'entière responsabilité des griefs qui leurs sont reprochés, malgré les directives de leur supérieur hiérarchique.

L'affaire MEBA illustre la question des risques collectifs qui engendrent l'apparition de nouveaux acteurs sur la scène du risque, tant du côté du pouvoir que de la société civile. Ce principe est illustré à travers l'application de l'approche "configurationnelle" ci-dessous, mais aussi à travers l'approche analytique d'étude du comportement des acteurs qui traduit le fait que, les crises peuvent constituer des opportunités stratégiques pour des acteurs dissidents ou périphériques d'entrer dans le jeu. Le recours à la mobilisation de l'opinion publique a été le point central de concentration de tous les acteurs. Le pouvoir dispose des médias qui lui sont acquis, la société civile a fait largement recours aux médias indépendants. La société civile a mené des interventions proactives de par le statut de victime qu'elle endosse et le rôle de rempart contre les errements de la politique publique. L'approche analytique fait ressortir les aspects du risque relatifs à l'expertise juridique. Dans le dossier MEBA, c'est un cabinet d'expertise du Burkina Faso qui a été choisi par le Gouvernement du Niger en accord avec les représentants des bailleurs de fonds pour la certification des comptes litigieux. Ainsi, les malversations n'ont pas pu être masquées.

Les ébullitions mineures qui caractérisent le domaine politique ne s'estompent pas. Le CDS membre de l'AFD/R réclame la mise en application du principe de la primature tournante. Le Premier Ministre répond en énonçant que « le MNSD n'est pas un parti maudit » pour accéder à une telle requête. Pour prévenir tout risque, l'acteur brise son isolement annoncé et affirme que la Coalition Qualité/Équité et le Gouvernement luttent pour la même cause, à savoir contre la cherté de la vie. L'illustration de la teneur politique du risque dans l'aspect de la relation entre risques et reconfigurations institutionnelles ressort à travers le remaniement ministériel du 1er mars 2007 qui a vu la création du ministère contre la vie chère.

Les différentes stratégies développées par les acteurs politiques et les acteurs sociaux sont encadrées par un facteur important qui constitue un risque majeur pour la démocratie elle-même. En effet, le Niger a une tradition de coup d'Etat militaire dont deux pendant la période de démocratie pluraliste (de 1990 à nos jours), avec des retours à des transitions en 1996 et en 1999. En fonction de la balance momentanée des rapports de force, chaque acteur met en place une stratégie sans franchir la ligne de blocage qui conduirait immanquablement à l'irruption des militaires au pouvoir. Il est difficile d'annoncer le deuil des conséquences de la mauvaise gestion de l'invasion acridienne d'octobre 2004 et de la famine qui a sévit au Niger.

Malgré cette stabilité qualifiable de stabilité de façade, les sujets de préoccupation ne vont pas manquer. Si les différentes motions de censures déposées sans succès par l'opposition font partie du jeu politique et démocratique, le malaise social qui va grandissant est un signe révélateur et source potentielle d'inquiétude pour la stabilité politique du pays. De l'avant dernier rang en terme de l'indice de développement humain du rapport 2004 du PNUD, le pays est tombé au dernier rang en 2005. Le régime brosse par lui-même un tableau sombre des contre-performances de l'administration de l'Etat et de l'école nigérienne du primaire à l'université. L'opposition s'était lancée en mai 2007 dans un ultime combat après son constat de la rupture d'égalité citoyenne dans l'affaire MEBA. Le CNDP lui a servi d'abord de cadre de discussion à propos de cette rupture, mais sans résultat politiquement tangible (Journal *La roue de l'histoire*, 23 mai 2007). Finalement, le 31 mai 2007, elle dépose une motion de censure et obtient le vote qui fait tomber le Gouvernement (Journal *L'enquêteur*, 05 juin 2007). L'attente est à nouveau de l'ordre de la recomposition du visage politique nigérien. Peut-être que cette chute du Gouvernement entraînera la fin du rêve des acteurs qui aspirent au règne de l'illimité.

Un autre risque non moins important plane sur la quiétude sociale de par l'absence de limite que se fixe le pouvoir dans les manipulations des cordes ethniques. Il faut admettre avec Holsti que ce risque traduit le « dilemme de l'Etat faible ». Ce syndrome s'applique aux Etats dans lesquels les risques d'affrontement sont les plus élevés. Or l'augmentation de ce risque provient essentiellement de l'usage répété qu'en font les acteurs gouvernants, à force de tirer sur un pilier de la cohésion sociale. Alors que ces Etats « donnent l'apparence d'un pouvoir autoritaire », dans le cas de la Ve République, il s'agira plutôt d'un régime démocratique avec abus de pouvoir, « l'expansion de l'Etat est sérieusement limitée par des centres locaux de résistance, par l'inertie bureaucratique et la corruption et par une fragmentation sociale… L'Etat faible est pris dans un cercle vicieux. Il n'a pas les capacités de créer une légitimité en offrant sécurité et d'autres services. Dans ses tentatives pour acquérir cette force, il adopte des pratiques prédatrices et cleptomanes comme il se joue ou exacerbe les tensions sociales existantes entre myriades de communautés qui constituent la société. Tout ce qu'il entreprend pour devenir un Etat fort perpétue sa faiblesse. ». Ne pas tenir compte des facteurs de l'unité de la nation dans le comportement et les discours des gouvernants revient à remettre en cause l'efficience de leur régime, c'est-à-dire leur propre capacité à gouverner. Et dans ce cas, il conviendra de noter qu'il s'agit là du syndrome de l'acteur politique faible. Thomas Sankara disait en substance « les tragédies des peuples révèlent les grands hommes, mais ce sont les médiocres qui provoquent ces tragédies ».

Section 5. Réévaluation analytique de la montée des tensions

Les épisodes de montée de tensions dans la gouvernance de la Ve République portent sur trois des cinq domaines identifiés par J. -W. Lapierre (1977, P. 279).

L'auteur définissait les "conditions universelles d'existence" du pouvoir politique, à travers :
- Une population dont la production est régulièrement assurée;
- Un espace qu'elle habite, aménage ou modifie;
- Un mode de production économique assurant sa subsistance et des surplus destinés à satisfaire diverses demandes sociales;
- Des codes de communication entre ses membres qui leur sont communs et qui les distinguent d'autres populations;
- Un système de règles assurant la coordination des activités de ses membres, c'est-à-dire des procédures de règlement des tensions et conflits.

Les tensions identifiables révèlent la défaillance de la gouvernance en matière de gestion des aléas de l'espace occupé par les populations du Niger, en matière de distribution des surplus économiques et enfin en matière de règlement des tensions et des conflits.

L'ordre international

L'ordre international qui marque le contexte du règne des acteurs de la Ve République n'est pas porteur d'une marque de bouleversement historique ayant une incidence directe sur la gouvernance interne, à l'instar de ceux de la IIe République. Une exception élémentaire peut être émise avec les accusations du dirigeant de la première puissance mondiale, qui, pour justifier une guerre hégémonique, pétrolière et injuste dans le golf persique, a affirmé détenir des preuves de la vente d'uranium au pays qu'il a ciblé, par l'un des précédents régimes nigériens. Il n'y a pas de condamnation à adresser pour dénoncer le silence dans lequel se sont réfugiés les gouvernants nigériens, affichant par ce comportement une sagesse subite. Bien plus tard, les traces du faux fabriqué par le représentant de la diplomatie nigérienne dans un pays d'Europe pour servir les intérêts de ces puissances ont été retrouvées (Journal *Energie pour tous*, 10 février 2007). Ce silence contre nature, de par le principe de réciprocité théorique qui caractérise les relations entre Etats souverains, est-il à la base de l'invitation, comme récompense, que le président du Niger a reçu pour visiter le bureau de la gouvernance de la première puissance mondiale et obtenir le moyen de se revigorer en s'affichant à côté de celui qui la gouverne ? La pratique renvoie à l'époque où les marchands d'esclaves achetaient des esclaves que leurs complices locaux troquent contre des pacotilles, tels par exemple des miroirs, qui leur donnent entière satisfaction juste en leur renvoyant leur propre image. Celui qui exerce la gouvernance de la première puissance du monde a une réputation de "brute", sa simple visite dans de nombreux pays draine des manifestations gigantesques avec des slogans hostiles à son séjour. Du fait de son caractère brutal et des moyens militaires qu'il a à sa disposition, il est permis de postuler que la plus grande récompense qu'il a attribué aux gouvernants nigériens de la Ve République est certainement la poursuite de la continuité de leur règne, qu'il n'aurait pas été possible de certifier d'avance si les gouvernants nigériens l'avaient contrarié en démentant l'accusation qu'il a formulé et qui est pourtant fausse. Il sera difficile de certifier qu'il userait d'un quelconque stratagème pour masquer le forfait qui aurait eu raison de ceux qui dirigent cette nation en mauvaise position dans le classement mondial en terme d'indice de développement humain (IDH). Les rapports des acteurs gouvernants de la Ve République avec l'ordre international sont surtout marqués par la pratique extrême du tutorat politique avec les acteurs de la néo-métropole. Une illustration peut être déduite de l'accord qui a créé le CNDP, paradoxalement à la suite d'un voyage à Paris du Premier Ministre et du Chef de l'opposition. La coïncidence est curieuse, trop forte pour être fortuite ou juste circonstancielle (journal *La roue de l'histoire*, 23 mai 2007).

La pratique du tutorat politique va à l'encontre de la mise en avant des valeurs internes sur le plan international et perpétue une forme d'aliénation politique qui donne à l'ordre externe les moyens de désigner les gouvernants de l'ordre interne. De par cette pratique, des acteurs politiques de la Ve République vendent à vil prix (il peut être concédé que cette perception ne tombe pas sous leur sens), ce que leurs prédécesseurs ont ficelé, à savoir l'affirmation d'une identité et d'une indépendance illustrées à titre d'exemple, à travers la lutte pour l'indépendance de la nation, ou à travers les noms des figures de lutte contre la pénétration coloniale, donnés à des établissements scolaires d'enseignement de la connaissance : Lycée Tagama, Kaocen, Dan Baskoré, Saraouniya Mangou, Kassaï, Issa Korombé, … La pratique du tutorat participe à l'aliénation culturelle en ce sens qu'elle favorise l'européanisation forcée des peuples, les gouvernants désignés par leurs tuteurs sont plus prompts à défendre l'avènement des lois sous le couvert de la modernité qui vont dans le sens indiqué par leurs tuteurs politiques (Journal *La griffe*, 05 mars 2007). Si ce n'est l'impossibilité d'inverser le temps, les acteurs politiques qui font allégeance à des tuteurs auraient ramené leurs peuples au stade du recommencement de l'histoire, à partir de la lutte contre la pénétration coloniale, pour qu'ensuite vienne le tour d'autres acteurs plus courageux, dans le sens de la lutte pour l'indépendance des peuples. La pratique porte atteinte aux sacrifices consentis par les peuples pour recouvrir la liberté, mais les acteurs politiques mus par leurs intérêts personnels n'en ont pas forcement conscience ou préfèrent s'en détourner.

Dans ce registre lié à l'analyse de la nature de l'ordre international, la réciprocité des rapports entre Etats ne peut être évoquée au regard des schémas des visites présidentielles par exemple. Au Niger, l'implication des gouvernants dans la mobilisation citoyenne est toujours à son paroxysme pour l'accueil de leurs homologues, en particulier ceux des puissances dominantes. L'intérêt accordé à une telle visite se révèle à travers une couverture médiatique exceptionnelle. Contrairement à cette affiche "d'hospitalité non choisie" dont l'exagération des préparatifs la situe bien au-delà de la simple tradition africaine, en France par exemple, l'événement de l'arrivée d'un Chef d'Etat africain se passe au plus grand silence, sans aucune mobilisation, sans aucun accueil du gouvernant à la passerelle d'avion, presque sans aucune couverture médiatique si ce n'est de très rares séquences de très courte durée dans lesquelles, la mise en scène laisse apparaître les marches que doivent gravir le visiteur pour rejoindre son hôte si haut perché. Ces règles internationales ne sont pas écrites. Elles participent à l'expression de l'hégémonie des puissances. Elles se situent à la limite de l'humiliation collective infligée aux peuples des pays émergeants notamment d'Afrique, de par cette forte expression explicite de la soumission de ses dirigeants et de facto des peuples qu'ils représentent et qui ne l'ont pourtant pas demandé. Dans ces conditions, il ne peut y avoir d'échanges et de relations équitables entre les peuples structurés en dominants et dominés. Le militaire cherche la capitulation, l'acteur politique lui cherche la soumission à sa volonté. L'iniquité prévaut certes, mais le plus grave est le respect de l'iniquité. S'il n'y a pas de moyen de la changer de par les rapports de force, il y a au minimum le moyen de la détester. L'acceptation de toutes ces règles par des acteurs gouvernants de la Ve République traduite par leur soumission à ces rituels, a pour incidence en retour, l'offre de quiétude politique externe dont ils sont les principaux bénéficiaires internes, du fait qu'aucune condamnation de leur règne n'est venue de l'ordre externe durant neuf ans. Il n'y a que le domaine financier qui révèle une forte incidence discordante de l'externe sur l'ordre interne, tant sur les aspects de l'endettement et de la fructification du capital au profit de l'ordre externe, que pour le cas du détournement de « l'aide » destinée au système scolaire connu des consciences collectives sous le nom d'affaire « MEBA ».

Contexte interne

Si le respect de l'hégémonie des puissances a offert aux acteurs gouvernants une quiétude politique externe, c'est l'ordre interne qui consacre l'essentiel des montées des tensions observées. Le président de la République a joué un rôle effacé que l'opposition politique ne peut omettre de mentionner lors de la campagne électorale (Journal *Républicain-Niger*, 9 septembre 2004). Un slogan au sein de la population utilisé lors des élections de 2004 stipule que « pendant que l'acteur principal dort, son acteur secondaire triche ». Comme pour peut être prendre en compte la critique formulée contre son comportement lors du premier mandat, il est fort à admettre que si le président de la République ne s'était pas impliqué personnellement en faveur de l'avancée des travaux préparatifs des jeux de la francophonie, la souveraineté du Niger aurait été éclaboussée à la face du monde et à l'autel des contradictions internes, notamment la lutte acharnée d'un acteur politique pour émerger d'une foule de concurrents et accéder à tout prix à la gouvernance de l'Etat. Peu importe que la souveraineté prenne un coup de plein fouet dans cette compétition transformée en "guerre" entre acteurs, alors que de par le monde, les acteurs politiques s'accordent sur la limite de l'intérêt de la société qui fonde l'Etat, quelque soit leurs divergences et leurs contradictions internes. L'incertitude quant à la prise de conscience du vide que crée le silence de l'acteur chargé de l'exercice du pouvoir suprême, malgré les jeux de la francophonie, tient par analogie de l'inversion d'un système normal qui marche et qui tombe de temps en temps en panne. En fait de retrouver un comportement qui traduit un système normal, il s'agit plutôt d'un système qui tombe en marche. C'est donc l'acteur secondaire qui a principalement animé la scène politique du contexte interne dont le règne est marqué par divers dysfonctionnements, le premier avec une armée non républicaine, parmi les seconds, la renaissance des « affaires » ou scandales politico-financiers dont la teneur au sein de la scène politique ramène à la période d'avant la chute du MNSD parti Etat. Parmi ces dysfonctionnements, il est utile de mentionner une « mal » gouvernance due à une mauvaise gestion de la famine, puis une gouvernance au bénéfice de l'ordre externe, et aussi le règne d'une hégémonie politique, également une aspiration déguisée au règne de l'illimité. La société civile proactive marque de son empreinte, la gouvernance de la Ve République, de même, une affaire politico-financière à multiples visages, l'affaire MEBA, qui pousse le pouvoir à imposer des limites sévères à la vérité. Au nombre des abus de la gouvernance politique, la naissance d'une alliance politique en réponse à des revendications non politiques.

Une armée non républicaine

Philippe Braud estime que « le pouvoir politique est fréquemment entendu au sens de "gouvernement", c'est-à-dire de dispositif institutionnel doté de prérogatives régaliennes dans un espace sociétal donné ». Il poursuit son argumentaire en spécifiant que « dans un contexte sémantique particulier, renvoyant toujours à un dispositif institutionnel, le pouvoir politique est parfois opposé au pouvoir militaire, ou administratif, ce qui fait éclater l'assimilation du pouvoir politique à l'Etat puisque l'administration civile ou militaire est, de toute évidence, partie intégrante de l'appareil de l'Etat ». Il existe donc au sein de l'ordre interne plusieurs pouvoirs qui cohabitent avec la prégnance du pouvoir politique au-dessus des autres formes de pouvoir, au sens où par exemple, il contrôle le pouvoir militaire et que ce dernier est garant de la stabilité et du règne du régime politique. Les deux changements hors cadre démocratique de la période démocratique au Niger ne sont pas des conspirations dont la source émane de l'armée elle-même. Dans le premier cas en 1996, ce sont les acteurs politiques qui ont volontairement créé les conditions de blocage avec un appel presque ouvert, sollicitant l'intervention et le retour de l'armée dans l'exercice de la gouvernance politique. Le scénario devait par la suite échapper totalement à leur contrôle. Dans le second cas en 1999, il s'agit d'un « assassinat de palais » sans que l'armée y soit impliquée. Tout régime véritablement démocratique qui gouverne selon les aspirations du peuple n'a rien à craindre d'une armée républicaine, sauf par conspiration de l'ordre externe qui dispose des possibilités de recruter des « agents » au sein de l'armée. Mais même dans ce cas, la force de la liaison gouvernants-gouvernés ne permettra pas l'instauration d'un ordre autre que par les mécanismes prévus par la loi. Le cas échéant, les portes de la désobéissance civile, de la révolte, de la rébellion et même de la guerre civile sont ouvertes pour entraîner inéluctablement le pays vers le chao, à moins que ce soit l'objectif visé par les acteurs externes et leurs « agents » internes. Le stratagème peut certainement retarder pour longtemps le développement économique du pays, en le ramenant à la ligne de départ où tout est non pas à faire, mais à refaire. Le supplice serait moins douloureux s'il ne s'agissait pas d'un recommencement, c'est-à-dire d'une régression à la place d'une évolution. Les traits distinctifs d'une armée républicaine supposent la prégnance d'un mécanisme d'avancée normale dans la carrière militaire validée à échéance par le pouvoir politique, à moins de l'établissement sans ambiguïté d'une faute lourde de l'intéressé, tout en lui reconnaissant son droit à un procès équitable dans lequel siégeront des juges militaires pour établir la validité de la faute. La prégnance doit être au bénéfice de l'avancement normal et non au bénéfice d'un usage abusif de l'avancement exceptionnel effectué par une poignée d'acteurs politiques pour garantir leur hégémonie. Le second trait distinctif d'une armée républicaine concerne à la fois la popularité de ses dirigeants dans les rangs, l'unité de l'armée et sa cohésion. De façon indirecte, il couvre le processus de désignation de ces dirigeants et de leur nomination par les acteurs politiques. Le troisième trait distinctif se rapporte à l'engagement par serment confessionnel de ces responsables de l'armée à ne pas ourdir de complots contre les institutions démocratiques et à se ranger du côté de la défense de la Constitution. Le quatrième trait distinctif se rapporte à la création d'un cadre d'échange, y compris de protestation, éloigné de toute pratique de mutinerie. Le cadre doit servir en réponse à la nécessité de proposer de nouveaux mécanismes fonctionnels ou organisationnels qui permettent d'améliorer les conditions de service sous le drapeau. Ce cadre peut être simplement offert à travers la tenue régulière des états généraux de l'armée. De ces quatre traits distinctifs, tous sont à instaurer dans les rapports entre le pouvoir militaire et le pouvoir politique qui gouverne la Ve République. Il est temps de créer progressivement les conditions de l'avènement d'une armée républicaine sur la base de la réconciliation des esprits et des cœurs. Une telle armée est au bénéfice de la société en ce sens qu'elle participe à la résolution des tensions et à l'affirmation des mécanismes qui règlent l'usage de la coercition. Jean-William Lapierre (1977, p. 280) stipule qu'« il n'y a pas de société humaines sans tension ni conflits …, une société ne peut exister sans des procédés de résolution des tensions, de règlement des conflits, que ces procédés soient ou non violents et coercitifs ». Philippe Braud estime qu'il « existe nécessairement, à cause précisément des conflits, un mécanisme social réglant l'usage (légitime/illégitime) de la coercition ».

Renaissance des "affaires"

L'observation du contexte interne du règne de la Ve République offre à volonté le constat de l'apparition des scandales politico-financiers. Ces scandales consacrent la pratique des détournements avec nécessairement l'assentiment d'un cercle d'acteurs parmi lesquels figurent directement ou indirectement un acteur dominant, qui exerce une parcelle du pouvoir et dispose de la possibilité d'utiliser ce pouvoir pour arriver à un objectif qu'il s'est fixé. L'acteur dominant du jeu de détournement est rarement affiché, mais se contente de tirer les ficelles du jeu pour parvenir à ses fins, avec des barrières qu'il érige constituées d'acteurs secondaires. Max Weber (1971, t. 1, p. 56) estime que le pouvoir « signifie toute chance de faire triompher au sein d'une relation sociale sa propre volonté, même contre des résistances; peu importe sur quoi repose cette chance ». La pratique des détournements nuit au développement économique de la société et se traduit par le maintien du Niger en position de retard économique. Le retard est d'autant plus accentué que, assez souvent, le capital indûment acquis est envoyé dans des banques externes bien que la raison commande de l'utiliser pour résorber la conjoncture interne, chaque jour avec une expression plus sévère. La pratique de la « fuite des capitaux » n'est malheureusement pas le propre du capital illicitement acquis, même si elle est l'un des principaux aboutissements de la pratique de détournement. Il n'est pas inutile de noter l'absence d'une culture d'investissement local à grande échelle dont ils incombent aux acteurs politiques de donner l'exemple et de participer à la prise de conscience collective. Les détenteurs locaux de capitaux se livrent plus à une compétition improductive destinée à l'acquisition de biens mobiliers et immobiliers provenant du marché extérieur, villa, voiture de luxe en sont le lot quotidien. Dans l'ordre ancien maintenu par la société de la tradition, la compétition est ouverte à l'acquisition du meilleur champ, de la plus grande récolte avec le statut enviable de « Sarkin noma » ou leader agricole, du plus beau cheval ou chameau. Cette compétition consacre une tournure favorable à la productivité locale, à la production de surplus économique et donc à l'évolution économique interne. Par contre la pratique moderne de la compétition dans l'acquisition des biens est biaisée, en ce sens que le capital est remis à l'extérieur sans être fructifié. Le mal fait à l'économie est dans un sens analogue à celui de la pratique de la conservation du capital à domicile ou de l'épargne à l'extérieur. Les consciences collectives doivent être éduquées pour la considération du simple aménagement agricole, hydro agricole ou d'élevage comme mécanisme économique permettant à la fois de conserver le capital localement, d'obtenir un bénéfice donc un surplus, une évolution du capital investi et d'offrir de l'emploi pour faire vivre ceux qui y travaillent du fruit de leur travail. La somme de ces acquis conduit à un développement économique réel de la société. Il importe de mentionner que conformément à la pratique des « affaires » dans la gouvernance politique de la Ve République, deux erreurs ont été commises. La première, c'est qu'avec l'éclatement de la première affaire dite « affaire Zeinab » (Journal *Le Témoin*, 18-24 janvier 2007), l'Assemblée du peuple devait clairement mettre en place un mécanisme préventif et répressif qui allait permettre de réguler et de freiner la dérive de l'exécutif. Mais en lieu et place d'un tel mécanisme, les représentants du peuple ont travesti leur rôle, se sont laissés contaminés au point de courir permanemment à la recherche de marchés publics à « surfacturer ». La collision ou plutôt la complicité entre l'exécutif et le législatif était si grande que lors du second mandat, par la seule arrivée du nouveau venu député du PNA-Al Oumma de l'opposition, en une année d'exercice du législateur, il y a eu plus d'interpellation de ministres à l'hémicycle qu'en cinq ans de la gouvernance précédente. Même si ces actes admettent une portée symbolique avec une limitation de leur impact sur les marges de manœuvre du Gouvernement, ils constituent un premier pas d'un nouveau né qui apprend à marcher. Ce pas appelle à être accompagné par d'autres, de plus forte incidence de régulation du comportement des membres de l'exécutif. Au Bénin comme au Mali, la pratique de l'accumulation illicite n'est pas érigée en système de gouvernement. La seconde erreur commise est liée à l'absence de sanction populaire du régime qui a réussi avec la complicité des leaders politiques et la pratique des votes irréguliers, à se faire reconduire pour un nouveau mandat, malgré toutes les pratiques de détournement dénoncées. La reconduction à la place de l'alternance a été l'expression d'un chèque en blanc pour perpétuer et intensifier la pratique de détournement. La révélation d'un scandale financier plus accentué, l'affaire MEBA, participe à raffermir la validité d'une telle hypothèse. Il est permis de postuler que, peut être, du fait de l'alternance des épisodes de l'histoire et de l'alternance des acteurs à la gouvernance de l'Etat, le régime n'aura pas l'occasion de perpétuer une troisième erreur qui renforcera davantage la prégnance de la démocratie néo-patrimoniale. (Deux ans après l'écriture de ces lignes, le "tazarcé" a fini de consacrer la dernière erreur, plus grande que tout ce qu'il était possible d'imaginer).

Une mauvaise gestion de la famine

Le risque « sécheresse » et le risque « invasion acridienne » sont des données permanentes de la vie des populations du Sahel qui vivent essentiellement de l'agriculture et de l'élevage de subsistance, donc au stade primaire, non encore industrialisés. Le Sahel est marqué par une faiblesse de sa pluviométrie qui se concentre sur une courte période avec des dérèglements chroniques de grande ampleur du climat. Le Sahel connaît également des résurgences périodiques des attaques des criquets pèlerins dont la conséquence humanitaire et sanitaire est aussi néfaste que celle de la sécheresse. De tout temps, les gouvernements du Sahel ont pris la mesure de la menace et ont mis en place des dispositifs institutionnels et des mécanismes de prévention, tout comme des politiques publiques destinées à faire face à ces risques en aval. Malgré tout, l'avènement du risque « invasion acridienne » d'octobre 2004 au Niger s'est transformé en catastrophe humanitaire et sanitaire. Et pour la première fois de l'histoire contemporaine du Niger, la politique publique qui consistait jadis à la distribution gratuite de vivres aux plus démunis s'est transformée en vente de denrées à prix modérés. La raison invoquée relative à la déstabilisation du marché ne tient pas compte du fait que le marché est déjà déstabilisé, puisque les paysans qui l'approvisionnent et qui s'y approvisionnent ont perdu leur principal atout d'échange, à savoir la récolte. Cette politique publique a eu pour conséquence directe, l'éveil d'une conscience citoyenne qui se traduira par la réussite des mouvements de contestation de la société civile. En effet, cette société civile émerge lorsque dans la foulée de la famine, le Gouvernement décide toujours en application des directives des institutions financières internationales, d'imposer de nouvelles mesures fiscales. Il est permis de postuler que l'émergence de la société civile sans limitation à un acteur ou groupe d'acteurs particuliers est l'un des derniers maillons qui manquait à la démocratie nigérienne pour éviter les travers d'un pouvoir dérégulé, même si de temps en temps, surviendraient des événements qui rallongent l'attente de l'avènement de l'effectivité de cette démocratie.

L'expression du "pouvoir en situation extrême" de Claude Gilbert trouve ici une illustration. La schématisation philosophique possible suppose qu'il fût donner aux gouvernants l'occasion d'arbitrer entre d'un côté la catastrophe et ses effets et de l'autre les populations au nom desquelles ils gouvernent. L'un des effets de la catastrophe a été de rendre les populations démunies. Le bon sens commande donc d'aider les populations à affronter la catastrophe. Toute action qui vise à rendre les victimes davantage démunies rejoint inexorablement le camp de la catastrophe. Paradoxalement, la politique publique mise en place range les gouvernants du côté de la catastrophe. C'est que cette politique publique qui s'oriente vers les prêts de denrées peut être simplement analysée : la catastrophe a pris tout ce que les victimes avaient, les prêts attribués par les gouvernants supposent nécessairement que les victimes perdront ce qu'elles n'ont pas encore eu, au bénéfice des débiteurs. A situer un tel état dans un repère orthonormé, ou plutôt "d'indifférence à la compassion", les victimes se retrouveraient sur la ligne négative de l'axe des abscisses. La crise acridienne, puis de famine, ensuite sociale et enfin politique et institutionnelle d'octobre 2004 a conduit à l'application de la TVA sur des produits de première nécessité. Mais l'explication possible du malaise financier qui a conduit à une telle extension des mesures fiscales résulterait de la croissance des prélèvements politiques illégaux au moyen des détournements.

Les épisodes et les errements de la gestion de la famine d'octobre 2004 sont riches en enseignements pour l'acteur politique qui possède un moindre sens d'observation. La politique de vente des denrées à prix modérés est une pratique liée à la nécessité pour les acteurs politiques de réguler le marché de céréales, pour éviter l'explosion des prix en période de soudure. Il s'agit d'une mesure ordinaire née de l'alternance des saisons au cours de l'année. Il ne s'agit nullement d'une mesure exceptionnelle à afficher en situation d'urgence face à une catastrophe humanitaire. Le choix de l'économie de marché ne suppose pas une démission des gouvernants qui devaient protéger le pouvoir d'achat des gouvernés en prenant des mesures pour leur permettre d'abord de lutter pour la survie, avant de lutter pour la vie. Cela suppose qu'à l'heure où le monde produit des vivres qui suffisent à une population planétaire deux à trois fois plus importante, que la recherche du profit ne se fasse pas sur les denrées de base, mais sur les intelligences et les manufactures. Un tel principe moral permet aux plus démunis de disposer du minimum pour la vie quotidienne et mérite d'être inscrit et protégé par la loi internationale. De même que les Nations Unies définissent des patrimoines mondiaux et les formules extensibles des droits de l'Homme, de même qu'elles définissent les patrimoines vitaux préservés du règne de la spéculation. La recherche du profit dans les denrées de base est d'autant moins justifiée qu'il n'y a pas de valeur ajoutée au produit, pas même de produits de désinfection. La seule action consiste à stocker les vivres et à attendre qu'ils se raréfient pour pouvoir augmenter leur prix et approvisionner à nouveau les marchés. Pour tous ceux qui recherchent le profit, le champ de la transformation de ces vivres en produits à valeur ajoutée reste ouvert à la compétition, et dans ce contexte, qu'ils poussent la compétition s'ils veulent jusqu'à l'extrême prégnance de la cupidité. En vérité, l'acteur qui a juré sur le livre de sa confession en stipulant se mettre au travail sans relâche pour le bonheur du peuple nigérien et qui ne peut assister le peuple victime de catastrophe doit être accusé de parjure. L'avancée du désert, la sécheresse, l'invasion acridienne admettent la famine comme conséquence, sont des données intrinsèques de la vie des populations nigériennes, et pour tout acteur aspirant à la gouvernance de l'Etat, s'il n'a pas le courage de prendre des mesures adéquates pour assister les populations lorsqu'elles sont en état de danger de mort, il doit mettre fin à son rêve, cesser toute agitation destinée uniquement à entretenir l'ambiance politique, et laisser la place à celui qui peut.

Une gouvernance au bénéfice de l'ordre externe

La gouvernance de la Ve République dénote la prégnance d'une logique inverse paradoxale, du fait que la gouvernance est attendue pour défendre les intérêts de l'ordre interne, illustrés à travers les aspirations des populations. Malheureusement, les acteurs qui gouvernent la Ve République se mettent à la tâche de la défense à contre courant, envers et contre tout, des intérêts au bénéfice de l'ordre externe. DurKheim, auteur de "la division du travail social" reconnaît au pouvoir politique, comme « première et principale fonction, de faire respecter les croyances, les traditions, les pratiques collectives, c'est-à-dire de défendre la conscience commune contre tous les ennemis du dedans comme du dehors … Ce n'est plus une fonction sociale plus ou moins importante, c'est le type collectif incarné. Il participe donc à l'autorité que ce dernier exerce sur les consciences et c'est de là que lui vient sa force » (Durkheim, 1967, p. 51).

La prégnance de la logique de gouvernance inverse est exacerbée lorsque le pouvoir politique, entendu au sens de gouvernement, justifie des mesures telle que l'application de nouvelles mesures fiscales sur les produits de première nécessité, en pleine période de famine, par un programme d'ajustement structurel signé avec les institutions financières internationales, ou par une initiative sous régionale au sein de l'UEMOA. L'inconsistance du choix du Gouvernement se révèle davantage, lorsque la politique publique de lutte contre le SIDA prend la forme d'une publicité au bénéfice des firmes étrangères, qui espèrent vendre leur produit en grande quantité pour rentabiliser l'argent débloqué en faveur de certains acteurs, indépendamment de la mise en avant des valeurs sociales et de leur inculcation par l'éducation. L'effet escompté de cette éducation sociale fera tendre immanquablement celui qui choisit l'alternative du "bon comportement" vers un comportement plus rationnel. Les errements de différentes politiques publiques permettent de postuler une possibilité que ces acteurs ne gouvernent pas la société qui les a élu pour le bonheur de leur peuple; plutôt, ils gouvernent le territoire qui les a élu pour rentabiliser les prêts usuriers et les investissements accélérateurs de l'accumulation pour ceux qui du dehors, ne les ont pas élu et se sont imposés à eux comme maîtres. Par illustration, les sociétés qui commercialisent les cigarettes en occident ont été contraintes par la loi d'inscrire sur l'emballage la mention "fumer tue". Dans la lutte contre le sida, le politique ne pouvait-il pas initier la loi qui fait mention obligatoire sur les affiches publicitaires destinées à cet effet, du message qui stipule que "le sida tue, il provient d'une absence de fidélité et d'un libertinage non conformes au modèle social, celui qui choisit le préservatif s'éloigne de ce modèle", "Contre le Sida, il vaut mieux la fidélité et l'abstinence à l'usage du préservatif".

L'équation à résoudre est celle de l'équilibre entre les accords externes à contracter et les bénéfices attendus sur l'ordre interne. La résolution de cette équation passe par la sensibilisation des gouvernés sur les indications complètes et non politiques des avantages et inconvénients de l'accord, et si le rejet est le consensus qui se dégage au niveau de la société civile, de ses associations et plus largement des populations à solliciter non pas systématiquement, mais lorsque les enjeux sont élevés, alors les gouvernants n'ont d'autre choix que de se soumettre. Un tel principe de gouvernance de l'Etat a déjà été expérimenté avec succès par l'acteur qui a dirigé le Gouvernement de transition post conférence nationale. Les accords internationaux notamment avec les institutions financières internationales peuvent peut-être admettre leur importance. Encore qu'il ne compte pour les acteurs qui les animent, que les possibilités immenses de fructifier indéfiniment leur capital. Combien de pays africains se sont-ils développés avec l'aide de ces institutions ? Telle est la nature de l'usure, et sa pratique crée un déséquilibre mondial dans lequel une partie récupère largement le surplus de l'activité-monde jusqu'au point de sombrer dans le gaspillage, tandis qu'une autre partie sombre chaque jour un peu plus dans la pauvreté. Ce constat traduit le mérite que la pratique détestable de l'usure soit largement détestée. Il y a lieu pour les acteurs gouvernants qui choisissent de composer en passant des accords avec les institutions financières internationales, de définir les fenêtres de l'histoire qui suspendent leur application systématique. Sinon, la production du surplus économique local à partir des activités de base est peut-être difficile mais toujours meilleure, bien au-delà du recours aux prêts usuriers, du fait que l'usure multiplie le capital dans un seul sens, au bénéfice du créancier. Il y a un calcul du ressort des acteurs gouvernants à faire pour établir le temps qui sépare le niveau de richesses potentiel qui peut être obtenu à partir des activités de base, pour atteindre celui que peut permettre les prêts usuriers, sachant que dans le premier cas il n'y a pas de ponction sur le surplus, tandis que dans le second, la ponction est de nature à fragiliser le niveau de richesse acquis.

Une société civile proactive

L'évolution du processus démocratique au Niger reflète une installation progressive et incrémentale des composantes de la démocratie. Le Niger sort d'une tradition dans laquelle l'exercice du pouvoir politique n'admet pas de contre pouvoir. La démocratie a permis l'éclosion de cet aspect de régulation de la vie publique par apparition de fenêtres d'opportunité, d'abord à travers un rôle limité dédié aux syndicats qui se limitaient essentiellement aux activités syndicales. Le rôle de contre-pouvoir était par la suite dévolu aux partis politiques, dont ceux de l'opposition. Il manquait en fait au système pour l'équilibre des forces, une réalité de contre pouvoir avec une emprise plus large, dans divers domaines de la vie courante. C'est à ce titre que l'émergence de la société civile proactive, qui s'est affirmée à partir de 2004 en tant que force de contre pouvoir, qui participe à la régulation sociale traditionnellement du ressort du politique, constitue un complément substantiel du tableau des forces démocratiques. « La société globale se définit positivement (au delà des critères souvent relatifs d'homogénéité ethnique, linguistique, culturelle) comme l'ensemble d'individus assujettis à un même système de normes et, négativement, celui qui échappe à tout autre. De ce fait, le mode de régulation sociale qui se situe au cœur de la définition de la société politique est au cœur du concept de pouvoir politique » (Braud, *Traité de Sciences Politiques*, p. 372). Philippe Braud admet à juste titre que c'est « la défaillance des mécanismes de régulation sociale » qui est à la base de « l'émergence de la société civile ». La Coalition Qualité/Equité contre la vie chère (version initiale) a pris les devants de la contestation populaire face à un pouvoir politique sans contre-pouvoir réel. Elle s'est imposée dans divers circuits préalablement du domaine des acteurs gouvernants, tel par exemple la supervision de la distribution des aides alimentaires reçues pour aider les populations à faire face à la famine née des attaques acridiennes. L'approche "configurationnelle" du risque permet de corroborer cette analyse. Elle montre qu'au départ de la gestion de la famine, l'acteur société civil n'apparaissait pas, mais est apparu lors de l'extension de la crise. Il y a certainement une leçon destinée au pouvoir politique afin d'éviter le piège de la négation, par l'exclusion de la scène publique des nouveaux acteurs, puisque de même que les acteurs politiques concevaient des stratégies pour affaiblir le mouvement, le discréditer ou jouer sur l'usure du temps, de même les acteurs de la société civile usaient d'une veille stratégique de traitement des dossiers même de moindre importance, pour conserver leur place. Le mouvement ne s'est pas estompé dans le temps, mais est devenu pluriel, même s'il y a des acteurs qui concourent à son discrédit et au discrédit de la lutte elle-même, en se mettant au service du pouvoir ou d'intérêts particuliers. La logique de l'acceptation de son intégration sur l'échiquier démocratique qui s'impose aux acteurs gouvernants, doit l'emporter sur le rêve de la perpétuation du règne qui a précédé son émergence. Cette logique est d'autant plus importante que la société civile a de nouveau réussi à s'imposer comme acteur incontournable dans la gestion de nouveaux scandales politico-financiers, notamment l'affaire MEBA.

L'analyse de la compétition entre les différents acteurs démocratiques révèle l'enjeu principal de l'avènement de la stabilité démocratique non encore entièrement acquise. Pourtant la première réaction des acteurs gouvernants a été d'utiliser le réflexe de l'usage de la coercition face à des revendications négociables, une perte de temps et un accroissement des tensions à priori qui peuvent être économisés, puisque les acteurs ont fini par retrouver la sagesse de négocier. Pour Parsons, l'usage ou même la menace directe de la force constituent un élément de régression sociale qui perturbe la vision des intérêts collectifs, introduit des éléments de tension susceptible d'ébranler la solidarité de la collectivité et, par voie de conséquence, le fonctionnement rationnel de chacun des sous-systèmes qui constituent la société globale.

Dans un registre plus large, la raison commande de noter que la compétition n'est plus au stade régressif de l'usage de la force, mais celui productif des idées novatrices dès lors que chacun admet la diversité comme caractère fondamental de toute société, pour la construction de laquelle chaque membre apporte une pierre à l'édifice global. La force comme potentiel mobilisable dans l'exercice du pouvoir, à travers des structures créées et maintenues pour la développer et l'utiliser, est à coup sûr le rempart des faibles, du fait qu'autrement, ils ne peuvent se manifester. La preuve est donnée lorsque de tels acteurs ne peuvent disposer et mobiliser ce potentiel. Aussi, ils offrent une attitude de soumission, de profil bas et même de fuite, tout caractère qui rappelle l'adage qui attribue « les condoléances à la mère du brave, celui qui a exclu de fuir ». Dans une telle situation, une partie de ces acteurs politiques s'expriment en disant : "mon pouvoir m'a quitté". Puisque la démocratie inclut le principe de l'alternance à la gouvernance de l'Etat, il y a donc une imposante équation à résoudre de la part des acteurs gouvernants en particulier et des acteurs politiques en général, celle du comportement dans l'après règne, du comportement qui doit être conservé et qui doit rester le même, avec ou sans le potentiel complémentaire apporté par l'exercice du pouvoir offert par les moments que nous traversons. La solution de l'équation se trouve dans le caractère rationnel de l'usage que nous faisons ou que nous ne devons pas faire de ce potentiel. Quelques critères permettent d'appréhender le caractère des acteurs politiques et faciliter leur classification. Il s'agit du critère lié à l'établissement avec certitude du comportement de l'acteur avec le potentiel et sans le potentiel, du critère qui permet de déterminer ce qui a plus de valeur aux yeux de l'acteur, le potentiel complémentaire ou celui qui le détient ! Il est acquis qu'en cas de conflit irréductible ou de heurts sociaux qui échappent au mécanisme de régulation lié à l'autorité normative, l'important ne résidera pas dans la non utilisation du potentiel complémentaire pour éviter toute place à l'anarchie et au désordre, mais réside dans l'usage mesuré qu'il est nécessaire de faire. L'acteur gouvernant dans ce contexte n'est qu'un exécutant et ne doit pas être mis en avant, ni même se mettre en avant, le cas échéant, l'acte se retrouve déformé et transformé en règlement de compte ou en une expression d'un antagonisme personnel et donc d'un appel à une vengeance personnelle. Dans ce cas, la prégnance des règles à respecter qui ne sont nullement sélectives doit permettre de répondre aux besoins d'une régulation utile et efficace de l'ordre social. Parsons se trouve contraint d'établir une relation décisive entre ces normes sociales obligatoires et l'infliction de sanctions "négatives".

Philippe Braud (*Traité de Sciences Politiques*, p. 388) estime que « l'autonomisation croissante du politique par rapport à la société civile, débouche paradoxalement par une nouvelle fusion par absorption de la société civile ». En fait, le piège tendu par les gouvernants pour phagocyter la société civile ressemble à un tissu noir cousu de fil blanc, à ce qu'il est bien perceptible, et vise à discréditer les acteurs qui animent la cible. C'est l'exemple du piège lié à la création du Ministère contre la vie chère, toute place politique offerte à l'occupation des acteurs de la société civile qui consacre l'abandon de leur lutte pour renforcer le pouvoir politique, ne serait-ce qu'a travers la mythique solidarité gouvernementale. Le passage énoncé par Bernard Lacroix (*Traité de Sciences Politiques*, p. 471) révèle la nécessité de la distinction entre l'Etat et la société civile dont il attribut le fondement à « la distance qui sépare ces deux partenaires en définissant les modalités de leur face à face. En postulant leur contiguïté, elle introduit toute une physique de leurs rapports : Etat et société entrent certes en contact mais ils ne se mélangent ni ne se confondent jamais. Elle suppose une frontière intangible entre Etat et société civile et suggère que leurs relations sont à penser sur le modèle du heurt ou du choc que suppose la physique spontanée des solides ».

Bernard Lacroix (*Traité de Sciences Politiques*, p. 470) énonce l'existence de « toute une philosophie du commandement et de l'obéissance : l'Etat (souverain) impose ses (justes) décisions à la société civile dans l'intérêt de celle-ci et pour son plus grand profit. Cependant, l'Etat n'est plus désormais que le représentant de la société, le mandataire des contractants du pacte politique et seul le consentement de ces derniers aux avantages apportés par l'existence de l'organe politique justifie leur obéissance ». Il importe donc aux acteurs gouvernants qui aspirent au règne de la stabilité de rechercher les moyens d'obtenir et de perpétuer l'obéissance civile, au travers des actes à effet d'avantages sociaux, qui justifient pleinement la nécessité et l'existence de la gouverne politique. L'auteur dévoile la logique d'un autre piège dont son appropriation et son enfermement par les gouvernants conduit inéluctablement au règne de l'instabilité sociale : « en inversant, comme par inadvertance, la position réciproque de l'Etat et de la société civile, la distinction Etat-société met en scène la majesté du premier au détriment de la seconde. Et, en cautionnant l'image instituée par l'Etat en logique irrecevable bien qu'instaurée par l'usage, elle reconduit la prétention de ce dernier à parler seul au nom de la société dont il se veut ou se dit et le gardien et le défenseur » (Lacroix, *Traité de Sciences Politiques*, p. 471). La flexibilité dans la gouvernance commande aux gouvernants, lorsque l'évocation de certains maux contre lesquels se bat la société les oppose à la société civile, d'admettre qu'il y a des réalités dont ils n'ont pas à priori conscience du fait de la distance qui les sépare de leurs administrés.

Une hégémonie politique

Avec un cercle d'acteurs circonscrits à proximité du pouvoir qui détiennent et exhibent des richesses acquises en très peu de temps, avec une limitation d'accès au cercle par le rejet des acteurs gouvernants d'intellectuels qui détiennent une connaissance, avec la position de "sur-pouvoir" des acteurs gouvernants et les mobilisations de foule qu'ils déploient pour empêcher l'émergence et donc l'intrusion de nouveaux acteurs en position de contre pouvoir, avec le recul du classement du pays de l'avant dernier rang au dernier rang mondial en terme d'indice de développement humain qui traduit l'impertinence de la politique de développement, le système politique néo-patrimonial perpétué à partir de la Ière République en passant par la dictature militaire et son règne de la Société de Développement, jusqu'au MNSD parti Etat a été réinstauré et pour la circonstance maquillé en démocratie, le tout pour donner une démocratie néo-patrimoniale. Elle correspond de façon qu'il ne soit possible de le nier à la description exacte du système de gouvernance politique nigérien du premier Gouvernement. Une illustration est faite par les gouvernants eux-mêmes qui dressent un répertoire implacable des contre-performances de l'administration devenue hautement politisée et acquise à la création du cercle central (Journal *Alternative*, 9 mars 2006). Il est important de convenir avec Philippe Braud que « l'exercice du pouvoir politique ne repose plus sur la seule efficacité d'un réseau de clientèle lié par allégeance personnelle aux gouvernants, mais sur un réseau d'agents à statut juridique précis, organisé dans une structure hiérarchisée et impersonnelle. C'est la bureaucratie légale-rationnelle de Max Weber ». La démocratie néo-patrimoniale, si elle tient ses prémisses du premier mandat, est la conséquence directe de l'obtention de la position de "sur-pouvoir", à l'issue des élections de 2004, par les acteurs politiques désignés gouvernants affiliés au principal parti de la coalition au pouvoir. Les leaders politiques dans leur ensemble ont participé à la construction de cette position, du fait qu'en 1995, le PNDS a ressuscité le MNSD, le CDS l'a fait "roi" quatre ans plus tard en 1999, les autres partis, l'ANDP, le RDP, le RSD l'ont fortifié en une position de gloire en 2004.

Les élections de novembre et décembre 2004 enseignent aux acteurs politiques les vertus et les comportements répréhensibles, à ce que ces partis politiques se soient comportés comme des « cadets » d'une société dans leur apprentissage de la vie. La régulation du comportement des partis commande désormais de mettre en place des lois explicites qui disent ce qu'il faut faire et ce qu'il ne faut pas. L'analyse de la genèse de ces élections traduit le piège dans lequel les leaders des partis sont tombés. En effet, sachant toutes les incertitudes et péripéties qui ont marqué la IVe République jusqu'à sa disparition à la suite d'une tragédie, sachant également de par tous les résultats électoraux depuis 1990 qu'aucun parti politique ne peut obtenir la majorité absolue au premier tour des élections présidentielles, les fausses cartes d'électeurs présentées à la presse par l'opposition pour servir de vote multiple ou d'usurpation d'identité, auraient servi au parti à approcher la majorité absolue sans franchir le rang intolérable. Ceci, contrairement à tous les pronostics qui l'annonce perdant, du fait des scandales financiers incompatibles avec la conscience collective de ce moment précis. Le désir de jouer le "faiseur de roi" des autres partis pour obtenir le poste de président de l'Assemblée nationale aidant, de même que l'antagonisme qui règne entre les leaders de ces partis du fait que les leaders d'au moins trois d'entre eux (RSD, RDP, PNA) étaient initialement dans les rangs d'un même parti (CDS) avant leur dispersion, ajouté à ces facteurs la difficulté apparente du président du CDS de faire le deuil du naufrage de l'AFC, ces raisons ont fini par provoquer le spectacle du volte face radical et précipité, qui a conduit subitement tous les partis significatifs (CDS, RSD, RDP, ANDP) à soutenir le principal parti au pouvoir (MNSD). Ceci, malgré les alliances pré-électorales qui supposaient leur ralliement au principal parti d'opposition (PNDS). Le spectacle débouche sur l'âge d'or du règne de "sur-pouvoir" des acteurs politiques gouvernants de la Ve République. Le paradoxe de ce règne est que le profit tiré de cette hégémonie n'est pas au bénéfice du président de la République nouvellement élu, mais au bénéfice du Premier Ministre, Chef du gouvernement. Des éléments de la presse lui ont attribué pour la circonstance de nombreux qualificatifs pour décrire cette capacité de manipulation politique et cette offensive électorale. Cependant, la raison de l'hégémonie politique naissante est bien différente. En fait, sans que l'acteur soit à la meilleure place de la classification des acteurs politiques qui se sont succédé à la gouvernance de l'Etat ou qui y aspirent, les circonstances ont conduit à une absence d'adversaire politique qui pouvait équilibrer la balance du moment. Comme dit l'adage, "Le borne est roi au pays de l'aveugle". La manipulation n'est pas un avantage moral, Georges Balandier estime qu'« en premier lieu, les pièges qui menacent tout pouvoir » sont « ceux des mots, ceux des calculs et des manipulations impliqués dans la dynamique politique, ceux de l'enfermement du puissant qui peuvent le conduire à l'exercice d'un pouvoir fou ou à la fuite dans la folie dont le répertoire Shakespearien a fait un mouvement essentiellement dramatique ». La manipulation est donc un des pièges qui minent tout pouvoir. Avec le renforcement de l'hégémonie politique du pouvoir du MNSD, les adversaires qui répondent à la nécessité d'équilibrer le système de gouvernance proviendront d'un domaine autre que politique, puisqu'ils seront fournis par la société civile pour stopper cette hégémonie. Cette émergence s'est faite contre toute attente, puisque faute de contre-pouvoir et dans un moment où la conscience collective semble se résigner à tolérer l'exhibition des richesses de l'enrichissement illicite, la mauvaise gestion de la famine qui a suivi les attaques acridiennes d'octobre 2004 va offrir à la société civile une fenêtre d'opportunité qui propulse devant toutes les scènes politiques et sociales, ses principaux acteurs. Ces nouveaux acteurs du mouvement initial vont se révéler sous le double visage de véritables stratèges et infatigables combattants. Pour le bénéfice de la démocratie elle-même, il est important d'énoncer, qu'aussi longtemps que ces acteurs tiendront le face à face et maintiendront la distance qu'il faut avec le pouvoir, ils disposeront d'une masse populaire mobilisable pour imposer des points de vue au Gouvernement et stopper le règne de l'hégémonie. La force de la société civile réside dans la clairvoyance de ses animateurs, lorsqu'ils ne confondent pas les intérêts de l'Etat, de la société et ceux des acteurs politiques, lorsqu'ils demeurent à l'écoute des populations, qu'ils véhiculent leurs aspirations et qu'ils ne cherchent nullement à leur imposer leur point de vue à l'instar du monde politique. Le pouvoir n'a nullement besoin d'être défendu ou secouru par la société civile, il dispose de ses propres moyens de défense et de mobilisation, qu'il s'agisse des militants des partis ou d'autres mécanismes utilisables à la disposition des acteurs gouvernants. Dans un sens, l'utilité des manifestations de la société civile se trouve renforcée lorsqu'elle s'érige contre l'hégémonie du monde politique, une hégémonie qui constitue l'aspiration la mieux partagée entre acteurs politiques. Les conséquences du règne de l'hégémonie sont multiples et néfastes, en ce qu'elle voile aux gouvernants les limites des actes qui transforment le désordre en ordre et occasionne l'émergence des turbulences. La conséquence des turbulences est la démonstration de la vulnérabilité de l'ordre établi. Balandier souligne que « les "prêtrises" et les rites effectuant la transformation du désordre en ordre opèrent toujours à l'intérieur des limites très contraignantes, dont le tracé varie selon le type de société. Au delà de ces frontières se situe l'espace des résistances, des rebellions et, plus avant, des révolutions en devenir. Celles-ci visent l'établissement d'un autre ordre. Celles-là défient de manière spectaculaire celui qui existe, leur premier objectif est la provocation et la démonstration de la vulnérabilité des pouvoirs en place, de l'impuissance relative des puissants ». Une autre conséquence de l'hégémonie est traduite par la publicisation du débauchage des militants des autres partis par le parti au pouvoir, sans distinction de leur appartenance à l'alliance. Les enseignements à tirer doivent évoluer dans le sens de proscrire une telle publicisation, comme code de bonne conduite entre les partis membres d'une même alliance. Cela est peut être évident, mais pas pour tous les acteurs. Le comportement intraverti qu'ils adoptent milite en faveur du marquage de ce principe en règle de loi pour les forcer à le respecter, à moins qu'ils fassent recours au réflexe d'abus de pouvoir par lequel, ils s'autorisent ouvertement à empiéter sur la loi.

Une aspiration déguisée au règne de l'illimité

Le propre des élections se traduit dans l'aspiration à une compétition ouverte et transparente. La compétition a ses propres règles qui s'imposent aux acteurs qui y participent. Le comportement rationnel des aspirants à la gouvernance dispose qu'ils s'y rendent avec l'optimisme traduit éventuellement par la conviction de gagner, mais tempéré par la possibilité de les perdre. Or, de par sa position de président du parti qui domine la coalition au pouvoir, l'acteur politique qui a dirigé le Gouvernement d'avant juin 2007, est l'auteur d'une phrase assez révélatrice des raisons qui justifient son refus de démissionner de lui-même de son poste, malgré les scandales politico-financiers qui ont marqué l'exercice des politiques publiques de ce précédent Gouvernement. L'acteur stipule « qu'on ne peut pas être au pouvoir, organiser des élections et les perdre », une phrase qui révèle une prédisposition au tripatouillage électoral multiforme. De façon générale, tout acteur politique motivé par une telle logique, qui bénéficie des prérogatives de la conduite de l'action gouvernementale dans l'actuelle Constitution, puisqu'il ne peut démissionner que dans des circonstances complexifiées, risque fort de ne pas éviter le piège du règne de l'illimité. Les acquis des élections présidentielles et législatives de 2004 prouvent que si la possibilité est offerte à l'acteur d'organiser des élections, son parti risque de n'avoir besoin que d'un seul parti pour obtenir la majorité du fait des mêmes mécanismes dénoncés par l'opposition. Les raisons qui imposeront à l'acteur un tel choix tiennent de nouvelles donnes politiques, traduites par son antagonisme ouvert envers le président du CDS et la position du parti d'opposition, le PNDS, deuxième force politique du pays. La conséquence électorale possible est que le CDS se retrouve en position d'arbitre. Dans un tel schéma, le choix de mettre en satellite le RSD, l'ANDP ou le RDP est plus stratégiquement acceptable par des moyens illégaux. Pour cela, il suffira d'une progression qui avoisine la majorité absolue dans les résultats du premier tour, une progression que les atouts de la gouvernance de l'Etat peuvent permettre d'obtenir. Du maintien de l'acteur au point central de la gouvernance ou, même sans ces commandes de la gouvernance de l'Etat, dans la possibilité qu'il peut avoir d'influencer l'organisation des élections, il y a une aspiration au règne de l'illimité au sens du refus non voilé d'une alternance démocratique. Lorsqu'elle s'impose, cette alternance pourrait pourquoi pas être refusée au moyen de montages, éventuellement y compris en faisant entorse au code constitutionnel dont le respect garanti la stabilité des institutions. La construction d'un cercle qui détient la plus grande partie des richesses générées ces dernières années corrobore l'hypothèse de la préparation toujours d'actualité du règne de l'illimité, si la moindre occasion se présentait à l'acteur. Philippe Braud estime que « la construction d'un "centre", monopolisateur de la coercition légitime, suppose l'accumulation des ressources politiques suffisantes pour mettre en échec les résistances des systèmes décisionnels jusqu'ici autonomes (et qualifiés par rapport à lui de "périphériques") ». Or le règne de l'illimité est porteur des germes de changement hors cadre démocratique car « la construction d'un centre, sous un autre angle d'analyse, est un processus jamais totalement achevé qui tend à la réduction de toutes les résistances "périphériques" de quelque ordre qu'elles soient » (Braud, *Traité de Sciences Politiques*, p. 388). Les germes de changement hors cadre démocratique proviennent des effets d'inertie d'un pouvoir en lutte perpétuelle contre d'autres forces qu'il tente de soumettre sans y parvenir, et qui elles, contestent sa légitimité, jusqu'au stade où une autre force s'imposera pour les départager, faisant appel à la couverture du mythique intérêt supérieur de la nation, qui ne peut être consolidé dans les agitations. Une autre affirmation de cet auteur prend toute sa dimension instructive : « le pouvoir politique est organisé et légitimé au sein d'un ordre normatif dominé par le concept d'autorité; définie ici comme le code institutionnel à travers lequel les "usages" du pouvoir sont justifiés socialement, elle est un élément de stabilité institutionnelle qui rend possible la pérennisation des équilibres systémiques » (Braud, *Traité de Sciences Politiques*, p. 375). Dans le règne de l'illimité même déguisé et obtenu malgré un contentieux électoral, apparaît la nécessité de faire face à des troubles qui ouvrent les portes à une instabilité démocratique. Cette instabilité est traduite par les interrogations de l'auteur : « Que se passe-t-il en cas de conflit irréductible ? En cas de heurts entre rationalités d'acteurs échappant à la régulation fondée sur la seule autorité normative ? Comment garantir l'existence des liens obligatoires fondés sur le consensus (du plus grand nombre) ? » (Braud, *Traité de Sciences Politiques*, p. 375). « Les conflits intra sociétaux risquent de se trouver multipliés par l'interventionnisme croissant de l'Etat dans les affaires "privées" avec les risques d'arbitrage y afférents, si le pouvoir politique restait prérogative personnelle ». (Braud, *Traité de Sciences Politiques*, p. 387). Or, le règne de l'illimité se traduit par la personnification des prérogatives du pouvoir politique. Au vu de l'actuelle Constitution qui tolère l'accumulation des postes et offre à tout Premier Ministre une position plus ou moins pérenne lorsque par le jeu de la manipulation, il capitalise les atouts de cette accumulation de postes, le problème de candidature pourrait ne pas se poser à priori pour tout acteur politique Premier Ministre et aspirant à perpétuer le règne de l'illimité. L'accumulation des postes offre la possibilité à l'acteur d'obtenir la caution de son entité politique, le cas échéant, d'un démembrement de cette entité par scission, ou d'une autre entité politique qu'il revivifiera par effet du pouvoir. Le processus de scission est illustré par bien de mouvements à l'intérieur de ces entités politiques, à l'image du mouvement de "rénovation" du CDS qui a fini par créer le RSD. De même, l'observation du cadre du parti qui domine l'alliance au pouvoir offre le constat de l'apparition du GRGN21 (Groupe de Réflexion Genre Nassara, 21e siècle) en 2004 lorsque s'était posé le problème de candidature présidentiable au sein du MNSD (Journal, *La Nouvelle Tribune du Peuple*, 04 août 2006). Il est alors supposé que le mouvement réapparaîtra dans les mêmes conditions lorsque le problème arrive à se reposer.

Parmi les enseignements de la dérive du système politique qui a conduit à l'aspiration au règne de l'illimité, la loi doit clairement interdire l'accumulation des mandats. Le Premier Ministre ne doit pas être en même temps président d'un parti, puisque la manipulation des députés qui s'en suivra coupera court aux objectifs visés par la séparation des pouvoirs ainsi que l'espoir d'un contrôle effectif que ces derniers peuvent exercer sur l'exécutif. Le danger de cette dérive devra permettre de franchir clairement le seuil de l'interdiction au Premier Ministre de procéder à un militantisme ouvert puisqu'il fait partie de l'exécutif, tout comme le président de la République, normalement situé au-dessus des institutions. Le cumul doit également lui être interdit avec la présidence d'autres institutions et organismes (CNDP, Patronat, investisseurs, …) durant l'exercice de la gouvernance, pour éviter de le placer en position de juge et partie. En clair, si l'exécutif a été scindé en deux avec une action conduite par le

Premier Ministre Chef du Gouvernement qui sollicite la caution du président de la République, tous deux doivent être placés au-dessus des partis politiques. Encore faut-il disposer d'acteurs qui ont le courage de respecter les dispositions de la loi. La possibilité d'empiéter sur la loi offre aux gouvernants une autre saveur du pouvoir, celle d'une position illusoire de courage et d'une satisfaction de gloire due à l'impunité. Or, il s'agit d'une possibilité offerte à n'importe quel individu qui détient cette place offerte par le pouvoir. Il s'agit donc d'une possibilité propre au pouvoir lui-même, mais qui appelle à un comportement différent des acteurs qu'il convie dans son cercle enchanté. En fait, l'empiétement sur les dispositions de la loi par un acteur investi de la gouvernance de l'Etat est un acte de faiblesse, du fait que la force est attendue pour être traduite par son refus de tomber dans la tentation de l'abus. Tout individu de la société investi du pouvoir de la gouvernance peut s'arroger le droit d'empiéter ouvertement sur la loi du fait de la protection offerte par ce pouvoir même par divers artefacts, cependant, seuls les plus forts finissent par résister.

Les enseignements de la gouvernance de l'Etat dans la Ve République s'enrichissent de divers événements qui y surviennent et qui échappent à toute logique prédictive. Il est logiquement attendu de l'acteur secondaire qui se refuse à la démission, l'affirmation progressive de sa volonté de se maintenir au pouvoir jusqu'à la magistrature suprême. Cependant, la scène politique va offrir le constat du réveil de l'acteur politique principal. Ce réveil est reflété par les prestations des stratèges de son camp, à travers un appareil de propagande qui amorce la préparation des consciences collectives à l'acceptation de l'idée d'un troisième mandat, normalement en procédant à un référendum. Autrement, elle peut être concédée pour difficile, l'obtention de la modification de la Constitution par l'Assemblée nationale, le risque provenant d'un déficit potentiel de confiance qui pourrait survenir de la part des militaires hauts placés que cette Constitution a amnistié, à moins de reconduire d'avance l'amnistie. De l'analyse attentive des manifestations et des actes du pouvoir, découle l'idée des prestations d'un appareil de propagande. Si ce n'est un bénéfice politique à tirer qui peut ramener à l'appréhension d'un règne illimité, pourquoi aurait-il fallu agir différemment des dernières années pour que le pouvoir amplifie constamment son programme, avec un visage qui conforte son orientation résolument tournée vers l'assistance au peuple ? Deux facteurs peuvent expliquer ce choix des stratèges circonscrits à la gouvernance de l'Etat : (1) la capitalisation des acquis du Programme Spécial passé sous silence par les soubresauts sociaux nés de la formule de l'exercice du pouvoir choisie par l'ancien Gouvernement ; et (2) le changement survenu à la tête du Gouvernement qui laisse entrevoir que, le précédent Gouvernement a constamment affiché des prédispositions qui le mettent en face à face avec les forces sociales, contrairement à l'actuel qui se retrouve en symbiose avec ces forces au point de faire disparaître les ébullitions du front social de l'agenda politique. Ce passage illustre l'influence de la nature des acteurs politiques dans la conduite de la gouvernance de l'Etat. La réussite des préparatifs des stratèges de l'appareil de propagande tient du degré de perception positive des réalisations du Programme Spécial par les consciences collectives des électeurs ruraux, pour que le collège électoral majoritaire suppose la primauté des performances sur les contre-performances des acteurs politiques aux commandes de l'Etat.

Le jeu politique qui a occasionné des rencontres périodiques entre le président de la République et le Chef de file de l'opposition a fini par diviser le parti au pouvoir, du fait de la position acquise par l'acteur principal, une place offerte par la convergence des forces internes depuis l'avènement de la démocratie, de seul acteur au bénéfice duquel peuvent se dénombrer de multiples réalisations, d'où le crédit de sa capacité à gouverner. L'acteur principal du régime et son compagnon secondaire se retrouvent donc inévitablement dans un face à face pour l'accès aux commandes de l'Etat. Si le plus fort l'a emporté au point d'emprisonner le moins fort du moment, il reste à ce dernier la possibilité de tirer le réconfort d'une quelconque circonstance qui se présenterait de par l'histoire, pour rendre inexorablement le coup à un degré plus grand. La rancune et la vengeance politiques peuvent aussi prendre la forme de ressentiments qui procurent une entière satisfaction. L'aspiration à un troisième mandat admet un choix dans une alternative dont le moins favorable mine sa réalisation. Si la capacité à gouverner de l'acteur aux commandes de l'Etat s'impose aux autres acteurs qui attendent une alternance démocratique, et qu'ils concèdent cette éventualité en évitant de faire entrave à sa réalisation, à défaut d'y participer pour éviter le piège du suicide politique, le spectre du blocage politique s'éloignerait inexorablement. Dans ce cas, l'histoire des peuples concède la possibilité pour un Chef d'être rappelé en situation d'urgence pour sauver sa société d'un danger, synonyme ici de régression des réalisations ou de résurgences des turbulences démocratiques. Dans ce premier choix de l'alternative engendrée par le troisième mandat, la stabilité démocratique se trouve conditionnée au comportement des deux autres acteurs les mieux placés sur l'échiquier politique, l'acteur du CDS et l'acteur du PNDS. Le second choix de l'alternative défavorable au troisième mandat relève de son interprétation possible au sens d'un règne illimité. Et dans cette perspective, comme dans la possibilité de vivre la répétition de l'histoire courante du Pakistan où un acteur principal aspirant au règne de l'illimité a été contraint à la démission, la société civile, les intellectuels, les structures corporatives et le camp de l'acteur emprisonné sont les principaux obstacles à comportement imprévisible, plus que les partis politiques ou les militaires, qui sont susceptibles de faire échouer la réalisation de ce programme stratégique. La nature imprévisible du comportement de ces forces collatérales appelle l'acteur gouvernant à de nouvelles méditations, une forte stratégie et un choix opérant. De même que l'acteur gouvernant attend patiemment la fin du processus de propagande pour se voir inviter, comme d'autres puissants ailleurs dans le monde, à accepter d'accéder à la demande qui sera formulée par son camp, une demande de franchissement du rang qui donne accès au troisième mandat, de même, cet événement peut être le point de départ de beaucoup d'autres événements non prédictibles et non maîtrisables à priori, qui le contraindraient à la renonciation. Une renonciation dangereuse qui ouvrira une porte de sortie contraignante et qui ferme celle disponible avant la dégénérescence de la scène sociale. Dans les deux cas, l'histoire retiendra les péripéties les plus marquantes. Tout choix impose ses conditions, l'histoire contemporaine propose ses enseignements, le pouvoir dispose de la capacité de choisir de par l'affiche de son aspiration constante à la stabilité de sa nation.

Une affaire MEBA qui pousse le pouvoir à imposer des limites sévères à la vérité

Si le recours à la manipulation et à des "calculs étroits" comptent parmi les pièges qui minent l'exercice du pouvoir, le réflexe de l'accumulation des richesses est un autre piège du fait des possibilités offertes par le pouvoir, généralement, soit dans une meilleure mesure par des moyens très sensibles à l'extériorisation qui empêchent leur publicisation et pour l'utilisation desquels, le silence devient un impératif pour les acteurs gouvernants, soit alors par des moyens totalement illicites. Le propre de l'illicite pratiqué par les hommes du pouvoir est qu'il ruine l'économie par des hémorragies financières imposées au coffre fort de la société. L'effort des agents chargés de collecter l'impôt auprès des citoyens qui exercent la moindre activité économique est fortement tempéré par le contre flux de sortie à destination à priori inconnue. Le modèle est celui du coffre représenté par un « canaris » percé que les agents essaient de remplir avec "de l'eau". En fait, à chaque versement, le volume de la déperdition déterminé par le flux de sortie et le temps entre deux versements consécutifs l'emporte sur la quantité versée du fait d'une part, de la non réinjection de la déperdition dans l'économie, et d'autre part, de la faiblesse des moyens des acteurs économiques (vendeurs de thé, boutiquiers, …) auprès desquels les agents procèdent à la collecte. L'impact des détournements est très grand sur les performances ou plutôt les contre-performances financières de l'Etat. La pratique favorise l'octroi du surplus de l'activité économique à des acteurs circonscrits à la gouvernance politique, dont la seule prudence ne consiste pas à effectuer un investissement rentable, générateur d'emplois et de bénéfices pour au besoin restituer le prélèvement déloyal effectué. Leur prudence consiste pour eux à éviter la dénonciation publique de l'hémorragie. La pratique de l'accumulation illicite en tant que piège visible tendu par leur position aux acteurs gouvernants, est contraire aux règles de développement, et ramène la société à un perpétuel essaie de décollage économique à partir d'une nature initiale et primitive, caractérisée par l'accentuation de la domination par l'autorité, ajoutée à la domination par les moyens provenant de l'accumulation. Or, même dans la société primitive quand « l'économique se laisse repérer comme champ autonome et défini, quand l'activité de production devient travail aliéné, comptabilisé et imposé par ceux qui vont en jouir des fruits de ce travail, c'est que la société n'est plus primitive, c'est qu'elle est devenue une société divisée en dominants et dominés, en maîtres et sujets, c'est qu'elle a cessé d'exorciser ce qui est destiné à la tuer : le pouvoir et le respect du pouvoir » (Clastres, 1974, p. 169, c. n. q. s.). La rupture de l'égalité citoyenne est dérivable de l'accumulation illicite. Elle constitue l'une des conséquences que cette dernière engendre contrairement à toute logique de meilleure gouvernance. Si la société ne l'affronte pas du fait que cette accumulation illicite est l'œuvre d'un pouvoir que les individus qui la composent ont décidé de respecter, alors le développement économique de la dite société restera au stade de mirage permanent. Ainsi, les difficultés quotidiennes de la vie s'accentueront continuellement, au point où la société se meurt par départs massifs des individus qui la composent, à la recherche des conditions de vie plus clémentes. La relation est toute simple à matérialiser : les détournements empêchent le développement économique, l'absence de développement économique empêche les individus de bénéficier des conditions de vie favorables. C'est cette vérité scientifique que véhicule la sagesse religieuse qui a prohibé l'usage de la corruption et obligé les individus à la combattre, le cas échéant, la prescription religieuse stipule que le mal-vivre s'étendra partout. Ce mal-vivre ne s'arrêtera que si le combat des individus triomphe sur la corruption. Cet argument est corroboré par la pratique de la lutte contre la corruption dans les nations développées, d'abord à travers le système judiciaire, et ensuite à travers le système économique avec le fort contrôle bancaire qui limite de façon extrêmement répréhensible, l'enrichissement rapide et inexpliqué ainsi que toute fuite de capitaux vers l'extérieur.

Le contexte de l'accumulation illicite des acteurs circonscrits à la gouvernance de l'Etat caractérisé par l'affaire MEBA, illustre un changement de la logique de soumission consentie par les citoyens aux gouvernants politiques. Avant la Ve République, malgré le caractère visible de l'accumulation illicite des acteurs gouvernants, la logique énoncée par Clastres du « pouvoir et du respect du pouvoir » a été le propre du comportement citoyen. La prégnance de ce principe est un frein réel à l'enracinement de la démocratie. L'auteur le dénonce comme une pesanteur, un mal destiné à tuer la société elle-même. Or, avec l'affaire MEBA, les citoyens ont saisi la fenêtre d'opportunité offerte par l'histoire pour aboutir à une émancipation notoire de la conscience collective à travers la force et les dénonciations de la société civile. L'application de l'approche "configurationnelle" du risque permet de comprendre de façon synthétisée, les dimensions du scandale. Il ressort de l'application de cette approche que la configuration d'acteurs qui marquent de leur présence les épisodes de la gestion du scandale MEBA est composée de la toute nouvelle Coalition Qualité/Équité, du pouvoir public, des partis politiques, des syndicats du domaine de l'éducation. Les opérations symboliques des différents acteurs, y compris étatiques, se sont traduites par des meetings et des manifestations de rue, les enjeux étant d'une part la demande de la démission du Gouvernement et d'autre part, l'ouverture d'une procédure judiciaire équitable pour démasquer et punir les coupables selon la logique du droit. Pour leur maintien à la place offerte par le pouvoir, les acteurs gouvernants ont fait recours à divers dispositifs institutionnels tels que les services de maintien de l'ordre, l'instauration d'une commission de négociation, la mobilisation de l'organe législatif et la prise de position du département de la justice.

Les tournures prises par la dénonciation de ce scandale politico-financier autrefois qui ne serait considéré que comme classique, enseignent aux acteurs gouvernants et à ceux qui y aspirent, de noter l'impossibilité de perpétuer le règne préalable dans lequel la société restait en spectateur et n'avait pas pris conscience des moyens qu'elle pouvait utiliser pour contester la pratique de l'accumulation illicite. Dans l'exercice de la gouvernance politique du Niger, dorénavant, comme le stipule Bernard Lacroix «l'action de l'Etat, par le fait, ne saurait être pensée ni comme une multiplicité d'initiatives dont il serait le centre moteur, ni comme une action à force ouverte qui ne laisserait aux acteurs sociaux d'autre possibilité que de se soumettre. Au vrai, l'Etat est perméable, poreux aux influences, docile à certaines voix du monde, ouvert à certaines actions extérieures. On ne monterait pas tant en épingle, si tel n'était pas le cas, l'action des "groupes de pression", relayée jusqu'au cœur de l'organisation étatique par la voix des parlementaires qui leur servent de porte-parole ou par des projets des "ministères techniques" dont l'apport technique consiste précisément en la mise en forme des revendications de leurs assujettis ». L'exercice de la gouvernance de l'Etat renvoie à un modèle autre que celui qui est dicté par l'habitude : « contrairement en effet à l'image qu'accrédite la représentation proprement juridique de ses moyens d'intervention, l'Etat n'agit pas seulement, ni même peut-être principalement par voie "autoritaire", à travers l'allocation hiérarchique des règles auxquelles les acteurs sociaux seraient tenus, bon gré ou mal gré, d'obéir » (Lacroix, *Traité de Sciences Politiques*, p. 475-476). Le nouveau modèle adapté à la gouvernance de l'Etat donne une large place à la concertation : « l'Etat en réalité propose, incite, invite, négocie, consulte, marchande et conclut en permanence, explicitement ou implicitement, accords ou compromis; et cette logique du marchandage généralisé avec les partenaires qu'il suscite ou qu'il est contraint de reconnaître suffit à attester les milles et une manière dont il est inextricablement encastré dans la société. Comment parler encore, sinon par excès de langage, de l'Etat comme d'une entité séparée du corps social qu'il habite » (Lacroix, *Traité de Sciences Politiques*, p. 476). L'affaire MEBA consacre l'enfermement des acteurs gouvernants dans une logique politique dont le paradoxe est traduit par la naissance d'une alliance politique, l'AFD/R, en réponse à des revendications non politiques. Elle enseigne aux acteurs gouvernants de développer davantage le réflexe de la gouvernance par la maîtrise du savoir ou par le comité de ceux qui détiennent le savoir, pour répondre efficacement aux préoccupations populaires, loin de la logique des contre-manifestations inadaptée au contexte des revendications formulées. La prégnance de la logique politique et son élévation au stade ultime de principe de gouvernement révèle les limites, les défaillances et l'inaptitude à gouverner des acteurs politiques qui s'y enferment.

A travers le succès de la marche du 29 juillet, l'affaire MEBA révèle l'usage abusif et illégitime qui peut être fait par les acteurs politiques de la domination symbolique. Cette forme de domination est exercée de facto sur des militants ou des citoyens qui ne fondent pas leur ralliement à un acteur politique sur la base d'un déterminisme objectif quelconque, de sorte que si ce déterminisme change, qu'ils puissent modifier leur choix. Ils représentent le cercle des "inconditionnels". « Le propre de la domination symbolique réside précisément dans le fait qu'elle suppose de la part de celui qui la subit une attitude qui défie l'alternative ordinaire de la liberté et de la contrainte : les choix de l'habitus (…) sont accomplis, sans conscience ni contrainte, en vertu de dispositions qui, bien qu'elles soient indiscutablement le produit de déterminismes sociaux, se sont aussi constitués en dehors de la conscience et de la contrainte » (Bourdieu, 1982, p. 36). L'obéissance au mot d'ordre de rassemblement ne s'explique pas par le mécanisme de la peur dans la soumission, mais plutôt par celui de l'acquiescement exagéré à une autorité reconnue comme légitime. Le risque de recours excessif à ces deux mécanismes complémentaires est d'aboutir à la réduction du consentement du fait de l'usure et de la lassitude de devoir défendre une injustice évidente, même s'il est important de tenir compte de la liaison du fondement de l'attitude d'obéissance à la simple habitude. De la question de l'efficacité de la marche des citoyens comme moyen de couvrir une injustice, de nouvelles questions surgissent : le nombre suffit-il pour empêcher la manifestation de la vérité ? Qu'en est-il de la motivation réelle de ceux qui y ont participé ? Leur présence traduit-elle ce que disent les gouvernants en leur nom ? Les vraies raisons de la présence de la foule lors de la marche permettent fondamentalement de confirmer ou infirmer le discours politique caricatural d'un soutien massif alors que les raisons sont diverses. Il est perceptible à travers cette marche, qu'il s'agit de la mobilisation par les gouvernants des moyens destinés à imposer de sévères limites à la manifestation de la vérité. A travers les mises en scène conçues pour éviter tout exposé didactique des justifications de la non implication du responsable de l'exécutif incriminé dans le scandale dénoncé, « la parole légitime, celle des chefs et des groupes autorisés prend forme dans les rituels et dans le discours; c'est plus souvent d'ailleurs par la mise en scène d'une représentation de la société que par l'exposé didactique de justifications que le processus de légitimation touche l'ensemble des assujettis » (Lagroye, *Traité de Sciences Politiques*, p. 410). La marche apparaît comme une pratique de manipulation dont les victimes sont à la fois les partis politiques et les manifestants qui en ont pris part. Dans cette logique, Georges Balandier traduit une pensée des acteurs gouvernants selon laquelle, lorsque le pouvoir juge une arme dangereuse, notamment les manifestations citoyennes de la Coalition Qualité/Equité, il est fort probable qu'il fasse usage du réflexe de la retourner. « Le pouvoir a la possibilité de manipuler à son profit, et directement, le procès d'inversion. Il le fait d'autant plus qu'il est soumis à des menaces constantes : celle de la vérité qui brise l'écran des apparences; celle de la suspicion qui le contraint à manifester son "innocence"; celle de l'usure qui l'oblige à se revigorer périodiquement. La parade est la dramatisation génératrice du désir d'ordre ». Le paradoxe tient du fait que les gouvernants utilisent la manifestation de rue pour "manifester" leur innocence, tout comme la Coalition l'a fait pour les dénoncer. La manifestation admet de multiples facettes, parmi lesquelles, le passage de l'AFD à l'AFD/R, un acte perceptible comme relevant d'une occasion saisie pour remédier à l'usure du pouvoir et faire "peau neuve", confirmant de ce fait la nécessité que les manifestations citoyennes ont imposé au pouvoir pour se revigorer. Dans ce jeu de l'inversion, les gouvernants sont tombés dans le second des pièges énoncés par l'auteur qui menacent tout pouvoir : « les limites que le pouvoir et son ordre imposent à la vérité : le Fou brise les apparences, mais seulement au contact des puissants et par le jeu de la dérision et de la transgression; il rappelle ainsi que chaque société définit, selon sa logique de maintien en état, les vérités qu'elle tolère » (Balandier, *Traité de Sciences Politiques*, p. 330). Le Fou ainsi évoqué est le personnage des palais qui transgresse les lois pour permettre au Chef de définir leur applicabilité. Dans l'affaire MEBA, les rôles sont inversés. C'est l'acteur gouvernant qui transgresse les lois avec la pratique de l'accumulation illicite, mais à la place de la réaction passive de la société face à de telles pratiques dénoncées comme par le passé, un élément certainement intégré dans le calcul des transgresseurs, le crédit de vérité accordé à la dénonciation de l'affaire pousse la société civile à des manifestations de rue, élargissant ainsi et dorénavant le champ des vérités que les citoyens tolèreront peut-être à l'avenir.

L'affaire MEBA révèle enfin un autre piège dans lequel peut-être l'insomnie, a plongé les acteurs gouvernants, celui des mots ou plutôt celui des propos condamnables lors des meetings animés par l'acteur politique présumé impliquer dans le scandale, et qui aspire pourtant à la première place de la gouvernance de l'Etat. L'évitement de ce piège est un impératif de toute gouvernance. Il est d'autant important à plus d'un titre que toutes les tentatives de rectification qui ont suivi n'ont pas suffi à effacer le mal après qu'il ait été fait. L'échec de ces tentatives de rectification tient du fait que « le langage est toujours, au fond, un instrument d'action. Il agit en exprimant des idées, des sentiments que les mots traduisent au dehors et substantifient » (M. Mauss, 1968, P. 356-477). Le langage est certainement un élément important qui participe à la définition des critères de classification des acteurs politiques. Il suffit pour déterminer le caractère digne ou indigne qui l'associe au rôle auquel ces acteurs aspirent, notamment celui de gouverner.

Quatrième partie :
Modèles inductibles de la capitalisation des facteurs sociaux et politiques

Chapitre VIII. Construction de l'Equation de Stabilité

Le pouvoir politique « entendu sous la forme de gouvernement » est créateur d'ordre, face à « l'entropie qui menace la société de désordre ». Le pouvoir démocratique est attendu pour satisfaire aux exigences d'une gouvernance au bénéfice des populations au nom desquelles cette gouvernance est exercée. Les aspirations de la société nigérienne de rendre effectif l'avènement d'une démocratie qui favoriserait le développement économique et le bien-être social, ont connu des soubresauts qui ramènent sans cesse à la case de départ, celle du lancement récursif du processus à partir de son initialisation. Au nombre des raisons qui expliquent ce retour récurrent à des transitions démocratiques, la prégnance des facteurs entropiques de l'ordre du politique, qui éloignent de l'avènement de la stabilité. Aux lendemains de l'arrivée au pouvoir de l'Alliance des Forces du Changement en 1993, il n'était pas possible à toute analyse politique qui comporterait une prédiction de l'évolution du système ainsi initialisé, d'envisager les différentes métamorphoses qui ont marqué l'histoire politique récente du Niger, de 1990 à nos jours. Les incertitudes qui font peser de façon récurrente des menaces évidentes sur le système démocratique sont essentiellement dues à des facteurs entropiques entretenus en partie par le comportement des hommes politiques. La présente partie permet d'isoler différents facteurs à travers les épisodes de la vie politique, pour construire le modèle de gouvernance qui facilite l'évolution vers l'avènement de la stabilité politique des régimes démocratiques appelés à se succéder. Le propre de cette stabilité est qu'elle reste conforme aux aspirations populaires, et sa construction est entendue dans le sens d'inverser le processus de démolition de tout ou partie de l'identité de la société nigérienne. La démolition provient de la fragilisation de l'identité engendrée par l'instabilité de la gouvernance de l'Etat, du fait les acteurs gouvernants auront plus tendance à tout accepter, y compris la corruption du modèle social par l'ordre externe, pour le maintien du système qu'ils envisagent. Deux variables fondamentales déterminent la solution de l'équation de stabilité. D'une part, il y a les textes et les lois qui encadrent toutes les compétitions sociales et politiques, de celles qui régissent l'accès à la gouvernance de l'Etat, jusqu'à celles qui décrivent les modalités de l'exercice de cette gouvernance, en passant par celles qui encadrent de façon plus spécifique les activités des citoyens dans la vie de tous les jours. D'autre part, il y a les hommes, les acteurs politiques et les autres acteurs du système chargés de l'application effective de ces textes.

Si la défaillance des textes peut être résolue par l'usage d'un réflexe relativement facile, l'entropie générée par le comportement des acteurs est plus dangereuse pour l'équilibre du système. L'analyse de l'histoire politique contemporaine du Niger permet de déceler les défauts potentiels des textes dans l'optique de faciliter leur correction. Une illustration est faite par les différentes modifications de la Constitution à chaque transition, malheureusement dans un sens autre que celui qui exorcise la défaillance réelle qui caractérise le système. La variable indépendante aléatoire de l'équation de stabilité est donc traduite par la nature imprévisible du comportement des acteurs politiques. Les critères de sélection des dossiers des candidats à l'exercice de la gouvernance de l'Etat, tout comme les enquêtes de moralité, ne peuvent permettre de déceler le bon grain de l'ivraie. En réalité, dans la conquête de la position qui leur octroie ces prérogatives de la gouvernance de l'Etat, les acteurs politiques se maquillent en "doux agneaux", mais sitôt la gouvernance acquise, ils s'affichent dans un rôle de "prédateur". L'acquisition du pouvoir ne suffit pas à expliquer un tel revirement, il y a plutôt des ambitions réelles voilées pour la circonstance de la compétition électorale qui s'affichent au grand jour. Le jeu est donc biaisé, dans le sens où l'acteur qui est attendu pour évoluer vers la satisfaction des aspirations des populations se retrouve dans une autre logique, celle de la satisfaction de ses ambitions personnelles. C'est encore une autre sagesse de la société islamique de tradition qui ne voudrait pas que soit investi du pouvoir, un acteur qui le demande. Des sages assermentés doivent donc être chargés de la sélection des candidats. Le recours au code de bonne conduite peut sembler apporter une solution envisageable, mais la plupart des acteurs, lorsqu'ils triomphent, ne respectent aucune parole, aucune loi et presque aucun engagement, lorsque ceux-ci ne favorisent pas le dessein qu'ils conçoivent. Il y a donc un réel problème à résoudre pour l'avènement du mieux qui puisse garantir l'enracinement et la stabilité démocratiques, au bénéfice des populations au nom desquelles la gouvernance tant convoitée est exercée. Le premier axe des perspectives de la présente partie est un enjeu de taille, dans le sens où il découle de l'exploration des moyens qui permettent de rendre robuste, le processus de sélection des candidats.

L'équation de la stabilité admet des paramètres supplémentaires au nombre desquels les facteurs propres au contexte interne et au contexte international, et de façon symbolique, les opérateurs logiques et arithmétiques qui les relient traduisent l'influence que ces facteurs ont sur la stabilité du pouvoir politique et l'ordre qu'il impose ou tente d'imposer à la société. Dans le cas du contexte interne, à partir des discussions analytiques sur les épisodes de la montée des tensions observées à l'ère démocratique, la présente partie définit des enseignements qui composent le modèle de gouvernance formulé en guise de contribution. Le modèle de stabilité de la gouvernance politique du Niger tiré de l'analyse du contexte interne, enseigne la nécessité d'opérer un retour du système scolaire et universitaire vers le modèle de l'excellence. Dans le domaine du militantisme syndical, le modèle définit les modalités du face à face entre l'Etat et les syndicats qui animent la scène sociale. La nécessité impose la prégnance de la négociation, la diminution du décalage existant entre les trains de vie des différents acteurs, le respect des engagements, la recherche et l'utilisation des moyens de régulation plus efficaces que ceux de la coercition. De même, le modèle de stabilité intègre l'exercice d'une gouvernance collégiale pour la gestion des différents domaines d'activité. Il énonce la nécessité d'encadrer l'activité de l'opposition politique au moyen d'un statut particulier pour éviter l'accentuation des facteurs entropiques générateurs de désordre. L'opposition est appelée à établir les diagnostics de la gouvernance politique et renforcer ses activités dans le sens d'une éducation populaire. L'équation de stabilité admet également comme paramètre, la définition de la nécessité d'une Cour permanente gardienne de la Constitution dont les membres sont élus à vie. La particularité est de les éloigner de la tentation du jeu de trituration des textes en faveur des acteurs politiques dont le principal argument tient généralement de la corruption. La nature républicaine de l'armée participe également à l'énoncé du modèle de stabilité avec les quatre traits distinctifs précédemment énoncés. L'encadrement des processus et des compétitions électorales constitue un autre domaine non moins sensible dont la nécessité de régulation apporte un énoncé complémentaire à l'équation de stabilité. Le défi permanent reste lié à l'organisation d'élections "propres" à travers lesquelles les adversaires se féliciteront, qu'ils soient "admis" ou "recalés". L'acceptation des résultats lorsqu'ils sont défavorables est une sagesse politique, l'annulation des élections est un revers de la gouvernance. La stabilité de la gouvernance ne peut aussi être atteinte qu'à travers l'exercice d'une gouvernance conforme aux aspirations des populations, c'est-à-dire une gouvernance qui améliore la proximité des acteurs investis des prérogatives du pouvoir avec les citoyens, tout comme celle qui facilite l'accès des citoyens aux institutions qui représentent l'Etat. Le modèle de stabilité politique bannit le recours à l'accumulation illicite. Elle constitue le socle de la démocratie néo-patrimoniale et demeure le propre du réflexe de l'acteur politique faible. La gestion des risques "avancée du désert", "attaques acridiennes" et "sécheresse" au moyen des actions appropriées d'atténuation des crises que ces risques engendrent, admet une place importante dans la matérialisation de la stabilité. En pratique, des niveaux d'alerte doivent être définis, associés à l'énoncé explicite des actions à entreprendre à chaque niveau. Cette grille peut être élaborée en concertation avec les acteurs qui détiennent la connaissance de la gestion de ces risques ou de la gestion des conséquences qu'ils engendrent. La prise en compte de la place de la société civile par les acteurs élus gouvernants, la définition et le respect des modalités du face à face entre Etat et société civile, le développement de la culture de contre-pouvoir pour l'équilibre des forces qui animent la scène de la gouvernance de l'Etat, l'instauration du principe de négociation et l'abandon de toute tentative de phagocytose de l'entité civile par l'Etat pour travestir son rôle aux yeux des citoyens, de même que l'éloignement du réflexe d'abus de pouvoir par usage des moyens de coercition énoncés comme potentiel complémentaire, tous ces facteurs participent à l'intégration au sein du modèle de stabilité politique, de la maturité de la société civile et de sa participation dorénavant incontournable dans toute gestion à caractère public. Le modèle de stabilité intègre la nécessité d'asseoir une bonne administration de la justice au moyen des principes liés à la mise en œuvre de la notion universelle du procès équitable. L'aspiration à l'hégémonie politique est un danger potentiel pour la stabilité. Elle est renforcée dans la pratique par le jeu de la manipulation des alliances ou la publicisation du débauchage des militants, de même par l'accumulation des mandats et des postes ou l'acquisition d'une position de "sur-pouvoir" par un acteur politique. Le modèle de stabilité intègre la nécessité de définir des lois qui bannissent le recours à ces pratiques, du fait qu'elles conduisent inéluctablement vers des incertitudes évidentes et nocives à l'exercice de la gouvernance de l'Etat. L'aspiration au règne de l'illimité vient compléter le tableau des dérives qui conduisent à l'instabilité. Le danger d'une telle aspiration tient de l'organisation d'élections controversées et de l'association du pouvoir à des prérogatives personnelles d'un acteur politique ou d'un groupe circonscrit à l'exercice des prérogatives du pouvoir. Le modèle de stabilité politique définit enfin dans le contexte interne, la nécessité qui s'impose aux gouvernants d'asseoir une gestion transparente des ressources minières. Il est plus facile d'admettre que seule la prégnance de la gestion patrimoniale de ces ressources explique le maintien d'une telle gestion dans le cercle du secret d'Etat. Une telle prégnance a coûté suffisamment chère de par la récurrence des rebellions qu'elle a engendré et son cortège de nombre de morts et de blessés. Elle coûte également chère de par l'opportunité qu'elle offre à l'influence du contexte externe, malheureusement dans un sens le plus souvent nocif à l'ordre interne et sa stabilité.

La présente partie définit les facteurs de l'ordre externe qui admettent une influence sur la stabilité interne. De par l'évolution des mécanismes de la gouvernance politique et l'émancipation des citoyens d'une allégeance exclusive au pouvoir, le temps est arrivé pour que les acteurs politiques tournent le dos au tutorat politique qui fonde son origine dans les aspirations historiques des acteurs métropolitains coloniaux de perpétuer la domination. Le constat amer qui se dégage révèle que le tutorat politique constitue un puissant moyen offert, qui permet aux acteurs qui dominent l'ordre externe de désigner de façon à peine voilée, les acteurs qui dirigeront l'ordre interne. Ce choix imposé de l'extérieur est avalisé au moyen des élections "organisées" et des observateurs qui les valident. La gouvernance au profit exclusif de l'ordre externe est porteuse des germes d'instabilité. L'illustration suffisante est donnée par les dérives de la gouvernance de la Ve République à travers le désir affiché des acteurs gouvernants de perpétuer la fructification du capital usurier emprunté, sans tenir compte des catastrophes internes qui appellent à une plus grande compassion à l'égard des populations. L'équation de stabilité comporte la suggestion à l'endroit des acteurs élus gouvernants, pour qu'ils développent une plus forte liaison gouvernants-gouvernés, qui permet d'obtenir une position efficace afin de permettre de faire face à l'ordre externe et son hégémonie. Le cas échéant, les deux parties c'est-à-dire les gouvernants d'un côté et les gouvernés de l'autre, seront amenées chacune à subir les aléas de l'hégémonie de l'ordre externe, dans le sens d'accentuer la domination politique et économique, dans le sens de perpétuer l'hégémonie des grandes nations et l'acculturation forcée des nations considérées en permanence comme faibles. De cette acculturation découle la plus forte démolition de l'identité de la société. Dans le cas du règne de la division entre les gouvernants et les gouvernés, aucune des deux parties ne tirera profit de sa position en ce sens que chacune deviendra tour à tour la victime de l'ordre hégémonique. La gouvernance "collégiale" dans une certaine mesure qui instaure la proximité n'est pas contre nature, chaque acteur conserve son rôle et ses prérogatives, mais permet de changer la vision le plus souvent négative que l'un a de l'autre et inversement. Le modèle de stabilité dans son intégration des facteurs externes, stipule la nécessité de la prise de conscience des mécanismes de la conversion culturelle forcée dont le rejet se traduit par la coupure entre les gouvernants et les gouvernés. Il est supposé de façon récurrente que les premiers ont le rôle de faciliter l'imposition de la conversion culturelle au bénéfice de leurs mandataires externes. La conséquence d'une instabilité dans la gouvernance de l'Etat de par le rejet populaire qui en découle est évidente. L'équation de stabilité intègre le principe de la signature des accords et des engagements internationaux, mais dans le sens où ils sont favorables à l'ordre interne. Les acteurs élus gouvernants ont pour rôle de procéder au besoin à une large consultation de l'ordre interne lorsque l'avantage à tirer n'est pas évident. Ils ont également pour rôle, de dénoncer l'accord d'une façon franche et loyale lorsqu'il ne concorde pas avec les réalités et les intérêts de l'ordre interne.

Le modèle de stabilité dans ses variantes interne et externe constitue un domaine d'étude non encore totalement élucidé. Au nombre des perspectives de la présente partie, figure l'énoncé des théories qui permettent de classifier les acteurs gouvernants. La classification est attendue pour encourager les acteurs à prendre conscience de leur position et de leur rang dans les catégories établies et théorisées, ainsi que des évolutions qu'il leur est possible d'obtenir en réadaptant l'exercice de la gouvernance de l'Etat dont ils ont la charge. Une autre perspective non moins importante concerne la définition d'un modèle de développement tel qu'il doit être projeté en fonction des réalités économiques, sociales, culturelles et environnementales du Niger. La position contemporaine du monde islamique a amené les grandes nations à mettre en place des institutions islamiques officielles, et la pratique semble se relayer dans des Etats à forte culture musulmane et de moindre influence sur la scène internationale, traduisant ainsi une sorte de "suivisme" des orientations données par les "grands". Il y a lieu de présenter comme perspective de la définition de l'équation de stabilité, l'étude de la gouvernabilité ou de la gouvernance des sociétés musulmanes contemporaines à travers les contraintes édictées par toutes les valeurs populaires dominantes du monde, y compris l'islam, en décrivant les mécanismes et les règles de cohabitation de ces valeurs. L'objectif est de dégager les conditions qui permettent l'avènement d'une paix durable sur terre, comme objectif postulé en science politique et dans la Théorie des Relations Internationales.

Il est intéressant d'expliciter la nature du choix qui s'impose aux acteurs gouvernants et de façon plus large, à tous les acteurs qui y aspirent. L'émergence de la société civile et sa prise en compte dans la gouvernance de l'Etat traduit une modification notoire du paysage qui reflète la structure de l'ordre social. En fait, il est important d'appréhender l'implication principale de cette modification à travers les mouvements sociaux. En réalité, à travers le recours inévitable aux manifestations citoyennes, la société nigérienne définit à l'endroit des acteurs qu'elle a élu gouvernants, la nature de la gouvernance qu'elle tolère. La prégnance de ces manifestations traduit un véritable malaise que les gouvernants ont la responsabilité d'appréhender à temps, en ce sens que la récurrence des manifestations est porteuse des germes qui perturbent l'ordre établi ou voulu par les gouvernants. Et cet ordre ne correspondrait certainement pas dans une certaine mesure, en partie ou en totalité, aux aspirations des populations qui expriment son rejet. Alors, à ceux qui aspirent à la gouvernance de l'Etat et à ceux qui la détiennent, il importe qu'ils fassent un choix intrinsèque. Messieurs, laquelle est meilleure : une gouvernance en phase avec les aspirations du peuple, dépourvue de tumultes dans leur expression extrême, avec une fin de règne organisée et prévue en toute quiétude conformément à la loi, ou bien une gouvernance pleine de dommages, de soubresauts et de rebondissements, pleine de désintérêts et de détournements, avec la perception de la fin de règne qui se traduit en permanence par une angoisse atroce qui anime la pensée des acteurs qui choisissent ce modèle de gouvernance ? Dites, si vous savez …

Chapitre IX. La Nature du Contexte International

Le support utilisé dans les discussions analytiques pour comprendre l'avènement des changements de régime hors cadre démocratique, admet l'existence d'une liaison étroite entre trois domaines particuliers à savoir, le contexte national, le contexte international et les raisons officielles évoquées par les usurpateurs de légitimité populaire. Le contexte national est déterminé à la fois par le comportement des acteurs politiques et des acteurs sociaux, de même par l'armée et l'administration qui font partie intégrante de l'Etat. Le contexte international est principalement déterminé à travers les illustrations qu'il est possible d'entrevoir, des différents énoncés des auteurs de la Théorie des Relations Internationales. La démarche analytique servant de support passe par l'identification du (ou des) secteur(s) en crise, l'énoncé d'hypothèses sur les facteurs déclencheurs du changement et la justification de l'hypothèse à travers la liaison entre le contexte national, le contexte international et les raisons officielles du changement hors cadre démocratique. A partir de cette démarche analytique, il sera possible d'énoncer des propositions de stabilisation de la vie démocratique. Pour résumer cette phase, il est important de noter l'identification des trois précédents domaines dans la définition de la stabilité. Les éléments particuliers de ces domaines serviront de paramètres qui composeront les hypothèses de détermination du degré de certitude ou d'incertitude de la probabilité d'un changement hors cadre démocratique. Tout comme pour la démarche analytique, les facteurs liés aux contextes national et international sont les deux premiers ensembles de paramètres de la proposition de stabilisation.

Le contexte national est défini d'une part par la nature républicaine de l'armée (dans son fonctionnement, dans la popularité de ses dirigeants dans les rangs), d'autre part par la réussite de la gestion des risques climatiques et sanitaires à travers des plans adéquats de prévention et de gestion, qui doivent être édifiés de concert entre le politique et les détenteurs de la connaissance du domaine. Le contexte national est également défini par la réussite de la canalisation des forces sociales vers une gestion équilibrée de la chose publique et la canalisation des forces scolaires pour leur retour vers l'excellence. Le contexte international est déterminé à travers les rapports des acteurs élus gouvernants de l'Etat du Niger avec l'ancienne puissance coloniale, de même avec la puissance mondiale dominante, et enfin avec les autres puissances mondiales. Le troisième paramètre de la proposition de stabilisation est lié à la nature des dirigeants politiques. La présente partie consacre l'étude de ce paramètre qui permet de classifier les acteurs politiques en quatre catégories. Il permet de ce fait d'étudier les combinaisons possibles d'une catégorie d'acteur avec un type de contexte national et de contexte international particuliers, pour déterminer le degré de certitude ou d'incertitude de la probabilité d'un changement en dehors du cadre démocratique. Un tel changement est traduit par l'absence de stabilité dans la gouvernance de l'Etat exercée par un acteur politique particulier. La classification des acteurs politiques permet de distinguer des acteurs « nobles », des acteurs de classe « intermédiaire », des acteurs faibles et des acteurs de « bandwagoning ».

La compréhension de l'importance des différents facteurs énoncés permet de définir des modèles sociaux, en réponse à une situation de perte de repères qui caractérise la société nigérienne. La société actuelle nigérienne tient son origine de la société de tradition à prédominance de fortes valeurs morales, différemment de l'influence actuelle qu'elle subit des sociétés qui dominent le monde et qui elles, sont caractérisées par une prédominance de valeurs matérielles, d'où la démolition du modèle traditionnel. La fixation de repère et des modalités de l'évolution vers la prédominance des valeurs morales est une contribution à laquelle aspire le présent travail. Il en découle ainsi une ventilation de l'information utile sur la véracité du choix à faire, le cas échéant, dans l'anarchie et le désordre liés à l'absence de repère, il ne sera pas possible de tirer profit des avantages du système social à prédominance de valeurs morales. Le défi est de développer cette particularité de la société de tradition en intégrant en son sein, les objets nouveaux de la vie, de plus en plus sophistiqués, créés par l'homme pour faire face permanemment à des besoins existentiels. L'importance de l'analyse pour comprendre l'évolution sociale ainsi que l'importance de l'encadrement de l'évolution de la société nigérienne contemporaine, s'illustrent à travers l'attitude que les individus se doivent d'adopter à l'égard du pouvoir pour sa légitimation, ceux qui l'exercent, ceux qui le subissent et ceux qui y aspirent, une attitude évoquée par exemple par Jacques Lagroye lorsqu'il stipule, « qu'on admette la persistance d'un code culturel ou de structures invariantes de compréhension du monde tout au long de l'histoire d'une société, ou qu'on privilégie les ruptures et les transformations globales des systèmes de représentation, la question demeure posée de l'évolution de ces systèmes comme forme de changement social. Cette question est décisive pour l'étude de la légitimation, puisque l'attitude à l'égard du pouvoir ne s'analyse que relativement aux conceptions globales de la société, de son organisation, et de sa relation au temps et au sens collectif » (Lagroye, *Traité de Sciences Politiques*, p. 445). Les propositions énoncées dans la présente partie porteront sur un modèle de la gouvernance sociale et un modèle de développement économique, tous deux complémentaires et non moins importants, de par la nécessité de tenir compte des réalités sociales, économiques, culturelles et environnementales du Niger. En effet, divers auteurs lient les origines des changements sociaux à des facteurs tels que « l'organisation économique, sociale et culturelle », ou à des « contraintes matérielles pesant sur la société et compromettant les équilibres acquis : modification de l'équilibre écologique » (Harris, 1979), à des menaces qui émanent « d'autres groupes sociaux » ou à la nécessité « d'augmenter la production pour assurer la survie du groupe » (Wittfogel, 1977), mais aussi aux « effets de la conquête de nouveaux territoires, etc. » (Lagroye, *Traité de Sciences Politiques*, p. 445).

Les propositions de stabilisation et les autres modèles proposés peuvent servir de base à l'élaboration de diverses théories politiques, du fait que l'insatisfaction permanente engendrée par le processus démocratique touche plusieurs domaines simultanément, et va jusqu'à la compromission de l'avenir des générations qui suivent, avec la déstabilisation du régime scolaire et de l'ordre qui y régnait jadis. Georges Balandier situe la dépendance de la théorie politique à « la crise des sociétés industrielles », également au « sentiment de scepticisme et de terreur devant le politique engendré par l'impuissance des gouvernements face aux crises et l'extension indéfinie du contrôle politique jusqu'au délire mortel désigné par le "phénomène totalitaire" » (Balandier, *Traité de Sciences Politiques*, p. 50). Dans le cas des théories politiques sur la stabilisation des régimes démocratiques au Niger, son origine tient de l'impuissance de la génération actuelle des hommes politiques à asseoir un système qui réponde aux aspirations légitimes de la société pour faire face à l'hégémonie d'un ordre international démesurément tourné vers la satisfaction exacerbée de ses intérêts égoïstes.

Section 1. L'influence de l'ordre international

L'influence de l'ordre international sur le contexte local de chaque Etat détermine la nature des rapports entre Etats. La détermination de cette nature est facilitée par l'application des grilles fournies par diverses théories, destinées à la lecture des événements qui surviennent à l'extérieur et qui ont un impact sur l'ordre interne. Ces grilles de lecture sont utiles à être évoquées dans le cadre d'une dissertation qui favorise la compréhension de la liaison ordre interne-ordre externe, le but postulé étant de faire prendre conscience aux individus les lois réelles qui régissent les rapports entre Etats, que les mots ne font qu'enjoliver, jusqu'à la croyance par une grande majorité, de la sincérité des sentiments qualifiable d'humains, d'humanistes ou d'humanitaires qui peuvent animer la convergence entre Etats et leur inhiber la base fondamentale de cette convergence liée essentiellement à des intérêts, pour la presque totalité des cas, égoïstes. La question est de savoir ce que gagne en réalité un dirigeant qui postule qu'un autre dirigeant ou qu'un autre pays est "ami" de son pays. Celui qui a préféré l'affirmation de son hégémonie a stipulé qu'en réalité : « les Etats n'ont pas d'amis, ils n'ont que des intérêts ». Dans beaucoup de cas liés à l'exploitation de leurs ressources naturelles, les peuples d'Afrique et quelques fois leurs dirigeants lorsqu'ils ne cherchent pas à défendre les intérêts de l'ordre externe, se retrouvent manipuler par les sentiments qui laissent entrevoir le règne de la sincérité là où règne en fait l'hypocrisie. Il y a à travers diverses perceptions des actes et des comportements des individus une absence de fond moral commun avec lequel les individus sont appelés à se côtoyer et à établir des codes de communication compréhensibles sans chercher la conversion d'un groupe, vers un code qui lui est étranger et incompatible avec son entendement. Jacques Lagroye admet même que « le risque est grand de postuler l'existence d'un fond moral commun à toute l'humanité, concrétisé par un système de normes acceptables par tout homme raisonnable » (Lagroye, *Traité de Sciences Politiques*, p. 395), c'est-à-dire, « des règles morales incontestées qui sont la base même de toute civilisation » (Bastid, *Encyclopaedia Universalis*). Une forme de coopération par "actions limitées" révèle le stade de la distribution des objets de divertissement, en échange de la préservation d'un ordre d'exploitation et de domination défavorable à l'évolution collective vers un développement économique et une prospérité équitable des sociétés déjà en retard. Lorsque la manipulation par actions limitées échoue, elle prend une forme destructrice et révèle un stade "anti coopération" qui symbolise la limite extrême de la manipulation. A un tel stade, des individus de l'ordre interne sont armés et braqués contre leurs propres compatriotes, pendant que l'artificier de cette hécatombe savoure tranquillement les richesses qu'il s'approprie si facilement. En procédant à une limitation aux seuls facteurs politiques, Zolberg énonce que « l'externe entre souvent en jeu d'une manière plus subtile, parfois même profondément insolite à tel point que ceux qui déplorent les effets qui en découlent ne peuvent comprendre-ou bien feignent ne pouvoir comprendre-ceux-ci que comme le résultat d'une ingérence étrangère quelconque… » (Zolberg, *Traité de Sciences Politiques*, p. 567). L'auteur reconnaît cependant que, « la mobilisation par un Etat à caractère idéologique marquée de sympathisants dans un autre Etat, et leur manipulation afin d'influencer la politique de ce dernier dans tel ou tel domaine ne sont pas qu'un fantasme policier » (Zolberg, *Traité de Sciences Politiques*, p. 567). Ces aspects éloignés de toute utopie peuvent être considérés comme validés par application des grilles de lecture des événements, proposées par les théories des Relations Internationales, malgré leur caractère réducteur et limité. Une limitation établie par Hintze qui admet qu'aucune « théorie ne peut recouvrir les événements de l'histoire mondiale, les luttes des Etats et des nations pour la puissance ».

Aristide Zolberg admet que « notre époque entrera dans l'histoire probablement comme le moment où nombre d'habitants des Etats-nations auront pris conscience que leur destinée ne se jouait qu'en partie au niveau des ensembles politiques auxquels ils s'identifient ». « Cette prise de conscience est due au fait que la vie quotidienne impose, même aux moins avertis, un flot continu d'expériences politiques impliquant l'influence de facteurs externes, dont il est évident avant même toute analyse systématique que l'éventail est très large et le poids très variable » (Zolberg, *Traité de Sciences Politiques*, p. 567). L'une des formes d'une telle implication se traduit par une illustration simple au Niger : la disparition des sociétés agro-alimentaires de base par le choix du politique, se traduit par la forte dépendance des ménages aux fluctuations des prix des denrées de première nécessité, sur le marché international. L'exemple est insolite de la simple allumette utilisée pour produire des étincelles et du feu, un combustible domestiqué pour satisfaire les besoins de base. Dans ces conditions de forte dépendance vis-à-vis de l'ordre externe pour la satisfaction des besoins de base des ménages, l'arrêt de tout ravitaillement par manipulation des prix ou par embargo, provoquera des hécatombes. Certes, il s'agit d'un moindre défi pour les chimistes et ceux qui détiennent la connaissance dans le domaine, certainement aussi, un grand défi pour les acteurs politiques en tête desquels ceux qui sont élus gouvernants, à moins qu'ils n'en soient pas conscients. L'intensité d'une telle dépendance ne peut s'expliquer en considérant les potentialités intellectuelles des élites formées pendant presque un dem-siècle. Tout comme il est difficile d'expliquer le retard de développement des fermes agricoles. Traditionnellement, les consommations des ménages étaient localement satisfaites. La question ne relève pas du nombre d'individus, mais des dispositions qui ont permis à la société traditionnelle de faire face aux défis auxquels elle devait faire face. Le retour vers ces modes de production traditionnels est une nécessité dans l'optique d'améliorer leur productivité, le cas échéant, il est légitime de craindre la disparition du savoir-faire traditionnel au rythme de l'accentuation de l'intensité de la dépendance extérieure. Et dans ce cas, l'effet sera de laisser une société nigérienne fragilisée et nettement plus exposée à l'ingérence de l'hégémonie de l'ordre externe. Les pays africains dans leur grande majorité connaissent une telle dépendance qui contribue à faciliter leur exposition à la manipulation extérieure. De façon générale, la manipulation n'est pas exclusivement politique, elle est aussi économique et connaît une accentuation sous le couvert d'une nouvelle invention concrétisée à travers la mondialisation de l'économie, dont il est certain que seuls les plus riches en tirent largement profit. S'il peut être admis l'absence de capital, de maîtrise de toute la chaîne technique et d'outils d'exploitation des gisements comme celui du pétrole ou de l'uranium, il est incompréhensible que l'accès à l'eau potable extraite du sous-sol soit sacrifié au bénéfice d'un capital extérieur. Si une telle activité n'était pas rentable, les acheteurs de la société d'eau l'auraient-ils fait ? L'illustration est faite par la société OFEDES à vendre qui n'a pourtant pas trouvé de repreneur. La société nigérienne se retrouve à payer plus cher ses propres ressources en eau à l'actif d'un capital extérieur qui rapatrie ses bénéfices, sans qu'aucune compensation ne permette aux capitaux de faire le chemin inverse afin de permettre d'équilibrer la balance commerciale. L'or et l'uranium auraient subi un tel traitement avec un moindre mal, mais l'ajout des ressources en eau participe au démantèlement de ce qui fonde l'existence de la société et l'existence de l'Etat. Dans cette précipitation pour la participation au processus de mondialisation, les acteurs politiques se retrouvent à nouveau complices de l'ordre externe dans le pillage impitoyable des ressources de l'ordre interne. Si la forme des "commissions" individuelles obtenues lors des ventes des sociétés est moins visible, le laisser-aller et la latitude d'exploitation laissée aux détenteurs externes des capitaux de la société d'eau permettent de corroborer la thèse du pillage. Où en sont les acteurs politiques avec leur conscience ? Comment avaient-ils jugé ?

L'illustration de la mondialisation est traduite par la manipulation politique qui s'accompagne d'une manipulation économique, et dans l'analyse des cas observés, il est impossible de ne pas admettre que le politique crée les conditions qui facilitent l'exploitation économique. De ce fait, les Etats les plus forts influencent les plus faibles pour imposer les conditions de coopération entre les gouvernants des Etats faibles et les multinationales qui défendent leurs intérêts. L'exemple illustrateur est celui de la récente négociation entre le Niger et la société Areva pour la reconduction de son contrat d'exploitation de l'uranium arrivé à expiration. Les négociations ont été menées par l'ordre politique français à la place de la société Areva, du fait que le contrat engage les intérêts du nucléaire militaire français. Si tel est qu'il y a une séparation entre le politique et l'économique, comme le prétend le Gouvernement nigérien d'avant la motion de censure face aux revendications sociales, comment expliquer l'ingérence ouverte du Gouvernement français dans les négociations entre Areva et l'Etat du Niger ? La réponse tient du fait que l'Etat français représenté par son ordre politique peut prendre des mesures de rétorsion contre le Niger en cas de refus de ses autorités d'aller dans le sens souhaité par l'ex-métropole. Ce qui est vrai pour Areva, ne le sera-t-il pas pour la société d'eau, même si la différence de l'impact stratégique va impliquer une ingérence du politique français beaucoup moins perceptible ? L'exemple illustrateur est celui du Zimbabwe où l'ordre politique britannique s'est investi contre l'Etat zimbabwéen dans son litige avec des fermiers agriculteurs. Il n'y a donc aucun domaine négligeable du fait que seul le capital compte pour les Etats capitalistes qui dominent le monde et que, la "vente" d'une société d'un Etat à une autre société de ces Etats dominants ne fait que faciliter leur domination, les mettre en position de faire chanter les Etats faibles et retarder donc l'épanouissement de ces Etats en retard. Les enjeux ne sont pas difficiles à comprendre : si ces mêmes Etats en retard devaient exploiter leurs propres ressources, le plus simple est celui de l'eau, ils garderaient à la fois le capital de la société et le bénéfice que génère l'activité, tandis que dans le cas présent, l'Etat n'a ni le monopole du capital et presque aucune vue sur le bénéfice et l'usage qui en est fait. Zolberg présente une ouverture qui permet d'entrevoir la possibilité aux Etats "faibles" d'influencer les plus "forts". Il admet que l'impact de facteurs de la dépendance ou de l'influence entre Etats « se ressent dans toutes les catégories d'Etats contemporains, y compris non seulement les "petits" qui sont généralement reconnus comme étant très vulnérables à l'ingérence des "gros", mais aussi les "gros" eux-mêmes, qui contrôlent souvent mal les effets rétroactifs de leurs propres activités extérieures, et sont par ailleurs sujets à nombre de contraintes qui semblent accorder aux "petits", par défaut, un pouvoir structurel insolite sur eux » (Zolberg, *Traité de Sciences Politiques*, p. 567). Mais de tels domaines dans lesquels les Etats "faibles" disposent d'une influence sur les "grands" sont limités, à moins qu'il s'agisse de l'intervention des ressortissants de ces pays dominants, révoltés par tant de misère et d'insensibilité de leurs gouvernants profondément emportés par les profits économique et politique sans fin. Ces ressortissants des pays "forts" manifestent donc par compassion pour dénoncer l'évidence d'une pratique inéquitable, à l'exemple la dénonciation d'une guerre ou de la prise de position en faveur de l'abolition de la "dette élastique" des organisations monétaires mondiales. Il peut être utile de mentionner l'influence des organisations internationales dans les tentatives d'amélioration des rapports entre Etats, avec cependant un caractère fortement tempéré par l'influence hégémonique des grands pays et la prégnance d'une hypocrisie notoire. Pourtant, ces organisations internationales sont dépourvues de pouvoir de police et sont supposées favoriser la réciprocité entre Etat. Par le biais de ces organisations, le bénéfice tiré par les Etats même les plus puissants, est que le respect de leur parole serve d'exemple aux plus "petits", constituant ainsi une forme d'assurance pour que ces derniers se comportent de la même manière. L'ingérence politique, les activités dirigées d'autres Etats, de la pression jusqu'à l'intervention armée, constituent des facteurs qui caractérisent les relations entre Etats-nations. La parade pour les acteurs élus gouvernants tient de la couverture que représente la force de la cohésion de l'ordre interne. C'est pourquoi, l'acteur gouvernant qui choisit de servir l'ordre externe au détriment de l'ordre interne choisit en fait la branche la moins solide de toutes les branches qui caractérisent la gouvernance de l'Etat. Une illustration peut être faite à travers la genèse de la crise ivoirienne et le "triomphe" de l'acteur qui dirige ce pays sur son homologue français de début de la crise. En effet, grâce à la force de sa liaison avec ses gouvernés et son habilité à éviter un isolement international, l'acteur a surmonté la plus grande partie de l'épreuve que lui impose la naissance de la rébellion qui conteste son autorité. C'est encore par l'entremise de cette liaison "gouvernants-gouvernés", que l'acteur a renoué le contact avec la rébellion pour arrêter une querelle intra peuple totalement inutile. Cependant, l'internationalisation du modèle ivoirien de résistance à l'hégémonie française envisagée à la suite de la crise de succession au Togo ne pouvait aboutir du fait que très tôt, le régime ivoirien s'était braqué contre les ressortissants des autres pays africains avec ses "escadrons de la mort" qui ont durement sévi contre des victimes innocentes. Le modèle ivoirien ne peut servir également dans le cas de la société civile nigérienne nouvellement restructurée, du fait que les manifestations citoyennes étaient l'œuvre d'individus qui constituent le prolongement naturel du pouvoir politique. La société civile n'a pas pour rôle de défendre les intérêts du politique, elle fonde un autre ordre distinct et participe au renforcement de la cohésion interne lorsque l'ordre politique est orienté vers la défense du même intérêt collectif et non d'une aspiration personnelle. Il faut plutôt noter que le renforcement de la liaison "gouvernants-gouvernés" est davantage à la charge des acteurs investis du pouvoir, lorsqu'ils posent des actes éloignés de l'abus, qui les rapprochent chaque jour plus des gouvernés, des aspirations de ces derniers pour l'amélioration de leurs conditions de vie. En Amérique Latine, la réussite du mouvement de nationalisation des sociétés d'extraction des richesses de la Bolivie et du Venezuela tient de la force de cette liaison "gouvernants-gouvernés" et toujours de l'intensité de l'activité diplomatique que déploient les dirigeants de ces pays pour contourner les tentatives d'isolement des nations hégémoniques.

Gourevitch envisage quatre types d'influence internationale : « 1) l'intervention militaire, 2) l'ingérence, 3) l'économie internationale, 4) le système international des Etats ». L'intervention militaire est toujours perceptible malgré la tentative de canalisation d'une telle activité par la loi internationale, avec son cortège de règne de la loi des poissons, c'est-à-dire, les plus forts dévorent les plus faibles. L'ingérence est sournoise et difficile à identifier, à la limite, elle tend à retourner les forces de l'ordre interne contre lui-même, jusqu'à l'avènement d'un stade où l'ordre interne devient l'ombre de lui-même. L'économie impose ses lois face à des peuples démunis de moyens de protection. Il n'y a que le politique qui peut garantir une telle protection, mais uniquement lorsqu'il n'est pas défaillant ou corrompu ou encore retourné vers la servitude des intérêts de l'ordre externe. Et dans le cas où le politique n'est pas défaillant, il doit disposer de la force de la cohésion interne qui puisse lui permettre de faire face à la tension permanente qui existera entre la volonté de l'ordre externe de s'imposer et celle de l'ordre interne de lui résister et d'exister. Le système international quant à lui relève d'un ordre instable et hégémonique qui perpétue la domination des plus forts. Philippe Braud associe l'économie à la domination : « les structures formelles de la domination se situent au cœur des modes de production économique, symbolique et coercitif, dans des dispositifs où s'agence une inégale distribution des ressources : les biens matériels, les biens symboliques et la contrainte » (Braud, *Traité de Sciences Politiques*, p. 367). Par exemple, à propos de l'Amérique latine, Cardoso et Faletto (1969) « démontrent que les structures du capitalisme international, par l'entremise de ses investissements, restreignent les choix de politique économique ouverts aux dirigeants des Etats de cette partie du monde, les cantonnant dans un secteur peu avantageux de l'économie globale. Cette division du travail imposée de l'extérieur a pour effet des "déformations structurales" au bénéfice des investisseurs étrangers-donc à celui du capitalisme global dont ils font partie-et au détriment de l'économie nationale. Le système externe est réel en soi, mais exerce son poids maximum quand il réapparaît comme force "interne", par les pratiques sociales des groupes et classes locales qui s'efforcent d'imposer les intérêts étrangers ». Si de plus en plus, les pays de l'Amérique latine tendent à émerger dans le sens d'un développement amorcé, c'est qu'ils se sont appropriés les secteurs promoteurs de l'activité et de la productivité favorable à l'ordre interne. L'option d'évolution économique peut à l'initialisation du processus être obtenue par modernisation des savoirs-faire traditionnels de la société nigérienne. Aux intellectuels, il revient la charge de la créativité et aux acteurs politiques il revient la charge de la mise en place des politiques publiques (facilité d'accès aux financements par décaissement successifs, suivi des réalisations, allègement de la fiscalité, …), qui favorisent l'évolution vers l'avènement de telles réalisations. généralement, le principal frein d'une telle implication du politique tient de la crainte de ses acteurs de voir émerger des concurrents potentiels, ce qui ramène à une logique néo-patrimoniale. Il y a une part à établir entre l'intérêt particulier des hommes politiques et l'intérêt de la société pour son développement. Une telle crainte ne doit en principe pas exister puisque le travail des intellectuels est au service du politique et que, même dans le cas de grands succès des œuvres intellectuelles, leur conversion en capital politique n'est pas automatique et immédiate, du fait qu'elle requiert une conversion de l'élite "intellectuelle" et son investissement dans le domaine politique qui n'est pas le sien. Le même schéma est appelé à servir pour que les générations avancées ne bloquent pas l'ardeur au travail des générations montantes. Et malheureusement, le Niger vit encore à l'ère où nombreux sont les individus de la génération avancée qui s'acharnent à bloquer le travail de la génération nouvellement admise dans la vie active. Non qu'il s'agisse d'une saturation, mais simplement d'une manifestation de la compétition régressive à la place d'une compétition pour l'excellence, par peur des compétences et des formations obtenues par cette génération montante. Aucune société ne peut évoluer dans ces conditions. Et si la société n'évolue pas, c'est que les auteurs de ces blocages passeront à côté de la réalisation de beaucoup d'acquis qui leur sont pourtant bénéfiques, du fait simplement qu'ils peuvent capitaliser les acquis du travail de la génération montante et renforcer les acquis de leur expérience accumulée pendant tant d'années. Vont-ils enfin comprendre tout l'intérêt qu'ils ont à agir autrement que par le blocage, en lieu et place ne serait-ce que d'un comportement même opportuniste de récupération circonstancielle des bénéfices du travail de ceux qui détiennent une autre compétence tout en étant assez actifs, du fait qu'ils ont su les diriger et les coordonner vers l'aboutissement de ce travail ? Vont-ils enfin comprendre que ce blocage leur est tout aussi nuisible, et que le travail d'une génération montante n'est pas dans le sens de porter atteinte à leur position ou à la place qu'ils occupent ? Il s'agit d'une question d'organisation, à eux alors de s'organiser et de fédérer ces volontés autour de leur projet professionnel, pour que le travail abattu soit celui d'un groupe dont ils ont la chance et le privilège de conduire l'action. Pour combattre ce frein de l'évolution de la société, le modèle du "O Ga" doit être instancié (même en écorchant l'écriture de la prononciation haoussa du nom pour faciliter l'appréhension du référentiel d'origine côtière). Il s'agit d'une désignation locale d'un chef de clan entendu ici comme chef d'équipe ou de groupe. La place du "O Ga" est réservée aux individus de la précédente génération encore en activité qui apportent au groupe leur expérience. Les autres membres fédérateurs du groupe composés de la génération montante apportent les savoirs-faire mis à jour qu'ils ont acquis dans leurs formations, et une énergie qui traduit leur prédisposition à travailler. Ainsi, chaque équipe, chaque groupe aura son propre "O Ga", une désignation et une hiérarchisation même symbolique, qui suffisent amplement à aider le bénéficiaire à éviter toute tentation de blocage du travail de la génération montante. C'est pourtant une conception purement politique.

La faisabilité du processus de modernisation des savoirs-faire traditionnels tient de l'exemple donné par des acteurs illustres qui ont développé leur ingéniosité dans le sens de domestiquer et d'utiliser l'énergie fournie en permanence et sur toute l'année par l'astre solaire. La force principale qui doit faire mouvoir le processus de développement économique est d'abord et avant tout politique. Le politique crée le cadre favorable à l'évolution, les techniciens et les détenteurs de la connaissance utilisent ce cadre pour mettre en œuvre leur ingéniosité. La société peut toujours produire des biens, le politique doit apporter sa contribution en les valorisants et en les rendant davantage compétitifs ne serait-ce que sur les marchés intérieurs d'abord. Le stockage, le conditionnement, la transformation, la mise en emballage, toutes ces activités complémentaires qui nécessitent un savoir-faire supplémentaire relèvent de l'ordre de ceux qui détiennent la connaissance du ou des domaine(s) concerné(s). Aristide Zolberg admet que « l'impact de la dépendance, qui implique un pouvoir structurel sinon décisionnel, est surtout évident dans le domaine des politiques publiques » (Zolberg, *Traité de Sciences Politiques*, p. 567). La nature de cette dépendance est traduite par le système de recopie des réalités de l'ordre externe sans adaptation bénéfique à l'ordre interne, un suivisme qui se matérialise par l'abandon des réalités propres à l'ordre interne et le statut de greffe permanente des réalités importées, qui ne peuvent être qu'inopérantes pour intégrer complètement et satisfaire les besoins de l'ordre interne. L'avènement du statut de greffe suppose que le politique n'a pas instancié le processus de filtrage. En fait, une telle recopie fait évoluer constamment le système hybride interne au bénéfice de l'ordre externe comme le stipule le même auteur à propos du « capitalisme international ». Le capitalisme « se fonde sur un système d'échanges inégaux, il s'en suit que les Etats dominants bénéficient collectivement d'un niveau de revenu plus élevé que celui qu'ils atteindraient par leur production économique territoriale propre » (Zolberg, *Traité de Sciences Politiques*, p. 567). Le plus accablant pour les peuples en retard, c'est que la dépendance extérieure ne dépend pas de la nature des régimes, même si elle se trouve accentuée dans certains plus que dans d'autres. Par exemple, « les régimes militaires essaient souvent de tirer avantage des "fissures", de trouver des "arrangements", de renégocier les termes de la dépendance, et rappelle que la démocratie ne préserve pas un pays de la pénétration étrangère » (Cardoso, 1979, p. 52-53, 55). La force d'un régime face à l'hégémonie de la dépendance tient du courage des acteurs principaux qui gouvernent et de la cohésion sociale qui prévaut dans l'ordre interne et qui reflète sa discipline. La dépendance est davantage accentuée du fait que les "outils" utilisés par l'armée moderne sont eux-mêmes des biens fabriqués par la société industrielle, d'où l'importance du contexte inter-nation sur la stabilité des régimes, et que seul un système multipolaire, permet aux Etats "faibles" de se prémunir de l'étouffement de leur armée par une expression hégémonique de l'Etat qui domine le système international unipolaire. Une hypothèse plausible dans le cas où l'armée n'est pas elle-même infiltrée, équipée et utilisée pour garantir les intérêts de l'ordre externe. C'est le cas lorsque les gouvernants des puissances dominantes utilisent les latitudes dont ils disposent pour armer des dictateurs afin de les maintenir au pouvoir tant que ces derniers servent leurs intérêts, d'où découle une convergence d'intérêts communs liant la garantie de conserver le pouvoir pour le dictateur, à la garantie de faire prévaloir des arrangements au bénéfice des dominants.

Polanyi situe dans un cadre théorique, l'origine de la civilisation mondiale actuelle héritière de celle du XIXe siècle qui se fondait sur quatre institutions : « la première était le système de l'équilibre des puissances, qui a empêché au cours de tout un siècle, l'éclatement de toute guerre longue et dévastatrice entre les grandes puissances. La deuxième était l'étalon-or international, qui symbolisait une organisation unique de l'économie mondiale. La troisième était le marché autorégulateur, qui produisit un bien-être matériel sans précédent. La quatrième était l'Etat libéral. Classées d'une manière, deux de ces institutions étaient économiques et deux politiques. Classées d'une autre manière, deux d'entre elles étaient nationales, deux internationales. Ensemble, elles déterminent les contours caractéristiques de l'histoire de notre civilisation » (*ibid*., p. 3). Selon le même auteur, le marché autorégulateur constituait la matrice de l'ensemble : « l'étalon-or ne représentait que l'effort d'étendre le système de marché interne (domestic) au champ international; le système de l'équilibre des puissances était une superstructure érigée à partir de l'étalon-or, et opérant en partie par son entremise; et l'Etat libéral était lui-même une création du marché autorégulateur » (*ibid*., p. 211). Le système mondial basé essentiellement sur le profit et la négation impitoyable de l'être humain, un système accentué par la lutte entre Etats pour la puissance, est porteur des germes de ses propres dérives vers une catastrophe qui affecterait l'ensemble-monde. C'est pourquoi à propos du fascisme, Polanyi soulignait que « l'apparition d'un tel mouvement n'aurait jamais dû être attribuée à des causes locales, aux mentalités nationales, ou bien aux antécédents historiques, comme l'ont fait régulièrement les contemporains » (*ibid*., p. 237). Peut-être que les grandes nations s'en souviendront dans l'expression sans borne de leur hégémonie, puisque de par le comportement de certaines d'entre elles, il ne s'agit pas d'œuvrer pour une paix équitable et durable, mais d'être les mieux préparées à la guerre quoi qu'il advienne. Fort heureusement, le développement de l'histoire contemporaine démontre clairement les limites d'un système basé sur l'expression de la puissance par les armes. La scène internationale offre également l'apparition de nouvelles politiques publiques à travers lesquelles des Etats apprennent à se recroqueviller sur eux-mêmes, avec une forte expression d'un égoïsme, qui refuse aux ressortissants des pays qui les ont historiquement aidé à obtenir leur niveau de développement, le moindre contact avec une infime partie du niveau de richesse qu'ils ont acquis. De tels pays érigent des politiques publiques pour empêcher l'accès le plus toléré par le passé aux ressortissants de ces autres pays, ne serait-ce que pour l'acquisition des connaissances, sous le couvert des projets dits de rénovation du système universitaire. La fermeture des frontières de ces Etats est continuellement accentuée, en particulier avec une loi qui assujettit tout regroupement familial à un test ADN, ce qui s'analyse comme une négation pure des administrations africaines. En réponse à ce fait et par mesure de réciprocité, dans une politique concertée sous-régionale ouest-africaine par exemple, les Etats se doivent d'instituer l'apprentissage de la langue chinoise dans les lycées afin de rediriger la formation des élites vers cette puissance économique émergeante, des formations placées dans des cadres spécifiques de projets d'insertion professionnelle au retour de ces élites. Les fermetures des frontières occidentales appellent également au relèvement des frais de visa par les pays africains, d'un facteur multiplicatif minimum au départ, rallongé de façon conséquente si le visa doit être délivré à l'arrivée pour ceux qui ne respectent pas la procédure. Malheureusement, nombre d'acteurs politiques occidentaux sont coupés des enseignements de l'histoire et se contentent donc de fermer leur frontière à la place d'une assistance à la promotion du développement des Etats longtemps exploités, également à la place de la décélération du système d'exploitation des richesses de ces Etats. Cela suppose que pour atteindre la sortie du tunnel du retard économique, l'ordre interne des Etats en retard et ceux qui les gouvernent, doivent consentir des sacrifices énormes mais pas inaccessibles, pour éviter les différentes tentations qui caractérisent les pièges tendus par le système qui les maintient dans cette position de retard, pendant une durée bénéfique à la refondation des politiques de développement, sachant que le système prédateur apprendra à adapter ses pièges continuellement. Parmi les grands dangers qui guettent l'ordre interne et les acteurs qui le gouvernent, figure le risque de l'essoufflement. Et pour y faire face, il est impératif de faire recours à l'endurance, qui, fort heureusement, est plus nourrie spirituellement que matériellement.

Section 2. Prise en compte des facteurs liés aux Relations Internationales

L'ordre international est dans un sens comparable à l'ordre social. Stanley Hoffmann considère l'ordre social comme étant « l'ensemble des normes, pratiques et processus qui assurent la satisfaction des besoins fondamentaux du groupe social considéré » (Hoffmann, *Traité de Sciences Politiques*, p. 665). Par analogie à l'ordre social et en considérant le système d'Etats appelé « système des traités de Westphalie », l'auteur énonce que le concept de société fait référence en premier lieu « à l'ensemble interétatique » caractérisé par « les rapports qui existent entre les différentes unités, agissant sur la scène mondiale en tant que détentrices des pouvoirs publics et comme l'expression des volontés et des aspirations des individus et groupes qui les composent ». En deuxième lieu, « la société internationale » est liée aux « rapports qui se nouent à travers les frontières de ces unités, entre les individus et les groupes » (Hoffmann, *Traité de Sciences Politiques*, p. 665-666). Ce concept de société renvoie à un partage en commun d'un certain nombre de convergences communes qui formalisent les règles de cohabitation, mais la structure hiérarchique des Etats et le caractère exploiteur de l'économie monde entraînent de facto une hiérarchie des citoyens qui composent ces Etats, ne serait-ce qu'avec l'édiction explicite des lois qui régissent l'accès aux richesses et aux privilèges. « Les théories des systèmes interétatiques ne nient nullement les phénomènes de domination, mais elles mettent l'accent sur la domination par l'Etat ou sur la régulation du marché mondial par les Etats » (Hoffmann, *Traité de Sciences Politiques*, p. 673).

La caractéristique du système monde westphalien est un obstacle permanent à la pleine application de ce concept de société qui suppose une horizontalité dans le bénéfice du droit reconnu à chaque membre. De plus, l'horizontalité est compromise par un ordre international caractérisé par « l'anarchie au sens de l'absence d'un pouvoir central supérieur à celui des unités et aussi l'absence ou la faiblesse des valeurs communes » (Hoffmann, *Traité de Sciences Politiques*, p. 666). Ainsi, le processus d'européanisation forcé du reste du monde est perceptible comme le désir qu'ont les acteurs dominants de la scène international d'atteindre l'émergence mondiale des valeurs qu'ils imposent. Un tel processus valide la formule des généraux athéniens cités par Thucydide, à savoir que « les puissants font ce qu'ils ont la force de faire, les faibles font ce à quoi ils sont contraints ». Cependant, la transmission de valeurs par la contrainte suppose leur non universalité et se traduit par l'impossibilité d'atteindre l'universalité à laquelle les auteurs aspirent, puisque ce qu'une société tolère n'est pas forcement toléré par une autre société. Au contraire, le système monde requiert la participation de l'Etat au moyen d'un apport constitué de son identité. Toute conversion ne peut être obtenue que par perte de l'identité originale, d'où la conversion et non la continuité naturelle. Et dès lors que cette identité est perdue du fait d'une conversion vers des valeurs inculquées par d'autres Etats, l'Etat "converti" se retrouve dans le déchirement caractéristique de la perte d'identité où le modèle copié n'est pas assimilé et le modèle de base se trouve corrompu. La conversion devient synonyme de démolition du modèle social, le "converti" devient une sorte de prolongement naturel de l'Etat auquel il s'identifie dans le sens de perpétuer les mêmes pratiques et de commettre les mêmes erreurs, sans pour autant résorber le malaise social caractéristique de la non assimilation du modèle imposé ou voir ses citoyens bénéficier d'un traitement identique à ceux de l'Etat copié. L'isolement international d'un Etat, même sur le plan culturel, est bien entendu un désavantage à l'image du citoyen avec lequel son entourage a rompu tout contact. Un tel désavantage découle du fait que la société doit établir des règles de communication avec d'autres sociétés et que le langage est un élément de la culture. La gouvernance de l'Etat n'a pas pour objectif de faire aboutir à l'isolement, mais de parvenir au rapprochement avec ceux des Etats avec lesquels il est possible de partager diverses valeurs sociales communes. Heureusement, pour chaque Etat considéré du monde westphalien, il existe une multitude d'autres Etats avec lesquels il est susceptible de partager les mêmes valeurs sociales. Si la fonction "valeur sociale partagée" doit être évaluée, le système monde peut être subdivisé en une multitude de partitions dont aucune ne sera unitaire. En voulant créer des Etats instables par regroupement de diverses communautés, les artisans du partage du monde ont sans le vouloir, offert la possibilité aux différents Etats de se rapprocher les uns des autres sur la base des communautés identiques qui les composent et qui transcendent les différentes frontières. Si cette arme de la division est dangereuse pour faciliter le règne de l'hégémonie, les autres Etats ont la possibilité de la retourner.

Stanley Hoffmann estime que « l'ampleur de la société internationale dépend (1) de celle des moyens de communication, de la facilité matérielle avec laquelle des échanges à travers les frontières peuvent s'organiser; (2) de la condition préalable que les pouvoirs acceptent qu'une partie de la vie économique, scientifique, intellectuelle, puissent s'organiser, au dedans et au dehors, de façon relativement autonome » (Hoffmann, *Traité de Sciences Politiques*, p. 667). Mais l'autonomie de telles organisations est fortement limitée, aucune organisation sociale ne peut disposer des moyens de contraindre l'Etat auquel elle appartient à suspendre par exemple les visas d'entrée sur le territoire dans un cadre spécifique, et presque aucune organisation ne prend la mesure de défiance à l'égard de son Etat pour violer un embargo qu'il impose à un autre Etat. En fait, la lecture des échanges extra frontières doit se faire non pas dans un double sens, mais dans un sens généralement unique, du fait qu'il y a des Etats dont les frontières sont facilement franchissables de façon réglementaire et non réglementaire, et il y a des Etats dont les frontières sont difficilement accessibles de façon réglementaire à fortiori non réglementaire, même pour des raisons spécifiques unanimement reconnues comme valides pour le passage. Au contraire, la tendance est au renforcement des mesures d'entrée sous le couvert de la lutte contre un danger présenté permanemment comme provenant du dehors. Peut-être que le phénomène s'estompera avant la survenue d'un autre délire mondiale lié à l'homophobie.

La caractéristique des théories des Relations internationales découle de l'aspiration à la description des conditions qui permettent l'avènement d'une paix durable sur terre, et la définition d'un ordre prévalant dans les rapports entre Etats. « Toutes les théories des systèmes internationaux postulent que l'ordre, dans la mesure où il existe, dépend à la fois de la configuration de la puissance (malgré les divergences sur ce qui constitue la plus souhaitable) et des pratiques (coalitions, alliances, mesures unilatérales d'armement et d'expansion) des Etats » (Hoffmann, *Traité de Sciences Politiques*, p. 672-673). Hedley Bull distingue « l'ordre mondial qui permettrait d'assurer les besoins fondamentaux de l'humanité : la survie, le minimum nécessaire à l'existence des hommes et femmes (Société Globale partiellement fictive); et l'ordre international (interétatique) qui concerne les besoins essentiels des Etats, à savoir, le maintien de leur existence et de leur sécurité ». Dans son analyse, Hoffmann énonce que « l'ordre mondial suppose nécessairement, au minimum, un ordre interétatique très particulier, doté de procédures efficaces de coopération entre Etats, et même de moyens de contrainte imposables aux Etats, afin d'assurer la satisfaction minimale des besoins humains, au besoin contre les gouvernements. Il y a donc tension entre les deux notions d'ordre » (Hoffmann, *Traité de Sciences Politiques*, p. 667). De plus, ces ordres sont menacés en permanence par l'anarchie qui « résulte du recours à la force et à l'absence ou la faiblesse des institutions communes. Il n'y a pas de monopole central de l'usage légitime de la force à la disposition des pouvoirs publics, dont le rôle serait de définir et d'assurer les fonctions collectives et dont l'autorité s'appliquerait directement aux individus. Au contraire, il s'agit d'un domaine de chacun-pour-soi (self-help), dans un milieu que domine la possibilité constante du recours à la force et dont les institutions communes dépendent entièrement du consentement des unités souveraines » (Hoffmann, *Traité de Sciences Politiques*, p. 668). Raymond Aron énonce que la puissance peut être mise au service des valeurs communes entre Etats avec un usage de la contrainte lié à des règles édictées et circonscrites à des secteurs bien délimités, et les cas de conflit entre groupes ne vont pas engendrer systématiquement l'usage de la force, mais mettront en jeu des formes limitées de puissance. La compétition pour la puissance entre Etats est une caractéristique qui apparaît dans l'analyse que font divers théoriciens des Relations Internationales. « Dans les rapports entre Etats, tout n'est que guerre, ou la préparation à la guerre, les soi-disant normes communes sont fragiles, temporaires, proportionnelles à la quantité de puissance qui les appuie, subordonnées à une convergence passagère d'intérêts. Il n'y a pas de Raison commune qui modère les ambitions et calculs de chacun, il n'y a qu'une rationalité instrumentale : la quête des meilleurs moyens pour les buts particuliers, le calcul des forces, qui aboutissent non à l'harmonie mais au conflit » (Hoffmann, *Traité de Sciences Politiques*, p. 674). Selon Rousseau, « la guerre est consubstantielle à la structure de l'ordre interétatique et même aux pratiques (l'équilibre) qui cherchent à l'en empêcher ». Pour Robert Gilpin, le système international est un ensemble d'Etats « dominé par une puissance hégémonique, dont l'autorité décroît à mesure que les coûts de la domination l'emportent sur les avantages, que la loi des rendements décroissants s'applique et que des rivaux se mettent à la défier; à ce moment survient une guerre qui fait surgir une nouvelle puissance hégémonique ».

En considérant l'histoire du système monde, Stanley Hoffmann postule que « les empires reposaient sur cinq piliers : (1) la force, (2) la diplomatie, (3) la bureaucratie, (4) la garantie de paix, (5) les récompenses économiques pour les vassaux loyaux. C'est lorsque la force devient le pilier unique que l'empire est menacé; ou encore, lorsque les coûts du maintien de l'Empire finissent par dépasser les ressources du centre, soit parce que la guerre et la domination politique en prélèvent une part croissante, soit parce que la consommation privée augmente aux dépens de la part que prélèvent les pouvoirs publics; ou encore, phénomène souligné par Gilpin, lorsque la puissance impériale est affaiblie par la concurrence d'autres Etats dont elle n'a pas empêché la montée et que son propre exemple a souvent inspiré » (Hoffmann, *Traité de Sciences Politiques*, p. 679). Dans les rapports entre Etats, il y a la constance pour qu'une puissance empêche la montée d'une autre nation. C'est pourquoi la presque totalité des formes de la coopération tendent essentiellement à perpétuer la domination. L'auteur conclue son analyse en énonçant que « l'ordre interétatique a toujours été, sous formes multiples, l'ordre de la puissance et particulièrement de la force militaire-d'où sa précarité. Et si les guerres générales n'ont pas toujours mis en cause l'existence même des unités, c'était, souvent, grâce au mécanisme de l'équilibre, et parce que les moyens d'une destruction totale-d'une possibilité pour le perdant de dévaster le vainqueur-n'existaient pas. Ce n'est plus le cas … » (Hoffmann, *Traité de Sciences Politiques*, p. 682).

Dans ses rapports avec le système international, le Niger est placé sous la contrainte de divers facteurs et de diverses pratiques. L'un des facteurs provient des alliances nouées par le pays avec généralement les grandes puissances ou la puissance coloniale et dans ce cas, « si les alliances donnent aux clients les moyens de chantage, elles fournissent aux Grands des instruments de contrôle ou de pression non négligeables, en particulier par l'usage de l'aide économique et de l'assistance militaire » (Hoffmann, *Traité de Sciences Politiques*, p. 690). De plus le pays est assujetti à ce que Hoffmann appelle "l'arme subversive". L'auteur énonce que « la prudence fréquente qui caractérise les interventions armées directes des Grands est contrebalancée par la formidable expansion de ce qu'on pourrait appeler l'arme subversive : si la conquête n'est pas toujours possible ni désirable, la manipulation de la politique intérieure des Etats est d'autant plus tentante et fréquente que ces Etats sont frêles et artificiels » (Hoffmann, *Traité de Sciences Politiques*, p. 690). La prise en compte de ces facteurs doit conduire à resserrer l'ordre interne pour que par la cohésion entre les composantes nationales, la société nigérienne puisse faire face à la prégnance de l'ordre prédateur qui prévaut dans le contexte international dont l'un des aspects le plus nocif consiste au chantage, chantage sur l'économie et le développement, chantage sur la paix, …

Chapitre X. Modélisation de l'Ordre Interne

En procédant à la définition du modèle de la gouvernance sociale, du modèle de la classification des acteurs politiques et du modèle de développement économique, l'usage de l'anthropologie politique est d'une contribution notoire, du fait que la détermination des modèles sociaux comme spécification des objectifs à atteindre à travers la gouvernance de l'Etat, utilise les apports et les objectifs de cette branche de l'exploration des formes politiques. Balandier la situe dans l'optique de répondre « au projet de recherche des propriétés communes à toutes les formes politiques reconnues dans leur diversité historique et géographique ». L'apport qu'il attribue à cette branche tient des divers modes de repérage du politique tels que, la contribution à « une détermination du politique qui ne l'associe ni aux seules sociétés "historiques", ni à la présence d'un appareil étatique bien différencié. Ce qui s'impose désormais, c'est la reconnaissance du fait que "les sociétés humaines" produisent toutes du politique et sont toutes perméables au fluide historique pour les mêmes raisons ». De même, l'anthropologie politique permet d'appréhender le politique « par la considération des institutions et actions qui en sont spécifiques », également à travers « toutes ses composantes-et notamment les plus mésestimées : symboliques et rituelles, verbales et imaginaires, psychologiques et "théâtrocratiques" ». L'implication de tous ces aspects à explorer tient du fait que « la puissance, la domination, le pouvoir requièrent une mise en œuvre totale ». Selon M. G. Smith, une action sociale peut être considérée comme politique quand elle assoie une régulation (par le contrôle ou l'influence) des décisions relatives aux affaires publiques (compétition entre individus ou groupes). L'anthropologie politique a entre-autres pour objectifs, la réalisation d'une étude comparative des « différentes manifestations de la réalité politique, non plus dans les limites d'un univers particulier (l'occident) ». D'où l'intérêt que revêt la présente démarche de procéder à la considération de la forme traditionnelle de la société nigérienne, pour déceler les mécanismes qui participent à l'équilibre et les intégrer dans des modèles qui visent une forme métamorphosée de la vie communautaire, matérialisée par la vie sociale dans la forme de l'Etat-nation.

De façon générale, l'anthropologie politique permet d'acquérir « une connaissance plus complète de la dynamique du politique, des processus de formation et de transformation, par une information de large extension (de la bande à l'empire) et une prise en compte des transitions récentes effectuant le passage du gouvernement traditionnel à l'Etat moderne, du mythe à l'idéologie et à la doctrine politiques ». Au niveau de la forme moderne de la gouvernance des sociétés à travers l'Etat, l'action publique et l'action administrative distinctes l'une de l'autre participent toutes deux aux modalités du repérage du politique. « L'action publique est opposée à l'action administrative malgré leur étroite liaison. L'action publique opère au niveau de la décision et des "programmes" plus ou moins explicitement formulés. Elle se définit par le pouvoir. L'action administrative opère au niveau de l'organisation et de l'exécution. Elle se définit par l'autorité ». Dans le registre des divers modes de repérage du politique conçus par les anthropologues, figurent le critère territorial et les formes de l'organisation spatiale (dans la lignée de H. Maine et L. Morgan). « L'unité politique est définie par des limites (frontières), par le territoire qu'elle contrôle et défend contre les menaces externes ». Un autre mode de repérage du politique concerne « les fonctions dont le politique est investi. Dans leur plus grande généralité, celles-ci sont reconnues comme assurant la coopération interne et la défense de l'intégrité de la société contre les agressions du dehors ». (Balandier, *Traité de Sciences Politiques*, p. 312-313)

Section 1. Modèle Politique

L'instanciation du modèle politique propre à l'environnement nigérien tient d'abord, pour la facilité de sa lecture et de sa conception, de la connaissance des théories de fonctionnement du monde politique moderne et de sa différence avec la société nigérienne de la tradition. Toute modernité n'est pas synonyme d'avantages tant qu'elle n'intègre pas l'environnement dans lequel elle doit s'adapter et produire des effets bénéfiques à la société et à son ordre. L'une des principales différences entre le monde politique moderne et les sociétés de la tradition tient en partie d'un rassemblement de communautés différentes dans un même Etat, dont la gouvernance ne peut tolérer une succession héréditaire aux commandes de l'Etat. Il y a donc une nécessité évidente que l'instanciation du modèle politique du cadre nigérien intègre la fluidité du renouvellement de la classe politique, dont la crispation de la succession fera tendre le système vers le règne patrimonial d'un cercle d'acteurs, toute chose qui ne saurait favoriser un changement incrémental dans la réalisation des objectifs sociaux. De par les nécessités de stabilité de la démocratie et l'anarchie des alliances, alors, la moralisation de la vie politique et l'énonciation de théories des dirigeants politiques pour leur classification sont des données fondamentales du modèle politique ici instancié.

Dans son analyse des cadres politiques des pays émergeants, Bertrand Badié admet que le processus de transformation politique de ces pays est confronté à un réel défi et « une énorme contradiction : se moderniser en fonction d'une rationalité politique qui n'est ni conforme à son identité culturelle, ni à son histoire, ni à sa structure sociale, ni à son organisation économique. Cette situation tient en même temps à son insertion dans un système international dominé par l'occident-ou par le Nord-et à l'incapacité propre à tout système social de créer, dans le court terme, une formule originale et durable de développement politique. La modernisation politique doit dès lors être reconsidérée par référence à ce fossé qui explique pour beaucoup les traits autoritaires caractérisant la quasi-totalité des systèmes politiques du Tiers Monde » (Badié, *Traité de Sciences Politiques*, p. 640). Le tracé abusif des frontières des jeunes nations africaines a impliqué une mise en cohabitation dans le sens d'un destin commun, des communautés dotées de mécanismes sociaux et culturels différents, avec comme défi, d'amener les individus à s'identifier d'abord et pleinement à l'Etat et non exclusivement à leur communauté. Les pièges de la division et de la différence sur certains aspects de l'identité commune qui régissent ce rassemblement des communautés dans les nouveaux Etats-nations ne sont pas insurmontables, dès lors que dans la construction du modèle politique, que les acquis des valeurs communautaires soient entièrement capitalisés et que l'Etat s'identifie pleinement à chacune des communautés par ses gestes, par ses paroles, par ses pratiques. L'un des atouts qui constitue le ciment entre les communautés a été bien avant la création d'Etats-nations, l'édification des liens d'atténuation des crises et de partage identitaire à l'exemple du principe du cousinage à plaisanterie, du mariage entre différentes communautés, le tout couronné par une pratique religieuse islamique qui spécifie clairement les règles de cohabitation entre voisins, entre individus et plus loin, entre communautés. Il y a donc des sources qui fournissent un ensemble de principes qui, lorsqu'ils sont capitalisés par les acteurs qui gouvernent les Etats-nations, permettent nettement de régler le problème de l'édification d'une identité commune. Dans le processus politique moderne, à travers la décentralisation et l'opportunité offerte aux communautés minoritaires de s'afficher dans un ensemble dominé par d'autres communautés, il ressort que le problème de la participation de toutes les communautés à l'édification de la nation peut parfaitement être réglé. La comparaison avec le système politique occidental démontre plutôt que la recopie du même système de façon intrinsèque ne peut être la solution au modèle politique nigérien. Le véritable problème des modèles politiques des pays émergeants et de ses dérives, tient de l'imposition d'un modèle d'ailleurs, qui ne tient nullement compte des spécificités de ces pays. Ce problème restera posé tant que les acteurs politiques n'auront pas pris la mesure de la dérive et n'auront pas pris le courage de valoriser leurs propres valeurs sociales, autrement dit, de sortir de ce que d'aucuns appellent la « colonisation mentale », qui consiste à considérer ses propres valeurs sociales comme inférieures à celles du « colonisateur ». La modernisation politique suppose la construction d'un centre politique. « Les sociétés en modernisation tendent à se doter d'un centre; dont la construction renvoie à l'établissement d'un ensemble d'institutions, de valeurs ou de procédures visant à assurer l'organisation globale d'une société indépendante, … » (Badié; 1978, p.81-97). « Dans la plupart des sociétés du Tiers Monde, le centre se forme à partir de la volonté et de la stratégie d'acteurs essentiellement-voire exclusivement-politique, issus soit de l'ancienne administration coloniale, soit du monde intellectuel » (Badié, *Traité de Sciences Politiques*, p. 642). De façon générale, la construction du centre n'est pas attendue pour être l'œuvre d'un acteur gouvernant qui en devient l'architecte, mais est une œuvre du système social lui-même, du fait de l'ouverture à tous de l'accès à la connaissance moderne, de la division sociale du travail et de l'affirmation possible de chaque individu de façon indépendante, quelque soit sa communauté d'origine. Tant que le processus d'acquisition des connaissances restera ouvert à tous, l'accès au centre politique ne sera pas tributaire de l'origine communautaire des individus qui y aspirent. Le précédent auteur attribue au « centre moderne », « la fonction de coordination systématique des rôles sociaux ». Il spécifie les implications de la « logique moderne de la division du travail social » qui confère au centre, « une série de traits caractéristiques qui s'imposent à toute société qui s'insère dans un système international dominé par l'objectif d'industrialisation : elle érige ainsi la construction de ce type de centre en dénominateur commun à l'ensemble des processus de développement politique » (Badié, *Traité de Sciences Politiques*, p. 642).

« Quelque soit son origine, le centre implique pour fonctionner, conformément à la logique moderne, la mise en place d'une technique politique qui semble commune à toutes les sociétés "modernisantes". Il suppose d'abord la création d'appareils bureaucratiques favorisant sa pénétration au sein de la périphérie, l'édiction d'un système de lois générales et impersonnelles assurant de manière uniforme la coordination des rôles sociaux, mais aussi l'instauration des conditions permettant d'assurer la participation politique des différents secteurs de la périphérie ainsi sollicitée. Cette montée de la participation implique un effort d'institutionnalisation visant à l'organiser et à la rendre compatible avec la stabilité du système politique » (Badié, *Traité de Sciences Politiques*, p. 642). Huntington estime que « la réalisation du développement politique est liée à l'instauration des règles de jeu, de procédures stables, susceptibles de canaliser le flux de participation et d'éviter de livrer la scène politique au simple affrontement direct de groupes dont le plus fort finirait par imposer sa loi et donner ainsi naissance, par le biais notamment des coups d'Etat militaires, à une société prétorienne, à la décadence politique » (Huntington, 1968, p. 78s). Aux lendemains des indépendances des pays émergeants, les sociétés des différents Etats-nations constituées de communautés différentes étaient en construction. De même, la population d'intellectuelle était fortement limitée au sens large. C'est-à-dire, qu'il y a peu d'individus formés par le système scolaire colonial, il y a peu de moyens de communication et de déplacements qui permettent aux individus de se cultiver vis-à-vis des autres sociétés contemporaines, il y a une faiblesse de la croyance religieuse du fait que peu d'individus savaient lire, écrire, traduire et prêcher pour que la parole du comportement modèle soit suffisamment bien répandue, tous ces facteurs participent à l'ensemble des paramètres sociaux qui doivent être pris en compte dans l'analyse de la transformation sociale et politique des communautés qui composent l'Etat du Niger. Dans ces conditions des lendemains des indépendances, il était facile de créer et de pérenniser un système politique néo-patrimonial à travers lequel « le centre entretient une fonction pragmatique qui ne débouche ni sur la promotion d'un réel changement, ni sur une véritable articulation des buts politiques » (Badié, *Traité de Sciences Politiques*, p. 651-652). Malgré l'importance de ces « facteurs sociaux de transformation des communautés politiques », Badié estime que leur prise en compte à un certain niveau, « s'efface devant l'analyse attentive des projets élaborés par les acteurs du système politique, de la complexité de leurs interactions, du jeu rationnel ou affectif qu'ils tendent à composer soit pour se maintenir au pouvoir, soit pour imposer telle ou telle forme de modernisation » (Badié, *Traité de Sciences Politiques*, p. 650). Il y a donc une autre dynamique qui caractérise le système politique, celle qui est interne au centre lui-même. D'où l'importance d'intégrer dans le modèle politique nigérien, le critère de renouvellement de la classe politique, la régulation de l'anarchie des alliances politiques ainsi que la moralisation de la vie politique et le principe de classification des principaux acteurs qui animent le centre politique.

Il existe des systèmes et des normes, à l'exemple des pratiques religieuses, dont la valeur est traduite par leur absence de tout changement au travers du temps. La vitalité de certains autres systèmes repose sur leur capacité à se régénérer et à s'adapter continuellement, lorsque le changement s'impose comme une nécessité. Au nombre des systèmes adaptés à l'évolution du temps, figure l'alternance des acteurs politiques.

L'importance de l'alternance des acteurs politiques au pouvoir tient de la comparaison qu'il est possible de faire de leurs performances, afin que l'expérience des uns servent aux autres et que par le principe de la continuité de l'Etat et de la capitalisation des acquis, que l'avènement des acteurs plus soucieux du devenir de la société puisse permettre d'améliorer progressivement le système global vers son développement, de façon conforme aux réalités propres à l'environnement social, culturel, économique du Niger. C'est pourquoi tout système, même le plus performant venu d'ailleurs et implanté sans adaptation, risque quasiment une position de greffe perpétuelle. Le renouvellement de la classe politique est une caractéristique de la vitalité de la démocratie et laisse une plus grande place au passage à la gouvernance de l'Etat, d'acteurs susceptibles de faire évoluer positivement la société du fait d'un éloignement du pouvoir à des prérogatives personnelles, ou plutôt à des prérogatives d'un groupe particulier. Un tel renouvellement admet comme principe de base, la délimitation de la durée des mandats à la gouvernance de l'Etat d'abord, ensuite à la tête des structures politiques. Pour éviter de faire perdre à toute une génération, les chances de participation à la compétition pour l'excellence dans la gouvernance de l'Etat, l'acteur qui dirige une formation politique doit limiter sa participation à la compétition électorale pour la magistrature suprême à deux ou trois fois au maximum. En partant du principe constitutionnel de la durée d'un mandat présidentiel limitée à cinq ans, chaque acteur dispose ainsi de dix à quinze ans de gouvernance de sa structure politique avant de devoir céder sa place, et si la durée de quinze ans apparaît comme assez grande, celle de dix ans apparaît elle comme raisonnable. Un tel principe appelle à la reconnaissance unanime de chaque élection par l'organisme habilité, et appelle également à l'organisation des élections qui répondent aux critères démocratiques. Si la durée de quinze ans paraît assez grande, alors la borne de la troisième participation à la compétition ne doit être attribuée qu'à partir d'une dérogation, de telle sorte que le mandat à la gouvernance de la structure politique ne dépasse pas le terme de la prochaine élection, autrement dit, le temps d'un règne de deux mandats successifs d'un acteur gouvernant rallongé par une possibilité d'obtenir une alternance démocratique. La moralisation de la vie politique, comme processus qui participe à la vitalité du système politique et à sa crédibilité, est un mécanisme concevable à partir de la sélection des candidats à la candidature au moyen d'un conseil assermenté et de critères d'élimination clairement énoncés.

La compétition électorale relève du développement de conceptions contradictoires de la société et de ses mécanismes, dissimulées à travers le discours politique. Les tergiversations des acteurs prêts à toute promesse, à la fois celle d'une chose et de son contraire, peuvent être incluses dans la perspective de moralisation par attribution du qualificatif d'hypocrite politique pour des cas avérés de mensonge public ou d'apologie de mensonge, et ces qualificatifs peuvent au besoin être établis au moyen d'un tribunal qui fonctionne selon le modèle du procès équitable. Il ne saurait faire exception de l'auteur qui promet « une loi certaine » qu'il transforme ultérieurement par le jeu de la métamorphose en « une certaine loi ». La différence est fondamentale puisque dans le premier cas, la formule véhicule une certitude, dans le second, une incertitude. La moralisation comporte la prévention de toute accumulation de postes et de mandats, puisque dans la capitalisation des acquis, elle sert de clé d'explication de la défaillance notoire du système politique de la Ve République et permet de comprendre, comment par le laisser-aller attribué à la gouvernance d'un acteur élu, un autre acteur non élu s'est retrouvé en situation de "sur pouvoir". Lorsque la loi laisse un vide, les acteurs politiques innovent au moyen d'une anarchie généralement incompatible avec la stabilité. Pour agir à la fois sur les règles et sur les hommes, la moralisation est instanciée également dans le sens de réglementer l'anarchie des alliances par la limitation de la taille de toute alliance des structures politiques en pourcentage de grands partis (représentés à l'hémicycle), et en pourcentage des moins grands. Ce principe même discutable, permet de forcer le passage à l'opposition et d'éloigner le système politique du spectre de l'absence d'une opposition dont le rôle est de déceler les contre-performances de la gouvernance de l'Etat des acteurs élus et d'éduquer les citoyens en conséquence.

Le principe de moralisation couvre la création d'une instance nationale ou d'une instance par structure politique, qui comporte des membres permanents, assermentés par usage du livre de leur confession religieuse pour la garantie de leur impartialité, et dont le rôle qui leur est dévolu consiste à sélectionner les candidats qui seront soumis à la compétition pour obtenir la caution de la structure politique, afin de la représenter dans les compétitions électorales durant son mandat. Les critères d'élimination des candidats par l'instance tiendront entre autres, de cas avérés de détournement, de mensonge public, d'apologie de mensonge ou de crime, dont les contestations sont centralisées et pour l'établissement de la véracité desquelles, la même instance de sélection est amenée à siéger et à fonctionner sous le modèle du procès équitable. La Cour gardienne de la Constitution avec des membres permanents déjà énoncée ainsi que la prédéfinition des conditions de fin de règne de l'acteur élu gouvernant sont des principes moteurs qui participent à l'amélioration du système politique nigérien ici proposé. Il ne saurait être question d'attribuer à tout acteur politique, s'il n'est de la magistrature suprême, une pension de l'après règne. La loi fondamentale doit l'exclure explicitement.

II. La théorie des dirigeants politiques

Les acteurs politiques admettent pour chacun des caractéristiques qui lui sont propres. Ces traits caractéristiques observables avant et après leur avènement à la gouvernance de l'Etat permettent de déterminer le comportement dominant auquel il est légitime de s'attendre de l'exercice de leur gouvernance. Dans le cadre politique actuel, les acteurs politiques dévoilent leurs aspirations à accéder à la gouvernance de l'Etat ainsi que les intentions qui définissent la nature de l'exercice de cette gouvernance au moyen des programmes. Cependant, le plus important réside dans les non-dits, dans les intentions qui n'apparaissent point mais qui demeurent cachées et que des erreurs finissent par dévoiler. L'atout des analystes politiques reste lier au sens de lecture des signes annonciateurs de la réalité de la gouvernance à laquelle il possible de s'attendre. Les structures politiques et la rentrée politique offrent des cadres nouveaux aux acteurs politiques pour la tenue de leurs compétitions, également des cadres qui servent à la lecture des caractéristiques évidentes et non évidentes du comportement de chaque acteur politique. « La rentrée politique a un effet d'orchestration sans chef d'orchestre, cet effet né simplement de la concurrence engendrée par la course aux trophées propres au champ politique, conduit, en ce cas aussi, chacun à se conformer à une sorte de règle, à raison des intérêts qu'il engage dans la conquête d'un enjeu » (Lacroix, *Traité de Sciences Politiques*, p. 544). Dans cette compétition comme dans biens d'autres, le sens tactique des hommes au pouvoir est normalement attendu pour être un atout d'alerte sur le risque d'exposition des points faibles de leur stratégie aux adversaires. La résistance à la tentation de se placer en "porte à faux" par rapport aux dispositions de la loi participe à l'évitement de l'affiche des points faibles dans leur stratégie de conquête. L'acteur politique qui empiète ouvertement sur la loi est passible d'instaurer un système social instable. La loi est appelée à s'appliquer à tous et nul n'est censé l'ignorer. Encore faut-il être dans une République égalitaire où il n'y a pas d'une part, ceux qui sont soumis à la loi et d'autre part, ceux qui sont au-dessus, et que même si cette disposition est exclue théoriquement, que les pratiques ne confirment pas l'intolérable situation d'empiétement non punissable des dispositions de la loi. L'évidence de l'absence de possibilité de déclenchement d'une procédure judiciaire à l'encontre des acteurs politiques gouvernants pour des fautes aussi graves et répréhensibles sans passer par un dispositif lourd de levée des immunités, traduit le chemin qui reste encore à parcourir pour l'instauration effective de l'Etat de droit, c'est-à-dire la possibilité pour l'Etat de traduire en justice ses propres acteurs qui l'animent. Il serait erreur monumentale de sous-estimer le travail qui reste à couvrir, ou d'admettre son caractère irréalisable, pour que les acteurs de la société civile obtiennent la traduction devant les juridictions, sans procédure lourde, des acteurs politiques pour répondre de leurs propos ou de leurs actes. Le moment n'est-il pas venu d'aspirer au système qui ne travestisse pas le principe de l'égalité citoyenne devant la loi avec une couverture aussi obscure, étoffée et difficile de perçage, que ce règne de l'anarchie des immunités ? Ceci est un enjeu de taille dont l'effectivité de l'importance réside dans la préservation de la société du règne anarchique de l'impunité et tous les travers qui en ressortent, d'abord des travers qu'il est possible d'imaginer, mais aussi, fort malheureusement, de ceux qu'il n'est pas possible d'imaginer. L'absence de régulation efficace d'une forme de "non moralité" des acteurs gouvernants ouvertement traduite par leurs propos ou par leurs actes, et ne pouvant remettre de l'ordre par eux-mêmes, avec ajouté à cela, le processus de leur incrimination assujetti à leur démission, elle-même encore soumise essentiellement à leur propre volonté, cette absence de régulation traduit un supplice continu des aspirants à un équilibre réalisable de la bonne marche de la société. Progressivement, tout semble permis. C'est que les effets de l'anarchie de l'impunité ont un caractère extensible qui restreint davantage la frontière de ce qui n'est pas permis. Le malheur serait supportable si les gouvernés ne sont pas livrés à la prédation des acteurs étatiques, de ceux qui détiennent les moyens de coercition immédiats et de ceux qui ne l'ont pas, qui cherchent chacun à tirer partie de la position que leur confèrent leurs attributions. Comment dans ces conditions ne pas percevoir ce danger social grandissant qui déréglemente le fonctionnement de la société et la fait évoluer inexorablement vers son implosion ? Ainsi, les acteurs politiques nigériens amorcent un processus qualifiable de processus de "hallalisation" ou transformation progressive en licite, de ce qui, par le passé, était et demeure intrinsèquement illicite. Il ressort de cet énoncé que les propos et les actes des acteurs politiques offrent le support de facilitation de leur classification. Il en est ainsi de l'exemple illustrateur des propos "indignes" des hommes d'Etat dont les actions de rattrapage qui les précèdent dissimulent simplement cette identité des dirigeants, mais elle ne l'efface pas. La classification des acteurs politiques est un mécanisme souple dans le sens où par l'évolution de l'histoire, un acteur peut parfaitement saisir les fenêtres d'opportunité que lui offre l'histoire, pour accéder à une meilleure place. Cependant, ce changement de place dans la classification ne se produit que par des actes concrets, pas dans la spéculation. Les propos sont rarement des facteurs au bénéfice d'un acteur déjà vu à l'œuvre et classé dans une position défavorable. Lui accorder une autre chance relève d'une tentative dangereuse du fait du retour possible à l'avènement des actes qui lui sont reprochés.

L'observation du paysage politique permet de postuler la classification possible des acteurs en quatre catégories. La catégorie de haut niveau est illustrée par la classe des acteurs nobles, avec au rang directement inférieur, celle des acteurs de classe intermédiaire, enfin celle des acteurs faibles. La classe des acteurs de "bandwagoning" peut être considérée comme de même rang que la classe des acteurs faibles, mais avec un impact moins nocif sur la stabilité du régime, sauf cas rare mais probable à travers lequel, leur arbitrage admet une importance capitale pour l'équilibre politique d'un régime. Pour chacune des trois premières classes, les facteurs qui participent à la classification des acteurs politiques sont établis. La quantification de ces facteurs peut se faire à partir d'une échelle de valeur, d'une valeur déterminée par sondage et des multiplicateurs déterminés à partir de l'importance que la société accorde à chacun des facteurs. L'ensemble détermine l'équation de la classification dont l'évaluation de la valeur donne le reflet de l'image que la société a de chaque acteur politique. L'importance du non amalgame des facteurs à priori et des facteurs à posteriori de la gouvernance de l'Etat tient du fait qu'un acteur est susceptible d'obtenir la caution populaire pour exercer deux mandats successifs. Et dans l'inter-mandat, les facteurs de la gouvernance à posteriori serviront dans l'évaluation de sa classification.

A. Théorie des acteurs « nobles »

Les acteurs gouvernants sont soumis à diverses contraintes qui délimitent leurs marges de manœuvre et les placent en situation de pression permanente. D'abord des pressions provenant de l'ordre externe et ensuite de l'ordre interne. Il est utile de postuler que, dans la position de pays émergeant de l'Etat du Niger, la force de la pression externe n'est pas négligeable. Et puisque l'ordre externe admet ses intérêts propres qu'il cherche à maximiser s'il le faut sans tenir compte des intérêts de l'ordre interne, l'acteur gouvernant qui choisit de privilégier les intérêts de l'ordre interne et de les imposer envers et contre l'ordre externe prend la mesure d'un courage politique qui participe à lui valoir sa place parmi les acteurs nobles de la gouvernance de l'Etat (caractéristique I). Il peut s'agir autant d'un acteur qui relève de l'exécutif, que celui qui relève du législatif, puisque les prises de position et les soutiens explicites déterminent le courage des acteurs à élever au rang de la noblesse, leur participation à l'édification politique de l'Etat. La période d'observation des actes et des comportements des acteurs gouvernants est assez déterminante, il est utile qu'elle soit considérée à partir d'au moins une année de l'exercice des prérogatives du pouvoir.

La distance que prend tout acteur de l'exercice du pouvoir au sens large, (c'est-à-dire législatif, exécutif et judiciaire), participe également dans une mesure qualitative à la classification de l'acteur politique dans la classe de la noblesse de la gouvernance de l'Etat (caractéristique D). Ceci parce que par analogie, les qualificatifs du pouvoir sont assez nombreux, à ce qu'il constitue une "veste" de toutes les attirances vers laquelle converge tous les regards, de toutes les responsabilités, plus brillante que le métal le plus brillant à ce que le pouvoir donne à l'acteur qui l'exerce une place perceptible dans toute la société, plus valorisant que ce à quoi aspire tout citoyen, dont les moindres paroles sont plus audibles que le son des tambours africains de guerre puisque relayées systématiquement, mais une "veste" du pouvoir dont celui qui se dévêtit plonge dans l'inconfortable position du réapprentissage de la normalité. Cette description du pouvoir place l'acteur élu gouvernant dans une perpétuelle tentation de le conserver envers et contre tout. Le pouvoir place un acteur dans la tentation d'empiéter sur la loi pour satisfaire ses objectifs personnels. La résistance face à ces tentations assez grandes et difficilement résistibles, dans un environnement d'installation progressive de la gouvernance démocratique, est un caractère propre aux acteurs dont la noblesse de leur participation à l'édification de l'Etat est admise avec certitude.

L'usage que font les acteurs politiques du pouvoir participe également à la classification. Philippe Braud estime que « la régulation sociale s'opère par le truchement d'individus à qui il appartient de prendre des décisions obligatoires. Cependant, leur aptitude à les faire respecter ne repose pas sur un contrôle direct ou un exercice éventuel de la violence contre les récalcitrants éventuels; elle découle des rôles économiques ou religieux prééminents qu'ils assument dans la société considérée » (Braud, *Traité de Sciences Politiques*, p. 385). Il est utile de concéder que tout acteur qui ne sombre nullement dans la brutalité ni dans l'abus de pouvoir, choisit ainsi d'instancier une caractéristique des acteurs politiques nobles (caractéristique U).

Au nombre des facteurs de la noblesse dans l'exercice de la gouvernance de l'Etat, il y a la considération que l'acteur a de sa fin de règne, et qui ne l'amène pas à tomber dans le piège de l'accumulation illicite (caractéristique R). Ceci parce que, pour les acteurs politiques élus gouvernants, la fin de règne a quelque chose de terrible : le temple qui symbolise le visage du pouvoir se referme pour qu'ils n'entrent dans leur demeure devenue antérieure qu'en demandant l'autorisation, les assujettis répondent dorénavant aux ordres des nouveaux maîtres et comme si cela ne suffisait pas, ils quittent le centre vers lequel sont dirigés tous les regards, toutes les caméras, toutes les ovations, pour la normalité, à tel point que leurs déplacements sociaux jadis sous escorte, sous sirène, ou médiatisés, passent dorénavant presque inaperçus, si ce n'est le plus souvent, en attirant l'attention des curieux ou de ceux qui ont choisi de décrire généralement en leur défaveur, le nouveau cadre que leur impose la vie. « Pour le monde politique, l'heure de vérité, c'est lorsque se ferment les portes des palais de la République et lorsque les caméras s'arrêtent de tourner » (Boyer-Philippe, 2007).

Plusieurs autres facteurs participent à l'admission des acteurs politiques dans la catégorie des acteurs nobles. Il en est du niveau de développement économique acquis par la nation (caractéristique V), de la facilitation du retour vers un modèle social conforme aux aspirations populaires (caractéristique A), du niveau de réalisation des infrastructures ou de la modernisation des cadres de vie (caractéristique M), de la faculté de la gestion des troubles et de leur fréquence dans l'exercice de la gouvernance de l'Etat (caractéristique T).

Les caractéristiques I, D, U, R, V, A, M et T constituent les huit facteurs identifiés pour réaliser la classification des acteurs politiques.

B. Théorie des acteurs de classe « intermédiaire »

La classe intermédiaire est établie pour comporter les acteurs en instance d'être mis à l'épreuve de l'exercice du pouvoir. Pour ces acteurs, leur comportement et leurs prises de position constituent des atouts d'un bénéfice du doute favorable ; mais leur non avènement à la gouvernance de l'Etat durant une période déterminante, ne permet pas d'établir avec certitude leur classification dans la catégorie des acteurs politiques nobles. Il y a donc une question liée à la durée de l'exercice des prérogatives de la gouvernance de l'Etat qu'il convient de prendre en compte. Les prises de position assez fortes des acteurs politiques, lorsqu'ils n'ont pas la charge de l'exercice du pouvoir, ne sont certes pas négligeables, mais l'important est de déterminer leur capacité à conserver leur position lorsqu'ils sont investis du rôle de la gouvernance politique de l'Etat. Le comportement d'un acteur qui anime l'opposition politique est un cadre d'enseignements qui permet de tirer le maximum d'informations sur son comportement et sur ses prises de position.

De même, s'il est possible de déterminer avec une incertitude plus bénéfique que douteuse la capacité de l'acteur à prendre ses distances avec le pouvoir, une distance qui permet à l'acteur d'éviter la dérive d'un pouvoir en devenir sous forme de prérogatives personnelles, alors ce degré d'incertitude favorable participe à la classification de l'acteur en classe intermédiaire.

Bien au-delà de la simple expression récurrente de ses positions, s'il est possible d'établir par défaut l'usage positif qu'un acteur est susceptible de faire du pouvoir, cet usage positif étant résumé par une présomption de non utilisation du pouvoir avec brutalité, et que ce caractère est en attente de validation du fait que l'acteur n'a pas encore été vu à l'épreuve de l'exercice du pouvoir, alors, son classement en classe intermédiaire est envisageable pour le mettre en file d'attente, parmi les acteurs à qui profitent le bénéfice du doute.

Il en est de même à propos de la considération que l'acteur a de la fin de règne après l'exercice du pouvoir. Si l'attribution par défaut lui est favorable à travers la perception qui peut ressortir de ses actes, de ses propos, de l'absence de contradiction entre les deux dans son comportement régulier, alors le bénéfice de la valeur par défaut participe à son classement dans la liste des acteurs de classe intermédiaire.

Pour la classe intermédiaire, de par la difficulté perceptible dans l'établissement des facteurs propres aux acteurs ayant exercé la gouvernance de l'Etat, tels que le niveau de développement économique réalisé, la facilitation du retour vers un modèle social conforme aux aspirations populaires, le niveau de réalisation des infrastructures ou de la modernisation du cadre de vie, la faculté de la gestion des troubles et de leur fréquence dans l'exercice de la gouvernance de l'Etat, tous ces facteurs ne seront pas considérés pour l'évaluation de la classification des acteurs politiques en classe intermédiaire. L'acteur de classe intermédiaire peut constituer le dernier rempart d'une génération avant le bilan qui clôture son apport global dans l'évolution de la société.

C. Théorie des acteurs faibles

L'acteur faible se trouve à l'opposé de la classe noble. Le comportement d'un tel acteur est simple à appréhender. Si l'acteur noble est appelé à exceller dans la construction, l'acteur faible excelle dans la destruction. Les initiatives réussies qu'il entreprend trouvent généralement leur fondement dans la logique de la destruction, ne serait-ce que d'une coalition politique adverse. La théorie de l'acteur faible obéit à la logique de la théorie des Etats faibles, en ce sens que tout ce qu'un tel acteur entreprend pour devenir un acteur fort, perpétue en fait sa faiblesse. C'est le cas assez illustratif de l'exercice de la gouvernance de l'Etat sous sa responsabilité. Dans l'optique d'asseoir un système qui lui facilite sa gouvernance, l'acteur faible transforme l'appareil de l'Etat en un champ de dérive de la compétition (une compétition régressive), en ce sens que la catégorisation des individus débouche en premier lieu, sur une classe d'individus privilégiés par le système, qui disposent de tout pour réussir l'exercice d'un travail remarquable, mais n'y font rien pour cela du fait de leur certitude de la protection qui leur est offerte par le système. L'une des explications de ce phénomène tient des critères d'admission au sein de ce cercle qui ne comporte en rien une marque quelconque de compétence autre que celle de la dévotion totale à la cause de l'acteur gouvernant, une sorte de compétition pour le zèle de la proximité de l'acteur. En second lieu, la catégorisation des individus débouche sur la deuxième classe constituée de ceux qui, malgré l'énoncé de la loi, se voient déposséder de leurs prérogatives ou refuser une attribution dans le sens d'empêcher qu'ils réalisent brillamment le travail dévolu à leurs fonctions. Le cas des mairies détenues par les partis d'opposition et asphyxiées par le pouvoir peut servir d'illustration à ce phénomène. Une autre caractéristique qui marque la gouvernance d'un acteur faible découle de l'utilisation qu'il fait de la liaison évidente qui existe entre les votes à vendre, la satisfaction des individualités et le détournement des fonds publics. Conformément à ce principe, les détournements des fonds publics sont justifiés par l'achat des votes et des consciences, c'est-à-dire un rituel dans lequel pour toute défense, l'acteur énonce que ses prédécesseurs étaient également des "détourneurs" et qu'à leur différence, il instaure au moins un système de partage du butin, ouvert à quiconque accepte de voter pour sa cause. Ni le programme politique, ni le programme de développement ne participent et ne peuvent d'ailleurs participer à cette argumentation. Le couronnement de cette pratique est l'avènement d'un pouvoir travesti des aspirations légitimes de la société du fait qu'il reste "prérogatives personnelles". Ainsi, l'acteur faible utilise les principes d'accès facile à la gouvernance de l'Etat et instancie le facteur d'absence de distance entre lui et le pouvoir. L'absence de toute possibilité de démission volontaire contribue à assurer à l'acteur une minimisation permanente de la distance qui le sépare du pouvoir. Il choisit la maxime du moindre effort, tout en fournissant sans le vouloir, un effort encore plus important dans la mise en place d'un tel système, dans sa perpétuation et dans sa défense le jour des comptes.

Une autre pratique de la gouvernance de l'Etat trahit les caractéristiques d'un acteur faible. De tels acteurs choisissent en général de gouverner sous le principe régressif des troubles intentionnellement provoqués dans l'espoir de procurer des distractions aux assujettis afin que les attentions soient détournées des enjeux réels des moments. S'il y a peut être une habilité dans l'art de gouverner, la limite de ce principe éloigne ceux qui s'en servent de la faculté de distinguer l'efficace de l'inefficace de la gouvernance. Les causes des troubles ou plutôt leurs facteurs déclencheurs sont peut-être connus, mais l'issue appartient au temps et il n'est nullement possible d'avoir la certitude du quand ou du comment. La fréquence des troubles sociaux dans l'exercice de la gouvernance de l'Etat d'un tel acteur est assez élevée. A propos de ces troubles, la sagesse de la pensée de Thomas Sankara est de la même mesure qu'une dimension d'un fort avertissement, à ce qu'ils peuvent se muer en tragédie, et certes, « les tragédies des peuples révèlent les grands hommes, mais ce sont les médiocres qui provoquent ces tragédies ». Philippe Braud estime que « les analystes les plus machiavéliens reconnaissent qu'une authentique conviction idéologique anime souvent les gouvernants les plus brutaux et leur permet notamment de justifier à leurs propres yeux leur prétention à gouverner » (Braud, *Traité de Sciences Politiques*, p. 381). Il est utile de rechercher le danger qui fonde la gouvernance de l'acteur faible, notamment qu'est ce qui aux yeux d'un tel acteur, justifie pleinement sa prétention à gouverner. Un tel acteur admet un comportement caractéristique de l'hypocrite politique, qui lui, peut être identifié à travers des cas avérés de mensonge public ou d'apologie de mensonge, au besoin par usage du procès équitable et d'un conseil assermenté par usage du livre de la confession de chacun de ses membres.

Dans l'évolution de son calcul politique pour accéder à la gouvernance de l'Etat, un acteur faible est beaucoup plus retourné vers l'extérieur qui lui apporte un soutien décisif, mais surtout du fait que son opposition au monde extérieur lui apparaît comme assez coûteuse à ses yeux. Sa logique contribue à sacrifier les intérêts de l'ordre interne au profit de l'ordre externe. L'usage qu'un tel acteur peut faire du pouvoir comporte une expression de la brutalité au besoin, pour sauver sa position s'il le faut, puisque la fin de règne lui apparaît en permanence comme une éventualité à exclure. Et du fait de la priorité donné à l'ordre externe, les critères relatifs au niveau de développement économique réalisé, à la facilitation du retour vers un modèle social conforme aux aspirations populaires ou au niveau de réalisation des infrastructures ou de la modernisation du cadre de vie, admettent des valeurs totalement aléatoires, au gré des intérêts qui supposent la recherche d'un minimum de légitimité, où la moindre petite réalisation est exploitée, gonflée et publicisée à outrance. Il apparaît de ce fait qu'il est possible de mesurer un facteur important lié à la capacité d'un acteur politique et plus loin, d'une génération de la société à consentir des sacrifices pour différer un bien-être immédiat à une date ultérieure ou même à le laisser au bénéfice de la génération qui suivra.

D. Théorie des acteurs de "bandwagoning"

Le terme "bandwagoning"[8] est synonyme de « suivisme ». Il a été popularisé en 1999 par Kenneth Waltz dans « Theory of International Politics ». En effet, dans les théories réalistes des relations internationales, cette notion de "bandwagoning" fait référence au ralliement des Etats faibles à un Etat plus fort ou à une coalition. Le phénomène de "bandwagoning" se produit pour deux raisons principales. La première raison est liée au coût de l'opposition à un Etat plus fort, si un Etat faible estime que son opposition à l'Etat fort est plus coûteuse que les bénéfices qu'il tire de cette opposition. Les coûts et les bénéfices peuvent être de diverses natures. La deuxième raison tient du fait que les Etats forts peuvent inciter les plus faibles à les rejoindre par des moyens de pression tels que la promesse de cession de territoire, ou encore des accords commerciaux préférentiels. La cession de territoire est un des pires facteurs d'instabilité de l'ordre interne. Il en ressort que le chantage des Etats forts à l'endroit des Etats faibles n'a pas de limite et peut prendre la forme d'une instabilité génératrice d'hécatombe. La capacité de résistance des Etats faibles face à l'influence subversive des forts, dénote de la force de la cohésion de leur ordre interne.

En adaptant cette théorie au contexte politique interne des Etats à démocratie pluraliste en général et du Niger en particulier, il est possible de relever l'existence de deux catégories d'acteurs qui fondent la classe des acteurs de "bandwagoning". Une première catégorie est déterminée par l'observation du paysage politique et de la position de chaque acteur sur l'échiquier. Des acteurs apparaissent pour participer au jeu politique avec le statut de complément d'effectif, dans le sens d'accompagner les autres

---

[8] Sitographie : (http://fr.wikipedia.org/wiki/Bandwagoning)

acteurs plus importants. La seule exception dénote de la présence de rares acteurs qui aspirent à faire évoluer leur structure politique au moyen d'activités spécifiques, tout en acceptant le fardeau du militantisme au sein de l'opposition au pouvoir politique, puisque généralement les acteurs de "bandwagoning" préfèrent se rallier au pouvoir. Ces acteurs qui font exception aspirent à une classification en classe intermédiaire. Cette classification est simplement établie à partir du moment où ils vérifient les critères d'admission dans cette classe. La deuxième catégorie qui fonde la classe politique des acteurs de "bandwagoning" peut être déterminée à partir de la faculté avec laquelle, un acteur donné est susceptible de résister ou pas à la tentation de changement d'alliance, généralement pour revenir à proximité de la gouvernance de l'Etat. Le comportement même circonstanciel de tels acteurs crée l'anarchie des alliances au sein de l'échiquier politique. Il est donc difficile d'établir une conviction idéologique quelconque qui anime un acteur de "bandwagoning". Le refus de militer au sein de l'opposition politique place constamment des acteurs, même de structures politiques significatives, en position de "bandwgoning", du fait qu'ils jugent non négligeable le coût d'une telle opposition. Or, l'histoire démontre que la patience et le sacrifice sont des paramètres incontournables pour quiconque souhaite gravir les échelons sociaux, et de façon spécifique, les échelons politiques dans l'exercice de la gouvernance de l'Etat. Il peut donc être noté la capacité d'un acteur à consentir des sacrifices pour rester conforme à une ligne idéologique cohérente. Les acteurs de bandwagoning risquent des errements perpétuels, sans déterminisme politique, sans donner le signe qui permette leur classification dans une des trois catégories précédentes, dans le sens où leur comportement et leurs actes traduisent des contradictions permanentes. Leur seule classification en "bandwagoning" tient du fait de leur allégeance perpétuelle aux grandes structures dans des alliances où ils militent en complément d'effectif.

II. Instanciation de la classification des acteurs

Les facteurs I, D, U, R, V, A, M et T constituent les huit facteurs identifiés ci-dessus pour permettre la classification des acteurs politiques en trois catégories. Ces trois catégories auxquelles s'ajoute la quatrième de "bandwagoning" sont composées de la classe noble, de la classe intermédiaire et de la classe faible. Le processus de quantification permet de procéder à l'instanciation effective de cette classification des acteurs politiques. La quantification permet d'attribuer à chaque facteur, une échelle de valeurs (par exemple de 1 à 5), de préférence qui minimise le réflexe de la centralité des individus interrogés lorsque les valeurs de ces facteurs doivent être obtenues par sondage pour chaque acteur politique.

En considérant l'échelle de valeurs de l'exemple, il revient en résumé à admettre que :
I, D, U, R, V, A, M, T $\in$ [1 .. 5] (la valeur de chaque paramètre est comprise entre 1 et 5).
Le sondage permet d'établir les valeurs de ces paramètres afin de déterminer le niveau de considération que la société a de l'acteur politique considéré. Pour chaque facteur, le niveau de considération est traduit par la moyenne simple effectuée sur toutes les valeurs obtenues dans le sondage, par rapport au nombre d'individus interrogés.

Pour compléter l'équation de classification des acteurs politiques, les valeurs des facteurs sont élevées en utilisant des multiplicateurs. Ces multiplicateurs sont déterminés sur une autre échelle (par exemple de 0 à 3), et traduisent l'importance de

chaque facteur dans la société. La ligne suivante résume l'échelle de valeurs à laquelle les multiplicateurs sont assujettis :
α, β, μ, Ω, Δ, Φ, λ, Ψ ∈ {0, 1, 2, 3} (Chaque multiplicateur peut prendre l'une des valeurs 0, 1, 2 ou 3).
La valeur 0 signifie que le facteur n'est pas considéré dans la catégorie évaluée ou dans la société considérée. La valeur 1 désigne une considération minimale du facteur en question dans la société, tandis que la valeur 2 traduit une considération moyenne et la valeur 3, une forte considération dans la société. Ces valeurs peuvent être établies par consensus entre spécialistes des sciences sociales, l'absence de consensus peut être compensée par un sondage dans la société avec une moyenne arithmétique simple.

Après la fixation de l'échelle des valeurs des facteurs et de leurs multiplicateurs, l'équation de classification des acteurs politiques peut être obtenue à partir de la formule suivante :
(α x I) + (β x D) + (μ x U) + (Ω x R) + (Δ x V) + (Φ x A) + (λ x M) + (Ψ x T)

La détermination de la valeur produite par l'équation de classification est liée à l'instanciation des valeurs des différents facteurs. Cette instanciation est établie par sondage dans lequel, chaque individu de la population à sonder est interrogé sur la valeur qu'il attribue à chaque acteur pour chaque facteur pris isolément. Les différentes valeurs obtenues pour chaque facteur et par acteur sont additionnées et utilisées pour calculer la moyenne arithmétique simple, dont le dénominateur est donné par le nombre d'individus interrogés dans le sondage.

Le processus de classification démarre en considérant la classe la plus importante, c'est-à-dire la classe noble. L'équation de classification est établie d'abord pour cette classe. Pour trouver les valeurs des multiplicateurs qui complètent l'équation, il suffit comme énoncé précédemment, de considérer l'importance de chaque facteur dans la société. Par exemple, pour une société, qui accorde une grande importance à l'affirmation de son ordre interne, ainsi qu'à la matérialisation d'un modèle conforme à ses aspirations, à la minimisation de troubles et à l'absence de brutalité de l'acteur qui la dirige ; qui est moyennement indifférente au niveau du développement économique et le niveau de réalisation des infrastructures ; qui accorde une faible importance à la considération que l'acteur a de la fin de son règne du fait que le problème est plus ou moins résolu, alors l'équation de stabilité sera la suivante :
(3 I) + (3 D) + (3 U) + (R) + (2 V) + (3 A) + (2 M) + (3 T)

L'échelle des valeurs de l'équation de classification elle-même est déterminée par la borne inférieure et la borne supérieure d'un intervalle à établir. Une fois l'intervalle calculé, l'évaluateur doit fixer le rang G à partir duquel l'acteur est considéré comme admissible dans la catégorie évaluée. La borne inférieure de l'intervalle est obtenue en évaluant l'équation de stabilité avec la plus petite valeur de l'échelle de valeurs attribuée aux facteurs (1 dans l'exemple). De même, la borne supérieure est obtenue en évaluant l'équation de stabilité avec la plus grande valeur de l'échelle de valeurs attribuée aux facteurs (5 dans l'exemple).
La borne inférieure = 3x1 + 3x1 + 3x1 + 1x1 + 2x1 + 3x1 + 2x1 + 3x1 = 20
La borne supérieure = 3x5 + 3x5 + 3x5 + 1x5 + 2x5 + 3x5 + 2x5 + 3x5 = 100
Ainsi, la valeur de chaque acteur dans cette équation de classification évoluera entre 20 et 100, pour déterminer s'il peut être classé en classe noble ou pas à la suite d'un sondage.

En évaluant enfin l'équation de stabilité avec la valeur de chaque facteur obtenue par sondage et par moyenne arithmétique, une appréciation de la valeur attribuée à l'acteur peut être établie. L'utilisation du seuil G permet de déterminer l'admission de l'acteur à la classe évaluée, c'est-à-dire la classe noble, si sa valeur est supérieure ou égale à G.

Lorsque son admission n'est pas acquise, le processus recommence en établissant une nouvelle équation pour la classe intermédiaire dans laquelle, seuls les multiplicateurs changent de valeur. Certains facteurs ne sont pas pris en compte dans cette catégorie. Leurs multiplicateurs sont donc déterminés par la valeur nulle.
Par exemple, l'équation de classification de l'acteur en classe intermédiaire peut être la suivante :
$2I + 3D + U + R + 0V + 0A + 0M + 0T$
Elle est équivalente à :
$2I + 3D + U + R$
Du fait que les facteurs V, A, M et T ne sont pas considérés en classe intermédiaire.

Le passage à l'évaluation de l'appartenance de l'acteur à la classe intermédiaire nécessite une nouvelle échelle de valeurs de l'équation de classification. Cette nouvelle échelle est établie avec de nouvelles bornes inférieure et supérieure obtenues en procédant comme spécifié précédemment. Dans l'exemple considéré :
La borne inférieure = $2x1 + 3x1 + 1x1 + 1x1 = 7$
La borne supérieure = $2x5 + 3x5 + 1x5 + 1x5 = 35$
Ainsi, la valeur de chaque acteur dans cette équation de classification évoluera entre 7 et 35, pour déterminer s'il peut être classé en classe intermédiaire ou pas à la suite d'un sondage.

La fixation du seuil d'admission dans cette classe intermédiaire est nécessaire pour compléter le processus d'évaluation. A la fin de l'évaluation, lorsque la valeur de l'équation de classification ne permet pas la classification de l'acteur en classe intermédiaire du fait que sa valeur est inférieure au seuil d'admission, alors le processus s'arrête et l'acteur est classé dans la catégorie des acteurs faibles.

Le but postulé d'un tel processus est en premier lieu de donner une dimension quantitative à la classification des acteurs politiques, sachant que la dimension qualitative est établie de facto avec la connaissance du comportement de l'acteur. En second lieu, ce processus d'évaluation de l'équation de classification des acteurs politiques aspire au renforcement de la présomption sur la capacité des acteurs à gouverner la société. En complément de cette disposition, le processus permet d'établir avec approximation, ce que serait la nature du règne de l'acteur et de la stabilité de l'ordre interne. La stabilité interne est admise pour être plus sûre avec un acteur noble, moins sûre avec un doute favorable pour un acteur intermédiaire. L'instabilité de l'ordre interne est établie avec plus de certitude pour un acteur faible.

Pour conserver un caractère crédible, le sondage doit être effectué sur des participants sans militantisme politique affiché en faveur d'un parti politique, en particulier sur de simples citoyens et de catégories socioprofessionnelles différentes.

III. Théorie de la stabilité politique : acteurs et stabilité des régimes démocratiques

La validation de tout système de gouvernance, ou de toute option choisie par les hommes politiques se fait au travers des résultats que le système ou l'option choisie produit. Toutes les règles, toutes les lois et toutes les procédures aussi parfaites soient-elles, ne valent que par le courage de l'acteur qui choisit de les appliquer. Aussi, la détermination de la stabilité théorique d'un régime découle de plusieurs facteurs établis dans l'équation de stabilité, lorsque le processus de détermination de cette stabilité est appliqué aux facteurs qui participent à la gouvernance de l'Etat. Lorsque ce processus de détermination de la stabilité est appliqué aux acteurs politiques, il en ressort en premier lieu, son enchaînement au moyen d'un autre processus qui permet d'établir la catégorie à laquelle appartient l'acteur politique. En second lieu, ce processus de détermination de la stabilité découle de la phase de vérification de la compatibilité des caractéristiques de l'acteur politique et de la catégorie à laquelle il appartient, avec les paramètres de l'équation de stabilité. Ces paramètres sont établis pour l'ordre interne et pour l'ordre externe. Les paramètres de l'ordre interne peuvent être subdivisés en considérant ceux qui peuvent être établis à priori et ceux qui seront établis à la suite de l'exercice de la gouvernance de l'Etat. Ainsi, dans le processus de vérification de la compatibilité (des caractéristiques de l'acteur) avec la catégorie des paramètres internes (de l'équation de stabilité) établis à priori, il sera question d'établir la capacité de l'acteur :

- à accepter la définition et la mise en application des modalités du face à face entre Etat et syndicats (négociation, diminution du décalage entre les trains de vie, respect des engagements, recherche et utilisation des moyens de régulation plus efficaces que ceux de la coercition, exercice d'une gouvernance "collégiale" ; critère ESI1),
- à instaurer une armée républicaine (avec les quatre traits distinctifs énoncés ; critère ESI2),
- à relever le défi permanent de l'organisation d'élections "propres" (critère ESI3),
- à asseoir l'exercice d'une gouvernance conforme aux aspirations des populations (critère ESI4),
- à bannir le recours à l'accumulation illicite (socle de la démocratie néo-patrimoniale ; critère ESI5),
- à militer au sein d'une opposition de façon constructive (établir les diagnostics de la gouvernance politique et renforcer ses activités dans le sens de l'éducation populaire, éviter des actes de création du désordre ; critère ESI6),
- à prendre en compte la place de la société civile et des modalités du face à face entre elle et l'Etat (à travers le développement d'une culture de contre-pouvoir, l'instauration du principe de négociation, l'abandon des tentatives de sa phagocytose, l'éloignement du réflexe d'abus de pouvoir par usage des moyens de coercition, l'acceptation de la maturité de la société civile et de sa participation dorénavant incontournable dans toute gestion à caractère public ; critère ESI7),
- à garantir une bonne administration de la justice (critère ESI8),
- à abandonner toute aspiration à l'hégémonie politique (par le jeu de la manipulation des alliances, de la publicisation du débauchage des militants, de l'accumulation des mandats et des postes, de l'acquisition d'une position de "sur pouvoir" ; critère ESI9),

- à abandonner toute aspiration au règne de l'illimité (à travers des élections controversées et l'association du pouvoir à des prérogatives personnelles ; critère ESI10),
- à asseoir une gestion transparente non patrimoniale des ressources minières (critère ESI11).

En poursuivant le déroulement du processus de vérification de la compatibilité (des caractéristiques) de l'acteur avec la catégorie des paramètres internes (de l'équation de stabilité) établis à la suite de l'exercice de la gouvernance de l'Etat, il sera question d'établir avec certitude, si la gouvernance de l'acteur a consacré un retour du système scolaire et universitaire vers le modèle de l'excellence (critère ESI12), a permis d'asseoir un encadrement de l'activité de l'opposition politique au moyen d'un statut particulier (critère ESI13). Il sera également question de juger du respect de l'acteur des décisions de la Cour permanente gardienne de la Constitution (critère ESI14), de la capacité de l'acteur à gérer de façon adéquate les risques environnementaux (actions appropriées d'atténuation des crises, niveaux d'alerte associés à l'énoncé des actions, critère ESI15).

Le déroulement du processus de vérification de la compatibilité (des caractéristiques) de l'acteur avec la catégorie des paramètres externes (de l'équation de stabilité), passe par l'établissement avec certitude de l'abandon par l'acteur du tutorat politique, qui fonde son origine dans les aspirations historiques des acteurs métropolitains coloniaux de perpétuer la domination et constitue un moyen qui permet aux acteurs de l'ordre externe de désigner les acteurs qui dirigeront l'ordre interne (critère ESE1), de l'abandon de la gouvernance au profit prioritaire de l'ordre externe (critère ESE2), de développer une plus forte liaison gouvernants-gouvernés (pour faire face à l'ordre externe et son hégémonie ; critère ESE3), d'instaurer une forme de gouvernance "collégiale" (traduite par la proximité entre acteurs, chacun conserve son rôle et ses prérogatives, le résultat espérer étant de changer la vision négative des uns envers les autres ; critère ESE4), de lutter contre la conversion culturelle forcée (qui se traduit par la coupure entre les gouvernants et les gouvernés, les premiers ont le rôle de faciliter l'imposition de la conversion culturelle au bénéfice de leurs mandataires externes ; critère ESE5), de gérer les accords et les engagements internationaux de façon favorable à l'ordre interne (procéder au besoin à la consultation, dénoncer l'accord d'une façon franche et loyale lorsqu'il ne concorde pas avec les réalités et les intérêts de l'ordre interne ; critère ESE6).

La nature des dirigeants politiques et la classification à laquelle ces acteurs sont assujettis participent à l'instanciation de l'équation de la stabilité démocratique. La vue globale qui se dégage des facteurs mis en exergue dans ladite équation de stabilité est traduite par, entre autres, l'importance de la Constitution, l'apport du contexte national à la stabilité, l'importance de l'alternance démocratique, ... Le processus de vérification de la compatibilité crée une matrice de correspondance entre les caractéristiques des acteurs et les critères de l'équation de stabilité. L'instanciation de cette matrice traduit la compatibilité ou l'incompatibilité entre la catégorie de l'acteur et la stabilité du régime. De façon explicite, la matrice de correspondance suppose pour la caractéristique I d'un acteur, de vérifier la compatibilité de son appréciation (qualitative et quantitative) avec les critères ESE1, ESE2, ESE3, ESE5 et ESE6. Dans la matrice de compatibilité, pour la caractéristique D, la vérification de la compatibilité est évaluée avec les critères ESI2, ESI3, ESI5, ESI8, ESI9, ESI10, ESI14, ESE3 et ESE4 ; la caractéristique U des acteurs est liée aux critères ESI1, ESI6, ESI12, ESI13, ESE3 et ESE4 de l'équation de stabilité. En poursuivant l'instanciation de la matrice de compatibilité, la caractéristique R doit vérifier les critères, ESI8, ESI11 et ESE6, tandis que la caractéristique A est validée par rapport à sa compatibilité avec les critères ESI4, ESI8, ESI12, ESI15, ESE3, ESE4 et ESE5. La caractéristique M est essentiellement évaluée à posteriori entre deux mandats. La fin du processus de vérification est traduite par la vérification de la compatibilité de la caractéristique T de l'acteur avec les critères de l'équation de stabilité qui sont ESI1, ESI6, ESI7, ESI10, ESI12, ESI13, ESI14, ESE3 et ESE4.

L'acteur de classe noble choisit de privilégier les intérêts de l'ordre interne et les impose envers et contre l'ordre externe, prend la distance nécessaire à l'exercice d'un pouvoir prérogatives personnelles, choisit l'exercice d'un pouvoir qui ne sombre pas dans la brutalité ni dans l'abus, évite le piège de l'accumulation illicite. Le règne d'un tel acteur admet un niveau de développement économique favorable, un retour vers un modèle social conforme aux aspirations populaires, et un bon niveau de réalisation des infrastructures ainsi qu'une modernisation positive des cadres de vie. L'acteur noble assure une gestion des troubles sociaux avec responsabilité et sans grands dérapages ni grands reproches, et dont l'effet d'une telle conduite vaut une faible fréquence des troubles sociaux dans l'exercice de sa gouvernance de l'Etat. L'instanciation de la matrice de compatibilité démontre que pour un tel acteur, il existe une compatibilité totale avec les critères ESI et ESE de l'équation de stabilité.

La détermination à priori avec un doute favorable de sa capacité à défendre les intérêts de l'ordre interne est une caractéristique d'un acteur de classe intermédiaire. De même, un tel acteur bénéficie de l'évaluation avec une incertitude favorable de sa capacité à prendre ses distances avec le pouvoir, d'une présomption de non utilisation du pouvoir avec brutalité ou abus ou encore une accumulation illicite, d'une considération avec une incertitude favorable qu'il a de la fin de règne après l'exercice du pouvoir. Pour un acteur de classe intermédiaire, l'instanciation de la matrice de compatibilité démontre plutôt une compatibilité établie à priori sous la forme d'une incertitude favorable avec les critères ESI et ESE de l'équation de stabilité.

L'acteur faible tombe sous la plupart des pièges de l'exercice d'une gouvernance noble de l'Etat. Il choisit rarement de privilégier les intérêts de l'ordre interne par son penchant vers l'extérieur qui lui apporte un soutien décisif. L'usage du pouvoir comporte une expression de la brutalité, d'abus, de travestissement des aspirations légitimes de la société avec un pouvoir devenu prérogatives personnelles. Ainsi, l'acteur faible n'admet pas l'existence d'une distance entre lui et le pouvoir. Un tel acteur tombe sous le piège de l'accumulation illicite avec une gouvernance caractérisée par une fréquence de troubles sociaux assez élevée. L'acteur assure des niveaux aléatoires de développement économique, de retour vers un modèle social conforme aux aspirations populaires, de réalisation des infrastructures et d'une modernisation des cadres de vie. Pour un acteur faible, l'instanciation de la matrice de compatibilité démontre la certitude de l'incompatibilité de sa gouvernance avec les critères ESI et ESE de l'équation de stabilité du fait de trop de contradictions entre les caractéristiques de sa classe et les critères qui garantissent la solution attendue de l'équation de stabilité.

La compréhension peut être supposée acquise du comment et pourquoi un acteur de classe noble instaure une gouvernance qui respecte les principes de l'équation de stabilité, un acteur de classe intermédiaire bénéficie d'un doute favorable avec cependant une instabilité qui reste possible du fait de l'incertitude, tandis qu'un acteur faible est attendu pour instaurer un règne qui ne respecte pas les critères de l'équation de stabilité. Sa gouvernance instaure un risque permanent sur la stabilité et son accès à la gouvernance est comparable à l'échelle d'une société qui, par analogie à l'individu, joue à la "roulette russe", un jeu qui instaure en permanence la possibilité que, par chance pour les prédateurs et malchance pour l'ordre interne, la stabilité démocratique chèrement acquise se trouve fatalement compromise. Le règne d'un acteur de "bandwagoning" comporte une évolution vers la classe de la noblesse ou vers la classe des acteurs faibles avec une grande inconnue, contrairement à l'acteur de classe intermédiaire qui bénéficie d'un doute favorable.

Section 2. Modèle de l'armée

La participation de l'armée à la stabilité des régimes est une donnée fondamentale. Les modalités de cette participation découlent de la prise de conscience de ses hommes de rang comme de ses responsables, que le devoir patriotique suppose leur éloignement de toute manipulation, qu'elle provienne de l'ordre interne ou de l'ordre externe. Par le passé, l'exercice du pouvoir patrimonial à travers lequel, la gouvernance de l'Etat relève de prérogatives personnelles de l'acteur qui s'investit dans la dictature, justifie pleinement qu'il n'y ait d'autre cadre de changement de régime que dans l'intervention de l'armée. Cependant, dans l'ordre démocratique, le pouvoir se trouve réparti. D'abord subdivisé selon le principe de la séparation des pouvoirs (exécutif, législatif, judiciaire). Ensuite, il implique la participation d'autres acteurs au travers de l'opposition politique et de la société civile. Enfin, il accorde une place honorable à l'armée dans la reconnaissance des missions qui lui sont assignées. La reconnaissance de telles missions se fait dans le financement de son fonctionnement tiré des ressources du contribuable. Philippe Braud estime que « l'armée moderne n'est pas concevable sans des prélèvements importants sur le Produit Intérieur Brut » (Braud, *Traité de Sciences Politiques*, p. 367). L'armée est appelée à servir les intérêts de la société qui l'a constituée au moyen de l'apport permanent et du renouvellement de ses propres membres. Bernard Lacroix énonce des réponses à diverses interrogations à propos des caractéristiques fondamentales du fonctionnement du corps d'armée, en se demandant par exemple, « comment pourrait-on expliquer que l'armée résiste à la débandade même dans des circonstances où la société semble se défaire, si elle n'était pas le produit d'un travail de rassemblement spécifique et de vérification constante de la mobilisation qui la caractérise ? Que serait-elle si, indépendamment même de l'homogénéité sociale relative de son recrutement (d'autant plus affirmée qu'on s'élève dans la hiérarchie), elle n'était pas le résultat d'un travail spécifique d'inculcation de l'obéissance qui, loin de seulement donner une signification pratique particulière à la hiérarchie qui l'organise, fait de l'ordre du supérieur la règle suprême et de la vérification constante de l'opérationnalité la préoccupation la mieux partagée. Que serait-elle encore sans, au delà même de ses règlements explicités, les usages qui sont la permanente réaffirmation de sa spécificité, comme les "codes" issus de la tradition, "règles d'honneur" ou culte d'une forme de virilité qui l'assurent d'une continuité singulière par-delà les générations ? » (Lacroix, *Traité de Sciences Politiques*, p. 548-

549). Cette analyse rappelle à juste titre l'importance du maintien en état de l'armée, ce maintien étant le fruit d'un exercice permanent et d'un processus de recrutement et de renouvellement perpétuel. Ces caractéristiques du fonctionnement du corps d'armée révèlent la nature et l'ampleur des sacrifices consentis par la société à travers les financements qu'elle octroie pour le créer, à travers l'espoir qu'elle porte à ce corps, notamment celui de la protection de l'ordre social, en particulier l'ordre démocratique, y compris contre les acteurs politiques qui adoptent le penchant de vouloir le travestir. Le maintien du moral au sein de l'armée est d'une importance capitale pour son fonctionnement. Bertrand Badié estime qu'au fur et à mesure que « les Etats modernes se militarisent, les spécialistes de la violence sont de plus en plus concernés par le développement de compétences considérées comme caractéristiques de la non-violence », notamment celles qui ont trait à la manipulation de symboles, dont l'importance découle de leur rôle dans le maintien du moral (*ibid.*, p. 458). Dans un environnement non démocratique, la crainte demeure de voir détourner les performances obtenues de ce travail récurrent pour servir contre le régime politique qui gouverne la société. L'usurpation du pouvoir démocratique par l'armée n'est autre qu'un acte de trahison de son code de fonctionnement, une trahison des règles d'honneur qui la caractérisent, une trahison qui découle du travestissement de la confiance placée en elle par la société qui lui octroie les moyens de son fonctionnement, pour la mission de sa protection et du règne de l'ordre, pour repousser les frontières du désordre et de l'anarchie. Comme le stipule Bertrand Badié, « l'organisation d'une force armée exige une connaissance des aspects techniques et psychologiques des procédés modernes de production » (Badié, *Traité de Sciences Politiques*, p. 590). Et si la société ne peut développer ces moyens techniques, elle doit se les procurer au moyen de ponctions non négligeables sur l'activité économique des citoyens. Le changement de régime hors cadre démocratique implique le mépris de ses auteurs vis-à-vis de leurs propres concitoyens. La complexification du jeu politique ne peut servir de prétexte à tout changement non démocratique. Ceci du fait que le système démocratique prévoit en son sein, des mécanismes de sortie de crise dans des cas de complexification de l'antagonisme entre acteurs investis du pouvoir. Le principe de sortie de crise tolère y compris la possibilité de contraindre l'un des protagonistes à la démission, et pour cela, l'armée doit jouer un rôle primordial, décisif et moins apparent.

Du fait que l'ordre démocratique suppose une répartition assez large des prérogatives du pouvoir éloignée de toute concentration, il implique la participation de plus d'un acteur et la mise en place de mécanismes qui limitent toute dérive vers l'exécution d'un pouvoir personnel. Cet ordre agit comme un cadre participatif auquel aucun acteur n'est exclu. Il instaure le principe de succession des acteurs à la gouvernance de l'Etat, et tout acteur qui souhaite accéder à cette gouvernance, y compris des rangs de l'armée, est invité à participer librement au jeu politique en respectant les principes édictés, sachant préalablement que le jeu démocratique détermine les conditions de fin de règne de tout acteur. Il n'y a aucune raison qui suppose que survienne un changement hors cadre démocratique dans lequel, des acteurs procèdent à l'usurpation des prérogatives de l'exercice de la gouvernance de l'Etat. Une telle usurpation est potentiellement source de turbulences dont la portée ne peut être déterminée à l'avance, avec une possibilité permanente de mener l'ordre social jusqu'à la guerre civile. Ces turbulences n'épargnent personne à priori, pas même les usurpateurs eux-mêmes puisque par définition, ces troubles des sociétés sont susceptibles de coûter la vie y compris à leurs instigateurs. L'observation de l'histoire des changements hors cadre démocratique révèle que pour réussir un tel changement, le ou les instigateurs ont besoin de constituer un groupe. Une fois le pouvoir acquis, en absence de raison valable qui justifie ce changement, ou avec l'interprétation d'un acte quelconque par l'un des membres du groupe comme relevant de son exclusion, ou encore dans la perspective d'un autre membre du groupe de conserver seul les prérogatives de la gouvernance de l'Etat, les différents acteurs du groupe sont amenés progressivement à des contradictions qui évoluent en se complexifiant, et dont aucun d'entre eux ne dispose de la certitude de sortir indemne de cette complexification. Le changement hors cadre démocratique est à priori une aventure dangereuse qui fait d'elle plutôt une mésaventure, et face à laquelle la résistance à toute tentation de la part des hommes d'armée apparaît comme l'expression d'une sagesse qui leur est utile.

Lorsque les acteurs politiques du système démocratique réussissent l'instauration d'un fonctionnement républicain au sein de l'armée, l'usage des moyens dépassés pour la contrôler, telle que la fameuse loi des empires de la division pour régner, devient subitement improductif. Un tel principe maintient l'armée dans un état de tension interne permanente, qui ne lui permet pas de faire face aux dangers externes et qui place ses membres en état de menace les uns pour les autres. En réalité, en récompensant le mérite et donc les plus méritants de tous les corps de métier et corps d'Etat, donc y compris de l'armée, un système véritablement démocratique instaure une compétition pour l'excellence au sein de ces corps. Cette compétition pour l'excellence éloigne de l'adversité destructrice du principe de diviser pour régner. Le recours à une telle loi propre aux dictatures instaure une jungle au sein de l'armée, non pas du règne du plus fort, mais du plus proche de l'acteur gouvernant. Un règne où la compétition n'est pas pour l'excellence mais pour la recherche de la proximité avec l'acteur investi de la gouvernance de l'Etat. Un règne de la compétition pour le zèle dans l'optique d'apparaître aux yeux du gouvernant comme le partisan le plus dévoué à sa cause et non à la cause de l'Etat ou de la société. La prégnance de la loi de la division pour régner relève de la participation des acteurs politiques à leur propre déstabilisation, à l'image de la branche du droit consacrée à la criminologie qui attribut le qualificatif de "facilitation de crime" à la victime d'un vol par exemple, au travers de sa porte qu'elle a laissé ouverte à la place de son verrouillage. Le verrouillage n'aurait peut être pas empêché l'infraction, mais l'aurait sûrement retardé et son absence est une provocation ou une invitation implicite à l'infraction. Si tel est que les acteurs élus gouvernants dans un système démocratique craignent la désobéissance de l'armée et l'usurpation du pouvoir, alors qu'ils soumettent ses responsables et leurs gardes rapprochés au serment confessionnel, et que de par l'importance des symboles et du poids des chefs dans une armée, qu'ils recherchent l'équilibre dans la répartition des prérogatives de l'exercice militaire. Les chefs de l'armée sont attendus pour adopter une philosophie et un comportement contraires à la doctrine machiavélique qui stipule qu'il "vaut mieux être craint que d'être aimé". Dans un régime véritablement démocratique, la popularité des chefs de l'armée dans les rangs est un gage de stabilité de son fonctionnement. En retour, l'armée est attendue pour s'illustrer dans la garantie de la stabilité des régimes qui se succèdent de par le principe de succession et de l'alternance démocratique, et que son efficacité ou la validité de ses chefs ne soit pas un motif qui doit animer la réalisation du rêve de ceux de ses membres, qui caressent le désir d'accéder au pouvoir par des moyens non démocratiques. La mésaventure est plus risquée face à la force civile et l'échec presque inévitable éloigne de toute acceptation de l'honorabilité de l'acte.

L'histoire constitue l'atout fondamental de divers enseignements dont il est possible de tirer profit. Elle enseigne aux gouvernants de la Ve République, les limites du principe de l'avancement exceptionnel par décret politique, sans formation adéquate au sein de l'armée, avant l'avènement de l'alternance démocratique qui ferait que ce soit d'autres acteurs qui paient les errements de cette politique. La pratique est dangereuse au point où son application et son bénéfice sont réclamés par un mouvement armé qui fait face au pouvoir tenu par les artificiers de cette pratique et à l'ordre qu'il a conçu. Elle engendre malheureusement une tension dans l'ordre interne et un dilemme quant aux tenants de l'équité entre individus de la société. Au regard des provocations constantes du mouvement armé sans commune mesure avec le passé, des provocations accentuées par la non souhaitable absence de l'avènement d'une quiétude, d'une paix et d'un ordre durable provenant des options choisies par le politique et le militaire, la prise en compte des facteurs qui réduisent l'efficacité de l'armée doit favoriser la prise de conscience par les hommes de rangs et par le commandement militaire, que le principal soutien à leur mission permanemment dangereuse pour protéger la population, passe par des avancements normaux validés à travers des formations indispensables à leur propre opérationnalité. Tous doivent militer pour l'instauration d'une armée républicaine au travers des quatre critères énoncés précédemment, et accepter par réalisme de s'éloigner de la facilité d'avancement offerte par le politique au travers de l'usage abusif de l'avancement exceptionnel par décret. Si l'avancement exceptionnel ne peut être banni pour des questions d'ordre politique, le principe doit être fortement limité à l'interface de l'armée en contact direct avec le politique tel que les Chefs d'Etat major généraux et particulier. La validation de tout avancement nécessite des formations complémentaires qui renforceront d'abord la protection du corps d'armée pour que celui-ci assure sa mission de protection de la société. Il n'est pas souhaitable que chaque groupe d'acteurs politiques qui accède au pouvoir crée ses propres généraux au détriment de ceux qui accèdent normalement à ce grade, y compris le changement à la tête de l'armée peut être parfaitement réglementé et non systématiquement lié à l'alternance démocratique. L'armée n'est pas présente pour défendre les hommes investis de la gouvernance de l'Etat, plutôt les règles qui garantissent la stabilité et le bon vivre dans la société.

Section 3. Modèle scolaire et de l'administration

L'instauration progressive du fonctionnement démocratique des institutions de la République, révèle au Niger la forte prégnance d'une dérive qui caractérise la presque totalité des domaines de la vie de l'Etat. L'administration constitue un exemple illustratif de ce phénomène, ne serait-ce que par la contrainte que son fonctionnement a exercé sur les acteurs élus gouvernants de la Ve République, qui se sont vus obliger de révéler par eux-mêmes, les dérives de leurs propres agissements qui menacent le système administratif de désordre. Dans l'optique de la recherche d'une solution à ce malaise administratif, l'application d'une formule de modernisation qui rompt avec le modèle bureaucratique et dépersonnalisé de modernisation est un choix possible, tel qu'illustré par l'expérience algérienne de Houari Boumediene. Parmi les dysfonctionnements soulevés par l'ordre politique de la Ve République, figure « la pénétration du "patrimonialisme" jusque dans les rouages de chaque bureaucratie », ce qui a pour effet de conduire, « chaque titulaire de rôle à se comporter en propriétaire de celui-ci » (Badié, *Traité de Sciences Politiques*, p. 652-653), conformément à ce que G.

Roth appelle le "patrimonialisme" personnel (Roth, 1968). Dans ces conditions, la pratique du clientélisme est de mise, elle reste le prolongement naturel du mode de fonctionnement néo-patrimonial. J/. F. Médard définit le clientélisme comme « un rapport de dépendance personnelle non lié à la parenté qui repose sur un échange réciproque de faveurs entre deux personnes, le patron et le client, qui contrôlent des ressources inégales » (Médard, 1976, p. 103). « Le Premier apporte des faveurs, le second des soutiens. La relation se traduit par un caractère asymétrique : le patron tire un avantage marginal, le client un avantage vital » (Badié, *Traité de Sciences Politiques*, p. 653). Cependant, dans le système clientéliste instancié au Niger, le patron et le client tirent tous les deux un avantage vital, du fait qu'ils accèdent à un niveau de vie qui ne peut être maintenu que par la perpétuation du système clientéliste. Dans son fonctionnement, la pratique clientéliste « consiste à placer une périphérie cliente en état de dépendance par rapport à un ensemble d'élites qui lui ouvrent l'accès aux biens matériels et symboliques détenus par le centre, et qui permet en même temps à celui-ci d'atteindre des groupes qu'il ne pourrait contrôler directement » (Badié, *Traité de Sciences Politiques*, p. 653). Apter accorde une importance négligeable au système bureaucratique de modernisation, caractérisé par la rencontre d'une autorité hiérarchique et de valeurs instrumentales, où la modernisation se pratique alors sur un mode technique ou même technocratique, hors de toute formule de politisation des masses, soit à l'initiative de militaires, soit à celle d'une bureaucratie civile liée aux élites marchandes; dans un cas comme dans l'autre, la conjonction d'une domination hiérarchique et du principe donné aux objectifs pragmatiques rend la politique de modernisation et la rupture avec certaines pratiques traditionnelles d'autant plus faciles à réaliser.

La considération du système scolaire nigérien se traduit par le constat de sa dérive récurrente, illustrée d'abord dans le cadre fonctionnel avec la récurrence des fraudes aux examens et concours, et ensuite dans le cadre structurel à travers l'insuffisance des structures d'accueil qui a servi de base aux autorités des établissements scolaires pour instaurer un système de "rançonnement" des parents d'élèves. Une pratique condamnable, établie pourtant sous l'indifférence des autorités publiques. Cette indifférence défie le caractère rationnel de toute explication. Elle trouverait plutôt son explication dans la conformité de ce comportement au "paradoxe de la prédiction". En effet, puisque nous vivons dans notre société qui admet l'existence de règles de cohabitation érigées par le Créateur entre le visible et l'invisible, dans ces conditions et sur des lectures futuristes des professionnels ou des amateurs, les gouvernants ont à travers les temps braqué leur pouvoir contre toute source présumée de leur chute désignée par les prédicateurs. Et au vu des conséquences de l'affaire MEBA qui a occasionné la chute de l'acteur qui se refusait à la démission afin de conforter son tremplin d'accès à la magistrature suprême, en lieu et place d'une explication rationnelle, il est permis de ne pas exclure qu'une telle hypothèse de prédiction soit la clé de l'explication de l'insouciance des gouvernants face à la dérive scolaire qu'ils contribuent d'ailleurs à accélérer, mais seul Dieu est savant. La défaillance de l'Etat est traduite par le risque de l'avènement généralisé des pratiques de rançonnement des parents d'élèves par les responsables d'établissements sur la base des cotisations auxquelles ces derniers sont sommés de contribuer. De par la normalité, la cotisation appelle le collectionneur à rendre compte aux participants à propos des montants obtenus et de l'affiche détaillée de leur usage. La forme de cotisation instituée par les responsables scolaires est apparentée au chantage, puisque même non obligatoire et non instituée par une loi quelconque, le parent d'élève qui ne s'en acquitte pas, place son enfant en position indexée ou d'exclusion. Comment comprendre qu'à l'heure où des slogans de propagande vantent les gouvernants de la construction de mille classes, que dans la capitale, les parents d'élèves soient sommer de cotiser pour bâtir des classes en paillote, et que sans en rendre compte de la somme collectée et de son utilisation, le même rituel recommence à chaque rentrée scolaire ou chaque fois que des réactionnaires mettent le feu à la classe temporaire. Il est réellement paradoxal de constater la démission des acteurs élus gouvernants, et que dans cette optique et comme par magie, les électeurs ne gardent aucune mémoire et aucune trace d'une gestion aussi incompréhensible dont ils sont victimes. C'est pourquoi il est utile de prendre conscience et de faire prendre conscience, par leur banalisation et leur classification au rang de bruit, ce que la machine de propagande des entités politiques contribue à faciliter comme lavage collectif de cerveau en gonflant en permanence de si minimes réalisations. La conviction se doit de se généraliser sur la règle intrinsèque que le développement est une œuvre commune, et que tout acte posé de travers est une pierre qui tire l'édifice vers son écroulement. Par évidence, le non retour de l'école à l'excellence, indépendamment des moyens à mobiliser, de par le contrôle de l'exercice de l'activité elle-même, ne peut conduire à la stabilité de la gouvernance de l'Etat. En effet, le risque est grand de la permanence de la réaction des forces scolaires, et puisque les acteurs politiques semblent généralement préférer la logique du pourrissement, la récurrence de ces réactions est une pratique qui peut déboucher au drame et plus loin, à la déstabilisation des institutions démocratiques dont les gouvernants en sont pourtant les principaux bénéficiaires. Le projet de construction d'une classe même en paillote doit normalement impliquer les autorités scolaires, pour l'initiation et l'autorisation, le bureau des parents d'élèves, pour établir la liste complète des dépenses et les parents des élèves concernés, pour la cotisation ou l'offre de main d'œuvre afin d'amoindrir les coûts. L'indifférence de l'Etat lorsque les autorités scolaires s'érigent en juge et partie alors que les inspecteurs des enseignements peuvent parfaitement contrôler une telle dérive, découle d'une explication qui défie la rationalité, il faut donc aller au-delà de la raison pour trouver l'explication adéquate.

L'immoralité ambiante qui sévit au sein du monde politique se traduit par les explications constamment formulées comme liées à l'absence de moyens pour justifier la panne des divers domaines de l'Etat, dont le système scolaire. Ainsi, l'absence de moyens financiers devient la source de l'effritement de tout, du tissu social jusqu'au domaine réservé par excellence à l'Etat. En lieu et place d'une innovation particulière, le réflexe des gouvernants, en réponse à cette désintégration tient d'un recours à l'augmentation des taxes et des ponctions sur l'activité économique, ce qui a pour effet d'asphyxier davantage les rouages de l'économie. Même l'avènement attendu d'une créativité qui appelle à l'effort collectif pour que les différents systèmes conservent un fonctionnement satisfaisant est remplacé par la taxation. L'absence de moyens financiers suffisants pour l'Etat peut être compensée par l'usage de sa capacité à donner un sens à l'action collective en la valorisant. Encore faut-il que le même Etat qui prône l'insuffisance de ressources financières donne le reflet de cette insuffisance dans son train de vie, auquel cas, toute autre valeur sociale sera dégradée au profit de la valeur matérielle. N'y a-t-il pas de citoyens qui soient prêts à la compétition pour la renommée, pour l'honneur, pour leur dignité et que ce soit à eux de transformer ces valeurs en capital quelconque ? Il peut s'agir du prix de "meilleur" établi sur la base de critères spécifiques dans chaque catégorie socioprofessionnelle. De même que la lutte traditionnelle récurrente débouche sur la proclamation d'un champion dans ses disciplines, de même, les états généraux annuels ou biannuels sont appelés à être institués dans les différentes professions administratives et extra administratives afin d'honorer les acteurs qui seront désignés comme "champions" de leur catégorie socioprofessionnelle. Le modèle de fonctionnement sur la base des états généraux des corps constitués peut permettre de régler le problème des contre-performances qu'ils accumulent. Ne serait-il pas réconfortant et valorisant d'avoir l'élu meilleur commissaire de police de l'année, meilleur juge de l'année, meilleur chef de quartier, meilleur infirmier de l'année, meilleur enseignant de l'année, meilleur étudiant de l'année, meilleur tailleur ou couturier en particulier des tenues qui respectent la culture sociale, meilleur cultivateur de l'année, meilleur éleveur de l'année bien que disposant déjà du cadre de la "Cure Salée", qu'il s'agisse d'un homme ou d'une femme indifféremment du genre, … Lorsque l'Etat met les experts de chaque domaine à contribution ou que soient interrogés les différents corps de métier, le processus aboutira à l'établissement de critères quantitatifs et qualitatifs de sélection de candidats et de leur classification. Le jury de sélection peut à chaque fois fonder son fonctionnement sur la base de mécanismes d'un procès équitable. La reconnaissance du mérite du leader élu nécessite que soit diffusée son identité à toute la nation. La diffusion de la partie de la vie de l'élu leader qui lui a facilité l'acquisition de ce titre sert d'exemple à suivre, complète perpétuellement le modèle social en définition et incite à la compétition productive. La pratique permet de capitaliser les sagesses citoyennes provenant de toutes les couches sociales et de toutes les catégories socioprofessionnelles. Un axe pour l'élection du meilleur étudiant peut relever de celui ou de celle de ce corps qui a pris la mesure de l'obligation imposée par les temps présents aux étudiants d'exercer un travail complémentaire comme support d'acquisition de financement, en partie ou en totalité de leur phase d'acquisition des connaissances. A celui qui est élu meilleur de prendre les moyens de perpétuer le modèle qu'il a apporté et constituant la base sur laquelle il a été élu leader de son domaine ou "Sarki". Que les acteurs politiques moins sûrs d'eux-mêmes se tranquillisent en évitant tout comportement de nature à compromettre la mise en place d'un tel système. En effet, la reconnaissance de leader dans un domaine particulier n'est pas immédiatement convertible en capital politique. Le système n'est donc pas destiné à leur créer des concurrents immédiats. Ce passage illustre que l'Etat dispose de possibilités efficaces de régulation et de relance des activités des citoyens qui le composent. Ces possibilités même différentes des moyens financiers, disposent d'une efficacité égale sinon supérieure. Dans l'exemple simple d'un étudiant qui conduit un taxi pendant ses heures de vacances et lorsque son emploi de temps scolaire le lui permet, l'apport attendu de l'Etat est qu'il érige l'acte en modèle possible, qu'il édicte des normes de comportement en leur attribuant un caractère de noblesse. L'effet est que l'Etat enlèverait à de tels comportements, la perception communément d'un statut "réducteur". Si une mentalité doit évoluer, c'est bien celle-là, c'est-à-dire aboutir à la perception des pratiques d'utilité évidente avec une forte prégnance de la modestie, et non celles qui accentuent la dérive sociale et font en permanence tendre la société vers le règne de la perversité.

Section 4. Modèles Sociaux

La société nigérienne contemporaine est caractérisée par une mutation perceptible et assimilable à une recherche permanente de repère culturel, dans le sens où, elle demeure partagée entre ses origines caractérisées par la prégnance d'un ordre communautaire, et la dérive d'une innovation comportementale désignée sous le vocable trompeur de "Zamani", à ce qu'il désigne une certaine fatalité, qui fait tendre entre autres, vers l'individualisme et l'égoïsme sans commune mesure avec le passé. L'extérieur a un pouvoir insolite sur la perception que les individus de l'ordre social ont de leur propre évolution. Le processus de "hallalisation" de l'illicite dans la société tient du fait que les acteurs gouvernants choisissent par défaut ou par excès, d'instaurer progressivement les valeurs de l'ordre externe. C'est pourquoi, si le politique n'intervient pas pour attribuer de la valeur au modèle interne, la vulnérabilité de la société en "modernisation" par rapport aux modèles extérieurs est très grande, à tel point que, les modèles existants sont inconsciemment constamment dévalorisés. La preuve tient de chaque fois que de l'extérieur il arrive des modèles qui mettent en valeur des organisations sociales déjà existantes dans la société traditionnelle, leur appropriation est presque immédiate et fait perdre totalement de vue qu'il s'agit d'une organisation déjà assimilée. L'idée que des modèles viennent de l'extérieur les rend davantage enjolivés, chaque individu voulant peut être saisir l'occasion de se distinguer des autres.

La famille reste la base de la société nigérienne. « L'Etat, forme instituée du pouvoir légitime, n'est pas, en fait, par principe ou par nature détenteur du pouvoir, la famille, la phratrie, la ville, la corporation ou l'entreprise économique ont aussi, selon les sociétés et les époques que l'on considère, des chefs dont les pouvoirs peuvent être tantôt étendus, tantôt restreints. Il est donc d'autres pouvoirs dans la société, socialement constitués, et qui coexistent le plus souvent avec le pouvoir politique organisé sous le visage de l'Etat. Celui-ci peut d'ailleurs se voir menacé par leur existence » (Lacroix, *Traité de Sciences Politiques*, p. 479). Dans un sens restreint, la famille est assimilable à un ménage. Dans un sens large, elle en regroupe plusieurs qui émanent des liens de parentés. Les configurations des familles révèlent l'existence de piliers dans chacune d'entre elles, qui sont des individus autour desquels une certaine stabilité et un ordre sont bâtis, de sorte que l'individu identifié soit le point central de toutes les cérémonies, de la résolution de tous les litiges, de la réalisation de toutes les cordialités. Tous les piliers familiaux n'ont pas les mêmes comportements, de ceux qui s'adonnent à la tâche sans relâche jusqu'à ceux qui y démissionnent. La démission ou la disparition des piliers entraînent un affaiblissement de la cohésion avec un risque presque inévitable d'éparpillement. Le caractère visible de la contribution des piliers familiaux provient de la création d'un ordre observable, mais l'entropie qui menace cet ordre relève de la résurgence d'un égoïsme nocif, dans le sens où la vision communautaire de mise en partage des biens sociaux, ou de leur simple utilisation par sollicitation ponctuelle des membres qui en ont besoin, est déséquilibrée par ceux qui accèdent à l'ordre communautaire uniquement pour obtenir les biens ou les services, et sitôt ceux-ci acquis, s'acquittent difficilement de leurs obligations communautaires.

Dans l'ordre traditionnel, l'équilibre des ménages tient d'un partage de rôles sociaux entre l'homme et la femme qui n'est nullement anarchique. Un tel équilibre est toujours un objectif à rattraper du fait de la dérive à laquelle, la société moderne est exposée. Le grief récurrent retenu contre l'organisation traditionnelle de la famille provient du caractère enjolivé de la culture occidentale dominante dans laquelle les individus sont soumis au désir ardent de satisfaire le besoin de "s'affirmer" ou plutôt de se "faire voir", par les richesses qu'ils exhibent et par la qualité de l'habillement, par l'ivresse de la puissance ou de l'enjolivement des nouveaux moyens de déplacement, une dérive qui va malheureusement jusqu'au stade de l'exhibition pour que chacun expose ses atouts corporels. Dans un tel contexte, parler de la femme au foyer devient un "recul" à la limite du déshonneur, puisque pour le besoin de se "faire voir", il faut être forcement dehors à circuler. Les critiques formulées à l'encontre du système traditionnel ne concernent nullement le travail de la femme en dehors du foyer, puisque dans la société traditionnelle, la femme va au champ pour sa propre productivité ou pour aider son mari, elle va au marché pour acheter et vendre, elle participe donc de façon intensive à l'activité économique. L'équilibre des ménages de la société traditionnelle tient du fait que, à l'homme, il revient la charge de subvenir aux besoins de sa famille parmi lesquels, le logement, la nourriture, l'habillement. A la femme, il n'incombe aucune obligation d'y participer si ce n'est de son propre gré. Cependant, il lui revient l'instauration d'un ordre dans le foyer dont la plus grande partie de l'éducation des enfants constitue l'une des responsabilités aussi lourde que celles des hommes vis-à-vis de l'équilibre du ménage. A tous les deux, homme et femme, il incombe la défense et la préservation de l'honneur du ménage. Celui des deux éléments de couple, l'homme comme la femme, qui se retrouve en position de faire face aux deux responsabilités en même temps, se retrouve en fait dans une épreuve évidente. Et dans ce cas, la société de la tradition lui apporte le soutien nécessaire, sans compensation par un salaire quelconque, mais uniquement au moyen de l'ordre communautaire qui impose l'assistance aux proches, à la famille élargie, aux voisins, aux voyageurs en détresse, … La société moderne tente d'y répondre lorsque par exemple l'éprouvé parmi les deux éléments de couple dispose des moyens de prendre une tiers personne à son service moyennant salaire. Même dans ce cas, la différence de résultat est évidente, les parents conscients de leur tâche ne sont pas remplaçables dans l'éducation de leurs propres enfants par exemple. Dans le bouleversement du modèle social basé sur la famille pour un modèle basé sur l'individu, dans la non prise en compte du genre par rapport aux rôles sociaux nécessaires à la préservation de la famille, la société "moderne" pousse la dérive jusqu'à la possibilité offerte aux hommes de devenir des "femmes" et des femmes, de devenir des "hommes", une dérive illustrée à travers un déclin moral évident et la détestable disposition d'union entre individus de même genre. La dérive du modèle social est accentuée par la défaillance du politique dans sa démission face à la nécessité de définir des modèles sociaux de comportement. La responsabilité de l'acteur élu gouvernant couvre la nécessité de préserver sa société des dangers de l'extérieur, ces dangers ne sont pas forcement ceux de la domination par une force armée, mais peuvent découler de la corruption du modèle social lorsque des modèles externes donnent le pire des exemples à suivre. La discipline sociale ne peut être préservée que dans le sens où les lois sont conformes à l'entendement des populations. La défaillance de la valorisation de la culture sociale nigérienne par le politique est perceptible à travers l'avènement des premières versions des films nigérians connus par le sens commun sous l'appellation de "dandalin soyaya". Les acteurs qui animent ces séries ont réussi là où le politique nigérien a failli, c'est-à-dire définir un modèle social conforme aux aspirations des populations pour canaliser le comportement des citoyens et les éduquer en quelque sorte. Le pouvoir dispose pourtant de potentialités immenses qui couvrent à la fois la disponibilité de ses moyens de communication et l'existence de séries du label de "détente et sourire". L'essentiel est qu'à la suite des actes de chaque série, qu'un commentaire soit fait sur la leçon à retenir, de ce que représente le comportement modèle, de ce qui doit être banni et des conséquences des actes posés par les individus. Il n'est nullement besoin d'attendre des catastrophes telles que la lutte contre des maladies ou des risques environnementaux pour prendre l'initiative de telles réalisations. Un des ministères chargés de la question sociale, ne peut-il pas prendre une telle initiative dans le cadre d'un programme politique même destiné à valoriser le titulaire du poste ministériel sans attendre des moyens colossaux ? Ou faudra-t-il pousser l'organisation du système de gouvernement jusqu'à demander des comptes aux ministres sur les innovations et les résultats quantitatifs et qualitatifs que comportent leur passage à la tête de ces départements de la gouvernance de l'Etat ?

Dans le modèle basé sur la famille et non sur l'individu, à travers l'éducation des femmes, c'est la société qui se retrouve constamment désamorcée des dangers de l'ignorance et des mauvais comportements, au sens où, l'éducation des femmes entraînent une meilleure éducation des enfants qui en prendront la relève sociale. Dans une telle société, les hommes assistent les femmes dans cette tâche d'éducation, de façon directe par l'exercice d'une autorité éducative, de façon indirecte en participant à la création de la quiétude familiale par le biais de la satisfaction des besoins de base, de sorte que la femme ait la pleine latitude de choisir ou pas de travailler, si ce n'est indispensable pour des raisons propre au couple. Un tel modèle est plus basé sur la cordialité entre les deux genres. A l'opposé, le modèle "moderne" semble systématiquement opposé les deux éléments de couple. C'est l'exemple de chaque fois que sont énoncés les droits de la femme, en évitant comme par inadvertance de mentionner ses devoirs, c'est l'homme qui se retrouve implicitement incriminer. Dans ce contexte, le modèle ne peut que générer davantage de tensions sociales en lieu et place de leur circonscription, et que même si les tensions ne provoquent pas l'éclatement de la société, qu'elles engendrent la dérive du modèle familial. Même si le choix est offert aux individus entre les deux modèles, il est utile de postuler que le mal fait à la société de par ses pertes de repère, est une raison suffisante qui implique la responsabilité de l'acteur élu gouvernant pour préserver la famille nigériene des vicissitudes de la "modernité". Par le passé, le principe de l'attribution des postes étatiques offerts à l'occupation sociale se faisait sous le couvert d'une enquête de moralité avec une règle non écrite qui doit conduire à privilégier les individus des deux genres qui supportent les charges de famille.

La dérive du modèle social nigérien est accentuée par l'influence des normes extérieures. C'est ainsi que la panacée actuelle consacre l'avènement des droits infinis reconnus à la femme, ce qui n'est pas mauvais en soi, tant que l'équilibre social n'est pas affecté. Parmi les droits édictés, il est permis de demander qui en sera le débiteur, l'Etat ou l'homme ? Le paradoxe tient sur un exemple dans lequel, pendant que l'Etat sévi durement contre ses propres citoyens qui abondent dans les quartiers périphériques de la capitale, en les menaçant en permanence de déguerpissement sans aucune compensation ni solution de rechange, en fermant les yeux au passage sur la situation de tout vieillard démuni, dans le même moment, le même Etat demande aux représentants du peuple de voter une loi qui reconnaît à la femme le droit à un logement décent. Si pour les instigateurs de cette loi relevant de l'ordre externe, il y a manifestement une méconnaissance des réalités sociales nigériennes qui fait découvrir le décalage entre le contenue de la loi et le milieu dans lequel les gouvernants veulent forcer son application, il y a du côté des gouvernants la prégnance d'une logique inverse qui tend à les associer à des défenseurs des intérêts de l'ordre externe par l'instauration d'une loi controversée. La raison tient de la pratique des différentes communautés qui composent la société. Si dans les populations du sud la tendance est à l'offre de logement à la charge de l'homme, chez les populations nomades du nord par exemple, la maison est du ressort de la femme, dût-elle y consacrer ses cadeaux de mariage pour l'acquérir. Là encore, la raison de ce partage du rôle social tient du déplacement permanent de ces populations, pendant que l'homme s'occupe du troupeau comme biens de subsistance de sa famille, la femme s'occupe de tout contenu de la vie familiale. En admettant l'instauration d'une telle loi, si l'homme se trouve débiteur, la loi présente un caractère déséquilibré et partial. Elle introduit une difficulté supplémentaire pour ceux qui aspirent au mariage, avec un risque évident de l'accentuation du dérèglement social lié à l'insoutenable problème des sociétés modernes des "filles-mères" et "d'enfants de la rue". Le rôle social de la femme est d'une importance capitale à plus d'un titre : si les femmes décidaient de s'attacher exclusivement au mariage et à ses vertus, cela suffirait pour forcer les hommes à se marier. Ajouté à cela, si l'Etat leur vient en aide en forçant les hommes à plus de responsabilité envers leurs familles à travers la restauration du contrôle communautaire, les deux précédents problèmes seraient résolus comme par une baguette magique. Du fait de l'acharnement des gouvernants à vouloir imposer la loi dictée de l'extérieur, l'Etat pourrait en être le débiteur. Dans ce cas, la priorité ne devait-elle pas revenir aux vieillards et de façon étendue à tous les citoyens qui vivent dans les bidonvilles périphériques que l'Etat menace permanemment d'anéantissement ? Le paradoxe est réel, accentué par la logique de la gouvernance inverse. Le modèle de modernisation du cadre urbain proposé ci-dessous présente une ébauche de résolution de ce problème cuisant.

En s'affichant comme défenseur des droits de la femme, le modèle social "moderne" essaie par ailleurs de faire ressortir la place qu'il offre à la femme dans l'exercice du travail social. Cependant, la société de la tradition intègre déjà le règlement d'une telle participation puisqu'elle a toujours offert à ses composantes, hommes et femmes, le rôle de moteur social. La place de la femme dans la société est si importante qu'elle ne saurait être attribuée à l'exploitation. Dans l'exemple du cultivateur qui passe sa journée sous le soleil à labourer le champ familial, sa tâche ne peut être accomplie sans la facilitation qui découle de l'assistance de la femme, qui, en s'exerçant dans les tâches qui relèvent du contenu de la vie familial, lui procure la nourriture qui lui permet de reprendre ses forces pour faire progresser le travail. Que serait le paysan sans l'assistance de sa femme ? Pourra-t-il à la fois aller au champ et s'occuper par exemple du bétail qui constitue l'épargne familial ? Les réponses à ces questions admettent pourtant des évidences que les auteurs de la recopie du système externe considèrent en s'en détournant. Dans la campagne nigérienne, beaucoup de femmes cultivent leur propre champ. Dans certaines communautés béninoises, c'est à la femme d'aller au champ. Il n'y a visiblement pas de raison qui justifie la mise systématique dans le modèle social "moderne" de l'homme et de la femme en position de face à face sous le couvert d'une quelconque injustice sociale. Le cas d'individus injustes ne doit pas engendrer des motivations qui poussent à la déstabilisation du modèle social. Nombre de systèmes n'affirment leur robustesse que relativement à leur longue durée d'utilisation avec succès. Il en est ainsi du modèle social. Il est légitime de faire prendre conscience que ces différents modèles sociaux qui affirment en permanence leur robustesse, deviennent du fait d'une vague de modernisation, la cible de ceux qui, comme poussés par une mission d'uniformisation pour qu'ils servent d'exemple à suivre, voient des discriminations partout, et se mettent dans un rôle de "justicier" sans mandataire. La modernisation suppose l'intégration des moyens modernes dans la vie de tous les jours des citoyens, et non la compromission d'un ordre qui garantit à la société son équilibre et une meilleure qualité des rapports sociaux entre individus. La "modernité" des rapports sociaux entre individus n'est acceptable que si elle procure une amélioration de la conception collective de la vie sociale là où il est évident que l'identité traditionnelle de la société a laissé un vide. A titre d'exemple, il est naturellement acceptable que la cordialité entre individus s'instaure après le respect des normes de sécurité, telle que celles du domaine aéroportuaire par exemple. Néanmoins, l'apparition des maladies jusque-là inconnues dans les milieux sociaux plus favorisés par l'usage des moyens modernes, à l'exemple du diabète, lié en partie à une absence d'effort qui permet à l'organisme de consommer le sucre, cette apparition milite en faveur d'un modèle intermédiaire entre l'usage permanent des moyens modernes de facilitation des tâches de la vie et le modèle de la société traditionnelle, qui comporte un exercice corporel permanent pour pouvoir surmonter les difficultés quotidiennes, que les citoyens des villages continuent permanemment d'affronter.

Les modèles sociaux sont en permanence menacés par des facteurs de désordre, et c'est le cas de l'avènement de la perversité. La qualification des modèles traditionnels de "vieux" et "dépassés" participe à la déperdition des valeurs sociales. De même, l'avènement de la perversité sociale est presque toujours l'œuvre d'un groupuscule d'individus du fait de leur capacité à propager un modèle quelconque. La société nigérienne se trouve confronter à un réel paradoxe, traduit par son éclaboussement par d'autres modèles externes qui poussent à la déperdition, tandis que l'habitude et l'inconscient des individus, tous deux provenant de la société de la tradition à forte valeur religieuse, appellent à la rationalité dans le comportement et les rapports entre individus. La situation de la dérive du modèle social est intermédiaire, et dans ce contexte, le retour aux sources face à l'extrême permanence de la perversion, peut davantage être facilité par l'œuvre du politique, pour peu que les acteurs élus gouvernants participent à valoriser le modèle social. La dérive et la perversion du modèle social prennent leur origine dans l'état de nature et s'accentuent avec la faiblesse du contrôle communautaire et la défaillance du politique. Une société dans laquelle un individu ne peut suggérer à un autre individu de corriger son comportement lorsqu'il est répréhensible, si ce n'est que celui qui sollicite la correction est mandaté par la loi, se retrouve atteinte de contagion et de propagation du mauvais comportement. Malgré quelques dérives dans le comportement de certains individus de la société, notamment dues à la curiosité là où la loi religieuse commande de baisser les regards ou de ne pas pousser à l'indisposition, l'avantage du contrôle communautaire ressort à travers les inconvénients du modernisme. Dans le modèle moderne, il arrive qu'un individu décède dans un appartement et reste malheureusement en l'état jusqu'à la décomposition. Un autre exemple est enseigné par le modernisme pur, lorsque du fait de la distance et des coûts des déplacements, une femme qui accouche se retrouve privée de soutien des membres de sa famille, généralement de la vieille génération qui l'aide à passer une quarantaine de retour à la normalité de la vie. Le seul soutien qu'elle puisse espérer proviendrait d'un personnel moyennant salaire. Le salaire ne peut remplacer la fraternité et le contrôle communautaire est gratuit et porteur des germes de cette fraternité.

De façon générale, la société peut être symbolisée comme un corps qui réagit par la fièvre à la maladie d'un membre. Dans le cas du retard de la réaction, la propagation du pourrissement finira par gangrener l'ensemble du corps social, jusqu'au point culminant engendré par le "modernisme social", illustré à travers le règne de l'exhibition et de l'indistinction du genre (masculin et féminin). Par exemple, la société moderne dans ses pratiques publicitaires qui en font usage, pousse la dérive sociale au sponsor de l'égarement et valide en permanence le comportement répréhensible et aberrant. Elle rend ce comportement répréhensible évident aux yeux des citoyens qui se respectent et en se respectant, respectent de ce fait l'ordre social. Cette caractéristique des modèles sociaux hégémoniques du fait des moyens de leur ventilation, produit une inertie qui risque d'accentuer la dérive du modèle social à forte prégnance du traditionnel. Cette dérive appelle à l'affirmation d'un courage politique de la part de tout acteur élu gouvernant face à l'influence des promoteurs extérieurs du modèle qui engendre la déperdition. L'influence externe est généralement traduite par le chantage en biens matériels dont l'embargo constitue la facette visible. La promotion du modèle qui engendre la déperdition se fait sous des angles multiples, notamment dans les rencontres internationales sous le couvert des droits de l'Homme. Il est de ce fait important que chaque société définisse les modalités qui consacrent son entrée dans le modernisme. Le phénomène de modernisation sociale doit être perçu non pas comme un processus qui oblige l'homme à changer son comportement vis-à-vis du fondement moral de la société de tradition, mais comme un processus par lequel l'homme change son comportement par appropriation des objets nouveaux créés pour faciliter les tâches quotidiennes de la vie de tous les jours. Il y a une différence entre les deux types de changements. La baisse du contrôle social, conjuguée avec l'avènement de nouvelles habitudes créées par apprentissage et intégration des objets modernes, admet une facette subtile non ouvertement perceptible à travers la création de nouvelles valeurs sociales, sans prise en compte de leur impact moral. L'illustration peut être faite de façon simple, en privilégiant le matériel, le véhicule par exemple comme objet appelé à remplir bien de fonctions sociales dont celle de déplacement, se retrouve accréditer de plus de valeur que l'homme. Un individu à bord d'un véhicule de luxe créer essentiellement pour remplir cette fonction d'abord, attire tous les regards. Inversement, en revenant à la marche à ses admirateurs, le même individu passe inaperçu ou dans une totale indifférence. Dans ce contexte alors, lequel a plus de valeur, l'individu ou l'objet qu'il utilise ?

Les sociétés de la tradition placent l'individu au centre de tout et lui accorde toute la valeur que mérite son comportement, son apport pour la facilitation de la vie au quotidien de ses contemporains, la droiture de son comportement, l'équité de son témoignage et de son jugement, … L'ensemble de ces valeurs sociales contribue à l'instauration d'une cordialité entre individus de la société. La cordialité génère une aisance de vie et améliore le ressentiment que les individus ont les uns vis-à-vis des autres. C'est donc un régulateur des tensions sociales. Il est attendu du politique qu'il éduque ses populations. L'un des sens d'une telle éducation consiste à apprendre aux individus à mesurer l'impact du matériel sur la vie sociale, en permettant de conserver les acquis positifs de la vie communautaire. L'importance du volume de cette tâche, du fait que presque tout est à refaire, est déterminée par le temps qui sépare l'alternance des générations. Celles des temps anciens qui véhiculent les valeurs de la vie communautaire au travers de l'éducation des plus jeunes sont en instance de disparition. Il reste encore à la société nigérienne, une ultime génération qui a bénéficié de l'éducation au travers de ces valeurs communautaires, mais avec une forte métamorphose due à l'avènement du modèle de cursus scolaire et d'Etat-nation. Il reste surtout la religion qui demeure une source de valeurs intarissables du fait d'un message préservé du changement et de l'adaptation perpétuelle.

L'éducation des générations montantes : la mesure d'un rôle inversé

La société est segmentée par l'âge. La particularité des sociétés de la tradition est liée à la discipline qu'elles incarnent. Les sociétés de la tradition reconnaissent la valeur des expériences et des connaissances de ses membres au fur et à mesure qu'ils acquièrent un âge avancé. L'individu obtient par ce biais une forme de caution de participation à l'éducation des plus jeunes. La valeur inculquée aux plus jeunes tient du respect des plus âgés et de la crainte de la réaction de leurs parents. Les parents sont eux-mêmes responsables devant les autorités coutumières du comportement de leurs enfants, tandis que tous les citoyens sont appelés à utiliser les moyens de redressement des comportements répréhensibles des plus jeunes, allant du reproche au rappel à l'ordre, jusqu'à l'information des parents ou du chef coutumier. Les autorités coutumières étaient responsables devant le Créateur et étaient appelées à donner à la société dans ses pratiques, la forte prégnance du respect du message divin. C'est pourquoi, le processus actuel instauré par les acteurs élus gouvernants tendant à "hallaliser" ce qui est illicite, du fait que le "hallal" renvoi au licite et le "harâm", l'illicite, cette pratique peut s'analyser comme une violation permanente de la loi divine avec un fort penchant pour l'insouciance, qui rompt avec l'omniprésence de l'invisible et du message divin dans les sociétés de la tradition. Le processus d'éducation sociale par contrôle communautaire est comparable par analogie au modèle scolaire dans lequel, les enseignants sont ceux qui détiennent la connaissance et le titre qu'ils acquièrent représente une autorisation d'exercer la tâche de transmission de la connaissance et de la discipline à leurs disciples. L'âge représente pour le contrôle communautaire, ce que le diplôme représente pour le modèle scolaire moderne. Cette disposition sociale qui attribue la valeur de respect et d'éducation à l'âge est malheureusement travestie par une conséquence de la modernisation, avec son morcellement exagéré de droit reconnu à chaque entité sociale. Il en vient que sous le couvert du droit des enfants qui découle de cette modernité ou de la mauvaise lecture qu'elle implique, une mauvaise lecture laissée sans correction ni explication comme par inadvertance, une situation paradoxale indique que les parents se retrouvent à craindre la réaction de leurs enfants là où la règle de la société de la tradition de la bonne éducation suppose nécessairement que ce soit aux enfants de craindre la réaction de leurs parents.

La "modernité" se traduit par une application sans limite de son concept de "liberté" à travers lequel tout le monde se retrouve subitement "libre", non pas seulement débarrassé des jougs du pouvoir politique tyrannique, puisque de tels pouvoirs arrivent à se maintenir lorsqu'ils défendent les intérêts des nations dominantes, mais surtout, tout le monde se retrouve débarrassé du contrôle social avec une négation de la religion comme source de la moralité. Aussi, le concept moderne de la "liberté" contribue dans le cas de l'éducation de la relève sociale à accentuer la dérive morale, comportementale et même économique de la société, puisque les nations qui imposent les modèles feignent d'ignorer que ces modèles ne sont pas conformes aux réalités même économiques de toutes les sociétés. Une philosophie traditionnelle stipule à l'égard du parent qui ne prend pas les moyens, pas forcement violents, de redresser le mauvais comportement de sa progéniture, qu'il ouvre de ce fait l'accès à son propre "mal vivre" dont cette progéniture deviendra la source potentielle. Les exemples qui illustrent la dérive de l'éducation juvénile du monde "libre" sont nombreux : la liberté de sortir sans restriction imposée par le temps, la nuit, le jour, l'autorisation parentale, ... Il est de mémoire des citoyens des sociétés maintenues en ordre par le pouvoir traditionnel, que c'est le roi qui sévit contre le parent qui démissionne face à ses responsabilités, y compris si c'est l'absence même momentanée du parent qui a contribué aux errements du comportement de son enfant. Si tel est que la société moderne vise à assurer un bien-être des citoyens, faudra-t-il laisser cette parcelle du pouvoir parental à l'Etat, avec le risque de restriction des prorogatives des individus sous le couvert de la restauration de l'ordre, avec également le risque d'ouvrir la porte des dérives aux gouvernants à réflexe d'abus de pouvoir ? Il restera toujours difficile de déterminer le moment de l'implication de l'Etat et la limite à partir de laquelle son implication risque de porter préjudice ou du tort aux valeurs morales des communautés qui le composent. La pratique de déplacement d'enfants dans d'autres foyers d'accueil des sociétés modernes engendre la coupure des liens de famille et accentue la détresse des victimes. La démission de l'Etat dans la société nigérienne vis-à-vis du rappel de la responsabilité des parents et du suivi que l'Etat est en devoir d'exercer à l'endroit des parents est en partie la clé de l'explication du douloureux phénomène des "enfants de la rue". Certes, le contrôle social se dilue avec le nombre, de même que le nombre contribue à complexifier le contrôle social par le biais de l'Etat. C'est pourquoi il est nécessaire d'instaurer l'exercice d'un contrôle minimal au travers d'une autorité intermédiaire. Si le manque de moyens constitue l'argument récurrent des acteurs politiques élus gouvernants, alors un pouvoir assorti de sanction peut être utilement concédé aux chefs de quartier pour qu'ils assurent à l'endroit des parents, le suivi du respect des valeurs sociales qui constituent le fondement de la société.

L'instauration de tout système par l'Etat obéit malheureusement à la logique d'intérêts que ce dernier peut en tirer, ou plutôt les intérêts que peuvent tirer du système, les acteurs chargés de l'exercice de la gouvernance de l'Etat. Le processus de retour vers l'instauration du contrôle communautaire constitue un avantage qui répond à l'absence de moyens financiers sans cesse affichée par l'Etat, et que de par cette absence de moyens, ce dernier ne puisse pas instaurer l'omniprésence de la police à travers la facilité de ses déplacements lorsqu'elle est sollicitée. L'Etat est certainement appelé à apporter une contribution significative dans le sens du retour vers la pregnance d'un contrôle communautaire. L'instauration des Chefs de quartier tient de cette contribution, dans les centres urbains et dans les localités où l'accès au Chef coutumier requiert un effort qui favoriserait le renoncement. La sélection des Chefs de quartier ne doit pas répondre à la logique du hasard, ni celle d'un quelconque militantisme politique. Le choix de ces autorités de contrôle communautaire doit être assujetti à leur connaissance du modèle social et leur capacité à assurer leurs tâches avec impartialité. Les Chefs de quartier entendus comme autorité de proximité qui dépendraient des Chefs coutumiers, sont attendus pour remplir les fonctions de pré-jugement, d'interpellation des chefs de famille à comportement répréhensible, de régulation des tensions inter et intra familiales. Le bénéfice d'une cour est susceptible de leur être accordé, ainsi que le contrôle des patrouilleurs de nuit connus sous le nom de "Yan Banga", pour pallier le déficit de l'implantation des commissariats de police par quartier et l'absence des patrouilles des forces de l'ordre. Il est utile de circonscrire la nature des litiges pour lesquels leur transmission au commissariat via l'émissaire du Chef de quartier est nécessaire. Le maintien de la salubrité du quartier est une autre prérogative dont l'importance nécessite son attribution en premier ressort au Chef de quartier pour qu'il veille au respect par ses administrés des dépôts d'ordures. Et puisque la brouette est l'outil généralement utilisé pour le déplacement des ordures vers les dépôts, il est plus efficace que les dépôts soient placés en profondeur et non en hauteur. Par la suite, il sera plus souple au Chef de quartier de solliciter la mairie pour réaliser les travaux de ramassage et de facilitation des déplacements en période hivernale. L'exercice de ses fonctions nécessite qu'il initie des rencontres d'échange avec ses administrés, en particulier pour leur présenter les statistiques des réalisations et les prévisions, de même que le classement fait par l'Etat de leur quartier en matière de respect des normes communautaires. L'instauration d'un tel classement par l'Etat crée une compétitivité pour l'excellence entre quartiers, tant que le processus sera maintenu avec vivacité qui l'empêche de sombrer dans l'indifférence. Les citoyens des quartiers se mettront davantage à la compétition si en récompense, les meilleurs quartiers bénéficient de plus d'infrastructures et que ces réalisations soient faites dans le sens de leur propagation progressive. C'est-à-dire, lorsqu'un quartier bénéficie d'une rue bitumée qui facilite sa desserte par les moyens modernes de transport urbain par exemple, en récompense au respect des normes communautaires et urbaines, il devra attendre qu'au moins deux ou trois autres quartiers en bénéficient avant d'avoir à nouveau une possibilité d'obtention de la même réalisation. Si le même quartier conserve son respect des normes et qu'il acquiert une place toujours honorable, alors il sera toujours possible de lui octroyer d'autres réalisations telles que les mini dispensaires (même ouverts à toute la population, l'avantage du quartier tient de sa proximité), les terrains de jeux, ...

L'identification des critères de classification des quartiers relève de ceux qui détiennent la connaissance dans les différents domaines circonscrits pour la compétition. Et pour permettre de garantir la confiance entre le jury et les populations, les membres du jury doivent être assermentés dans le sens qu'ils utiliseront les informations en leur possession avec impartialité. L'une des pratiques qui facilite la compétitivité est que, le recueil des informations sur certains aspects des normes comme la salubrité, se fasse par des contrôles aléatoires inopinés et réglementés, qui établissent les responsabilités de la mairie et celles des citoyens. De façon générale, pour toute participation sollicitée des administrés, l'évitement d'un autre piège qui mine l'exercice de telles prérogatives de proximité, notamment le "rançonnement" des citoyens, requiert la prise en compte du principe logique qui attribue à toute cotisation, l'obligation de rendre des comptes à ceux qui y participent. C'est pourquoi, le Chef de quartier, étant détenteur de l'exercice des prérogatives de proximité, ne doit pas être partie prenante dans la centralisation du fait qu'un tel pouvoir se diluera nécessairement lorsqu'il perd son statut d'arbitre. Il revient aux citoyens de s'organiser, il revient au Chef de quartier de superviser et de veiller au respect des règles minimales communautaires. La fonction de Chef de quartier peut être concédée pour héréditaire après son institution. Il sera appelé à participer au vote du Chef coutumier ou d'un autre Chef de quartier dans le processus de succession. Cependant, l'Etat demeure l'énonciateur des conditions de retrait de ce statut.

Dans le registre de l'éducation des masses, l'éloignement des parents de certaines de leurs tâches et de leurs responsabilités, doit amener l'Etat, en prenant son inspiration dans la société de la tradition, à définir ce qu'est le modèle du parent et s'atteler à l'enseigner et à le diffuser. La liberté reconnue à tous doit supposer que chaque contrevenant à l'ordre y réponde de façon proportionnelle devant la loi. L'effectivité du modèle de l'éducation juvénile communautaire peut être instaurée, non pas dans le sens de l'usage du châtiment corporel qui finira par le rendre improductif, mais dans celui de sa crainte, et que les parents désignent la communauté aux yeux des enfants comme susceptible de leur dicter les normes du bon comportement. Dans les sociétés de la tradition, le succès d'une telle pratique découle de la docilité des parents et du fait qu'ils obtempèrent aux ordres du Chef coutumier par crainte de son interpellation. Le Chef coutumier exerce sa domination sur ses concitoyens au moyen d'un pouvoir reconnu légitime, un pouvoir que le mystique contribue à accentuer. La crainte de l'aspect mystique de ce pouvoir est une caractéristique fondamentale de l'exercice du pouvoir traditionnel. Dans les communautés nigériennes de l'après religion islamique, le mystique renvoie au Créateur, à son omniprésence, à son omnipotence et à son omniscience, de sorte qu'aucun individu de la société ne puisse se cacher et transgresser les lois au point d'échapper au Créateur. Dans les communautés d'avant la religion islamique, le mystique renvoie aux forces invisibles dont l'existence est attestée par le Créateur. De toute évidence, la loi du Créateur n'est pas comme celle des hommes. Dans le concept occidental de la loi qui fonde les Etats-nations, la logique laisse à l'individu la possibilité de transgresser la loi, tant qu'il ne se fait pas prendre. Or, en transgressant la loi du Créateur, l'individu se fait prendre à tous les coups.

La bonne éducation d'un seul enfant est d'utilité reconnue pour toute la société du fait qu'il est susceptible de constituer un modèle et un exemple pour ses contemporains. Malheureusement, l'inverse est aussi valable pour ce qui relève du mauvais comportement, d'où le phénomène actuel de mode. Les parents constituent donc la clé du retour au fonctionnement de la société nigérienne vers la prégnance d'un contrôle communautaire. Encore faudra-t-il qu'ils mesurent la nécessité et l'importance d'un tel retour, qu'ils prennent conscience que la formation de leurs enfants pour la vie se joue dans la société de par leur contact avec d'autres enfants et les difficultés qu'ils sont appelés à surmonter sans l'interférence des parents. Et s'il leur est rapporté une note de dérive du comportement de leurs enfants, qu'ils prennent les moyens éducatifs et même pédagogiques qui permettent de leur montrer le bon chemin. La défaillance d'une telle pratique tient du fait que, assez souvent, les parents perçoivent une forme d'invitation à sévir durement contre leurs enfants, lorsque leur mauvais comportement leur est rapporté. Il y a lieu de procéder à l'explication de l'existence d'autres moyens pédagogiques de rappel à l'ordre des enfants, plus efficaces que la coercition, notamment ceux qui doivent amener les enfants à craindre l'usage de cette coercition. Les parents sont appelés à appréhender le comportement reproché, à demander des explications à l'enfant, et à lui indiquer la leçon à retenir pour éviter de récidiver. L'enfant doit comprendre l'exclusion de l'acceptation de toute récidive de sa part. Et toute récidive doit amener à une punition graduelle. Le comportement du parent vis-à-vis de l'enfant en faute doit amener l'enfant à distinguer clairement le moment où le parent doit être pris au sérieux de façon intrinsèque, du fait de l'affiche de sa fermeté et de son intransigeance à accepter le comportement répréhensible. L'explication du lien étroit qui existe entre le comportement des enfants et leur éducation par leurs propres parents provient curieusement des Etats qui dominent la scène internationale et qui chantent constamment la chanson de la liberté. Ainsi, le phénomène des banlieues françaises des années 2006 et 2007 ont amené les acteurs politiques de ce pays à préconiser des moyens d'amélioration de l'éducation dans les zones difficiles, au nombre de ces moyens, figurent des mécanismes qui instaurent davantage de pression sur les parents. Faudra-t-il alors que les parents "modernes" de la société nigérienne délaissent leurs prérogatives à la solde de la coercition des gouvernants à réflexe d'abus de pouvoir dans leur gouvernance de l'Etat ? Il est important de ce fait, que chaque parent participe au retour des normes communautaires, et qu'aucun ne s'érige en obstacle à l'avènement du contrôle des comportements des individus de tout âge par la communauté.

La loi sociale de l'habillement

La société nigérienne est segmentée par l'âge et l'habillement contribue à refléter cette segmentation. La société réserve un habillement spécial pour chaque classe d'âge d'individus, et à l'absence du contrôle communautaire, le contrôle des proches parents contribue à faire respecter la loi non écrite de l'habillement. L'utilité d'une telle loi relève du respect que les individus se doivent d'observer les uns envers les autres et constitue de ce fait un générateur de l'ordre dans la société. L'habillement préserve la société nigérienne de la perversion sociale née dans les sociétés dominantes du désir de "l'éternelle jeunesse" qui caractérise les individus plus âgés. Ce désir, perceptible dans le mouvement non facilement détectable de la "modernité", engendre la démission des individus âgés face à leurs responsabilités sociales, parmi lesquelles, l'abandon des pratiques appartenant au jeune âge ou le refus de leur participation à l'exercice du contrôle communautaire. L'institution de ce contrôle dépend de la reconnaissance par les individus du rôle qui leur est dévolu. Il dépend du principe que les individus âgés de la société acceptent cet âge avec toute la sagesse qu'il comporte. Ils sont appelés à y faire référence pour justifier les orientations qu'ils suggèrent à leurs cadets, et, de façon étendue, à tous ceux qui constituent la relève dans la société. Ainsi, dans la société moderne occidentale, attribuer un âge avancé à un individu devient un qualificatif de "non compliment", contrairement à l'Afrique où l'âge constitue l'accès au stade enviable de la sagesse. Par ce désir de "l'éternelle jeunesse", les individus défient les lois de la nature et se retrouvent à jouer un rôle y compris s'il leur est physiquement incompatible.

Tout en conservant cette répartition de l'habillement par l'âge, l'ordre social nigérien est également régi par l'empreinte de l'habillement qui révèle la segmentation de la société en genre masculin et féminin. Il est possible de postuler qu'une telle distinction sociale très nette, évite des amalgames, par les regards, la contemplation et les envies, qui conduisent à accentuer la perversion des sentiments entre individus de même genre. En préservant l'intimité du corps humain, l'habillement préserve la société du désordre de la reproduction sociale, un désordre illustré par la pregnance de graves maladies qui défient la science, transmissibles uniquement par les organes du corps de régénération de la société. Le désordre de la reproduction sociale est également illustré en partie par le douloureux phénomène d'enfants de la rue, inconnu des sociétés de la tradition. La société de la tradition consacre la formation de l'enfant à travers sa participation aux groupes d'études dirigés par des maîtres qui détiennent la connaissance religieuse. Malheureusement, même cette pratique est travestie par la modernité du fait qu'il y a des maîtres qui se retrouvent à exploiter leurs disciples pour le gain de biens matériels. C'est que la modernité dans tous ses aspects, est un processus à effets "collatéraux" plus dommageables que le problème qui est censé être résolu. Une philosophie traditionnelle illustre un tel phénomène à travers l'usage de la peau d'animaux pour la conservation de l'eau. Ainsi, pendant que le propriétaire s'affaire à ériger un nœud pour fermer ce robinet traditionnel, c'est une autre partie cousue qui cède et qui laisse échapper la réserve en grande quantité. La modernité s'apparente à l'usage d'un tel récipient pour régler le problème de conservation de l'eau, du fait qu'elle risque à tout moment de laisser apparaître un autre problème là où il est le moins attendu. Ce constat milite en faveur de la résolution du problème social identifié par les moyens sociaux légués par la société de la tradition, même si un tel recours n'exclut pas l'usage de certains mécanismes modernes utiles à l'ordre social ainsi que de nouveaux objets fabriqués pour faciliter la vie de tous les jours.

En maintenant le fil de la perception de l'habillement, l'importance de cet outil de régulation sociale tient également de l'analogie que l'habillement représente pour l'intimité du corps humain, ce que représente l'intimité des couples pour la société. Autrement dit, si les couples préservent leur propre intimité, l'ordre social d'une société fondée sur l'habillement du corps humain, et non sur la nudité, se retrouve renforcé, et la société préserve ainsi sa propre intimité. L'habillement contribue donc à préserver l'intimité de la société à prégnance de gêne et de pudeur sociales, également contribue à renforcer le respect des individus les uns envers les autres. C'est pourquoi les pratiques "modernes" de l'habillement par le phénomène de mode qui tendent à enfreindre les règles de la pudeur provoquent une forte réaction de rejet social, allant pour certains cas, jusqu'à l'avènement des violences physiques, contre les femmes, tout comme contre les hommes. L'Etat est à nouveau amener à intervenir, car, de même que les sociétés occidentales qui véhiculent le comportement public à la limite de l'exhibition, pour éviter le qualificatif de l'exhibition elle-même, et que ces mêmes sociétés ne tolèrent guère le bruit à tel point qu'il est difficile de répondre au téléphone dans un bus de transport en commun sans attirer des regards réprobateurs, de même la société nigérienne tolère largement le bruit qui fait partie de la vie de tous les jours des citoyens, mais ne tolère aucune pratique comportementale qui tend vers l'exhibition. Il en est ainsi parce que chaque société définit sa propre logique, ses propres valeurs, notamment les comportements de ses individus qu'elle tolère. Le modèle social occidental n'est pas l'universel vers lequel tous les modèles sociaux sont, bon gré, mal gré, obligés de tendre, à travers la pratique de la conversion culturelle forcée. Il est même possible de constater par amalgame que, l'abondance et la sophistication des biens matériels ont fini par faire croire à des individus des sociétés développées, qu'ils ont le devoir d'imposer leur point de vue, y compris en faisant recours à un retour régressif de la négation, dans le but d'offusquer les individus des autres sociétés, en espérant ainsi les faire prendre conscience du chemin qu'ils sont tenus de suivre, sans avoir conscience qu'en Hommes avertis par l'histoire et par le culte religieux, la société nigérienne qui s'est retrouvée régulièrement indexée, ne s'attend pas à un comportement différent qui consacre l'évolution de la mentalité de ces "civilisés" et l'adaptation de leur tolérance, ne serait-ce qu'en conformité avec la simple acceptation de la différence de biologie humaine.

Une autre lecture de la conversion culturelle forcée est possible à partir de la logique de tout acteur politique, en ce sens que, l'acteur politique cherche à obtenir la soumission à sa volonté là où le militaire cherche la capitulation. Ainsi, la logique de conversion arbitraire des sociétés dominées vers le modèle que préconise les sociétés dominantes, forçant ainsi les "converties" à commettre toutes les erreurs des "convertisseurs", sous entend que le rapport de soumission entre individus peut plus facilement être obtenu lorsque ces individus partagent les mêmes valeurs sociales, qu'ils aient en quelque sorte la même vision du bien et du mal. Il est au contraire difficile d'obtenir plus que le stade minimum constitué de l'indifférence, lorsque les logiques sociales sont différentes, sinon contradictoires, et dans ce cas, le rêve de perpétuer la domination par la soumission du "dominé" est irréalisable permanemment. Les gouvernants ont ainsi la charge de préserver la société contre une forme d'agression au travers des comportements qu'elle ne tolère pas. Ils n'ont nullement le rôle d'imposer à la société une acceptation obligatoire des comportements qu'elle déteste, en amenant ainsi le processus de "hallalisation" de l'illicite à son instanciation. L'usage d'un autre adage répandu permet de saisir une autre philosophie de l'habillement. L'adage stipule que « l'habit ne fait pas le moine », mais aussi que « c'est par l'habit qu'on reconnaît le moine ». Ainsi, même si l'habillé ne réussit pas à triompher de sa soumission à ses propres envies, l'habit décent et pudique freine l'état de nature de chaque individu dans les pulsions de ses propres envies. Il contribue au moins à limiter la propagation des mauvais comportements à travers la société. Les promoteurs des phénomènes de mode dans l'habillement sont appelés à prendre part dans cette régulation, s'ils ne peuvent le faire pour des raisons qui leur sont propres, la sollicitation est étendue à sa formulation à tous ceux qui désireront participer à la compétition pour devenir le meilleur tailleur désigné par l'Etat.

L'habillement dispose de plusieurs fonctions dans la société parmi lesquelles le reflet du rang social des individus, de leur aisance et des richesses qu'ils détiennent. Ce principe rejoint l'énoncé de l'effet enjoliveur du matériel du fait de l'aspiration communément partagée à une vie sociale meilleure. L'Etat est à nouveau interpellé pour la régulation de l'exercice de ses propres agents routiers de l'instauration de l'ordre, afin d'atteindre le principe de facilitation de la circulation des personnes et des biens et le développement du sentiment d'appartenance à une patrie. Un système implicite est malheureusement instauré dont le reflet n'est que très perceptible au niveau des barrages de contrôle routiers, qui viole le principe d'égalité entre les individus qui composent la société. Du fait de l'effet de l'habillement, l'individu perçu comme paysan, sous le couvert de sa méconnaissance des lois et de son ignorance présumée, est soumis à une plus forte pression par la pratique des agents de l'Etat. Il peut être reconnu que les hommes de loi réalisent un travail particulier de par la permanence des contrôles qu'ils exercent sur les routes, et que ces contrôles véhiculent l'ordre créé par l'Etat. Malheureusement, ce même Etat n'a peut-être pas les moyens de les rétribuer convenablement eu égard à ce travail, ce qui conduit progressivement à des formes de droits de passage non instaurés par la loi, de sorte que les usagers commerciaux de la route s'en acquittent pour obtenir des facilités de circulation. Il est important que l'Etat encadre cette pratique en énonçant des règles et même des plafonnements des montants facultatifs qui peuvent être accordés par cordialité et à titre gracieux aux représentants de la loi, pour formaliser la compassion des citoyens aux conditions de travail de ces agents de l'Etat, des conditions qui nécessitent un déplacement et une présence permanente sur les routes. Etant donné le risque de dérive possible vers la corruption supposée combattue par cette réglementation à instaurer, cette forme de compassion ne doit en aucun cas être exigée ou attendue à tout prix sous la forme d'un montant à atteindre en fin de service, et ne doit pas couvrir les défaillances des formalités telles que le défaut d'assurance ou de titre de transport, ou encore d'autres autorisations qui participent à léser l'Etat de ses entrées de fonds. Et dans une telle perspective, une campagne de sensibilisation permanente est nécessaire et que l'agent contrevenant aux règles de base, y compris par usage du blocage prolongé sans raison à une barrière, ou par usage abusif de la lenteur dans le contrôle pour jouer sur le temps, qu'un tel agent soit sanctionné conformément à la loi et par usage du procès équitable entre lui et le plaignant. L'Etat de droit suppose que l'Etat puisse traduire en justice ses propres agents lorsqu'ils sont en porte-à-faux par rapport à la loi.

    Les gouvernants de la dictature militaire du CMS qui ont choisi de vérifier le degré de persécution routière des individus de la société par les agents de l'Etat, juste par usage d'un déguisement, n'ont pas manqué d'être édifiés. Les acteurs élus gouvernants peuvent donc bel et bien s'habiller en paysan, sans qu'un tel acte dégrade un tant soit peu le pouvoir qu'ils ont la charge d'exercer. Lorsque l'acteur élu gouvernant apprend à s'habiller en paysan, il contribue à valoriser la classe majoritaire des citoyens de sa société. De façon plus large, dans chaque apparition publique, ces acteurs ne sont-ils pas appelés à porter des habits ou des objets singuliers et non ostentatoires qui reflètent les différentes composantes communautaires de l'Etat ? Chaque délégation officielle dans son apparition publique peut refléter l'usage d'un habillement singulier non ostentatoire lié aux différentes communautés qui composent la nation. Une telle pratique d'ensemble viserait forcement à resserrer les rangs de la cohésion intercommunautaire. Par les pratiques de l'habillement ethnique ou socioprofessionnel et par le contrôle des actes posés par les agents constituant les mandataires des élus gouvernants, l'Etat affirme sa volonté de rééquilibrer les considérations qu'il doit à ses citoyens. Il affirme la logique qui énonce que chaque citoyen a sa place et son utilité dans la société, du simple cultivateur jusqu'aux élites. Il n'y a aucune raison qui suppose qu'une catégorie en soit moins bien considérée. Le cycle de dépendance entre les différentes composantes socioprofessionnelles de l'Etat permet d'illustrer la logique de l'importance de la place de chaque individu dans la société. Pour l'illustrer, lorsque le cultivateur se déplace, il se doit d'être en règle vis-à-vis de l'Etat par la détention d'une pièce d'identité. Dans l'acquisition de cette pièce, le cultivateur est client, les agents de l'Etat fournissent le service. Mais la fréquentation du marché par les agents, pour leur ravitaillement ou pour celui des gouvernants, transforme ces agents et ces gouvernants en clients et le cultivateur, en celui qui fournit le service. Le rôle entre composantes de la société est en permanence en inversion. C'est pourquoi la logique de l'importance de la place de chaque individu enseigne qu'il n'y ait point besoin d'appartenir à la même catégorie socioprofessionnelle pour bénéficier de l'indulgence ou d'un traitement adéquat de la part de celui qui fournit le service. C'est donc le cas lorsque pour les besoins de ses déplacements, le paysan identifié à priori par son habillement se retrouve à la place du client à une barrière, et les forces de l'ordre en fournisseur de service. La logique de l'importance de la place de chaque acteur commande que les derniers n'adoptent pas de réflexe de prédation pour contraindre le premier à "payer" le service à priori gratuit pour tous. Un autre cycle de dépendance plus étendu permet une seconde illustration de l'interdépendance entre les catégories socioprofessionnelles. L'enseignant fournit le service d'éducation aux individus de la société et repousse les limites de l'analphabétisme ; les forces de l'ordre créent les conditions de maintien de l'ordre social bénéfique à toute activité et repoussent les limites du désordre ; l'infirmier offre le service de soin, la santé étant une donnée fondamentale pour toute activité ; le cultivateur ou paysan offre les vivres avec sa récolte et repousse les limites de la faim ou de la famine ; le commerçant offre le service de mise à disposition de tout article sollicité dans la société, il facilite la proximité pour la satisfaction des besoins à travers le canal de distribution ; les agents des impôts participent à collection des fonds qui permettent à l'Etat de maintenir ses agents en activité ; ainsi de suite. Le cycle est à sens multiples, à connexions multiples, avec des liaisons directes et indirectes entre individus de la société et dont il n'y a aucune catégorie qui n'ait besoin d'une autre, à un niveau ou à un autre. Le fait que ces interdépendances soient évidentes d'appréhension fait basculer l'appréhension du cycle dans l'inconscient des différents agents. Il est utile de le rappeler, pour que cesse la persécution de certains individus par certains éléments des forces de l'ordre.

La gouvernance sociale

La gouvernance sociale des sociétés contemporaines s'est métamorphosée. Elle intègre la prise en compte de nouveaux paramètres qui ajustent le rôle social de l'Etat dans lequel l'exercice de la gouvernance nécessite toujours plus d'ingéniosité et de flexibilité, qui fait à la fois perdre à l'Etat sa centralité tout en l'accréditant d'un renforcement. L'émergence de la société civile participe à cette phase de perte de la centralité de l'Etat. Les facteurs liés d'une part à la définition des modèles sociaux, politiques, économiques et l'éducation populaire, et d'autre part du renforcement de ces modèles tirés des avantages des pratiques communautaires, participent au renforcement de la centralité de l'Etat. L'Etat demeure l'acteur attendu pour véhiculer l'exemple et continue de garder le monopole de tous les regards. Il y a donc un glissement de la place centrale de l'Etat, vers la perte de cette centralité. Le glissement laisse entrevoir qu'il y a des domaines dans lesquels l'Etat a perdu le monopole, tandis que de nouveaux terrains disposent que l'Etat relève le défi de l'apport de sa contribution.

Shils envisage la société civile comme l'ensemble des institutions par lesquelles les individus poursuivent leurs intérêts communs et organisent ainsi la division du travail sans interférence de l'Etat. Par le passé, les pays émergeants se distinguent par une particularité dans l'articulation entre le centre politique et les autres acteurs et citoyens de la société. Ces Etats étaient marqués par l'inexistence ou la quasi inexistence d'une société civile structurée, dans l'optique de faire équilibre au système politique. De nos jours, la différence d'une telle articulation est perceptible. Le contexte dans lequel émerge la société civile nigérienne fait référence au constat qui révèle l'appropriation du centre politique par un groupe dont la stratégie est essentiellement guidée par la volonté de se maintenir à tout prix au pouvoir, y compris par des moyens illégaux comme la falsification des cartes d'électeurs et l'achat du vote. Il y a un décalage dans la perception qu'ont de tels acteurs politiques qui prouvent leur inadaptation aux mécanismes nouveaux de la gouvernance de l'Etat, du fait que, dans l'aspiration à la perpétuation d'un règne néo-patrimonial, « une telle orientation » ne prend tout son relief que « dans le contexte de la modernisation où l'élite politique n'a pas à subir la concurrence d'une élite sociale ou économique, se trouve en position de monopole et de "sur pouvoir", en mesure donc de faire prévaloir et de reproduire sa domination jusqu'à faire du système politique son propre bien et peser de manière décisive sur la configuration et le mode de fonctionnement de celui-ci » (Badié, 1985). Dans son analyse de la prise en compte de la société civile, Bernard Lacroix estime que « l'action de l'Etat, par le fait, ne saurait être pensée ni comme une multiplicité d'initiatives dont il serait le centre moteur, ni comme une action à force ouverte qui ne laisserait aux acteurs sociaux d'autre possibilité que de se soumettre. Au vrai, l'Etat est perméable, poreux aux influences, docile à certaines voix du monde, ouvert à certaines actions extérieures. On ne monterait pas tant en épingle, si tel n'était pas le cas, l'action des "groupes de pression", relayée jusqu'au cœur de l'organisation étatique par la voix des parlementaires qui leur servent de porte-parole ou par des projets des "ministères techniques" dont l'apport technique consiste précisément en la mise en forme des revendications de leurs assujettis » (Lacroix, *Traité de Sciences Politiques*, p. 476). L'auteur poursuit son argumentaire en stipulant que « contrairement en effet à l'image qu'accrédite la représentation proprement juridique de ses moyens d'intervention, l'Etat n'agit pas seulement, ni même peut-être principalement par voie "autoritaire", à travers l'allocation hiérarchique des règles auxquelles les acteurs sociaux seraient tenus, bon gré ou mal gré, d'obéir » (Lacroix, *Traité de Sciences Politiques*, p. 475-476). Cependant, il définit le nouveau rôle attendu de l'Etat face à l'émergence de la société civile : « l'Etat en réalité propose, incite, invite, négocie, consulte, marchande et conclut en permanence, explicitement ou implicitement, accords ou compromis; et cette logique du marchandage généralisé avec les partenaires qu'il suscite ou qu'il est contraint de reconnaître suffit à attester les milles et une manière dont il est inextricablement encastré dans la société. Comment parler encore, sinon par excès de langage, de l'Etat comme d'une entité séparée du corps social qu'il habite » (Lacroix, *Traité de Sciences Politiques*, p. 476). Une lecture possible d'une telle affirmation révèle que les gouvernants et les assujettis poursuivent théoriquement un but identique au bénéfice de la société, mais que les moyens pour y parvenir diffèrent, accentués par l'influence des intérêts personnels. Normalement, loin de la logique de gouvernance inverse, dans l'exercice de leurs prérogatives respectives, les acteurs ne peuvent être classés d'un côté en ceux qui aspirent à la prospérité de la société et de l'autre ceux qui ne la veulent pas.

Simplement du fait de la distribution inégale des ressources qui favorise le positionnement des individus les uns par rapport aux autres, nombreux sont ceux qui s'obstinent, et cette obstination à maintenir coûte que coûte leurs positions conduit inévitablement à l'avènement du face à face. Bernard Lacroix estime que trop est accordé à l'Etat « en lui reconnaissant, dans un autre registre, non plus seulement une forme de contrôle, mais aussi une forme de régulation; on lui accorde maintenant, conformément à telle prophétie célèbre de Tocqueville d'être devenu puis resté le grand pourvoyeur ou le grand bienfaiteur de la société. Cette erreur serait moins grave si elle n'entraînait pas à son tour, à exagérer sans mesure sur l'emprise que l'on prête à l'Etat sur le fonctionnement social. Qu'aucun secteur d'activité ne paraisse aujourd'hui, dans les Etats les plus modernes, échapper aux "politiques publiques" ne peut évidemment tenir lieu de preuve de semblable emprise : ce serait confondre la compétence (soit l'éventualité, le programme et la perspective de l'intervention) avec l'efficacité pratique de l'intervention » (Lacroix, *Traité de Sciences Politiques*, p. 478).

« Pour rappeler quelques évidences, on a peine à croire que les Etats maîtrisent effectivement les évolutions économiques auxquelles ils sont confrontés, de même ne contrôleraient-ils guère jamais à court terme les mouvements démographiques. Comment persister à assimiler l'Etat à sa fonction supposée de contrôle ou de régulation si un peu de recul fait voir que sa maîtrise effective est moindre qu'il y paraît et si l'apparition récurrente de mouvements sociaux vient démentir sa totale réussite dans la poursuite de cet objectif ? » (Lacroix, *Traité de Sciences Politiques*, p. 478-479). Ainsi, « En accordant implicitement, en effet, à l'Etat le statut de puissance tutélaire commandant à tous les aspects de la vie civile, ce fonctionnalisme rampant fait de lui le principe actif de la vie sociale et transforme du même coup les acteurs sociaux en cible passive des entreprises de ce dernier : d'un côté les gouvernants, de l'autre les gouvernés » (Lacroix, *Traité de Sciences Politiques*, p. 479). De par leur incompréhension du mécanisme d'adaptation qui implique le nouveau rôle qui revient à l'Etat, les acteurs politiques qui ont choisi de perpétuer la confrontation sont arrivés à instaurer le chantage dans leurs rapports avec la société civile. Une telle pratique de quelque nature à l'égard des citoyens et des organisations de la société civile est porteuse de dégénération des turbulences. Le chantage hasardeux apparu pour faire face au mouvement des citoyens et non à leurs revendications, celui des taxes par exemple qui sont abusivement instaurées pour persécuter les commerçants qui participent aux mouvements de protestation, est de nature à perpétuer la turbulence dans la gouvernance de l'Etat. Le système démocratique autorise la tenue des mouvements sociaux pour permettre aux administrés de se faire entendre par les gouvernants, notamment ceux qui s'obstinent dans l'enfermement et dans la négation. C'est pourquoi, il y a lieu que toutes les taxes soient affichées avec transparence, à la connaissance publique, d'un commun accord avec les associations de chaque secteur d'activité. Les tenants du face à face sont soumis à la logique évoquée par Lacroix, celle de l'appréhension de l'Etat uniquement en tant que puissance : « l'erreur serait grande de céder aux entraînements du langage : admettre que l'Etat est le principe moteur de la vie sociale serait sous-estimer sinon complètement ignorer les effets de la dynamique sociale. On voit comment en s'en remettant à l'idée d'Etat ou, ce qui revient au même, sa fonction, en se laissant imposer par son appréhension immédiate l'idée qu'il est puissance et ne lui accordant, de la sorte, par excès, ce qui retiré aux acteurs sociaux, on le transforme en maître et possesseur du monde » (Lacroix, *Traité de Sciences Politiques*, p. 479). « Que ce soit hier à l'issue des batailles effectives, que ce soit aujourd'hui, à l'issue de ces affrontements symboliques qui caractérisent l'euphémisation de l'Etat moderne, celui-ci peut se voir dépourvu de ressources nécessaires pour amener ses adversaires d'un moment à résipiscence et sommés de transiger. Le pouvoir de l'Etat devient un enjeu de par ces "situations de crise de l'autorité de l'Etat". L'autorité ne lui est pas par nature consubstantielle » (Lacroix, *Traité de Sciences Politiques*, p. 480).

Section 5. Modèles de développement

Les théories politiques du développement économique

Le développement économique des Etats a été la source de diverses théories qui participent à la conceptualisation des différents processus par lesquels, les Etats modernes ont acquis leur statut de modernité, et comment les nations émergeantes sont demeurées au stade de retard économique. En fournissant ce cadre conceptuel, ces théories facilitent l'ajustement des variables identifiées pour permettre de projeter les dispositions qui peuvent conduire à une forme de modernisation, avec le handicap majeur de l'existence des facteurs qui échappent à la modélisation. Dans les synthèses proposées par Bertrand Badié, et de par la vision évolutionniste du politique, « les théories de la croissance supposent une évolution-progressive et continuelle-des communautés politiques, d'une situation traditionnelle, marquée d'homogénéité, de forte solidarité communautaire et de puissant contrôle social à un état de modernité plus complexe et dans lequel l'ordre politique dérive du contrat » (Badié, *Traité de Sciences Politiques*, p. 600-601). Les frontières entre les deux situations évoquées ne sont pas intrinsèquement marquées, dans le sens où, il est possible de maintenir les acquis de la solidarité communautaire et du contrôle social dans une situation de modernité. Le modèle social proposé en amont dans la perspective de fixation de repères, présente la particularité d'envisager la restauration du contrôle communautaire dans la dynamique de la modernité. Divers aspects des autres modèles proposés intègrent le concept d'évolution incrémentale, à l'exemple du principe d'essai-erreur. Les théories de l'équilibre énoncent la nature des changements qui caractérisent l'évolution sociale : « le changement incrémental est le mode de transformation des communautés politiques, celle-ci se faisant à la marge, sous forme d'adaptations successives (visant à protéger la stabilité), rendues nécessaires par des mutations exogènes, et non sur la base de ruptures profondes » (Badié, *Traité de Sciences Politiques*, p. 603). Les théories cycliques associent au cadre de l'évolution des sociétés, le fait qu'elles restent gouvernées par les mêmes principes enseignés par l'histoire, à savoir, les systèmes connaissent alternativement essor et décadence. La théorie élitiste de Pareto énonce que « toute société politique reposerait en même temps sur l'apathie des masses et l'initiative active des élites, celles-ci faisant l'histoire par le jeu de leurs rivalités et se succédant les unes aux autres, pour s'imposer d'abord dans toute leur puissance, puis s'affaiblir progressivement jusqu'à disparaître » (Pareto, 1965, p. 1400s). L'alternance des générations et la création des cadres qui leur permettent d'apporter leur contribution à l'évolution de la société illustre la loi naturelle de la naissance-apogée-déclin. Il est important que les acteurs politiques mesurent la dimension de représentation de toute une génération qu'ils incarnent, des apports positifs de cette génération, et inversement, de ce qu'ils peuvent porter la responsabilité de l'échec de toute une génération. Le cycle création-apogée-déclin est également appelé à gouverner l'évolution incrémentale des modèles proposés, en ce sens que les outils projetés pour la modernisation agricole par exemple vont connaître des améliorations progressives. Les modèles publicisés à un moment par l'Etat atteignent ainsi leur apogée, sachant qu'ils sont initiés à partir des cadres compétitifs de présentation au grand public. Ces modèles seront à leur déclin, du fait de nouvelles contraintes, puis remplacés par d'autres modèles à d'autres moments. La sociologie politique wébérienne repose sur la proposition d'une sociologie de l'interaction. « L'ordre politique est avant tout présenté comme la résultante d'un combat d'individus et de groupes dotés d'intérêts matériels et de valeurs divergents » (Weber, 1971). Toutes ces théories constituent des cadres qui permettent de comprendre et de proposer les différentes articulations que revêt le processus de modernisation de l'Etat du Niger.

« La sociologie de la modernité postule l'uniformité des sociétés industrielles et se propose, sur cette base, d'analyser les effets spéciaux et politiques qui accompagnent sa construction » (Badié, *Traité de Sciences Politiques*, p. 608). Neil Smelser envisage la modernité à partir de quatre caractéristiques dominantes, à savoir, le passage d'un modèle de techniques simples vers la prédominance de la connaissance scientifique fondamentale; la substitution d'une agriculture commerciale à une agriculture de subsistance; l'avènement de l'urbanisation et le développement d'un modèle de production de type industriel où les « hommes, regroupés autour des machines mues par l'énergie mécanique, travaillent en échange d'une rémunération en argent, les produits de ce processus de fabrication entrant ensuite dans un marché fondé sur un réseau de relations d'échanges ». La modernisation est un processus qui s'impose plus efficacement en réponse à une nécessité. Autrement dit, si des techniques utilisées s'avèrent adaptées à un moment de l'évolution d'une société, elles peuvent s'avérer inefficaces à un autre moment. Dans ce cas, l'adaptation est appelée à permettre de compenser le déficit d'efficacité. Le modèle de développement des activités rurales proposé dans le présent document présente une autre approche du développement agricole. Cependant, le fondement de l'industrialisation est présenté à travers le processus d'essai-erreur qui permettra progressivement d'atteindre des productions à grande échelle. Smelser estime qu'à ces caractéristiques dominantes précédentes s'ajoutent deux effets dérivés : un processus de mobilisation sociale qu'on peut caractériser par la formation d'un public composé d'individus libérés des allégeances communautaires de type traditionnel et la transformation des structures politiques dans le sens de leur plus forte centralisation, de manière à assurer la coordination des rôles sociaux modernes (Smelser, 1963, p. 30 et s.). L'allégeance communautaire ici référencée suppose par exemple une relation asymétrique dans laquelle, celui qui reçoit l'allégeance bénéficie au minimum des privilèges que lui octroie l'acte même d'allégeance de celui qui est systématiquement soumis par les règles traditionnelles. Bertrand Badié estime que « l'ensemble de ces processus aboutit à un modèle de société moderne dont les contours se dessinent assez nettement et auquel seraient promises l'ensemble des formations sociales, quelles que soient leur culture ou leur histoire. Mais on retiendra surtout de cette sociologie qu'elle précise les modalités qui assurent de façon plus ou moins uniforme l'entrée dans cette modernité : la différenciation progressive des structures et des fonctions, l'institutionnalisation et l'universalisation des rapports sociaux » (Badié, *Traité de Sciences Politiques*, p. 608).

Selon Smelser, la différenciation se présente davantage comme une orientation du changement social que comme l'expression d'un état achevé de l'ordre social (Smelser, 1963, p. 35s). Par exemple, la différenciation peut être perçue comme un processus qui intègre la naissance progressive de nouveaux métiers en fonction de l'évolution de la société. Ainsi, à côté des métiers déjà assimilés à l'image de l'artisanat, apparaissent des métiers plus jeunes tels que par exemple la vulcanisation ou le transport urbain et interurbain, etc. « L'institutionnalisation apparaît comme un processus par lequel les modèles sociaux sont organisés de façon durable, en même temps parce qu'ils sont suffisamment adaptés aux enjeux auxquels ils sont susceptibles d'être confrontés et parce qu'ils s'imposent comme règles de jeu de l'ensemble d'individus composants la société » ; « institutionnalisation et différenciation vont de pair : une institution est d'autant plus performante qu'elle s'autonomise de la structure sociale et des acteurs sociaux et qu'elle est ainsi porteuse de sa propre dynamique ». « L'universalisation tend à la formation d'un public mobilisé, détaché de ses allégeances traditionnelles, et prétendant donc, en même temps, à l'égalité et à l'homogénéité. Cette universalisation se trouve liée au processus même de différenciation qui implique l'intégration des individus au sein d'une même collectivité dont la solidarité se trouve déterminée par la participation de tous à la division du travail social, et qui suppose, par là même, la contractualisation des rapports sociaux. Elle se traduit par la construction de la citoyenneté, faisant de tous les individus les sujets d'un Etat qui se substitue aux réseaux d'allégeances traditionnelles et qui fournit sa protection contre l'obligation d'obéissance prioritaire et le droit, en même temps garanti à chacun, de vaquer à ses affaires privées » (Badié, *Traité de Sciences Politiques*, p. 610). A travers les propriétés d'extension du droit de suffrage et la généralisation du principe de légalité et de territorialité, la théorie de la modernité postule la conformité de toute société moderne au modèle démocratique occidental. Elle définit la territorialisation qui s'impose « comme support nécessaire à l'universalisation des rapports sociaux et politiques : le centre politique s'adresse à un ensemble de citoyens avec lesquels il entend entretenir des relations directes, mais celles-ci pour être systématiques doivent se limiter à un espace donné auquel en revanche les individus appartiennent de droit » (Badié, *Traité de Sciences Politiques*, p. 611). La modernisation vient affecter l'éventail des comportements politiques individuels qu'Hirschman avait dessiné, en laissant au citoyen la possibilité de choisir entre la loyauté ou la protestation, limitant de façon extrêmement coercitive le comportement de défection (Hirschman, 1972).

Les diverses théories proposées prennent ainsi de façon systématique, le modèle occidental à la fois comme référentiel et comme objectif à atteindre. Les théories sont tributaires des environnements dans lesquels elles sont établies. Ces différentes théories n'intègrent pas les spécificités propres aux sociétés émergeantes. La prise en compte des caractéristiques des sociétés modernes est appelée à prendre place au travers d'une métamorphose liée à l'adaptation de ces caractéristiques au contexte de chaque société. Les sociétés émergeantes comportent déjà sous des formes différentes, certaines des caractéristiques mises en valeur dans les sociétés modernes, non pas qu'il s'agisse d'une recopie, mais tout simplement du fait du caractère naturel de ces facteurs et qui se retrouvent de ce fait dans plusieurs sociétés différentes. C'est le cas par exemple d'une activité politique minimale même du fait des démographies faibles, ou d'une activité économique de marché pour la recherche du bénéfice légal. Etant donné les caractéristiques propres à chaque société et les similitudes qui peuvent apparaître, l'occidentalisation forcée des autres sociétés culturellement différentes reste superficielle avec une généralisation de l'indifférence de la base sociale par rapport aux élites ou aux gouvernants qui sont chargés de la promotion du modèle. Le modèle des sociétés dominantes n'est donc adopté que par une partie insignifiante des populations. Même l'attrait pour les biens matériels modernes, avec l'éventualité de leur modification et de leur adaptation aux contextes locaux, ne permet pas aux initiateurs des modèles et à leurs relais internes d'atteindre le changement global et permanent escompté. Bertrand Badié estime que « le développement politique est un processus incessant qu'on perçoit davantage dans son orientation que dans sa réalisation ». L'auteur énonce les limites de la théorie de la modernité à travers l'analyse des fondements de cette théorie. Ainsi, il stipule qu'il « n'existe pas un seul type de société industrielle, elle ne constitue pas l'aboutissement de toute l'histoire, les traits de la société industrielle qu'elle décrit restent généraux, voire imprécis, et la recherche n'a de sens que si elle met en évidence leurs modulations d'un système social à l'autre » (Badié, *Traité de Sciences Politiques*, p. 616). « La démarche reste suggestive et permet de recenser divers traits communs qui, nécessairement, se retrouvent dans divers types de société industrielle. La singularité des histoires se traduit par l'irréductibilité des cultures et des structures sociales à un même modèle (du point de vue de l'histoire et du changement des systèmes politiques qui ne passent pas par les mêmes étapes). La pluralité des modèles traditionnels met en évidence la profonde originalité des structures sociales communautaires qu'on ne peut pas tenir pour le simple point de départ d'une évolution qui les conduirait à disparaître. Certaines formations sociales se caractérisent, tout au contraire, par une identité communautaire qui transcende le temps, organisent même leur entrée dans la société industrielle ainsi que les conditions de leur modernisation politique. Chaque culture ne perçoit pas de la même manière les implications politiques des transformations économiques qui l'affectent » (Badié, *Traité de Sciences Politiques*, p. 616-617). L'histoire de la construction d'une économie industrielle renvoie aux effets contraignants de la concurrence étrangère, à la nécessité de s'aligner sur ce qui se fait ailleurs et de se conformer aux exigences du système international (Gerschenkron, 1962, chap. 1,; Collins, 1968, p. 61). Le modèle de développement proposé dans le présent document tient compte de cette dimension de la concurrence étrangère le plus souvent défavorable à l'ordre interne. Cependant l'alignement sur ce qui se fait ailleurs relève de l'appréhension des mécanismes sur lesquels repose le développement des sociétés avancées et surtout de l'adaptation de ces mécanismes au contexte local. L'importance de l'adaptation tient du fait de la différence culturelle, sociale, environnementale qui caractérise les différents Etats de la scène mondiale. L'importance de l'adaptation tient aussi du fait qu'il y a des étapes qui ne peuvent être négligées, le cas échéant, le processus de développement comportera le risque de sa propre compromission. Plusieurs autres perceptions peuvent être formulées en réponse à la précédente suggestion qui suppose la nécessité de se conformer de façon intrinsèque aux exigences du système international. Bertrand Badié stipule que « le premier problème de la théorie du développement politique a trait à l'échec des formules d'alignement et à la remise en cause sans cesse plus affinée de l'importation de modèles occidentaux de construction étatique. Le second tient au caractère en même temps ethnocentrique et indémontrable d'une thèse qui suppose non seulement que toutes les histoires convergent vers le modèle occidental, mais qu'elles s'arrêteraient ainsi une fois celui-ci réalisé. Plus qu'une réalisation progressive de l'égalité, l'histoire des sociétés consacrerait, au contraire, la succession des différentes conceptions de l'égalité et de la justice sociale, révélant notamment que chaque modèle d'organisation sociale, loin de s'imposer comme des étapes ou des formules de transition, conçoit des formes de relation sociales qui ont leur signification propre et qu'on ne peut étudier que dans l'absolu » (Badié, *Traité de Sciences Politiques*, p. 619-620). La sociologie fait appel à l'histoire pour un double souci : quitter l'appréhension totalisante et souvent illusoire que fournit l'approche en termes de systèmes en évolution, pour lui substituer l'étude des groupes et des acteurs dans leurs interactions et leurs conflits (Collins, 1968, p. 67); abandonner une vision du changement renvoyant à l'universel et à l'abstrait pour la remplacer par l'étude des modèles individuels et concrets de transformation des sociétés (Nisbet, 1969).

Les diverses théories présentées permettent d'organiser et de valider la conception du cadre théorique de la modernisation, ici présentée dans le cas du Niger, à partir des réalités actuelles. L'évolution ne peut être brutale mais que de nature incrémentale, en ce sens que, les méthodes actuelles sont appelées à être modifiées progressivement en fonction des moyens dont disposent les acteurs impliqués dans le processus, l'Etat et les individus des différentes catégories socioprofessionnelles. Ces moyens permettent de définir la faisabilité des modifications envisagées. Toutes les théories aspirent à la généralisation, la conception du cadre de modernisation impose de donner un contenu aux énoncés de ces diverses théories, à l'image d'un emballage appelé à couvrir plusieurs produits qui lui sont compatibles. La lutte pour le développement de la société nigérienne se présente dans une perspective, sous l'angle de la nécessaire reconsidération des aspirations légitimes individuelles au bien-être, ainsi que la perspective de la diminution de l'endettement vis-à-vis des financiers internationaux, si ce n'est l'idéal sans taux d'intérêt. Une seconde perspective dans laquelle s'inscrit la conception du processus de modernisation au Niger a trait à l'accroissement et à la diversification de la production d'abord pour la satisfaction des besoins locaux, sachant que le marché mondial est d'entrée de jeu soumis à une compétition impitoyable. L'illustration de cette compétition est traduite par le fait que l'instauration d'un commerce équitable dans tous les domaines, de l'extraction minière jusqu'aux produits agricoles propres à toutes les régions du monde, non pas seulement au niveau de quelques produits spécifiques, reste au stade de défi permanent à l'humanité.

La modernisation du cadre urbain

La modernisation du cadre urbain nigérien est d'abord une question d'organisation. Le suivi permanent est appelé à compléter cette organisation avec un recours à l'usage efficace de la sensibilisation des citoyens. Les moyens légaux de lutte contre les contrevenants et récalcitrants seront choisis dans la catégorie des amendes, un moyen contraignant, non coercitif et aussi efficace sinon plus que la coercition. Le reflet des politiques de modernisation du cadre urbain admet un résultat traduit dans le sens d'une apparence d'abord ordonnée des infrastructures urbaines, et ensuite de leur maintien quotidien en état de propreté. Par le passé, les sociétés de la tradition avaient instauré selon les Chefs, des campagnes de vérification dans chaque concession du respect des normes de propreté édictées par le Chef, qu'il s'agisse du balayage quotidien des cours et des devantures de concessions, qu'il s'agisse du rangement de tout objet ménager et de sa propreté. L'enseignement qui découle de ces pratiques tient du fait qu'il n'est pas nécessaire d'atteindre un niveau de richesse élevé pour aspirer à la propreté du cadre de vie. Malgré sa position de pays émergeant, les réalisations immobilières modernes des cadres urbains nigériens s'illustrent par un agencement efficace qui favorise l'émergence des quartiers parfaitement ordonnés. Il s'agit d'une première étape de la modernisation des cadres de vie, la seconde étant liée à la lutte contre l'effet secondaire de cette modernisation, puisque celle-ci se traduit par une crise d'ordures ménagères majoritairement constituées d'emballages. Si le respect des dépôts d'ordures est du ressort des citoyens, il revient à l'Etat la charge de les vider régulièrement. Et cette tâche se trouve malheureusement compromise par les dérives du système administratif à travers lesquelles, les faibles moyens ne sont pas assujettis à une utilisation rationnelle, une pratique accentuée par un penchant des responsables vers le profit et l'accumulation illicite. S'il faut à nouveau solliciter la contribution financière des citoyens, la pratique tendra forcement vers l'exagération, puisque la liste risque de se rallonger inexorablement : il leur faudra prendre en charge leur propre sécurité en contribuant au paiement des patrouilleurs de nuit, il leur faudra payer pour vidanger les fausses sceptiques, il leur faudra payer pour financer les salles de classe temporaires, il leur faudra payer pour tout déplacement de la police, … Faudra-t-il encore les "saigner" pour que la mairie ramasse les ordures ménagères ? Ces exemples illustrent non pas la défaillance de l'Etat de façon intrinsèque, mais celle des acteurs politiques. Cette défaillance tend à corroborer les théories qui énoncent le dilemme de l'Etat faible : « tout ce qu'il entreprend pour devenir un Etat fort, perpétue en fait sa faiblesse ». La défaillance des acteurs politiques est traduite par une absence d'innovation, une absence d'adaptation à des nouveaux paramètres sociaux qui font que la gestion faite par un régime particulier est une fonction du temps, appelée donc à évoluer. Lorsqu'un régime réussit une gestion particulière d'un domaine précis, c'est que sa politique s'est adaptée aux paramètres sociaux du moment. Par exemple, si un nombre donné d'établissements scolaires, de dispensaires ou d'hôpitaux, de commissariats de police, de châteaux d'eau, de rues bitumées, de rues électrifiées des villes, un nombre donné de villes et villages électrifiés, … étaient suffisant à un moment donné pour que le régime s'estime avoir répondu efficacement aux sollicitations de la société, le même nombre ne sera qu'insignifiant à un autre moment de l'histoire de cette société, du fait de l'évolution ou de la régression démographique de toute société, également du fait de l'extension des villes.

Ne pas prendre en compte la dynamique de l'évolution de la société traduit une forme ouverte de l'inaptitude des acteurs politiques à gouverner la société. C'est pourquoi il est apparu avec un paradoxe exagéré, des acteurs politiques qui pensent devoir freiner les paramètres d'évolution de la société, telle que par exemple sa démographie, afin qu'ils puissent bâtir un nombre suffisant d'établissements scolaires ou de dispensaires. Il aurait été concevable qu'ils affichent une compassion à l'égard des femmes en évoquant un espacement rationnel des naissances. La restriction de vue qui découle du frein démographique, et pourquoi pas si la boîte aux pandores est ouverte, une limitation sévère du nombre d'enfants par foyer, cette restriction de vue ne prend pas en compte que l'inverse est faisable, c'est-à-dire que l'Etat prenne en compte l'évolution des paramètres sociaux, qu'il détermine le niveau de richesses qu'une telle société peut normalement générer, et qu'en conséquence, qu'il déduise le nombre de réalisation d'infrastructures possible. L'évolution démographique même galopante n'est pas un handicap, du moment que dans un pays à l'exemple du Niger, l'absence de mécanisation des domaines de base tel que l'agriculture et l'élevage, appelle constamment à plus de main d'œuvre. Il ne saurait être question de réduction des surfaces cultivables, il n'y a que trop d'espaces inoccupés et inexploités pour tout voyageur qui sait apprécier les paysages. Les 4% des terres arables du territoire nigérien énoncés dans la littérature ne supposent pas que d'autres cultures vivrières et fruitières soient possibles dans le reste de l'espace territorial. Et que tout acteur politique qui s'accroche encore à cet argument établisse un calcul simple : en prenant la moitié de la superficie du Niger, environ six cent mille kilomètres carrés, ce qui permet d'enlever les espaces publics, les espaces de cultures, les zones de pâturage, les lits des rivières, fleuve et cauris, les espaces non habitables, pas forcement du fait du désert puisqu'il est habitable dès lors qu'un forage permet d'atteindre les nappes d'eau souterraines, en considérant que quatre cent mètres carrés permettent d'héberger une famille de dix membres, alors il faudra une population d'environ quinze milliards d'individus pour que l'espace affiche complet. Lorsque de ce nombre est soustrait l'incidence du taux de mortalité qui n'est pas d'évolution linéaire, il devient évident que le nombre de siècle qu'il faut pour que la moitié du Niger affiche complet est à priori indéterminé. Cet aspect a peut être échappé à l'acteur politique qui a lu sa déclaration de politique générale. D'un point de vue philosophique, toute réalisation, tout phénomène même moderne qui ne peut pas suivre l'évolution de la société n'est pas naturel et consubstantiel à la société et son essence, il lui est artificiel. C'est-à-dire que la survie de la société n'en dépend pas. C'est le cas aujourd'hui de la déliquescence du système scolaire et des établissements de santé au Niger, et que malgré leur inaccessibilité par le grand nombre et la compromission de leur fonctionnement, la société nigérienne ne s'est pas trouvée condamner à disparaître inéluctablement et à jamais. Il y a juste l'angle à partir duquel nous percevons ces réalisations et ces phénomènes modernes qui est important, à ce qu'aujourd'hui, du fait de vivre avec au quotidien, l'individu est amené à penser que toute sa vie en dépend, mais que c'est seulement avec leur absence, qu'il se rend à l'évidence qu'il lui est possible de vivre sans.

Les réalisations et les phénomènes modernes ont pour incidence de faciliter la vie au quotidien, mais la vie naturelle est possible et suppose un cadre de vie sans ces réalisations et ces phénomènes modernes. Et une telle logique est réconfortée par le fait de l'existence de l'inconvénient de toute chose, et que de ce fait, avec la vie naturelle malgré ses inconvénients, beaucoup de maladies engendrées par la modernité telle que par exemple le diabète et peut être même le cancer, auraient disparu d'elles-mêmes de la surface de la terre. Une telle dissertation n'appelle pas à un retour exclusif au naturel, mais à tirer profit des avantages du naturel et du moderne, et que le moderne ne constitue pas un objectif exclusif au point d'obnubiler les acteurs politiques en les faisant oublier qu'ils doivent percevoir l'évolution de la société avec les moyens qu'elle possède. Ils n'ont guère le devoir de faire l'impossible. L'Etat moderne se propose d'améliorer les cadres de vie de ses citoyens au moyen des réalisations. Et s'il ne peut le faire, qu'il permette d'instaurer un système qui facilite le mieux vivre des citoyens, en évitant leur oppression et leur sollicitation constante à entretenir un système qui n'améliore pas leur quotidien, ou qui ne répond pas à leurs préoccupations et leurs aspirations, à tel point que le système apparaisse comme un fardeau en lieu et place d'une facilitation. Le cadre de l'école coranique, de la facilitation des déplacements ou voyages des citoyens est perceptible comme complémentaire à l'école moderne, puisque l'Etat ne peut garantir à tous son accès de façon intrinsèque. Il est possible d'apprendre à lire et à écrire, d'acquérir la connaissance et le savoir par des moyens autres que l'école moderne. Rares sont les acteurs politiques qui en font mention dans leurs déclarations. S'ils n'ont pas de recette qui puisse permettre de maîtriser ces moyens complémentaires, qu'ils prennent des dispositions qui évitent de les empêcher. En prenant en compte la différence des échelles de temps, en prenant en compte que l'histoire contemporaine du Niger a montré l'exemple de la gouvernance de l'Etat par le régime du CMS qui n'a pas quotidiennement failli dans ces différentes prérogatives de la modernisation des cadres de vie énoncées, en prenant enfin en compte le fait qu'une grande majorité d'acteurs politiques actuels du Niger ont été formés par le régime du CMS, notamment ceux qui gouvernent la Ve République, il y a lieu de rappeler ces acteurs politiques à l'ordre, de leur signifier que la gouvernance du régime du CMS est maintenant du fait du temps, comme un mirage qui a laissé des vestiges propres à son époque assujettis constamment à un amortissement dégressif, mais que ce mirage s'éloigne inexorablement. A eux de s'adapter aux nouveaux paramètres de la société. La défaillance de l'Etat face à ses tâches est un supplice permanent puisqu'en fait, il n'y a pas de doute, l'Etat a bien des entrées de fonds dont l'ampleur n'est pas publicisée, au point qu'il cache soigneusement sa propre comptabilité. Si les citoyens sont amenés à prendre en charge par eux-mêmes ces différentes tâches de l'Etat moderne, il y a lieu de leur expliquer pourquoi, au moyen d'une comptabilité transparente du trésor public et d'une lutte contre l'accumulation illicite synonyme de détournements et du règne généralisé de la corruption. Le cas échéant, le règne de la logique de gouvernance inverse se perpétuera incontestablement. C'est peut-être trop demandé aux acteurs élus gouvernants, puisque la comptabilité publique transparente est certainement hors de portée d'un Etat qui ne parvient pas à asseoir une gestion transparente du surplus tiré de l'extraction de gisements des ressources naturelles.

Pour la veille stratégique du respect par les citoyens des normes de modernisation des cadres de vie, tel que par exemple le respect des dépôts d'ordures, tout comme aussi, le respect du bon voisinage pour l'évitement des incinérations anarchiques d'ordures qui empestent des concessions et des quartiers entiers, au point de favoriser l'étouffement et des maladies respiratoires, la sensibilisation des citoyens est un processus permanent, de sorte que le message que ce processus véhicule atteigne la conscience de tout un chacun et que par la force de l'exemple donné, que la majorité adopte un comportement qui servira de modèle à suivre. Il est utile à juste titre et à cet effet de demander à chacun de procéder dans chaque concession aux incinérations des déchets plastics, papiers, brindilles et feuilles d'arbres mortes, le tout séparé du sable, pour limiter les fréquences de sortie des poubelles, limiter la pollution de l'air et également la pression des ordures sur l'environnement. Un personnel adéquat peut être imposé par quartier et par concession, moyennant un abonnement obligatoire des ménages qui sera imposé par une loi comportant un mécanisme de suivi. La question liée à l'organisation pour la modernisation des cadres urbains appelle à un niveau plus élevé mais pas hors de portée d'investissement humain et financier, qu'il s'agisse de l'évitement du développement des bidonvilles, de la mise en valeur des carrefours par des panneaux publicitaires pour éviter l'anarchie de ces panneaux ou de l'évitement de l'évolution de l'anarchie des hangars, pour ne citer que ces exemples qui seront traités. Dans le processus lié à l'instanciation de l'aspect organisationnel, l'information véhiculée par l'expérience du passé détermine la nature et l'intensité des variables qui doivent être prises en compte dans le calcul rationnel des acteurs qui participent au processus, ainsi que dans les diverses étapes du processus décisionnel. Parmi les variables, figurent la limitation des moyens financiers, la nécessité de permettre le développement d'abris-soleil pour les citoyens, le droit à chaque citoyen à un logement propre qui respecte la juxtaposition moderne des concessions, et la création par les instances municipales des panneaux publicitaires à des emplacements précis de sorte qu'ils participent à l'amélioration de l'image du cadre urbain. Le but postulé d'un tel processus réside dans la volonté de tourner le dos à l'anarchie de la juxtaposition des concessions, l'anarchie des hangars et l'anarchie des panneaux publicitaires ou indicatifs d'emplacements économiques. L'analyse ne sera complète qu'au moyen des propositions qui incombent aux détenteurs de la connaissance du domaine de la topographie urbaine. Les problèmes qui se posent de façon récurrente présentent l'avantage de fournir des informations nécessaires à leur propre résolution, si telle est l'orientation que choisissent les acteurs qui les subissent. Il est donc permis de postuler la pertinence de la mise en place d'un Programme Minimal de Convergence (PMC) entre entités politiques, comme objectif postulé associé à l'utilité du développement urbain, du développement économique et social. Le PMC couvre diverses dimensions et l'illustration primaire peut se faire aisément dans la réorganisation de l'anarchie de la juxtaposition des concessions en zone périphérique ou bidonville, l'anarchie des panneaux publicitaires, l'exploitation des carrefours, et la conjugaison de la lutte contre la désertification avec celle de l'anarchie des hangars. Non qu'il convient de condamner à priori toutes les formes d'anarchie observable sans comprendre leur fondement, mais de participer à l'ouverture d'un voile qui mène au chemin de l'utilité collective.

En considérant l'Etat comme pourvoyeur de mains d'œuvre à tous ceux qui investissent dans un domaine économique qui engendre la participation de plus d'un citoyen, comme le cas de la culture en périphérie urbaine, du jardinage, des petites unités industrielles, des projets environnementaux, il est possible de placer la main d'œuvre dont déborde les bidonvilles sous le quota prioritaire de l'Etat, que l'Etat en fasse un recensement qui indique ce que chacun des individus est susceptible de faire. Une avance en nature peut leur être faite, remboursable sur la base du revenu provenant du travail qui leur sera offert et du temps qui sera délimité. Si l'Etat a besoin de créer un organisme financier à caractère social pour cela, qu'il le fasse sans augmenter sa charge de fonctionnement. Il n'est donc pas impossible, qu'à la place des déguerpissements des bidonvilles, que l'Etat procède au lotissement des terrains et que le problème de juxtaposition des concessions se trouve ainsi résolu, ne serait-ce que d'une superficie de deux cent mètres carrés chacune. Le prêt en nature octroyé par l'Etat aux populations de ces bidonvilles "rénovés" tient d'abord de l'attribution de concession par foyer. La phase de lutte contre la propagation des incendies peut être constituée par l'élévation des clôtures d'au moins un mètre en matériaux modernes, qui participe au prêt global à rembourser, ainsi que l'édification des latrines à vidanger. Les constructions à l'intérieur des concessions reviennent à la charge des bénéficiaires. Même bâties avec certains types de matériaux traditionnels, les concessions correctement juxtaposées participeront à l'amélioration de l'image du cadre urbain. Et si la question des moyens financiers se pose, que l'Etat procède à une répartition d'un pourcentage suffisant des revenus des ressources minières pour qu'un tel problème qui se pose dans les huit chefs lieux de région puisse être résolu pendant la durée d'un mandat présidentiel, au prorata de leurs populations. La problématique du respect du voisin et du bon voisinage peut conduire à l'indication lors des processus de lotissement, des emplacements par concession de certains équipements à l'exemple des douches externes, pour éviter d'indisposer la concession voisine.

La destruction des hangars anarchiques est devenue une expression de la politique publique de plusieurs régimes qui se sont succédé, sans remédier durablement à ce problème, qui se repose avec la même équation dès le lendemain de l'acharnement des forces de coercition sur ces biens civiles. En prenant comme première hypothèse liée à la politique publique par laquelle les acteurs politiques cherchent réellement à redonner un visage moderne à la ville, et comme seconde hypothèse qui attribue aux citadins, la recherche d'un abris à moindre coût contre le soleil, pour éventuellement mener une activité économique de leur choix, la prolifération de l'anarchie des hangars ne tient que de leur accessibilité financière, faisant de ce critère, un impératif que les acteurs politiques se doivent de privilégier. La solution à l'anarchie des hangars est simple mais nécessite le temps qu'il faut. A la place de chaque hangar, en fonction des prescriptions requises pour la sécurité des occupants et la fluidité de la circulation routière, l'autorité a le devoir de planter un arbre, et le propriétaire du hangar se voit attribuer la responsabilité de son entretien. Le contrat d'engagement signé symboliquement restera valable jusqu'à ce que le jeune pousse soit hors d'atteinte des dangers qui le guettent, le cas échéant, la négligence et la défaillance appelleront à une amande ou à une sanction appropriée contre le cosignataire de l'engagement avec l'Etat. Les dangers qui guettent les jeunes arbres sont malheureusement permanents, des animaux ambulants jusqu'au manque d'irrigation. Si le premier danger est du devoir du contractant civil, le second peut simplement relever de la politique publique pour qu'elle prenne en charge le passage des livreurs d'eau du fleuve, tel qu'il est permis de l'observer dans les rues de la capitale. L'arbre qui pousse enterre définitivement de son vivant, le hangar qu'il remplace, redonne un espace plus ombragé, renforce la beauté de la ville et contribue, à la lutte en faveur de l'environnement contre la désertification. La construction d'un espace sociétal viable ne concorde pas avec un éternel recommencement de destruction, mais suppose une meilleure canalisation de la force là où elle est utile. Une grille de classification des quartiers peut être appliquée de façon à ce que, lorsqu'un quartier accède à un rang supérieur du fait des réalisations de l'Etat, que certaines pratiques y soient prohibées. Cette classification peut prendre naissance à partir du centre-ville vers les zones périphériques. De ce fait, les phénomènes d'animaux errants ou élevés dans les rues aux devantures des portes peuvent trouver une régulation efficace. Cette activité peut être régulièrement déplacée vers les périphéries proches de la brousse, pour faciliter le déplacement de ces animaux vers les pâturages comme en campagne et éviter d'indisposer la ville, les usagers de la route et porter atteinte à la salubrité du quartier.

Sous l'angle du coût de réalisation, les raisons de l'anarchie des panneaux publicitaires concordent avec celles de l'anarchie des hangars. Les carrefours sont pourtant des endroits très promoteurs dès lors qu'une politique publique est mise en place pour placer des panneaux suffisamment grands pour être lisibles, suffisamment élevés pour ne pas gêner la visibilité des usagers de la route, suffisamment ordonnés pour contribuer à donner à la ville un autre visage, celui de la modernité. Que les acteurs investis de ces politiques publiques notamment les mairies se chargent de la location, ou qu'il s'agisse d'acteurs civils, ou même que ces panneaux soient revendus à des acteurs civils, la période d'amortissement de l'investissement est très courte. La question de la lutte contre l'anarchie des panneaux publicitaires appelle à l'initialisation du processus à considérer d'abord les carrefours. Pour l'indication des emplacements économiques, les individus s'attacheront à placer des panneaux mobiles pendant leurs heures d'ouverture.

La modernisation projetée du cadre urbain nigérien est soumise à l'influence de divers facteurs au nombre desquels, le climat avec la permanence du soleil, et le vent de sable, l'harmattan, dont la prise en compte n'est pas systématique. Dans le sens de l'urbanisation, si toutes les rues des grandes villes venaient à être bitumées à l'image des villes des pays développés, elles seraient source supplémentaire de réchauffement de l'atmosphère ambiante. La permanence du soleil le jour et le rejet de chaleur la nuit sont des facteurs qui empêchent le refroidissement de l'atmosphère ambiante. L'alternative réside donc dans l'espacement suffisant du bitumage des rues, pour à la fois réduire l'effet secondaire du réchauffement et donner des issues de désenclavement des quartiers par facilitation des dessertes. Le modèle de "ceinture de bitume" avec des dimensions préfixées des formes géographiques à respecter en carré, en triangle ou en rectangle par exemple, trouve une application synchronisée au respect des contraintes citées. A l'intérieur de la ceinture de bitume, les rues peuvent relever des matériaux moins réchauffant à l'image d'un mélange de gravier non poussiéreux et du sable. L'objectif postulé reste toujours lié à la recherche de l'amélioration de l'image du cadre urbain. Une telle composition de matériaux concours à rendre les rues moins déformables par l'ensablement. L'architecture mérite d'être complétée par des canalisations en pierre destinées à faciliter le ruissellement des eaux de pluie, qui peut, lorsqu'il est suffisamment fort, emporter le sable des rues.

D'un autre point de vue, la circulation routière appelle à une régulation plus accentuée, du fait que ce mélange indescriptible de véhicules et de deux roues est porteur de danger social permanent, en plus de l'absence de feux ou de reflet sur des véhicules qui a déjà créé des hécatombes régulières. Pour ce dernier problème, les agents routiers de l'Etat doivent être sensibilisés et permanemment appelés à contribution, pour que les usagers de la route soient équipés de balise de reflet à défaut d'avoir des feux. L'Etat est appelé à édifier des pistes bien délimitées et isolées pour les deux-roues, sur des axes routiers très fréquentés et de grande densité de circulation à l'exemple de la voie qui mène de "Katako" au rond point Baré. L'Etat peut même escompter des rentrées de fonds inattendues en instaurant le modèle du "colosse" pour discipliner les deux-roues contrevenants aux règles de la circulation routière. Le modèle du colosse est une illustration béninoise, qui instaure des timbres fiscaux d'amende de 100F détenus par des colosses en civil, armés de gourdin dissuasif en plus de leur corpulence. Ils sont disséminés le long du circuit à piste cyclable et moto-cyclable, exerçant éventuellement une activité économique le long du circuit, mais restant aux aguets ou bénéficiant de l'aide pour rester aux aguets. Les colosses utilisent le sifflet pour avertir le prochain colosse du circuit de l'arrivée d'un "deux roues" sur la piste automobile, ce qui implique une distance à respecter entre deux points consécutifs. Le "chauffard" du deux-roues se fait arrêter et amender au moyen du timbre fiscal. Cependant, si l'Etat du Niger choisit d'instituer le modèle du "colosse municipal", le gourdin doit être exclu, du fait que le nigérien a le sang "chaud" à l'image de son exposition constante aux températures caniculaires, à ce que le colosse est capable de faire facilement usage de son gourdin, et là, l'Etat n'aurait pas joué son rôle de prévention. Il peut être admis qu'à force de payer un timbre fiscal inutilisable de 250 F le long d'un circuit, le cycliste ou le motocycliste aura la promptitude de ne pas circuler sur la bande automobile. Le butin de "guerre" peut être divisé en cinq parts, deux pour le colosse et trois pour l'Etat, autrement dit, 100 F pour le colosse et 150 F pour la mairie. Et si les enfants se mettent de la partie en créant une anarchie de sifflets, le colosse a la responsabilité de les appréhender et de faire payer le timbre de 250 F à leurs parents. Peut-être qu'ils réfléchiront à force de payer 250 F gratuitement à l'Etat !

S'il était encore possible d'accorder un crédit à l'Etat n'eut été le réflexe de prédation des acteurs qui le gouverne, il aurait été utile de le prendre en troisième partenaire dans les actes de location d'habitats, pour qu'il apporte aux propriétaires, la garantie du recouvrement de leur loyer, et aux locataires, la protection de leurs droits énoncés dans un cadre national qui réglemente cette activité, à la place du règne actuel qui consacre l'absence de toute réglementation.

La viabilisation du cadre urbain peut aussi être complétée dès lors que le ramassage d'ordures est rigoureusement assuré, pour que le déversement des eaux ménagères usées dans les rues et ruelles des villes, puisse être totalement interdit sous peine d'amende et régulièrement surveillé. Et dans cette optique, l'Etat est appelé, lorsqu'il assure sa part de service, à imposer à chaque propriétaire de concession à travers la loi, d'équiper les concessions de fosses modernes à vidanger pour recueillir les eaux ménagères usées à la place de leur déversement actuel dans les rues des grandes villes. Même la population en majorité musulmane pourra davantage exercée le culte religieux dans les mosquées sans risque de se salir ou de perte d'ablutions. Le cadre urbain gagnera davantage en convivialité avec une réduction du taux de déchets plastics dans les ordures ménagères et une réduction de la fréquence de déversement de ces déchets, pour une meilleure fluidité du ramassage. Les sachets plastics servant d'emballage des achats au marché doivent être interdits d'importation et remplacés par des sacs en matériaux traditionnels tels que la paille ou la feuille de palmier utilisée pour tresser des nattes. Une telle loi permettrait de drainer de grands moyens financiers au profit de cette autre activité artisanale et au bénéfice de la masse paysanne. Pour compléter cette disposition et pour toute autre activité qui nécessite d'utiliser des emballages en plastic, la société ou l'acteur économique qui l'exerce doit être contraint de racheter ces emballages après usage, même à la modeste somme de cinq francs, y compris en la rajoutant au prix de vente du produit. A chaque emballage donc son adresse de retour et son prix de rachat. Ce principe qui favorise la redistribution sociale de ce supplément suffit pour créer la ruée vers le ramassage de ces emballages à l'image de la ruée actuelle de ramassage du fer, et le retour de ces emballages plastics dans leur société d'origine qui se chargera de leur recyclage ou leur destruction. L'exemple peut être donné des sociétés de commercialisation de lait et de yaourts. Cette loi peut être étendue à tous les autres emballages à l'image des bouteilles. Pour réduire le taux de production des ordures ménagères par concession, l'Etat doit faire obligation aux propriétaires de chaque concession de l'équiper de dispositif d'incinération à l'image des tonneaux munis de cheminée, dont l'usage servira à l'incinération des feuilles d'arbres, de feuilles de papier, de cartons, de petits emballages plastics de produits et autres détritus végétaux produits à partir des cuisines (résidus de pomme de terre, de patate douce, d'ail, d'oignon, écorces de mangues, …, les deux premiers servant déjà à la consommation des animaux domestiques). Et si le système de récupération doit être poussé, ces résidus végétaux peuvent être séchés, broyés dans un moulin et déversés dans des champs pour servir d'humus. Le règlement du problème d'ordure qui accable des villes nigériennes entières, qui atteint une position extrême dans de nombreux quartiers lorsque ceux-ci deviennent insalubres et non hygiéniques en saison de pluie, découle de la mise en place d'une organisation rigoureuse avec un partage équitable de responsabilités entre l'Etat et les ménages, une organisation qui n'est nullement hors de portée au vu de sa simplicité de mise en œuvre. Le suivi de l'application de ces lois ne nécessite pas de moyens financiers supplémentaires autres que la mise en place d'une station de radio pour les taxis urbains et leur équipement d'émetteur/récepteur radio pour informer l'agence de régulation des mairies de tout acte de non respect des dispositions de modernisation du cadre urbain, ce qui appelle à un déplacement des policiers municipaux, une interpellation et une amende des contrevenants à la loi. Le remplacement du mode actuel non régulé vers un mode régulé par l'Etat nécessite de passer par phases successives dont la durée ne doit pas excéder un an : mise en place du cadre légal par le vote d'une loi, sensibilisation des citoyens, mise en place des mécanismes d'accompagnement tels que les sociétés de création des fosses ménagères externes et fermées avec garantie de non effondrement, enfin, détermination de la date à partir de laquelle le propriétaire de toute concession non équipée aux normes édictées par l'Etat sera passible d'amende forfaitaire.

La modernisation des activités rurales

Philippe Braud estime que « l'accumulation du capital symbolique entretient des relations étroites avec les processus qui gouvernent les modes de production de la coercition ou des biens matériels et services » (Braud, *Traité de Sciences Politiques*, p.

366). Il est donc question de normes de modernisation, qu'il s'agisse de leur définition, de leur mise en œuvre et du suivi de cette mise en œuvre. Ces charges reviennent à l'Etat, avec la forte contrainte que chaque norme doit être un modèle conforme à l'entendement social et à l'environnement, et non pas une simple norme importée et imposée. Dans ce cas, l'échec de sa mise en œuvre est inévitable. En référence à cette affirmation, l'Etat est attendu pour fournir le capital symbolique qui permet de propulser la production rurale en définissant un modèle, en définissant les modalités de son fonctionnement et les modalités de sa propre participation. L'auteur précise les modalités de mise en exploitation de ce capital symbolique. « La "modernisation" politique tend à distinguer de plus en plus clairement quatre étapes du processus décisionnel, auxquelles correspond parfois une symétrique spécialisation des agents, (1) l'édiction des normes établissant les frontières du permis et du défendu, du licite et de l'illicite (législation); (2) la mise en œuvre des normes (l'administration); (3) l'arbitrage des litiges nés de l'application des normes (juridiction); (4) la garantie d'exécution des normes en dernière instance par l'existence d'une coercition organisée (police) » (Braud, *Traité de Sciences Politiques*, p. 386). Jacques Lagroye estime que « le régime de démocratie libérale est vu comme le plus susceptible concrètement de répondre aux aspirations des différentes fractions de la population par une gestion efficace-celle qui assure le développement économique, l'intégration progressive des groupes les moins favorisés, voire des exclus, la répartition plus équitable des fruits de la prospérité, l'écrasement des tendances autoritaires de certains groupes » (Lagroye, *Traité de Sciences Politiques*, p. 400). La précision est importante, tout comme pour le modèle social, le modèle de modernisation de l'activité agricole rurale ne peut être une simple recopie sans adaptation des modèles dominants. La limite de l'applicabilité automatique des modèles dominants est illustrée de façon plus évidente dans l'utilisation sociale des véhicules par exemple. L'application intrinsèque du modèle européen à la Chine, avec trois véhicules pour quatre habitants, entraînerait une consommation de carburant supérieure à tout ce que le monde entier peut offrir en terme de production pétrolière. Aucun modèle ne tient une universalité automatique. Chaque société définit les modalités de son propre développement en phase avec ses spécificités. Dans cet énoncé de Jacques Lagroye, il en ressort surtout une prise en compte des groupes moins favorisés dans le processus de développement. Or au Niger, ce groupe est le plus important en pourcentage de la population. Aussi, en reconsidérant le développement de l'Afrique sous un angle différent, au Niger par exemple, étant donné le pourcentage élevé de la population paysanne (85%) qui pratique une agriculture de subsistance, si le modèle agricole des pays avancés devait être appliqué pour atteindre un pourcentage de la population paysanne de moins de 10% de la population globale, il en résulterait l'épineux problème de l'insertion dans le circuit économique des 75 % restant.

L'observation du cadre de la production rurale, notamment dans le domaine agricole et d'élevage, dénote l'utilisation très vivace du savoir-faire traditionnel, qui demeure un défi permanent à tout processus de modernité. La modernisation de ces domaines relève d'abord du cadre conceptuel, c'est-à-dire, ce que le pouvoir est capable de véhiculer comme pratiques modernes qui visent à accroître la productivité. L'accroissement de la productivité n'est pas une variable isolée, elle doit s'intégrer dans le sens d'un équilibre qui intègre la gestion des risques environnementaux, notamment l'avènement de la sécheresse ou des attaques acridiennes qui surgissent certaines années et de façon plus ou moins cyclique, avec la conséquence de plomber la production du surplus des années à forte production. La problématique de l'augmentation de la capacité de production est donc accompagnée de celle du stockage du surplus et de sa répartition sur plusieurs années. De plus, le cadre conceptuel de l'accroissement de la productivité doit être conçu de façon à intégrer le pourcentage de la population active qui dépend essentiellement de cette activité, dont la non prise en compte et l'implantation de tout modèle qui occasionne l'avènement de très gros producteurs au détriment de l'immense majorité des populations actives du domaine, provoquerait inéluctablement un dérèglement notoire et une perte de pouvoir d'achat préjudiciable au développement économique projeté. En résumé, la modernisation de la production agricole est d'abord attendue pour permettre le remplacement des outils agricoles traditionnels qui nécessitent un effort humain conséquent par des outils modernes, ensuite le processus doit intégrer la solution au problème de stockage pour la répartition de la productivité sur plusieurs années. Et enfin, le processus de modernisation doit conserver l'exercice de l'activité au plus grand nombre. Les deux derniers facteurs sont liés, c'est-à-dire l'utilisation des moyens modernes de production et la conservation de l'exercice de l'activité par le grand nombre. La limite de l'aspect de modernisation par intégration des outils motorisés tient du fait de la dépendance de l'activité au prix des engins agricoles et de leur consommable qui peuvent être inaccessibles, sinon dans le moindre des inconvénients, augmenter le coût de production. La récurrence des sécheresses peut en partie être palliée par la régulation des déperditions au moyen du stockage. Le manque de moyens de stockage modernes peut être compensé par l'utilisation artisanale améliorée du séchage au soleil de certaines denrées agricoles. La nature du stockage tient de deux ordres, le premier est relatif à la conversion du surplus annuel en fonds de commerce dans le but de fructifier le capital obtenu, le second concerne la conversion du surplus en bétail dans l'optique d'un "élevage épargne" qui permettra tout aussi d'asseoir le principe de fructification, les années où la sécheresse n'a pas d'impact sur cette autre activité. « La production de bien est dépendante non seulement du savoir-faire, mais aussi d'attitudes culturelles ("rapports sociaux de production") qui régissent également les investissements symboliques sur les marchandises, sans lesquels, la consommation n'est pas véritablement comprise dans ses dimensions essentielles » (Baudrillard, 1970).

La société se compose d'individus dont aucune des places qu'ils occupent ne doit être sacrifiée à la négligence. Le paysan, généralement le moins bien considéré de l'échelle sociale, participe à plus d'un titre à l'évolution économique. La participation individuelle à la progression économique commune peut être spécifiée à travers la combinaison de l'évolution démographique et la multiplicité des productions isolées en petites quantités pour atteindre une production de masse et une forme spécifique d'une société de consommation par participation à l'échange de produits. Dans cette perspective, la définition des zones de culture du produit A, du produit B, …, participe à la répartition des apports attendus par zone, d'abord dans le sens d'une production pour les besoins individuels. Des zones de culture se dégagent déjà de façon naturelle, l'exemple est illustrateur de l'oignon, de la pomme de terre, de l'ail, …, tels sont les contours des paysages que dessinent à travers le territoire nigérien, les zones de production par excellence de divers produits particuliers. Dans cette perspective de découpage en zone, l'utilisation des ratios indicateurs de la densité des outils de modernisation et de la couverture possible des zones de culture sera révélatrice du niveau d'avancement de la modernisation agricole. Ensuite, en définissant le cycle minimal des besoins à satisfaire pour tout citoyen, il peut être calculé le rang à partir duquel chaque paysan peut dégager un surplus pour participer à l'échange. La multiplication par un facteur déterminé de la production qui satisfait le cycle minimal des besoins, détermine la couverture nationale des besoins de chaque produit spécifique.

Par exemple, lorsque le paysan cultive du mil, du haricot et de l'arachide, et que sa consommation annuelle est estimée à λ litres d'huile d'arachide, en établissant la liaison entre litre d'huile et quantité d'arachide, alors il peut être établi le rang à partir duquel le même paysan produit un surplus avec lequel il participera à l'échange sur le marché intérieur. De cette façon, un nombre déterminé de paysans garantira la couverture des besoins de la consommation intérieure. En appliquant le même principe à d'autres produits d'une zone, il est possible de déterminer la production attendue de chaque zone pour garantir la satisfaction de la consommation interne. De cette façon, une seule question reste à résoudre, liée à l'augmentation de la productivité, qui trouvera une réponse dans la continuité de ces lignes.

Le modèle moderne envisageable présente une agriculture mixte, commerciale et comme activité de garantie, avec l'objectif d'augmenter les surfaces cultivables. Le modèle se base sur l'usage des pelleteuses-ramasseuses à traction animale ou des tracteurs motorisés, mis en exploitation commune dans des zones géographiques. Le principe de mise en commun des moyens agricoles suppose la création des parcs à partir desquels les cultivateurs peuvent librement solliciter la location. La répartition des tracteurs et pelleteuses-ramasseuses par l'Etat est calculée en fonction de la densité des champs à couvrir, du temps acceptable de couverture, ainsi que des prix de location des engins qui ne doivent pas dépasser une partie supportable du gain supplémentaire qu'apporterait un tel usage. L'usage des tracteurs motorisés pour permettre une maximisation des gains des cultivateurs, est envisagé au premier passage sur la surface à labourer. Cette utilisation n'exclut pas l'usage de ces mêmes moyens améliorés lors du second passage. Afin d'amoindrir les coûts de production pour ce second passage, les pelleteuses-ramasseuses à traction bovine ou chevaline seront plus adaptées, équipées de modules de ramassage d'herbe qui servira plus tard pour le modèle d'élevage-épargne. Ces outils envisagés au deuxième passage, tout comme au premier passage d'ailleurs, peuvent parfaitement être produits par l'ingénierie locale active, il reviendra à l'Etat la charge de les diffuser au moyen de l'accès au crédit remboursable sans intérêts. Si l'Etat ne peut le faire, alors qu'il crée des centres de location, et qu'il assure une bonne densité de ces outils, avec des prix de location inférieurs au coût de revient du nombre de "jours de travail-bras-valides" nécessaire pour couvrir la même superficie. L'augmentation des capacités agricoles et d'élevage escomptée est une source potentielle de la baisse des prix du bétail et des produits récoltés, et favoriserait ainsi l'approvisionnement des pays limitrophes, d'où l'aspect commercial de l'activité. Il n'y a pas besoin d'autre intervention pour écouler un produit, si son prix de vente est suffisamment faible pour attiser sa convoitise. C'est cette logique qui est amplement exploitée par les pays développés au moyen de l'usage abusif des subventions. Le secteur agricole est si important qu'il a constitué le point de blocage récurent des différentes négociations entre les pays membres de l'Organisation Mondiale du Commerce, à l'image du cycle de Doha au Qatar lancé en 2001. Aussi, dans l'optique de rendre les produits compétitifs, l'Etat doit prendre les moyens de rendre leur prix faible, y compris en ajustant ses taxes, en lieu et place du processus actuel qui consacre leur évolution incrémentale sans retour à l'accessibilité. Et pour ce faire, il doit prendre les moyens d'amoindrir les coûts de production au moyen des modèles non exagérément chers à mettre en œuvre. Ainsi, le modèle moderne envisageable consacre une production semi motorisée, avec des tracteurs et des pelleteuses-ramasseuses à traction animale pour la préservation du fonctionnement du modèle à l'abri de l'instabilité des prix du consommable. Pour des budgets limités, même le premier passage peut être assuré par des pelleteuses-ramasseuses. Un avantage certain à tirer est que le modèle n'implique pas la mise au chômage ou l'étouffement de la source de revenu des agriculteurs ruraux, tout en assurant un revenu effectif par habitant. Au-delà du modèle, il n'est nullement question de freiner les volontés qui visent l'accroissement de leur productivité, l'important est que l'Etat organise la compétition de la production pour asseoir une participation collective. Le mécanisme d'une telle régulation tient de l'éducation qu'il est utile de dispenser, dans le sens où, indépendamment de l'aspiration légitime à la richesse, et indépendamment du minimum défini par l'Etat, il est important que chaque citoyen définisse le minimum vital qu'il doit s'assurer, tout comme comment il faut qu'il l'assure. La nature des travaux ruraux implique que chaque citoyen définisse le contenu squelettique d'une journée type. Tout calcul qui intègre un enrichissement rapide, linéaire ou exponentiel comporte en majorité plus de chance d'échec. Le passage d'un statut social à un autre, déterminé par le niveau de richesse acquis doit être banalisé dans le sens où tout statut reste ouvert et accessible à tous.

Prenons un exemple simple : en estimant la main d'œuvre journalière d'un ouvrier agricole à 1000 F CFA et pour une superficie qui nécessitent 5 ouvriers pendant 10 jours, sachant que le paysan dispose d'au maximum un mois pour finir entièrement le labour de son champ, la location d'une engin moderne (tracteur ou pelleteuses-ramasseuses à traction animale) lui sera bénéfique à partir du moment où elle permet de couvrir la même superficie pour un prix de location nettement inférieur à 50000 F CFA. Le surplus escompté vient de la capitalisation du temps gagné. En effet, si par l'usage de l'engin moderne le temps consacré à labourer un champ qui était initialement d'un mois pour la superficie totale se retrouve réduit ne serait-ce qu'au tiers, le paysan dispose de la possibilité d'étendre sa superficie cultivable et de la multipliée par le facteur 3. Ainsi pour chaque champ cultivé, si le surplus escompté toute charge comprise est d'environ λ sacs de mil, le gain du paysan pour des années de bonne récolte est multiplié par 3, c'est-à-dire 3λ. Il est attendu de ce paysan qu'il capitalise ce surplus de façon à couvrir au moins deux prochaines saisons de location. De cette façon, il assure la couverture des charges locatives d'au moins deux années successives de perturbation climatique et environnementale. Pour la capitalisation du surplus, l'organe de location fonctionnera à l'image d'une banque d'épargne où le dépôt du paysan peut se faire en espèce ou en nature, l'Etat étant le principal garant. Si l'option ne retient pas son choix, il dispose toujours de la possibilité d'utiliser l'élevage épargne ou le commerce, tout en tenant compte du cycle théorique de la sécheresse estimé à environ 10 ans. Si au lancement du processus, le paysan ne dispose pas de moyens de faire face à la charge locative, l'organe de location peut lui attribuer à titre d'avance, la location du matériel avec une option d'amortissement sur deux récoltes consécutives par exemple. Si l'implantation du modèle génère une ruée vers l'extension des champs, l'Etat sera amené à faire office de contention de cette compétition au moyen de son découpage administratif, de ses représentants territoriaux et des autorités coutumières locales.

En récapitulant le processus lié à l'implantation des centres de location du matériel agricole, il importe de préciser que le centre est attendu pour recruter la main d'œuvre agricole qui accompagnera au besoin les outils dont les pelleteuses-ramasseuses artisanales améliorées progressivement. Les paysans s'adressent au centre pour louer l'ensemble à la fois, constitué de la machine et de ses conducteurs. Les paysans iront à la compétition pour l'augmentation de la productivité si à la place de labourer un seul champ, ils peuvent en labourer et récolter deux ou trois par saison agricole. Et pour la création et l'équipement des centres de location du matériel agricole, l'absence de moyens n'est pas une raison valable. En estimant le prix des tracteurs présentés lors de la campagne électorale de 2004 à trois millions et celui d'une pelleteuse à traction animale avec l'animal tractant à environ trois cent mille francs, il ressort qu'un seul des véhicules 4x4 estimé à environ 51 millions (pour obtenir des chiffres ronds) permet d'acheter 17 tracteurs ou encore 170 pelleteuses à traction animale. Ceci suffit largement à équiper un centre de location. L'exemple du 4x4 n'est pas fortuit, puisqu'il permet d'illustrer la dérive d'une pratique sociale initiée par les auteurs de l'accumulation illicite, une dérive vers l'utilisation abusive de véhicules de luxe dont l'image est nettement frappante lorsque dans la circulation, le véhicule de plusieurs millions de francs côtoie les mendiants qui cherchent 100 F pour passer une seule journée. L'accumulation illicite peut être évoquée du fait que pour certains cas, le salaire normal n'aurait pas pu permettre d'atteindre ce niveau de vie. Cette disparité sociale très tranchante est le reflet d'une autre défaillance de l'Etat. Il est permis de postuler que si les activités rurales connaissaient un réel essor, le nombre de mendiants dans les villes pourra être considérablement réduit. De ce fait, une politique qui vise initialement l'amélioration de la productivité agricole rurale trouve un impact social inattendu, à la place de la chasse impitoyable à laquelle se livre l'Etat contre cette catégorie sociale démunie à laquelle il n'offre aucune autre alternative. A la place de protéger les plus démunis, l'Etat instancie une maxime utilisée pour décrire le comportement politique d'une nation occidentale. La maxime stipule que ladite nation est « très faible devant les pays forts, mais très forte devant les pays faibles ». Par analogie, en pourchassant impitoyablement les plus démunis ainsi que les populations des bidonvilles menacées constamment de déguerpissement sans compensation, dans le même temps en procédant à une course pour se conformer aux ratios des nations qui dominent le monde et en prenant des artefacts destinés à imposer à la population la pratique de la conversion culturelle forcée, se conformant ainsi au diktat des acteurs politiques qui dirigent ces grandes nations, des acteurs gouvernants nigériens apparaissent comme très forts devant les faibles et très faibles devant les forts. L'absence du complexe de faiblesse aurait voulu, que par la mobilisation et la cohésion de l'ordre interne, qu'ils participent au concert des nations avec leurs propres valeurs sociales et les paramètres économiques propres à leur environnement local.

La modernisation de la production des biens

Si la démographie devait constituer un handicap, la Chine et l'Inde seraient restées au stade permanent de sous développement. Même le plus obstiné des acteurs politiques est contraint de reconnaître que ce n'est pas le cas. Parmi les ratios importants à considérer, figurent ceux qui reflètent le malaise social à corriger, notamment le calcul du nombre de jours de grève par an lié à un régime particulier. Cependant, les différents ratios de nombre d'écoles, de dispensaires, etc., par nombre d'habitants, qui sont calculés par des organisations internationales, ne concordent pas avec les réalités sociales de toutes les sociétés. Ces ratios véhiculent les valeurs des sociétés dominantes érigées en normes à atteindre, puisque nulle part ils ne font mention de l'école coranique par exemple comme source d'apprentissage de la faculté de lire et d'écrire, sachant que cette faculté est utilisable dans les échanges avec les pays arabophones. Nulle part n'est fait mention des cycles singuliers d'apprentissage des métiers divers de la vie, des cycles qui font leur preuve par la mise sur le marché du travail de mécaniciens, de maçons, de peintres, d'électriciens, de cordonniers, de menuisiers, de tailleurs, des guérisseurs "tradi-praticiens", etc., tous participant pourtant activement au développement de la société, sans avoir fréquenté l'école moderne. Ils accumulent et capitalisent par la force de la pratique, autant de connaissances sinon plus, que ceux qui apprennent ces métiers à l'école moderne, qui elle, est comptabilisée dans le calcul des ratios. Et pour pallier le déficit de ces acteurs sociaux en lecture et écriture au moyen de l'alphabet grec, les gouvernants précédents ont instauré la pratique des cours d'alphabétisation, une pratique que leurs remplaçants considèrent en la négligeant. Le dilemme des acteurs politiques face à la logique dans laquelle ils se sont enfermés de se conformer coûte que coûte aux ratios édictés par les organismes internationaux tient du fait de la difficulté qu'ils éprouvent à valoriser et à capitaliser les paramètres des composantes modestes, mais plus largement répandues, qui animent la société nigérienne, dont pourtant ils aspirent paradoxalement accéder à la gouvernance. Ce défi s'explique par la méconnaissance ou l'absence de considération. Une telle logique appelle à une question singulière : ces acteurs politiques, ont-ils jamais demandé au mécanicien qu'ils n'ont pas manqué de solliciter de leur vie, qu'il leur présente son CAP (Certificat d'Aptitude Professionnelle) avant d'entamer la réparation de leur véhicule ? Les ratios modernes qui ne prennent pas en considération les paramètres sociaux dans leur intégralité et dans toute leur dimension, s'apparentent au désir des nations dominantes de perpétuer la conversion culturelle forcée sous le couvert des normes de modernité. Si le Niger ne doit pas rester en marge de l'évolution, à travers des acteurs politiques aptes à définir des politiques publiques conformes à la société, le pays doit pouvoir définir le modèle qui constitue le miroir de son propre développement. La Chine a montré qu'il est possible à travers la consommation des produits importés, d'observer, d'étudier, de comprendre et de détenir une expertise pour enfin produire les mêmes objets et passer à sa propre industrialisation. Or au Niger, les garagistes, les réparateurs des postes radio-téléviseurs-ventilateurs, etc., détiennent certainement une expertise, mais ne disposent pas de moyens qui leur permettent de passer à la phase de production, même manuelle. Il revient à l'Etat le soin de définir une politique qui favorise et valorise cette production, avant que par la complexification des objets fabriqués par les nations dominantes, que cette expertise ne devienne caduque et inopérante. Un autre exemple est donné par l'Iran. Ainsi, en affrontant l'embargo qui lui a été imposé par les nations qui dominent le monde et en passant à la phase industrielle de la production des biens modernes nécessaires à son armée et à ses citoyens, ce pays confirme la maxime qui stipule que les difficultés sont formatrices et que la soumission à un système d'exploitation n'est pas synonyme de certitude d'accès au développement, bien au contraire. Et pour y parvenir, les acteurs politiques doivent prendre les moyens de se prémunir contre les assassinats, parce que de toute évidence, les rebellions et les conspirations financées de l'extérieur seront en partie contenues par leur popularité, c'est-à-dire leur aptitude à œuvrer pour le bien du grand nombre.

    L'ingénierie active comporte une somme de savoirs-faire complémentaires que détiennent les professionnels qui exercent dans divers métiers, qu'il s'agisse de ceux qui exercent leur activité dans les ateliers de fabrication de charrettes, dans la soudure, de ceux qui détiennent la connaissance en mécanique dans les garages ou des forgerons, la pièce manquante étant essentiellement liée à leur capitalisation. La capitalisation est envisageable sous l'angle de la création des objets modernes par participation collective à partir d'une conception centrale modulaire. Pour un essai de la validité de ces expertises, qu'il soit donné comme objectif à tous les garagistes du pays de produire un moteur à combustion à partir du fer fondu dans les fourneaux ou les hauts fourneaux des forgerons, et que les professionnels de fabrication des charrettes, les forgerons et les soudeurs se mettent ensemble pour relever le défi de création d'une carrosserie tractée par le moteur précédent. Le charbon publicisé, plus lourd à porter à incandescence dans les foyers, aura plus d'utilité dans le rôle de combustible des hauts fourneaux, bien plus que son inadaptation aux foyers qui limitent l'usage du feu à plus ou moins deux heures consécutives. L'augmentation des capacités des véhicules à traction animale n'est pas inaccessible, pour un transport en commun de passagers sur des distances et pour un temps raisonnables. L'équipement complet peut être fourni pour le matériel agricole désigné dans le modèle de modernité proposé. Un tel processus sert d'abord pour la démystification de la perception sociale des objets modernes qui semblent quasi-inaccessibles. De façon générale, la civilisation mondiale actuelle dans ses aspects de création des objets modernes de plus en plus sophistiqués, sort d'un processus d'essai-erreur qui consacre la capitalisation et l'amélioration incrémentale du savoir-faire. L'importance du processus n'est pas dans le recommencement de l'histoire, mais dans les acquis du savoir-faire incrémental. S'il n'est pas utile de commercialiser à grande échelle les objets rudimentaires, la capitalisation incrémentale permet de créer des générations d'objets, jusqu'à un niveau où leur commercialisation à grande échelle revêt un caractère économiquement significatif. Une autre forme d'ingénierie active se dégage au marché de "Katako" où des artisans formés par l'apprentissage et l'observation ont appris à fondre l'aluminium pour produire des ustensiles. Le modèle de modernité peut parfaitement couvrir une production semi-industrielle d'objets améliorés par transformation de l'aluminium et des matériaux recyclés avec la création et la multiplication des ateliers à hauts fourneaux. La promotion de tous ces modèles nécessite l'organisation récurrente des festivals de présentation et d'exposition de nouveaux objets proposés par l'ingénierie active afin de favoriser l'amélioration incrémentale et la définition des normes à communiquer aux ateliers, y compris par contribution financière de ces derniers lors de leur inscription sur la liste des compétiteurs, afin de permettre de couvrir le prix offert à l'auteur du modèle propagé par l'Etat. Dans la perspective de l'apport collectif à la promotion de ces activités, la compétitivité doit être favorisée à partir de la baisse des prix par la baisse des coûts de réalisation, à partir de la redirection et de la convergence des efforts collectifs vers la création de l'objet cible pour jouer sur le paramètre de la quantité. Ce modèle traduit une réponse aux exigences du moment, non une solution de tous les temps, étant entendu que chaque génération apprendra à adapter sa technique aux épreuves qu'elle affronte. Il est utile de convenir avec Bertrand Badié ce que la propriété de différenciation postule, à savoir, « toute modernisation suppose le passage du simple au complexe, sous forme d'un processus de spécialisation grâce auquel correspondrait progressivement à chaque fonction donnée une structure particulière » (Badié, *Traité de Sciences Politiques*, p. 608-609). D'un autre point de vue différent, la modernisation engendre certes une complexification des outils et de leur maîtrise par ceux qui apprennent à s'en servir pour en faire un métier; s'agissant de l'évolution démographique, elle constitue la clé de l'explication de la complexification des rapports sociaux (avec l'influence d'autres normes). Elle n'est pas un handicap si les politiques publiques privilégient des modèles de développement basés sur l'apport collectif. Il est utile que ce soit la société qui réussisse à dompter ses propres moyens d'accès au développement et éviter une déperdition de ses valeurs fondamentales qui font de l'Homme, la pièce centrale de son fonctionnement. Le cas échéant, la dérive sociale risque une métamorphose inéluctable et douloureuse.

Modèle nigérien de l'économie politique

Il est admissible de concéder la légitimité du désir de chaque individu d'aspirer à l'enrichissement, il est cependant illégitime par réalisme et par le piège que l'option comporte, de laisser aspirer à un enrichissement très vite et très rapidement. S'il y a un seul domaine dans lequel le Niger entier doit s'investir de toute la force de ses composantes, c'est bien le domaine de la maîtrise des prix, appelé du qualificatif de "l'inflation" par les scientifiques économiques. La maîtrise ici évoquée ne s'entend pas dans le sens des promoteurs des règles du jeu capitalistes. La pratique actuelle démontre un Etat très prompt à relever ses taxes, avec en prolongement de cette logique, des commerçants qui essaient, de par leurs pratiques, de faire comprendre aux acteurs étatiques qu'il leur reste encore à apprendre dans la cupidité. Ceci, même si l'augmentation croissante des prix doit engendrer la mévente des produits périssables qui finissent par devenir impropre à la consommation. Parallèlement à l'augmentation des prix, le revenu des ménages stagne ou régresse. Considérons un exemple simple d'illustration, celui de la viande, pour comprendre le fonctionnement du mécanisme. Le ménage qui consomme 1 kg de viande par jour lorsque le kg est à 1000 F CFA, aura le réflexe de consommer ½ kg par jour pour un prix affiché de 2000 F par kg. L'augmentation de prix n'est pas synonyme de plus de rentrée de fonds pour tout commerçant en général, représenté par l'exemple du boucher en particulier. Il risque au meilleur des cas une chute de recettes lorsque le prix du produit devient inaccessible à ceux qui en avaient encore accès, et au pire des cas, des invendus et des pertes dues à la péremption qui impose de déverser le produit. Et tout produit est soumis à la péremption, c'est juste une question de temps. Le boucher peut espérer l'équilibre par la réduction de la quantité de produit mise sur le marché, autrement dit, vendre la moitié de la quantité du produit au prix de la totalité initiale du même produit avant augmentation du prix. Mais même dans ces conditions, ce ne serait pas pour longtemps, puisque les éleveurs vont se mettre de la partie pour relever le prix du bétail et qui, lorsqu'ils chercheront à s'approvisionner en vivres, trouveront des paysans qui relèvent les prix des céréales, éventuellement pour pouvoir consommer un peu de viande, ainsi de suite, le cycle de relèvement se propage inexorablement.

Aux yeux des économistes, le modèle est simpliste du fait que les augmentations ne sont pas directement proportionnelles. Cependant, le modèle présente l'avantage d'être réaliste et facile d'appréhension par n'importe quel individu. Le modèle justifie la nécessité du retour à des institutions et des lois de régulation du marché, à la place de laisser le monopole de cette régulation à un groupuscule d'individus pensant que c'est le marché qui s'autorégule. Le marché autorégulé suppose pour un commerçant qui vend des mangues à titre d'illustration, qui, seul la veille sur la file de vente, vend l'unité à 100 F CFA, se rend compte le lendemain du rallongement de la file de vente avec d'autres vendeurs de mangues, décide de réduire son bénéfice et de vendre à 75 F l'unité. Par le jeu de la concurrence, son voisin décide en toute indépendance de suivre le même exemple et de vendre à 70 F l'unité, ainsi de suite, jusqu'au prix le plus bas possible que leur permette leur bénéfice, tant que la quantité du produit sur le marché augmente. Le processus s'inverse de lui-même au fur et à mesure que la quantité du produit se raréfie sur le marché. Cependant, l'autorégulation du marché est complètement faussée lorsque des individus s'arrogent le droit de jouer sur la quantité mise en vente sur le marché pour jouer sur le prix, ou bien en faisant usage de leur position de monopole qui fausse la concurrence. Si ce second cas fait entorse à la concurrence et instaure une concurrence déloyale, dans le premier cas, c'est la loi du marché qui est faussée, puisque, le principe qu'elle stipule est dépersonnalisé, c'est-à-dire, lorsque l'offre est supérieure à la demande, les prix baissent, et inversement lorsque la demande est supérieure à l'offre, les prix augmentent. Donc, toute concertation d'individus pour jouer sur l'offre s'apparente à un complot évident contre les demandeurs que sont les consommateurs. Ce complot est traduit par le fait que les prix augmentent toujours mais ne baissent presque jamais. Si la loi de marché devait s'auto appliquer, la baisse à des moments précis aurait été inévitable. Les baisses des prix de céréales en période de récolte ne sont nullement et entièrement l'effet de la loi du marché, mais toujours dues à la manipulation d'un groupuscule d'individus, puisque à ce moment, ils doivent reconstituer leur stock et sont donc demandeurs, l'effet escompté étant de pouvoir augmenter le bénéfice. La manipulation est plus évidente au niveau de la viande qui n'a pas de période spécifique et dont le prix monte mais ne baisse pas. Les baisses constatées du prix des fruits et légumes dans leur période d'abondance tiennent de leur caractère rapidement périssable. Et même pour ces produits, la baisse s'estompe et laisse la place à l'augmentation quelque soit la quantité à des périodes comme pendant le ramadan musulman par exemple. La manipulation d'une élite économique avec la bénédiction du politique est évidente, qui se synchronisent pour participer tous à l'accentuation de la "saignée" de la population. Malgré tout, les théoriciens évoqueront l'existence de divers facteurs amont qui participent à la régulation du marché, sans les énoncés tous explicitement. Et parmi ces facteurs, figurent ceux qui permettent de biaiser la règle du jeu. Une analyse attentive démontre que l'Etat qui est à l'origine de certaines augmentations sur le marché par augmentation de ses taxes en espérant accroître ses recettes, n'a pas la garantie d'atteindre cet objectif escompté. Par exemple, lorsque l'Etat prélève 100 F CFA par kilogramme de viande vendu à 1000 F, en voulant obtenir 200 F par kilogramme, il pousse les bouchers à vendre le kilogramme à 2000 F. Or, dans le même temps, du fait de l'incidence directe et du revenu stagnant ou même régressif des ménages, ces derniers qui consommaient 1 kg par jour se retrouvent à consommer ½ kg par jour, donc une recette de 1000 F pour le boucher et une recette de 100 F pour l'Etat. La tentative de cupidité de l'Etat s'avère nulle de réalisation de l'effet escompté.

La solution réside non pas dans un simulacre de marché autorégulé, puisque, « la nature a horreur du vide », dès que l'Etat se désengage du cycle de régulation, il se fait "doubler" et remplacer par un groupuscule, qui tire amplement les ficelles d'un jeu qui leur garantit une invisibilité totale, sous la couverture garantie par les théories d'une loi inapplicable par elle-même de l'offre et de la demande, du fait des facteurs amonts. Ce marché autorégulé imaginaire ne respecte ni la loi de l'offre et la demande, ni la perpétuation d'une concurrence qui restera amplement déloyale. La solution réside dans la mise en place des institutions de régulation qui déterminent des marges bénéficiaires de chaque produit et de leur fourchette de fluctuation sur la base du prix de reviens effectif du produit. Si une partie de la mangue consommée localement est importée du Nigeria, il faudra ajouter à son prix d'achat, les coûts de son transport, son dédouanement, l'estimation presque insignifiante de son stockage et son circuit de distribution, pour avoir le prix de reviens. La marge bénéficiaire et sa raisonnable fourchette de fluctuation, c'est-à-dire un intervalle délimité par un minimum et un maximum, peuvent être calculées en tenant compte du paramètre de leur accessibilité au grand nombre. Le sac de 100 kg de mil vendu en août, septembre, octobre et novembre à 8000 F CFA, peut être envisagé à 9000 F en Décembre, janvier, février et mars, et à 10000 F maximum en avril, mai, juin et juillet. Le mouton vendu à 30000 F CFA peut être envisagé à 20000 F CFA, soit une baisse du tiers du prix, pour que les pays voisins importateurs de viande comme le Nigeria se retrouvent à faire des achats massifs au Niger, dès lors que la baisse du prix leur sera publicisée. Ainsi, avec le prix d'un mouton de 20000 F et la moyenne de son poids, l'institution de régulation peut retrouver le prix de reviens du kilogramme de viande et la marge bénéficiaire du boucher ainsi que sa fourchette de fluctuation, y compris en intégrant les ingrédients et la charge de la grillade pour éviter de voir cette charge s'alourdir considérablement. La politique d'offre de viande aux pays importateurs à l'image du Nigeria appelle à l'instauration de la fête nationale de l'élevage marchand deux à trois mois après la fête de tabaski, avec une baisse des prix pendant un mois de 30 à 40% du prix normal. La prise en compte des facteurs de régénération du cheptel va engendrer l'utilisation progressive des moyens modernes de cette régénération par les éleveurs. Les bénéfices tirés des ventes doivent être investis pour améliorer la qualité de l'élevage et le mettre durablement à l'abri de mauvaises saisons de pluie.

Pour la promotion et l'implantation de ce modèle nigérien de l'économie politique qui intègre une régulation contrôlée à la place d'une régulation anarchique ou imaginaire, l'Etat ne doit nullement faire usage d'une quelconque contrainte au départ du processus qui serait synonyme de la prédisposition des autres acteurs à refuser la compréhension. Il lui suffit d'user de la concertation de tous les acteurs concernés par domaine d'activité, de leur fournir toutes les explications du bien-fondé du modèle et de leur intérêt à l'accepter. Ils comprendront, de par une prédisposition implicite pour que tout le monde accepte que tous les prix baissent dans tous les domaines simultanément, notamment au niveau de tous les produits du cycle de base. Or, l'Etat est le seul acteur qui puisse garantir une telle baisse simultanée. Le modèle intègre un volet répressif, pour qu'avec le travail des contrôleurs de prix et les plaintes des consommateurs, le non respect par excès de la fourchette de fluctuation de la marge bénéficiaire entraîne l'affliction d'une amende déterminée à partir d'un facteur multiplicatif du surplus qui déborde de la marge bénéficiaire maximale, à l'exemple du facteur 5 qui multiplie le péage non acquitté par un automobiliste sur un tronçon bitumé. La fourchette a l'avantage de laisser libre cours à la pratique de marchandage dans les marchés du Niger. La détermination de la fourchette en terme de pourcentage renforce ce marchandage et facilite le travail des contrôleurs de prix, au niveau des acteurs économiques qui ne pratiquent pas l'affichage des prix fixes. L'acheteur est susceptible de retourner un article vendu dont le prix déborde de sa fourchette, en respectant les clauses de durée et d'intégrité ou de non utilisation de l'article. Le refus d'accepter l'article pour le seul motif du prix expose le commerçant et le client à l'arbitrage des contrôleurs de prix, avec un risque d'amende pour le commerçant récalcitrant.

Ainsi, tandis que les acteurs politiques nigériens luttent pour se conformer aux ratios économiques qui leur sont imposés de l'extérieur, rendant les produits vitaux de plus en plus inaccessibles, les acteurs politiques des grandes puissances instaurent des subventions à l'endroit de leurs unités économiques pour rendre leurs produits accessibles à tous, tous frais compris, dans toutes les parties du monde. Le paradoxe est réel, si ces mêmes nations venaient à supprimer les subventions qu'elles accordent à leurs unités économiques, par exemple sur les produits comme le blé, le sucre ou le lait dont le Niger est importateur, la suppression se traduirait par un relèvement du prix de ces produits sur le marché mondial en général et sur le consommateur nigérien en particulier. L'explication tient de la quasi inexistence de la production locale pour permettre d'atténuer la distorsion des prix. Par la défaillance de la gouvernance politique, économiquement, en fait de trouver un système équilibré et viable, c'est plutôt d'une passoire économique qu'il s'agit. Et si les mêmes nations maintiennent leurs subventions, les prix de ces produits inhibent toute possibilité de production locale. Il est donc évident que l'avènement de la production locale passera par un processus de sacrifices douloureux. Il est juste demandé au politique de contribuer à donner un sens de bien-fondé et de nécessité à ce sacrifice collectif, à la place de voir des acteurs investis de la gouvernance de l'Etat, sombrer dans l'accumulation illicite ou dans l'importation et la vente de ces produits subventionnés sous une couverture ficelée. Les choix possibles qui se présentent aux acteurs politiques tiennent du modèle économique international. De façon générale, toute politique de subvention appliquée par un pays donné se traduit par les impacts suivants : (1) un coût pour les contribuables du pays qui subventionnent les exportations, (2) un gain pour les producteurs du pays sous la forme d'un profit supplémentaire, (3) une perte pour les consommateurs du pays mesurable en terme de baisse de surplus, (4) un gain pour les consommateurs étrangers et (5) une perte pour les producteurs étrangers.

A propos du coût pour les contribuables, pour les nations développées le problème ne se pose pas, du fait que les "gros" contribuables sont des unités économiques qui rapatrient l'extraction des surplus de par le monde. Il en découle que ce sont les autres nations qui financent les subventions accordées par les acteurs politiques des nations développées à leurs producteurs internes, au détriment des producteurs de ces autres nations. En ajoutant à ces cinq facteurs économiques des facteurs politiques comme l'éventualité d'un embargo, le chantage sur les prix puisque certaines offres des nations dominantes sont conditionnées au respect des normes qu'elles véhiculent, il en ressort que lorsque les acteurs politiques choisissent une politique publique en faveur de l'ordre interne, et que cette politique n'est pas compatible avec les normes véhiculées par les nations dominantes du fait d'une différence de culture par exemple, le choix judicieux s'impose dans le sens de stimuler la production interne pour obtenir un surplus favorable d'abord au consommateur interne, avant d'envisager les paramètres liés à son exportation. Il reste toujours la possibilité pour que le pays attire le ravitaillement des nations voisines du fait des tarifs internes très bas. L'avantage économique que les pays de la zone Franc CFA à l'instar du Niger tirent de l'instauration d'un système non conforme aux normes hégémoniques capitalistes, c'est d'utiliser les échanges avec le géant Nigeria pour se prémunir contre le chantage sur la monnaie. L'exemple du harcèlement occidental, bien que de moindre incidence sur la Chine, est révélateur, pour que ce pays réévalue sa monnaie dès lors que, de par le taux de change et son niveau de richesse, les produits chinois se sont retrouvés nettement moins cher sur le marché mondial. Ceci traduit un attachement intrinsèque des nations du monde capitaliste à des paramètres théoriques du modèle qu'elles véhiculent et qu'elles veulent voir implanter partout. Il est de ce fait légitime de craindre que la baisse des prix de produits au Niger n'entraîne un cycle de reproches, de pressions et de chantages, puisque de toute évidence, la pression exercée par l'Etat sur la population au moyen de mesures fiscales silencieuses découle de la volonté des gouvernants de se conformer aux paramètres économiques édictés par les nations capitalistes hégémoniques. Ce diktat se fait sous le couvert des institutions financières internationales dont ces nations se sont partagées le directoire et dont le fonctionnement est essentiellement basé sur l'intérêt usuraire. Il ne s'agit nullement de confrontation idéologique dans ce modèle d'économie politique, une telle confrontation reste spéculative, loin des préoccupations légitimes des populations nigériennes. Il s'agit de tirer le meilleur des modèles, qui soit compatible avec les entendements des populations et qui leur permettent d'améliorer significativement leur quotidien.

Conclusion

L'histoire du continent africain, le processus qui a consacré la naissance de l'Etat du Niger et celui qui reflète son évolution politique, comportent tous des éléments qui enseignent la sagesse à partir de laquelle la gouvernance de la société doit être projetée. La gouvernance politique n'est pas assimilable à un processus qui découle de la simple recopie sans adaptation des politiques publiques successives de l'ordre interne, instanciées par les acteurs politiques qui se succèdent chacun pendant un temps déterminé, même si ces politiques publiques admettent une continuité et qu'elles produisent des effets visibles, qui prennent du temps avant de s'amortir définitivement jusqu'à leur disparition. La démolition d'une société est un processus qui prend ses sources dans la nature de la gouvernance qu'exercent les acteurs politiques. La gouvernance de l'Etat est encore moins une simple recopie des valeurs externes véhiculées par les nations qui dominent le monde westphalien, sans filtrage et sans adaptation. La démolition d'une société est amplifiée par le degré de corruption de son identité par ces normes dominantes. La gouvernance est en un sens, le fruit d'une adaptation continue des acteurs politiques à des faits et des événements qui marquent la société en interne, donc à des contraintes internes, mais également à des contraintes externes auxquelles la société est constamment et perpétuellement confrontée. L'Etat n'a de raison d'être que s'il répond au mieux aux préoccupations des gouvernés, non pas à travers des régimes hégémoniques de partis uniques ou de dictature, mais à travers des mécanismes de la gouvernance qui permettent de répondre à la contention de la compétition entre les individus dans tous les domaines, y compris le domaine politique dont l'un des aspects concerne l'alternance des acteurs politiques à la gouvernance de l'Etat. Même en postulant la nécessité d'une refondation de l'Etat, il est évident de la considérer sous l'angle de la continuité adaptative de certaines pratiques jugées utiles et léguées par les expériences précédentes, sous l'angle de l'amortissement progressif des réalisations des différents acteurs qui se sont succédé à divers niveaux de la gestion de la chose publique.

Chacun des moments que traverse la société apporte des épreuves qui lui sont propres. La situation contemporaine de la société nigérienne révèle sa confrontation à l'épreuve de l'acquisition ou de l'appropriation des procédés de création du matériel moderne, à l'épreuve de la résorption du déficit financier qui place constamment l'Etat en position de sous-développement par rapport aux autres nations du monde westphalien. A côté de ces défis, figurent bien d'autres, dont les défis relatifs à la satisfaction des besoins de base de la société, également les défis qui conduisent à l'amélioration du cadre de vie social. Les défis financiers et de production de matériels modernes seraient moins pesants si les Etats qui sont passés à l'industrialisation avant le Niger, qui détiennent et produisent ces matériels, ne participent pas à l'accentuation de la pression dans le but d'obtenir la garantie de la satisfaction de leurs canaux d'acheminement, ainsi qu'une forme non voilée de conversion vers le mode de vie qu'ils entendent voir dupliquer partout. Or, la société nigérienne est à forte prégnance de la religion musulmane et les modes de vie véhiculés par l'occident ne comportent nullement un fondement quelconque qui a trait aux lois divines, à l'exception peut-être de quelques rares aspects liés à la tradition judéo-chrétienne. Sous l'angle de cette perception, la question à laquelle la société doit trouver une réponse adéquate tient d'un choix dans une alternative. En premier lieu, le choix possible peut être celui de la conformité des pratiques de la société de façon compatible avec les lois religieuses. La constance de ces lois musulmanes qui défient le temps est une source sûre de l'arrêt de la démolition en cours. Et certainement dans ce cas, les nations qui dominent le monde montreront moins de retenue à imposer davantage d'épreuves à la société, ne serait-ce que par le chantage en biens matériels, ou le financement de troubles sociaux, sachant que le processus sera long pour aboutir à la domestication des procédés modernes de fabrication des biens matériels. Le deuxième choix possible peut consister à se conformer aux injonctions de ces nations dominantes. Cependant même dans ce contexte, rien ne garantit qu'il adviendra une meilleure quiétude sociale ou un enrichissement de la société, parce que de toute évidence, les mêmes nations conserveront un égoïsme certain. Celles qui sont riches ne pourront construire le Niger au point d'atteindre un rang en puissance et en richesse. La société nigérienne a de ce fait le devoir de s'affirmer avec ses propres valeurs, d'emprunter par elle-même le chemin qui mène à son épanouissement, puisque aucune autre société ne le fera à sa place, malgré tous les discours et les programmes dits d'assistance au développement. La lutte du capitalisme contre l'islam peut s'expliquer en partie par le fondement même du système capitaliste, à savoir la négation impitoyable de l'être humain et l'usage de l'intérêt usuraire. Cet usage se traduit y compris par une situation de surendettement des ménages dans les pays industrialisés. Or, la pratique de l'intérêt usuraire est prohibée par l'islam, qui demeure la religion de la presque totalité des nigériens. La religion comporte tous les mécanismes de contention de la compétition entre individus de la société qui font qu'elle intègre immanquablement des aspects politiques.

La gouvernance de l'Etat intègre des mécanismes de résorption des troubles de l'ordre interne. L'infiltration des corps d'armée et la récurrence des mouvements de rébellion financés par des acteurs extracteurs des gisements sont des fenêtres d'opportunité offertes au Gouvernement pour contrôler davantage et rationaliser l'exploitation minière, après avoir procédé à l'assainissement de ses propres mécanismes de gestion. La pratique semble vieille depuis l'avènement de la découverte des gisements en Afrique. Il n'y a de raison d'espérer qu'elle cesse que lorsque ces troubles affectent directement leurs propres auteurs, c'est-à-dire que les acteurs qui les initient soient placés en position d'avoir quelque chose à perdre. Autrement dit, dans la logique capitaliste, il s'agit des profits qu'ils supposent acquis. Les initiateurs de ces activités subversives n'envisageront jamais que les mines exploitées soient transformées en champ de bataille et que tout l'investissement arrive à disparaître, pour que les contrats soient enfin résiliés de facto et ouverts à de nouvelles négociations pour équilibrer la répartition des produits tirés de ces exploitations. En réalité, les conditions qui permettent de mieux contrôler les activités des sociétés minières passent en premier lieu par le caractère intègre des gouvernants, qu'ils ne cèdent pas à la tentation de la corruption de ces groupes sous le couvert de financer leurs activités politiques, électorales ou tout simplement leur aspiration à la richesse. En deuxième lieu, les entrées financières provenant de la vente des produits tirés des gisements doivent faire l'objet d'une comptabilité publique transparente, y compris si l'Etat doit payer uniquement les salaires de ses fonctionnaires avec ces revenus, le tout couronné par une communication et un affichage publics. Le processus de démolition de la société provenant du financement des troubles par des acteurs externes n'est donc pas une fatalité.

La gouvernance démocratique de l'Etat intègre des mécanismes de flexibilité du fait que la démocratie démystifie le pourvoir. Le caractère élu des acteurs gouvernants participe à amputer à la gouvernance de l'Etat, tout réflexe de l'usage de la violence de la part de ceux qui, hier encore, sollicitaient les suffrages, à l'encontre de ceux qui l'ont accordé. Sauf cas d'acteurs politiques brutaux, qui sombrent sans gêne dans l'intransigeance et dans la négation. Si par le passé la gouvernance traditionnelle était plus proche de la dictature, l'une des explications tient du fait que le souverain s'estime être au-dessus du peuple qu'il gouverne par naissance ou par obligation, et donc par exclusion de tout consentement des administrés. Le processus d'adaptation appelle à l'avènement des acteurs politiques gouvernants soucieux du devenir de leur peuple avec son identité, et non son travestissement ou l'imposition des valeurs et des intérêts de l'ordre externe qui lui sont incompatibles. Les gouvernants ont la charge d'inverser tout processus de démolition de l'identité de la société.

La gouvernance démocratique de l'Etat s'exerce au moyen de l'appui des structures politiques qui manifestent leur vitalité par usage de la mobilisation. Au-delà de la mobilisation, se trouve la pratique de l'exhibition ostentatoire. Le principal parti au pouvoir de la Ve République est le seul parti de l'échiquier qui choisit cette pratique ostentatoire dans son caractère démesuré, qu'il s'agisse des richesses généralement illégalement acquises, qu'il s'agisse du pouvoir que les acteurs qui l'animent détiennent pour un court moment de l'histoire, sans tirer aucun profit des enseignements de ceux qui, aujourd'hui disparus, les ont précédé dans la détention de ce capital. Deux facteurs importants participent à la garantie offerte à tout parti politique de maintenir une capacité de mobilisation. Il y a le facteur financier et il y a la popularité de ses dirigeants, c'est-à-dire, ceux qui ont traduit dans les faits, la maxime qui énonce qu'il vaudrait mieux être aimé que d'être craint. Ce deuxième facteur admet comme difficulté, la patience et l'abnégation à la réalisation du bien à destination du grand nombre. Le premier facteur est plus facile d'accès lorsque les acteurs disposent du recours possible à l'accumulation illicite. Et plus grave que l'acte lui-même, c'est le soutien que les individus qui se rassemblent apportent aux artisans de cette accumulation illicite. Cette acceptation ou l'indifférence qui ne conditionne pas le soutien individuel à son abandon contribuent à la perpétuation du système de prédation. Ainsi, en déployant une telle pratique dans la gouvernance de l'Etat, des acteurs politiques gouvernants ont choisi d'asseoir leur capacité de mobilisation sur le facteur financier. Et cette mobilisation est traduite dans l'après règne plus par un besoin d'exister, qui engendre une déperdition de l'énergie, que pour un autre but spécifique, c'est-à-dire permettre à un acteur d'occuper le terrain pour éviter le silence politique même profitable, conforter la position du leader dans le parti pour répondre aux adversaires internes potentiels. Cette capacité sera maintenue tant que le facteur financier le permettra. Etant donné que ce facteur n'est pas indéfiniment extensible dans le temps, dès lors qu'il n'existe plus de source "d'approvisionnement", alors dans ce contexte, le "déficit" financier provoquera un désastre notoire dans la mobilisation de masse. Une telle mobilisation ne concernera dorénavant que les nostalgiques qui gardent encore vivaces, les souvenirs du "bon vieux temps" de l'enrichissement exponentiel au moyen des pratiques de l'accumulation illicite non conforme à l'équation de stabilité. La capacité de mobilisation n'est pas un gage de stabilité et la stabilité ne saurait être sacrifiée au maintien d'une capacité de mobilisation. La tolérance de l'accumulation illicite est une conséquence visible de la démolition de la société.

Les modèles proposés ici sonnent en réponse à un cri d'alarme d'une société sous pression constante. Il y a lieu de considérer cette pression avec mesure, puisque l'une des formes qu'elle revêt est traduite par l'instabilité démocratique et la corruption du rôle de moteur social dévolu à l'Etat. Le processus de démolition trouve ainsi une position d'apogée. En faisant face à cette pression, la docilité du peuple se traduit par une patience à travers laquelle il concède aux acteurs politiques un temps, celui de la durée d'un mandat ou son unique reconduction. Les marges de la limite de cette docilité sont franchies dès lors que se pose le problème d'étirement du temps qui découle de la logique de ceux qui ne peuvent organiser une élection sans la gagner. Les élections générales qui s'annoncent de façon récurrente, particulièrement à l'épuisement des deux mandats successifs admis au bénéfice d'un acteur par la Constitution, seront régulièrement porteuses de trois alternatives. L'alternance démocratique occasionnera l'enracinement de la démocratie. Dans cette perspective, les enjeux des prochaines qui vont suivre sont liés au reclassement du Niger au rang des pays qui connaissent cet enracinement, à l'instar du Bénin et du Mali. L'avènement du passage forcé au moyen d'élections controversées ramènera au règne de l'incertitude et de l'instabilité démocratique. La continuité sans contestation éteindra progressivement la flamme de la vitalité de la démocratie, sauf cas rares d'acteurs politiques dont la gouvernance est unanimement reconnue comme noble. Conformément à toutes ces perspectives, il est plus facile d'agir aujourd'hui, notamment sur le nœud de la succession des acteurs politiques que représentent l'ensemble du processus électoral, étant entendu que la présence des acteurs intègres de la société civile du début à la fin de ce processus, notamment sur des points susceptibles de favoriser les fraudes, permettra de valider ce processus en le vidant de toute contestation et rendant obligatoire l'acceptation des résultats par tous. C'est cela qui est dorénavant un autre enjeu, perceptible comme ralentisseur de la progression de la démolition. Les moyens vont certainement consister à utiliser le modèle du serpent des contes anciens, qui réussit à régénérer une nouvelle tête chaque fois que la précédente est coupée, en réponse à un pouvoir qui se débattra certainement et de façon disproportionnée, dans ses tentatives de se synchroniser aux demandes sociales. La référence à ce conte mythique tient de la réadaptation au contexte actuel d'une perception des temps anciens investie d'une nouvelle signification liée au modèle de lutte de la société civile, un processus qui rappelle l'affirmation de Jacques Lagroye selon laquelle, « la recomposition des systèmes de représentation du monde implique ainsi un transfert de modèles de l'ordre social et politique, repris d'une forme antérieure d'organisation, adaptés à des conditions nouvelles et, de ce fait, dénaturés ou investis d'une signification différente » (Lagroye, *Traité de Sciences Politiques*, p. 449). La reformulation des procédures en réponse à la nécessité d'amoindrir l'impact des fraudes électorales relève de cet esprit de recomposition du politique et dont l'adaptation découle de l'utilisation des valeurs morales propres à la société. L'adaptation continue à des conditions de vie nouvelles est certes une nécessité vitale, mais elle ne conserve son efficacité que si elle maintient certains traits caractéristiques qui forment les piliers de la société et de son existence, et sans lesquels, elle se perd dans la recherche permanente de sa propre identité, perpétuant ainsi le règne sans fin de sa propre démolition.

Le mot de la fin

Le présent travail aspire à initier le fondement d'une succession de propositions de modèles adaptés continuellement à la gouvernance politique de l'Etat du Niger, en capitalisant les acquis de ses réalités sociales et de son histoire contemporaine. Les critiques et analyses formulées se veulent conformes aux règles scientifiques de démonstration, pour que par le fait de rendre explicit ce qui est sous-entendu, caché ou incorporé de façon naturelle à un système ou à une pratique, de façon à le faire perdre de vue, que l'efficacité de cette démarche fasse découler le caractère justifié et crédible des différents modèles proposés. Et pour les domaines qui n'ont pas été couverts, l'apport de l'actuelle génération ou de la relève est attendu dans le sens de compléter cette modélisation.

En étudiant le cadre offert par les différents régimes qui se sont succédé, le présent travail fournit une liste de contraintes qui pèsent sur les acteurs investis du rôle de gouvernant, dont la conformité de l'exercice du pouvoir doit normalement conduire à une paix et une quiétude sociales, de même à une stabilité politique des régimes qui gouvernent la société nigérienne, donc à l'inversion du processus actuel de démolition de l'identité de cette société. A travers l'analyse des processus d'essai-erreur, chaque régime avec ses réussites et ses erreurs a apporté une contribution à l'édification de la nation, l'absence d'innovation serait de perpétuer des pratiques qui conduisent aux mêmes erreurs et aux mêmes errements de la gouvernance. L'arrêt et l'inversion du processus de démolition se fondent sur des modèles ici proposés. Le modèle illustré par la métaphore de l'équation de stabilité appelle à asseoir un équilibre dans la gouvernance de l'Etat. Tous les autres modèles relèvent de la nécessité d'instaurer un principe de compétition pour l'excellence entre toutes les composantes de la société. La compétition pour l'excellence est en premier lieu appelée à être appliquée aux acteurs politiques investis de la gouvernance de l'Etat ou ceux qui y aspirent. Il s'agit de l'apport attendu de l'application du modèle politique avec son mécanisme de classification des acteurs politiques et la théorie de la stabilité des régimes démocratiques qu'il intègre. Les enseignements à tirer apportent des informations utiles à la prise de conscience des acteurs politiques des facteurs qui peuvent éventuellement leur échapper. Le modèle de l'armée vise le renforcement de ce corps d'Etat. Ajouté au modèle politique, le but postulé devient celui de voir s'éloigner le spectre de dix années de stagnation et de régression de la société nigérienne depuis l'avènement de la démocratie en 1990. La compétition pour l'excellence caractérise également les modèles sociaux, le modèle scolaire et de l'administration et les modèles de développement. La philosophie du présent travail s'inscrit dans la maxime des sociétés musulmanes, qui fait obligation à tout individu de changer une chose blâmable par sa main, s'il ne peut le faire, alors par sa langue, et s'il ne peut le faire non plus, alors il a l'obligation de le rejeter par le cœur. Peut-être qu'au gré des circonstances, le contenu de ce travail atteindra des acteurs attentifs.

A propos des acteurs politiques, la logique de la gouvernance inverse se fonde sur le constat de leur réflexe à forcer la compatibilité de leur gouvernance à des paramètres bénéfiques à l'ordre externe, au détriment du mieux vivre et des aspirations légitimes de la population qui compose l'ordre interne. Si la génération actuelle des hommes politiques n'a pas le courage de procéder à la mise en œuvre effective des modèles, l'espoir est permis d'aspirer à l'avènement de nouveaux acteurs dont le courage fera asseoir une gouvernance conforme aux paramètres de la société nigérienne.

La génération des scolarisés sans bourse bénéficie d'une formation supplémentaire pour l'adaptation continue à des conditions de vie difficiles qui constituent une forme d'entraînement, puisque la réussite de la traversée des conditions de vie difficiles est éminemment formatrice à l'image des difficultés affrontées par les hommes de rang pour leur formation. L'expatriation de ces scolarisés en dehors du pays ajoute une autre couche de difficulté, et pour les affronter, ces étudiants ont rajouté un travail complémentaire incluant y compris le commerce et l'apprentissage de la vie occidentale de bas niveau, avec son cortège de désillusion et de démystification du mythe occidental. Dans ces conditions que les générations précédentes n'ont pas affronté du fait de leur financement régulier, la gestion des différents domaines de la société est appelée à être améliorée, le cas échéant, les individus de cette génération n'auront pas tiré profit des enseignements que leur a offert l'histoire, un capital d'enseignements d'une richesse qu'aucune autre formation des écoles du monde n'aurait pu dispenser.

Un travail scientifique à fortiori politique admet différentes facettes à partir desquelles les adversaires de l'idéologie développée peuvent espérer prendre appui. Il est permis de postuler que l'une des principales critiques du présent travail sera de crier à l'isolement international. En fait d'isolement, il n'en est point, il s'agit au contraire d'aller à l'intégration avec les réalités sociales qui caractérisent le Niger, et que la faisabilité et la réussite de cette intégration soient déterminées à partir de leur compatibilité avec ces réalités sociales. La formulation d'une autre critique est possible, qui postule à la non faisabilité des modèles proposés dans le sens où l'aspect technique à instancier est différent de l'esprit de la science politique. La saisie du politique est davantage de l'ordre du conceptuel, de la signification d'une finalité à travers son analyse et son interprétation, autrement dit de ce qui crée la décision. Le technique est de l'ordre de la matérialisation de cette finalité, autrement dit, de l'usage d'outils concrets, donc de l'exécution. Le politique fixe le cadre et l'objectif, le technique instancie le contenu pour atteindre l'objectif fixé. C'est la raison pour laquelle la science politique s'intéresse également dans une de ses branches, à l'évaluation de la mise en œuvre, c'est-à-dire, l'évaluation des résultats des politiques publiques des acteurs élus gouvernants.

La démolition de la société par l'importation des normes externes et la corruption du modèle social est un problème constant face auquel une veille permanente est nécessaire. L'ordre interne comporte ses propres paramètres assez complets et complexes, qui permettent de définir des normes qui lui sont adaptées, dans l'optique d'atteindre son entrée dans la modernité. La modernité s'entend par usage de biens modernes et de certains mécanismes à l'exemple singulier et analogique du code routier, de facilitation de la vie de tous les jours. La définition de normes ne doit pas conduire à un processus de contrainte incompatible avec le bien-être de la société occasionnant ainsi la démolition de ses valeurs. Il y a lieu également de prendre garde au revers de la médaille de normalisation, la société peut s'étouffer dans l'extension illimitée de la définition de normes. Le politique a également pour rôle de vérifier les domaines incompatibles à de telles définitions. La tâche aurait été facilitée si l'absence de définition officielle de normes, dans certains domaines prioritaires abordés dans les modèles proposés, ne consacre pas un laisser-aller là où le calcul rationnel aurait permis un meilleur usage des forces et des intelligences, et une meilleure résistance à l'hégémonie de l'ordre externe. Dans le domaine social par exemple, la religion musulmane constitue un atout de facilitation de la mise en place officielle de tout modèle. L'explication du non recours officiel à ce formidable outil de régulation sociale tient du combat que mènent les nations dominantes contre l'islam, puisque dans leur réflexe de suivisme, les acteurs politiques auraient davantage fait usage de l'outil si le regard des nations dominantes était à l'opposé de leur considération actuelle. Ce combat multiforme est traduit dans un sens par des aspects passifs à travers des normes que les acteurs politiques qui gouvernent les nations dominantes tentent d'imposer comme universelles, des normes vers lesquelles les autres nations sont sommées de converger et les acteurs politiques qui les gouvernent, tenus de les faire appliquer. Cette lutte prend de multiples visages, y compris à travers le comportement des acteurs politiques qui gouvernent les nations dominantes, lorsqu'ils tendent à donner un double contenu à la démocratie : elle se manifeste par la loi de la majorité sans distinction ou segmentation dans tous les pays, sauf dans les pays à majorité musulmane où elle se manifeste par une proportionnalité au nombre d'individus qui composent les différentes confessions religieuses, y compris si une confession comporte un seul membre. Ce problème est pourtant réglé à travers la territorialisation de l'action publique qui permet l'affirmation des identités des minorités, mais cela ne suffit pas, il faudra pousser la pression plus loin, et l'épreuve s'accentue inexorablement. Une sagesse africaine stipule que le séjour dans l'eau ne peut transformer un tronc d'arbre en crocodile, ou même plus modestement en sardine. Tous les individus de la terre ne peuvent être pareils à ce que les invitent les normes véhiculées par les nations dominantes. Déjà au moment des indépendances, lorsque les métropoles justifiaient par une mission civilisatrice leur forfaiture de colonisation dont le système-monde qu'ils ont instauré peine à en faire le deuil, des voix s'élevèrent qui stipulent : « vivez, et laissez vivre », personne n'a rien demandé si ce n'est ceux qui ont choisi leurs intérêts égoïstes. Et la même formule est constamment d'actualité face à l'hégémonie de ces nations.

Devant la duplicité des nations dominantes, le paradoxe nigérien tient du suivisme de nombreux acteurs politiques, un suivisme qui traduit une forme défaillante de la manifestation singulière d'une identité différente de celle véhiculée à travers l'hégémonie de l'ordre externe, en prenant appui sur l'ordre interne et toutes les spécificités qui lui sont propres. Plusieurs questions appellent à méditation : ces acteurs politiques ont-ils peur (des nations dominantes et de ceux qui les gouvernent), ont-ils honte (des spécificités de l'ordre interne au point de vouloir les cacher et de se laisser obnubiler par les biens matériels) ou ont-ils choisi de servir l'orgueil de l'état de nature humaine qui caractérise tout homme ? A titre de conseil utile, qu'ils réservent la peur à l'endroit du Créateur, la honte à la réalisation de ce qu'Il a admis au rang de turpitude et du blâmable, qu'ils craignent l'orgueil, à ce qu'il éloigne immanquablement des commandements de Celui qui a tout créé à partir de rien.

Bibliographie

Ouvrage de la jurisprudence islamique

St Coran, traduction, *Le Saint Coran et la traduction en langue française du sens de ses versets*, Sourate 2 Al-Baqarah, verset 178, p. 27, note de bas de page N°2.

Ouvrages et articles de science politique

Apter (D.), 1965, *The Politics of Modernization*, Chicago, Chicago University Press.
Badié (B.) 1978, *Le développement politique*, Paris, Economica.
Badié (B.), 1983, *Culture et politique*, Paris, Economica.
Badié (Bertrand), Traité de Sciences Politiques, Formes et transformations des communautés politiques, in Crawitz (M.), Leca (J.), 1985, Traité de Science politique, Presses Universitaires de France.
Balandier (Georges), 1980, *Le pouvoir sur scènes*, Paris, Balland.
Balandier (Georges), *Traité de Sciences Politiques, Le Politique des anthropologues*, in Crawitz (M.), Leca (J.), 1985, *Traité de Science politique*, Presses Universitaires de France.
Balandrier (Georges), 1967, *Anthropologie politique*, 1ère ed., Paris, PUF.
Baré (Jean-F.), 1977, *Pouvoir des vivants. Langage des morts*, Paris, Maspero.
Baudrillard (J.), 1970, *La société de consommation*, Paris, Denoël
Blau (P. M.), 1969, *Exchange and Power in Social Life*, New York, Wiley.
Bourdieu (Pierre), Leçon 1982, *Leçon sur la leçon*, Paris, Minuit.
Boyer (Gilles), Philippe (Edouard), 2007, roman "*l'heure de vérité*", ed. Flammarion
Braud (Philippe), Traité de Sciences Politiques, Du pouvoir en général au pouvoir politique, in Crawitz (M.), Leca (J.), 1985, Traité de Science politique, Presses Universitaires de France.
Bueno de Mesquita (Bruce), 1981, *The war trap*, New Haven, Yale University Press.
Cardoso (Fernando H.), 1979, On the Characterization of Authoritarian Regimes in Latin America, in Collier, p. 33-57.
Cardoso (Fernando H.), Faletto (Enzo), 1969, *Dependencia y desarrollo en America Latina*, Mexico, DF, Siglo Veintuno Editores.
Clastres (Pierre), 1974, *La société contre l'Etat*, Paris, Minuit.
Collins (R.), 1968, *A Comparative Approach to Political Sociology*, in Bendix (R.), State and society, Boston, Little Brown.
Durkheim (E.), 1950, *Leçons de sociologie*, Paris, PUF.
DurKheim (E.), 1967, *La division du travail social*, Paris, PUF.
Durkheim (E.), 1973, *De la division du travail social*, Paris, PUF, (1ère ed. 1893).
Fanon (Franz), 1960, *Les damnés de la terre*, Paris, Maspero.
Gerschenkron (Alexander), 1962, *Economic Backwardness in Historical Perspective*, Cambridge, Havard University Press.

Eymeri Douzans (J. M.), 2007, Séminaire de Sociologie de l'action publique, Séance 6, *"Street-level bureaucrats" et administrés-Action publique et vie quotidienne*, IEP Toulouse.
Gourevitch (Peter), 1978, *The second image reversed : the international sources of domestic politics*, International Organization, 32, 4, automne, p. 881-912.
Harris (Marvin), 1979, *Cannibales et monarques*, Paris, Flammarion.
Hirschman (A.), 1972, *Face au déclin des entreprises et des institutions*, Ed. Ouvrières, trad. (1ère ed. Américaine, 1970).
Hobbes (Th.), 1971, *Léviathan*, Paris, Sirey (Trad. F. Tricaud).
Hocart (A.-M.), 1978, *Rois et courtisans*, Paris, Ed. du Seuil.
Hoffmann (Stanley), *Traité de Sciences Politiques, L'ordre International*, in Crawitz (M.), Leca (J.), 1985, *Traité de Science politique*, Presses Universitaires de France.
Huntington (S.), 1968, *Political Order in Changing Societies*, New Haven, Yale University Press.
Lacroix (Bernard), *Traité de Sciences Politiques, Ordre politique et ordre social*, in Crawitz (M.), Leca (J.), 1985, *Traité de Science politique*, Presses Universitaires de France.
Lagroye (Jacques), *Traité de Sciences Politiques, La légitimation*, in Crawitz (M.), Leca (J.), 1985, *Traité de Science politique*, Presses Universitaires de France.
Lapierre (J. -W.), 1977, Vivre sans Etat ? Essai sur le pouvoir politique et l'innovation sociale, Paris, Seuil.
Lasswell (H.) Kaplan (A.) 1950, *Power and society*, New Haven, Yale Univ. Press.
Lipset (Seymour M.), 1962, *L'homme et la politique*, Paris, Le seuil.
Mair (Lucy), 1962, *Primitive Government*, Harmondsworth, Pelican Books.
Mauss (M.), 1968, *Œuvres*, t. 1, p. 356-477, Paris, Les Editions de Minuit
Médard (J. -F.), 1976, *Le rapport de clientèle*, Revue française de Science politique, février, p. 103-130.
Mokken (R. J.), Stokman (F. N.), 1976, *Power and Influence as Political Phenomena*, in B. Barry, précité, p. 37.
Nisbet (R.), 1969, *Social Change and History*, New York, Oxford University Press.
Pareto (V.), 1965, *Traité de sociologie générale*, Génève, Droz (1ère ed. 1917).
Polanyi (Karl), 1957, The Great Transformation : The political and economic origins of our time, Boston, Beacon Press.
Pressman (J. L.), Wildavski (Aaron), 1973, *Implementation. HowGreat Expectations in Washington are dashed in Oakland*, Berkeley, University of California Press, Prefaces (p.xi-xxiv) puis chap "the complexity of joint action", p. 87-124.
Roche (Jean-Jacques), *Relations Internationales*, Paris, Montchrestien, Edition LGDJ, EJA Manuel, 2005.
Smelser (N.), 1963, Mécanisme du changement et d'adaptation au changement, in Hoselitz (B.), Moore (W.), Industrialisation et société, Unesco, Paris, Mouton.
Tönnies (F.), 1944, *Communauté et société*, Paris, PUF, Trad. (1ère ed., 1887).
Wallerstein (Emmanuel), 1974 a, The Modern Word System. Capitalist Agriculture and the origins of the European World-Economy in the sixteenth Century, New York, Academic Press.
Weber (M.), 1971, *Economie et société*, Paris, Plon, t. I.
Wesbein (Julien), 2007, Séminaire sur la gestion publique des risques, IEP Toulouse.
Wittfogel (Karl), 1977, *Le despotisme oriental*, Paris, Minuit.
Zolberg (Aristide R.), *Traité de Sciences Politiques, L'influence des facteurs "externes" sur l'ordre politique interne*, in Crawitz (M.), Leca (J.), 1985, *Traité de Science politique*, Presses Universitaires de France.

Journaux de la Presse Ecrite

Alternative, 9 mars 2006, Les trois erreurs de Hama Amadou
Amnesty International, 2007, *Rapport annuel*,
http://thereport.amnesty.org/fra/Regions/Africa/Niger
Energie pour tous (N° 01), 10 février 2007, Procès Niger-USA Les raisons d'une plainte contre l'Administration George Bush.
L'enquêteur (N° 290), 05 juin 2007, Après la chute de son gouvernement, la Commission d'instruction va-t-elle entendre le citoyen Hama Amadou ?
L'événement (N°187), 27 mars 2007, Hama Amadou tient une conférence de presse à la hâte «Je ne démissionnerai pas!»
La griffe (N° 199), 05 mars 2007, Conférence-débat des associations islamiques Le protocole sur les droits des femmes au centre des préoccupations
La Nouvelle Tribune du Peuple, 04 août 2006, L'opposition s'oppose
La roue de l'histoire (N° 353), 23 mai 2007, Le Premier Ministre, président du CNDP refuse de mettre en place le secrétariat permanent du CNDP
La roue de l'histoire (N°357), 20 juin 2007, Affaire MEBA : Liberté provisoire pour Ary et Hamani
La roue de l'histoire (N°366), 22 août 2007, les industries au Niger de 1960 à 2007
Le Témoin, 18-24 janvier 2007, Hama Amadou, un gâchis pour le Niger.
Républicain-Niger, 10 septembre 2006, Le procureur Adama Harouna contre attaque. « Aucune dérive ne sera tolérée (…) des instructions fermes ont été d'ores et déjà données à cet égard… ».
Républicain-Niger, 10 septembre 2006, MMe Coulibaly Moussa et Soulèye Oumarou, avocats de Maman Abou et Oumarou Keita. "Nous demandons, au nom de la loi sur l'enrichissement illicite, qu'il y ait un audit de la justice".
Républicain-Niger, 12 août 2005, Réaction de Mahamadou Issoufou à la déclaration du président Tandja.
Républicain-Niger, 15 avril 2006, An 7 de l'assassinat du général Baré. Le dossier sur l'enquête toujours bloqué.
Républicain-Niger, 20 mars 2006, Education de base. Les preuves du gré à gré et des surfacturations.
Républicain-Niger, 23 septembre 2004, Criquets pèlerins-La catastrophe qu'on aurait pu éviter.
Républicain-Niger, 29 juillet 2004, L'invasion de criquets empire au Niger, Mali, Sénégal et en Mauritanie.
Républicain-Niger, 31 août 2006, Conférence de presse des Avocats MMe Oumarou Souley et Coulibaly Moussa. «La violation de la loi que nous avions exhibée le 14 août a été confirmée par le président de la Cour d'Appel ».
Républicain-Niger, 9 septembre 2004, Le candidat du PNDS sur RFI.
Sahel Dimanche (N°1232), 20 avril 2007, Cousinage à plaisanterie, un ciment de l'unité nationale

Table des matières

Avant-propos 5
Sommaire 9
Introduction 11

PREMIERE PARTIE : DISSERTATIONS 17

Chapitre I. Problematique de la Gouvernance et Notion de Pouvoir 19
   Section 1. La problématique de la gouvernance 20
   Section 2. Dissertation sur la notion de pouvoir 21

Chapitre II. Jurisprudences et Stabilite Politique 29
   Section 1. La problématique de la bonne gouvernance procédurale 29
   Section 2. La contribution de la "procéduralisation" du droit 33
         La publicité des débats 35
         L'exigence de l'ordre de célérité 37
         L'équité 38
         Les garanties autonomes et notions complémentaires 41
   Section 3. La capitalisation des acquis 43

DEUXIEME PARTIE : HISTORIQUE ET ANALYSE DES REGIMES POLITIQUES POSTCOLONIAUX 47

Chapitre III. La I^{ERE} Republique 49
   Section 1. Le règne du PPN-RDA 49
      I. Le contexte de début du règne du PPN-RDA 50
      II. Le poids de la domination économique extérieure 54
      III. Le système politique néo-patrimonial 56
      IV. Les défis climatiques et environnementaux 57
         A. Le défi lié à la pluviométrie 58
         B. Le défi de la récurrence de la sécheresse 58

  C. Les outils de politique publique de lutte contre la sécheresse 59

    L'OPVN (Office des Produits Vivriers du Niger) 59

    Le CILSS (Comité Permanent Inter-Etat de Lutte contre la Sécheresse au Sahel) 60

    Les autres acteurs 60

    Déductions à partir de l'approche "configurationnelle" du risque 61

  V. La chute du régime du PPN-RDA 62

Section 2. La dictature militaire *66*

  I. La gouvernance par les rites 67

  II. La recherche de l'équilibre dans les politiques publiques 69

  III. Le système "tout-Etat" 70

  IV. La prise en compte des "risques" dans les politiques publiques 71

  V. La gouvernance sociale 73

Section 3. La décrispation *74*

CHAPITRE IV. LA IIE RÉPUBLIQUE 77

Section 1. Le règne du MNSD-parti Etat *77*

Section 2. Renaissance de la démocratie *79*

Section 3. Réévaluation analytique de la montée des tensions *82*

TROISIEME PARTIE : ENSEIGNEMENTS DES EPISODES DE MONTEE DES TENSIONS DES REGIMES POLITIQUES POST-CONFERENCE NATIONALE 87

CHAPITRE V. LA IIIE RÉPUBLIQUE 89

Section 1. Le règne de l'AFC *89*

Section 2. La cohabitation *93*

Section 3. L'irruption des militaires *97*

Section 4. Réévaluation analytique de la montée des tensions *99*

  Les gouvernants élus face aux scolaires et aux travailleurs 100

  Les gouvernants élus face à une opposition turbulente et nocive 100

  Une Cour suprême à jugement géométrique variable 101

  Une armée en ébullition récurrente 101

Une hiérarchie de l'armée insoumise 102

Une conspiration 103

CHAPITRE VI. LA IVE REPUBLIQUE 105

Section 1. La crise de légitimité *107*

Section 2. Le tumulte de la gouvernance *110*

Section 3. La modification des règles internationales *112*

Section 4. Retour à la transition démocratique *115*

Section 5. Réévaluation analytique de la montée des tensions *118*

La crise de légitimité née de litiges électoraux 118

La récurrence du mouvement de grève syndicale 119

Une corde tendue qui relie gouvernants et gouvernés 121

Une opposition qui participe à la rigidité de la corde gouvernants-gouvernés . 122

Des élections locales annulées 123

Une conspiration 123

CHAPITRE VII. LA V^E REPUBLIQUE 127

Section 1. La phase expérimentale *127*

Section 2. Le processus électoral de 2004 .... *130*

I. Les élections locales 130

II. Les élections présidentielles et législatives de 2004 132

Section 3. Les dimensions de l'attaque acridienne d'octobre 2004 .... *136*

I. L'expertise sur la menace acridienne 136

II. Les outils de politique publique de prévention et de lutte contre les criquets pèlerins
.... 137

III. Les systèmes et mécanismes de prévision des crises alimentaires au Sahel 138

L'OPVN (Office des Produits Vivriers du Niger) 138

Les autres systèmes 139

IV. Le tumulte de la gestion de la famine 140

V. La société civile et la politique publique de gestion de crise 144

Section 4. Extension et généralisation de la crise sociale *146*

Section 5. Réévaluation analytique de la montée des tensions *151*

L'ordre international 152

Contexte interne 154

Une armée non républicaine.. 154

Renaissance des "affaires"... 156

Une mauvaise gestion de la famine 157

Une gouvernance au bénéfice de l'ordre externe 159

Une société civile proactive... 160

Une hégémonie politique... 162

Une aspiration déguisée au règne de l'illimité 165

Une affaire MEBA qui pousse le pouvoir à imposer des limites sévères à la vérité

.... 168

QUATRIEME PARTIE : MODELES INDUCTIBLES DE LA CAPITALISATION DES FACTEURS SOCIAUX ET POLITIQUES................. 173

CHAPITRE VIII. CONSTRUCTION DE L'EQUATION DE STABILITE 175

CHAPITRE IX. LA NATURE DU CONTEXTE INTERNATIONAL..................................... 181

Section 1. L'influence de l'ordre international.. *183*

Section 2. Prise en compte des facteurs liés aux Relations Internationales *190*

CHAPITRE X. MODELISATION DE L'ORDRE INTERNE.. 195

Section 1. Modèle Politique *196*

II. La théorie des dirigeants politiques 200

A. Théorie des acteurs « nobles » 202

B. Théorie des acteurs de classe « intermédiaire » 203

C. Théorie des acteurs faibles 204

D. Théorie des acteurs de "bandwagoning" 206

II. Instanciation de la classification des acteurs 207

III. Théorie de la stabilité politique : acteurs et stabilité des régimes démocratiques . 210

Section 2. Modèle de l'armée *213*

Section 3. Modèle scolaire et de l'administration *216*

Section 4. Modèles Sociaux *219*

L'éducation des générations montantes : la mesure d'un rôle inversé 225

    La loi sociale de l'habillement 229

    La gouvernance sociale 233

Section 5. Modèles de développement *236*

    Les théories politiques du développement économique 236

    La modernisation du cadre urbain 240

    La modernisation des activités rurales 247

    La modernisation de la production des biens 252

    Modèle nigérien de l'économie politique 255

CONCLUSION 259

    Le mot de la fin 263

BIBLIOGRAPHIE 267

    Ouvrage de la jurisprudence islamique 267

    Ouvrages et articles de science politique 267

    Journaux de la Presse Ecrite 269

TABLE DES MATIERES 271

L'HARMATTAN, ITALIA
Via Degli Artisti 15 ; 10124 Torino

L'HARMATTAN HONGRIE
Könyvesbolt ; Kossuth L. u. 14-16
1053 Budapest

L'HARMATTAN BURKINA FASO
Rue 15.167 Route du Pô Patte d'oie
12 BP 226 Ouagadougou 12
(00226) 76 59 79 86

ESPACE L'HARMATTAN KINSHASA
Faculté des Sciences Sociales,
Politiques et Administratives
BP243, KIN XI ; Université de Kinshasa

L'HARMATTAN GUINÉE
Almamya Rue KA 028 en face du restaurant le cèdre
OKB agency BP 3470 Conakry
(00224) 60 20 85 08
harmattanguinee@yahoo.fr

L'HARMATTAN CÔTE D'IVOIRE
M. Etien N'dah Ahmon
Résidence Karl / cité des arts
Abidjan-Cocody 03 BP 1588 Abidjan 03
(00225) 05 77 87 31

L'HARMATTAN MAURITANIE
Espace El Kettab du livre francophone
N° 472 avenue Palais des Congrès
BP 316 Nouakchott
(00222) 63 25 980

L'HARMATTAN CAMEROUN
Immeuble Olympia face à la Camair
BP 11486 Yaoundé
(237) 458.67.00/976.61.66
harmattancam@yahoo.fr

L'HARMATTAN SÉNÉGAL
« Villa Rose », rue de Diourbel X G, Point E
BP 45034 Dakar FANN
(00221) 33 825 98 58 / 77 242 25 08
senharmattan@gmail.com

633116 - Décembre 2015
Achevé d'imprimer par